Männer - Männlichkeit - Mannsein

Thorsten Nagel

Thorsten Nagel

Männer - Männlichkeit - Mannsein

Ein Leitpfaden zur Maskulinität

Shaker Media

Bibliografische Information der Deutschen Nationalbibliothek
Die Deutsche Nationalbibliothek verzeichnet diese Publikation in der Deutschen Nationalbibliografie; detaillierte bibliografische Daten sind im Internet über http://dnb.d-nb.de abrufbar.

CoverBilder: © Andrii Salivon, businessman from notebook on meadow, http://de.fotolia.com/id/36934545
© alphaspirit, Businessman and stress, http://de.fotolia.com/id/47047684

Copyright Shaker Media 2013
Alle Rechte, auch das des auszugsweisen Nachdruckes, der auszugsweisen oder vollständigen Wiedergabe, der Speicherung in Datenverarbeitungsanlagen und der Übersetzung, vorbehalten.

Printed in Germany.

ISBN 978-3-95631-028-7

Shaker Media GmbH • Postfach 101818 • 52018 Aachen
Telefon: 02407 / 95964 - 0 • Telefax: 02407 / 95964 - 9
Internet: www.shaker-media.de • E-Mail: info@shaker-media.de

~ meinem Vater Horst gewidmet ~

Inhalt

Vorwort 1

Einleitung 25
Die eigene Vision / Mission 32
Abenteuergeist 40
Abnablung von der Mutter 45
Aggression 50
Ahnenreihe 56
Allgemeinbildung 60
Anerkennung und Wertschätzung 64
Atmung 68
Aufrichtigkeit 71
Ausdauer / Beharrlichkeit / Standhaftigkeit 77
Aussöhnung mit dem Vater 81
Authentizität / Wahrhaftigkeit 84
Bardentum 90
Begeisterungsfähigkeit 94
Beharrlichkeit: siehe Ausdauer
Beruf 97
Beschützerinstinkt und Vorsorge treffen 102
Bewusstsein 109
Biss / Schneid 119
Charisma 122
Dankbarkeit 125
Drogen 129
Druidentum 135

Durchsetzungsfähigkeit	140
Ehrlichkeit	144
Emanzipation der Frau	147
Emanzipation des Mannes	153
Emotionale Autonomie	160
Empathie	167
Entscheidungsfreude / Klarheit / Entschiedenheit	171
Ernährung	176
Finanzen	179
Freiheit	184
Freundschaften / Freude	189
Friedfertigkeit	195
Führungskraft / Familienführung	199
Gastfreundschaft	216
Gefühle zeigen	218
Gerechtigkeit	222
Grenzen	227
Handwerk	230
Herrschaft	233
Herzlichkeit	239
Hingabe	242
Homosexualität	244
Humor	247
Intimität	249
Initiationen	254
Integrität und Meisterschaft	259
Jagdinstinkt / Eroberung von Frauen	263
Kameradschaft	270
Kriminalität	273
Kampfbereitschaft / Wachsamkeit	278

Klarheit: siehe Entscheidungsfreude
Konkurrenz: siehe Wettkampf

Konsensfähigkeit 282
Kreativität: siehe Bardentum
Kriegertum 285
Lebende Elemente 292
Lebenserfahrung / Risikobereitschaft / Schattenarbeit . . . 300
Leidenschaft: siehe sexuelle Leidenschaft
Liebesfähigkeit 307
Loyalität und Treue 312
Macht 316
Magisches Programm 320
Männliches Selbstverständnis:
Wann ist ein Mann ein Mann? 324
Matriarchat - was ist das? 332
Meditation 343
Meisterschaft: siehe Integrität
Musikalität 346
Mut 349
Partnerschaft 353
Persönliche Legende 363
Physische Stärke 366
Poesie und die sieben Weihen 369
Politik 372
Rassismus 377
Religion und Spiritualität 384
Respekt / Ehre 389
Risikobereitschaft: siehe Lebenserfahrung
Ritterlichkeit und männliche Tugenden 393
Schamanentum 399
Schattenarbeit: siehe Lebenserfahrung
Schöpferkraft: siehe Selbstbewusstsein
Segnen 404
Selbstbehauptung 409

Selbstbewusstsein / Schöpferkraft 415
Selbstdisziplin. 419
Selbstständigkeit. 422
Sexualität 427
Sexuelle Leidenschaft 435
Sexuelle Probleme 438
Spannung aushalten 448
Spiritualität: siehe Religion
Sport 455
Standhaftigkeit: siehe Ausdauer
Stärke 459
Statussymbole 462
Stolz 466
Technik 469
Treue: siehe Loyalität
Tugenden: siehe Ritterlichkeit
Unabhängigkeit. 472
Vaterschaft 474
Verantwortungsübernahme 480
Verbindlichkeit / Rückgrat 485
Vertrauen 488
Verzeihen 492
Wachsamkeit: siehe Kampfbereitschaft
Wahrhaftigkeit: siehe Authentizität
Waisenkinder. 496
Wettkampf / Konkurrenz. 498
Wildheit 506
Willensstärke 509
Yang 512
Zärtlichkeit 518
Zielstrebigkeit. 521
Zuverlässigkeit: siehe Verbindlichkeit

Die Bereitschaft zum Töten 526

Nachwort 531

ANHANG 538

Männerfeindliche Zitate 554

Danksagung 556

Aktueller Nachtrag 557

Vorwort

„Als Mann geboren!"

Nach 45 Jahren männlichen Daseins auf diesem Planeten war mir aufgefallen, dass ich nicht die geringste Ahnung davon hatte, was es heißt, Mann zu sein. Und zwar unabhängig von dem, was ich als Mensch oder Persönlichkeit darstellte. Diese Erkenntnis traf mich mitten in einer privaten Umstellung. Nach über zwölf Jahren als Lehrer hatte ich den Job gekündigt, der mich nicht mehr erfüllte, meine Verbeamtung auf Lebenszeit zurückgegeben und fand mich bald darauf auch in einer partnerschaftlichen Krise wieder. Was bedeutet es also Mann zu sein beziehungsweise seinen Mann zu stehen? Was ist Männlichkeit oder gar *Maskulinität*? Was wird von einem Mann erwartet und welchen dieser Erwartungen sollte er auch persönlich nachkommen? Was sollte er von sich weisen und was darf er selbst von sich und seinem Leben erwarten? Fragen über Fragen, bei denen uns zunächst niemand wirklich weiterhilft. Wir werden darauf nicht vorbereitet. Diese Erkenntnis traf mich wie ein Schlag! Weder schlaue Grönemeyertexte („Männer") noch Bücher mit Titeln wie „Alles was ein Mann wissen muss" von Oliver Kuhn oder „Ein Mann. Ein Buch" aus dem Goldmann-Verlag führen nützliche Erkenntnisse mit sich. Plötzlich - inmitten des Lebens - sind wir ganz auf uns alleine gestellt! Ich jedenfalls fühlte mich verloren! Und doch gibt es viel Licht auf dem männlichen Weg, denn wahre Männlichkeit schlummert noch immer unter dem Asphalt der gesellschaftlichen Wirklichkeit und der Medien!

Dieses Buch habe ich als Mann und aus Liebe zu anderen Männern geschrieben. Natürlich konnte ich immer nur aus Sicht eines 45jährigen Familienvaters in langjähriger Beziehung schreiben, der den Weg noch nicht bis zum Ende fortgeführt hat. Ältere Männer mögen also ihre eigene Lebenserfahrung zur Ergänzung der Lektüre beitragen und mich gegebenenfalls gedanklich korrigieren. Persönlich jedenfalls gelangte ich zu der Überzeugung, dass es in dieser Situation des eklatanten Unwissens keinen einzig richtigen Weg gibt, sondern zunächst einmal nur „*trial and error*" - Versuch und Irrtum. Männlich ist es, diese Situation anzunehmen und das beste auch aus ihr zu machen. In den besagten Jahren meiner persönlichen Transformation - andere mögen von *midlife crisis* sprechen - wanderte ich jedenfalls den Pilgerweg nach Santiago und wählte den Pfad der beruflichen Selbstständigkeit, (die zunächst eher so etwas wie eine unbezahlte Arbeitslosigkeit war). Zugleich arbeitete ich verstärkt mit jenen vier männlichen Archetypen, die ich schon länger als fundamental wichtig für die Entwicklung menschlicher Seelen und Charaktere erachtete. Diese sind der Krieger, der kreative Barde, der Schamane und schließlich der Druide, das *Tor zur Erleuchtung*. Dies mag für Sie vielleicht alles etwas esoterisch klingen, aber es ist meiner Erfahrung nach gerade für einen Mann von überwältigender Bedeutung, sich mit diesen Archetypen zu beschäftigen und sie in seinem Leben zu assimilieren (bis hin zu einer vollständigen Übernahme und Identifikation). Andere Männer anderer Schulen mögen mit den Archetypen des Liebhabers, des Kriegers, des Königs und des Magiers arbeiten. In meinen Augen ist die Reihenfolge Krieger-Barde-Schamane und Druide zielführender:

- der sich behauptende Krieger
- der forschende, kreative Barde
- der reisende, heilende Schamane

- der lehrende, liebende Druide

Hierzu in den entsprechenden Kapitlen später mehr. Eine gewissenhafte Arbeit mit männlichen Archetypen wird in jedem Fall schon bald Früchte tragen und sich mittelfristig (nach möglichen anfänglichen Rückschlägen) außerordentlich positiv auf Ihre Gesundheit, das persönliche Umfeld, Partnerschaft und Beruf auswirken. Dies ist ein Versprechen! Persönlich wurde für mich insbesondere der maskuline Gehalt dieser Archetypen von Bedeutung! Jeder muss hierbei allerdings seinen eigenen individuellen Weg finden!

Persönlich hatte ich mich mit 45 ausreichend emotional, mental und spirituell entwickelt und meine erste Lebenshälfte erfolgreich bewältigt und stand jetzt dennoch vor den Trümmern einer selbst initiierten Krise, auf der Suche nach der eigenen *Maskulinität*. Natürlich hatte ich bereits verschiedene Beziehungen geführt oder besser gesagt „hinter mich gebracht", war zweimal verlobt gewesen und noch immer verheiratet, war Vater von zwei leiblichen Kindern und einer angeliebten Tochter, mochte den Film „Männer" mit Uwe Ochsenknecht und Heiner Lauterbach in den Hauptrollen und auch „Männer!" von Uli Stein. Nur langsam wurde mir bewusst, dass heutzutage so gut wie alle Witze, die das Verhältnis der Geschlechter untereinander thematisierten, auf Kosten von Männern gingen und ich ertappte mich dabei, teilweise selbst hierüber gelacht zu haben! Warum eigentlich? Dies war mehr als ein positives Lachen über sich selbst! Dies war ein negatives Verleugnen der eigenen Würde als Mann! Zunehmend werden Männer politisch und kulturell als das „schwache", „unkultivierte" oder gar „unvollständige" Geschlecht stilisiert und in Szene gesetzt. Auch in den Medien wird permanent fast immer nur der Mann als Trottel hingestellt! Welche maskulinen Vorbilder hatte ich? Der König war tot, das war die ganze Wahrheit! Es gab da lediglich noch jene auf pure Abenteuer-Männlichkeit setzende Gegenbewegung zur alltäglichen Vertrottelung des Mannseins nach dem Motto: „Ein Mann. Ein Held!". Diese Darstellung von Männlichkeit, richtet aber ebenso viel Schaden an wie ihre ansonsten alltägliche - wenn auch teils subtile - Abwertung, da ihre Prämissen im modernen Leben einfach nicht mehr anzutreffen sind: Wir leben nicht mehr in der Wildnis! Der im Alltag zur Verfügung stehende Naturraum wurde strikt limitiert! Schwimmen - Angeln - Zelten - Feiern - Feuer machen oder gar jagen: VERBOTEN! „Bitte halten Sie sich an die vorgeschriebenen Wege! Ihre Forstverwaltung. Zuwiderhandlungen werden strafrechtlich verfolgt! Wir danken für Ihre Frustration, ähm, Ihr Verständnis!" Wir sind keine Helden mehr im Sinne eines Connan, des Barbaren! Hollywood lügt! Auf der anderen Seite wird der echte Herzenskrieger im Mann nahezu täglich durch Einkommensteuererklärungen, vorläufige Rentenbescheide, Bauschutz-verordnungen, Gehaltsabrechnungen, Personalbögen, einstweilige Verfügungen, Gewerbebestimmungen, Dienststellen-nummern, Jahresabschlussberichte, Zusatzversorgungskassen und dergleichen fiktiven Firlefanz mehr gedemütigt und geknechtet, wo es doch einfach um Freiheit, Freude und Bewusstsein geht. Oder wäre dies das Leben, von dem wir geträumt haben?

Was auch immer im „Handbuch für echte Männer" steht, hat keine Alltagsrelevanz! Oder wie oft knacken Sie einen Tresor, fliehen Sie aus einem Sträflingslager oder fangen Sie die größte Schlange der Welt? Auf der Suche nach unserer eigenen Essenz versucht man uns mit Fiktionen und unnützem Wissen abzuspeisen! Über allem droht das System der Angst!

Was also gab es sonst noch aus Büchern, Medien oder Filmen über Männer zu erfahren? Zum einen jede Menge „Bedienungs-anleitungen" aus Sicht der Frauen! Na wunderbar! Ob es da noch ein Zufall ist, dass der Suizid als dritthöchste Todesursache unter Männern gilt? Und zum anderen?

Auf dem Buchmarkt, an dritter Position nach der unrealistischen Abenteurer-Machoman-Literatur und den diskriminierenden „Witz und Anleitungsbüchern" über Männer, rangierten dann schon die Koch- und Modebücher für uns Kerle. Nicht, dass ich grundsätzlich etwas gegen Kochrezepte oder Modetipps hätte. Ich wurde lediglich das Gefühl nicht los, dass uns hier das Entscheidende vorenthalten wurde: Wir, die heutigen Männer, sind nämlich weder Witzfiguren noch Fulltime-Abenteurer noch die besseren Hausfrauen. Da musste es doch wohl noch irgendwo verborgen ein anderes Männerverständnis eines „wahren Mannes" geben?! Oder nicht? So flach konnte diese Welt doch nicht sein!

Ich suchte vermehrt den Kontakt zum eigenen Vater, der sich noch immer nicht zu 100% von der Scheidung und den diesbezüglichen Streitigkeiten mit meiner Mutter erholt hatte, unternahm eine 11tägige Visionssuche in Ligurien, schloss mich einer Landmännergruppe an, las weitere Männerbücher und verstärkte bewusst meine langjährigen, männlichen Freundschaften. Das vorliegende Buch ist das Ergebnis meiner Nachforschungen und Bemühungen: Das Herausarbeiten eines allgemeinen maskulinen Pols! Während längst klar sein dürfte, dass die klassische Rolle des Mannes als alleiniger Ernährer und Oberhaupt seiner Familie ausgedient hat, kann uns niemand abschließend - mit ontologischer Sicherheit - sagen, was heute wirklich männlich ist! Dieses Buch ist daher lediglich eine Annäherung. Wir Männer befinden uns in den unterschiedlichsten Lebenssituation (gebunden - ungebunden; allein lebend oder in Gemeinschaft; Arbeit suchend oder beruflich erfolgreich; hinter Gittern oder scheinbar „frei" etc.). Gerade in den Städten leben viele ungebundene Männer. Es gibt dort mittlerweile mehr

Singlehaushalte als Partnerschafts- und Familienhaushalte. Es ist also längst nicht mehr selbstverständlich, mit seinem Partner oder auch seiner Familie zusammenzuleben oder eigene Kinder zu haben. Der durchschnittliche deutsche Mann zeugt momentan 1,4 Kinder. Um sich zu reproduzieren müssten es 2,1 sein. Männlichkeit nimmt die verschiedensten Formen an. Was ist es, was uns verbindet? Die Unsicherheit im Umgang mit dem anderen Geschlecht? Herzensprobleme? Der tägliche Kampf ums Geld? Die zickige Kollegin? Die Ausbeutung von Mutter Erde?

Meine Bitte ist einfach, dass Sie unvoreingenommen mit Ihrem Herzen den Wahrheitsgehalt dieses Buches und seine Thesen über Maskulinität für sich prüfen und hiervon übernehmen, was für Sie und Ihre momentane Lebenssituation persönlich stimmig erscheint! Lesen Sie doch einfach über jene Aussagen, die für Sie nicht passen, mit einem lachenden Auge hinweg. Es geht mir um Gemeinsamkeiten, nicht um Trennendes, wenn natürlich auch jeder seinen eigen einzigartigen Weg hat! Sollten Sie allerdings auf Textpassagen treffen, die Ihre merkbare Ablehnung oder gar Ihren Zorn hervorrufen, hat dies immer zugleich mit Ihnen selbst zu tun und Sie sollten prüfen, warum dies so ist? Was sind hierbei Ihre persönlichen Trigger? Es geht nicht um Rechthaberei. Verstehen Sie dies bitte als eine Einladung zu persönlichem Wachstum!

Sinn und Zweck des Buches

Sinn und Zweck dieses Buches, welches sich übrigens meine langjährige Lebensgefährtin aus Angst vor eigenen Prozessen noch immer weigert zu lesen, ist es, Anregungen zur Entdeckung und Erweckung der eigenen Männlichkeit zu geben. Für mich war dies einer der wichtigsten Schritte meines bisherigen Lebens - vergleichbar mit dem Bestehen des Abiturs oder der Geburt des eigenen Sohns! Meine Absicht war es, den männlichen Pol in Alltag, Beruf und Beziehung klar herauszuarbeiten; zunächst als eigenen Wegweiser, sodann als Leitfaden auch für andere Männer. Die wenigsten von uns sind wirklich frei und leben als unabhängige, stolze *Krieger*, obwohl dies unser eigentliches Geburtsrecht ist! Die überwiegende Mehrzahl aller westlichen Männer ist nach wir vor geknechtet - irgendwo verloren zwischen Gelderwerb und Familie. Viele von uns leben ein Leben, welches längst schon nicht mehr das unsere ist. Die wenigsten von uns sind wahrhaft glücklich! Wir haben uns verloren zwischen den Erwartungen anderer und dem eigenen Pflichtgefühl und sind so zu Hamstern in einem permanent fordernden Rad geworden. Zumindest mir ging es so in jener Zeit, da ich mit junger Familie täglich meinem nie enden wollenden Job als Lehrer nachging. Ein Job, der mich schon seit geraumer Zeit nicht mehr innerlich erfüllte, dafür aber wie selbstverständlich auch die Wochenenden in Beschlag nahm. Zu welchem Preis, fragte ich mich? Dem Preis der eigenen Erschöpfung in einer Welt, in der das pathologisch gelebte „männliche" (Wirtschafts-)prinzip gerade dabei ist, auch noch die letzten Ressourcen von Mutter Erde in scheinbar nicht enden wollender Habgier unwiederbringlich zu vernichten?

Mein Buch wird dieses *globale Monster* nicht stoppen, aber es vermag vielleicht Impulse für die innere und äußere Freiheit von Männern zu geben! Was könnte es Wichtigeres für einen Mann geben, als seine spirituelle und materielle Unabhängigkeit? Nur aus einer umfassenden Autonomie heraus ist er als *Krieger* in der Lage, sich erfolgreich für die Überzeugungen seines Herzens zu engagieren und so Erlösung zu finden. In jenem Maße, in dem es mir gelingt, mich selbst zu befreien, werde ich auch andere zu diesem Schritt ermutigen. Sprechen wir nicht immer von einem „freien Land"? Das Land mag ja vielleicht noch „frei" sein. Die überwältigende Mehrheit von uns Männern aber ist es nicht! E-mann-zipation tut Not und wir sollten uns als Männer hierin gegenseitig unterstützen!

Der männlich Pol

Der männliche Pol ist komplexer, als es anfangs vielleicht den Anschein haben mag: Er ist zugleich ein Pol der Selbstbehauptung und des Dienens. Es ist die Aufgabe eines Mannes, der Weiblichkeit in all ihren Facetten (Kosmos, Welt, Natur, Frau, Musik, Ganzheit...) zu dienen, sich aber nicht darin zu verlieren. Er kann dieser Aufgabe jedoch nur nachkommen, wenn es ihm gelingt, die eigene Unabhängigkeit zu bewahren und notfalls mit der Waffe in der Hand zu verteidigen. Ein Mann sollte hierbei ferner immer die *eigene Vision* vor Augen haben. Sie ist es, die ihm Mut gibt und ihn zu Höchstleistungen antreibt. Nur wenn seine individuelle Vision mit den eigentlichen Bedürfnissen dieser Welt konform geht, wird sie von Erfolg begleitet sein. Kennt ein Mann seine Vision hingegen nicht, wird er kränkeln und früher oder später vom Sog des Weiblichen verschlungen werden. Dieser Mann wird sich aufopfern für die Welt, seine Partnerin oder Familie und sicherlich daran zugrunde gehen! Er brennt aus - zunächst emotional, später dann auch spirituell und physisch.

Weitere wichtige Punkte des maskulinen Weges, welche ich im Laufe des Buchs behandeln werde, sind die eigene Makellosigkeit, der männliche Führungsanspruch sowie eine im wahrsten Sinne des Wortes all-umfassende maskuline Herzlichkeit. Auch wenn wir Männer im Lauf der Geschichte viel Schuld auf uns geladen haben, gilt es doch anzuerkennen, dass wir immer - selbst die Dunkelsten unter uns - aus überbordender Herzlichkeit handelten. Das männliche Herz ist von unvorstellbarem Ausmaß, es umfasst nicht nur seine Familie, seine Nation und die Erde, sondern sprichwörtlich das gesamte Universum! Es ist die Größe unseres Herzens, die letzten Endes all unsere Taten rechtfertigen wird! Auch die schlimmsten Vergehen wie beispielsweise Vergewaltigung, Völkermord, Kannibalismus oder Folter - was immer auch ein Mann je getan haben mag, es geschah aus Herzlichkeit. So schrecklich es im Einzelfall auch gewesen ist, am Ende geschah es immer aus Liebe! Und an dieser Stelle möchte ich stellvertretend für alle Männer um Verzeihung bitten für all die Grausamkeiten, die wir - unwissend und tumb - auf unseren Schultern anhäuften. Es ist geschehen und nicht wieder gut zu machen, aber es tut mir leid! Ich bitte um Verzeihung! Zugleich möchte ich mir und allen anderen selbst verzeihen und wünsche mir, dass sich möglichst viele von uns dieser allgemeinen Absolution anschließen mögen! Danke! Wir Männer geloben uns zu bessern! Mehr können wir nicht tun! Wir vermochten es nicht besser! Was geschehen ist, lässt sich nicht wieder gut machen, doch wir lernen aus unseren Fehlern! Frauen sollte diese Reue anerkennen, denn auch sie haben mittlerweile viel Schuld auf sich geladen! Die Zeit für einen neuen Schulterschluss ist gekommen!

Die Komplexität des männlichen Pols indessen erschöpft sich nicht in den genannten Spannungsfeldern zwischen Unabhängigkeit und Pflicht; Führen und Dienen; Makellosigkeit und Schuld; Handeln und Verzeihen, sondern erstreckt sich selbstverständlich auch auf das sexuelle Gebiet. Alleine schon im Interesse guter, beidseitig erfüllender Sexualität sollten wir darauf achten, dass die feinen Unterschiede zwischen den Geschlechtern nicht nur nicht verloren gehen, sondern ganz im Gegenteil wieder sichtbarer gemacht und bewusst ausgelebt werden. Dies ist mein Standpunkt, der nichts von Gleichmacherei hält! „Männer - Männlichkeit - Mannsein. Ein Leitfaden zur Maskulinität" wendet sich daher ausdrücklich gleichermaßen gegen eine „Verweiblichung des Mannes" und eine „Vermännlichung von Frauen". Auch in einheitlicher Zwitterhaftigkeit, Androgynität oder Hermaphroditismus sehe ich keinen richtungsweisenden Lösungsansatz. Unsere Aufgabe als Mann bleibt daher in meinen Augen die bewusste Kultivierung des maskulinen Pols und zwar so, wie er nun einmal ist und von uns Männern erfahren wird und nicht so, wie Frauen (Mütter, Schwestern, Erzieherinnen, Lehrerinnen, Freundinnen, Partnerinnen, Geliebte, Ehefrauen etc.) es gerne hätten! Ganz lapidar ausgedrückt geht es also darum, darauf zu bestehen, so zu sein, wie wir sind, ohne uns als Männer in einer immer weiblicher werdenden Welt zu verbiegen. Diese auffordernde Erkenntnis betrifft gleichermaßen unsere kollektive männliche Essenz wie die persönliche Individualität, die jeder einzelne von uns in sich trägt und mit sich bringt! Ich begreife die damit einhergehende Stärkung sowohl individueller als auch kollektiv-männlicher Charakterzüge als eine Aufgabe, deren Erfüllung Respekt abnötigt - nicht nur unter männlichen Freunden, sondern auch in der Frauenwelt! Das Ideal des freien Mannes, ich nenne ihn *Krieger*, ist - allem Anschein zum Trotz - noch lange nicht ausgeträumt! Frauen haben sich auf ihre Weise übrigens schon längst befreit und zwar mit einer viel größeren Selbstverständlichkeit als wir Männer: Sie reden nicht darüber, sondern tun im Allgemeinen einfach, wonach ihnen der Sinn steht! Hierbei pflegen sie dann allerdings einen regen, regelmäßigen Austausch mit anderen Frauen, besprechen sich über den Wert einzelner Männer und unterstützen sich gegenseitig. Längst haben sie große Teile der Öffentlichkeit unter sich aufgeteilt, ohne dass die breite Masse der Männer dies auch nur bemerken würde. Während wir noch miteinander um den verbleibenden kleinen Rest des Kuchens konkurrieren, haben sich die Frauen längst verbündet und erteilen sich wertvolle Ratschläge hinsichtlich ihrer eigenen Weiblichkeit! Natürlich gibt es dabei auch immer einmal wieder *Zickenalarm* und *Stutenbissigkeit*, aber irgendwie scheinen die Frauen derartige Situationen mit Eskalationspotential dann auch wieder zu entschärfen und auf ihre Weise unter sich zu klären. Ihre Solidarität miteinander und ihre femininen Netzwerke übertreffen im Allgemeinen die unseren bei Weitem! Während viele Männer noch im Trüben fischen, wissen die meisten Frauen längst, wer sie sind und was sie wollen! Wir Männer hingegen haben manchmal fast das Gefühl, als müssten wir uns für unsere angeborene Männlichkeit entschuldigen - eine Tatsache, die viele Frauen zusätzlich für ihre eigenen Zwecke nutzen! Unser eingeredetes schlechtes Gewissen wird zum Trumpf in ihrer Hand! Frauen sind in dieser Hinsicht weiß Gott keine Engel! Doch möchte ich ihnen keine moralische Schuld zuweisen, denn unser maskulines Selbstbewusstsein ist uns in jenem Maße verloren gegangen, in welchem wir selbst vom wahrhaft männlichen Weg abgekommen sind. Wir selbst tragen also die ursprüngliche Verantwortung für den Niedergang des männlichen Geschlechts! Hieraus resultieren in letzter Instanz nicht nur persönliche Tragödien, sondern zugleich der global eingeschlagene, pathologische Politik- und Wirtschaftskurs! Dieser Kurs mit den daraus resultierenden globalen Katastrophen (Wirtschaftskrisen, Hungersnöte, Umweltdesaster, Terrorismus, Kriminalität etc.) ist ausdrücklich nicht maskulin. Es handelt sich hierbei lediglich um pseudomännliche Verfehlungen, die nicht das Geringste mit *Maskulinität* zu tun haben. Das Gegenteil ist der Fall, doch die weltweiten wirtschaftlichen und ökologischen Desaster werden noch zunehmen, gelingt es uns nicht endlich umzulenken! Dies gilt es zu verstehen(!) Die Erde über Generationen hinweg zu zerstören, hat nichts, aber auch gar nichts mit wirklicher Männlichkeit, sprich *Maskulinität*, zu tun! Die Verursacher sollten sich schämen! Selbst das Geld, welches sie für ihre eigene Familie erwirtschaften, ist verflucht! Ihr Reichtum ist rot gefärbt vom Blut der Erde! Und doch ist die

Zeit zu einem gemeinsamen Umdenken gekommen! Gegenseitige Schuldvorwürfe haben noch niemanden weiter gebracht! Daher lade ich Sie alle jetzt ein - egal welcher gesellschaftlichen Schicht Sie angehören oder welchen Glauben Sie haben - gemeinsam mit mir den Weg eines unabhängigen, ganzheitlichen, bewussten Mannes zu gehen! Es geht hierbei ausdrücklich nicht um Machogehabe, große Sprüche, latente Gewaltbereitschaft, Saufgelage oder die männliche Rudelbildung im Stadion, sondern um wahre *Maskulinität*. Ich sage nicht, dass diese dem männlichen Klischee entsprechenden Dinge per se schlecht wären, auch wenn ich mich aus Überzeugung gegen jede unnötige Gewalt und gegen jegliche Brutalität ausspreche. Ich denke aber, dass unsere Maskulinität weit über das hinausgeht, was uns noch immer in den geschäftstüchtigen Medien werbewirksam verkauft wird. Es geht beileibe auch nicht darum, ein negatives Frauenbild aufzubauen und zu schüren, auch wenn die Männerbewegung teilweise fälschlich so verstanden wird. Ganz im Gegenteil ist es eine unserer vorrangigen maskulinen Aufgaben, uns einzig über uns selbst neu zu definieren, unabhängig davon, was die Frauenwelt von uns erwartet! Wir müssen lernen, endlich wieder für uns selbst zu stehen, denn wir selbst tragen die Verantwortung für unser Wohlergehen! Es wäre ein grober Fehler, dies auf irgendwelche Frauen oder die Weiblichkeit an sich abzuwälzen! Wir würden hierdurch den Frauen erneut eine Macht über uns geben, die ihnen - weiß Gott - nicht zukommen sollte! Niemand sollte über andere bestimmen wollen! Auch die Wirtschaftsbosse, Politiker oder Reichen tragen nicht die alleinige Schuld! Es ist an uns selbst, aufzustehen und uns diesen krank machenden globalen Mechanismen, dem System der Angst, in positiver, gestaltender Art zu verweigern!

Was ich nach einigem Wirren und Suchen für mich selbst gefunden habe, ist ein Männerbild jenseits des großen Geldes, der

Medien und billigen Romanverfilmungen. Es ist ein Männerbild des freien Engagements in Familie und Gesellschaft, der ruhenden Weisheit, des bewussten - auch rituellen - Feierns sowie eines koordinierten Zusammenschlusses freier, zielgerichteter Männer. Ich bin mir sicher, dass jeder wahrhaft suchende Mann noch etwas Besseres finden wird, als berufliche Abhängigkeiten, faule familiäre Kompromisse, männliche Saufgelage oder den eigenen Fußballverein! Das soll nicht heißen, dass ich nicht selbst bekennender Eintracht Frankfurt Fan bin oder gewisse Sportereignisse mit großer Emotionalität verfolge. Nein, das heißt vielmehr, dass es Dinge auf dieser Erde gibt, die männliches Engagement wirklich lohnen lassen: der nachhaltige, tiefenökologische Umweltschutz, der Weltfrieden, die eigenen Kinder, gute Sexualität mit einer oder mehreren Partnerinnen, Musik und die Künste, die Heilung der Ahnenkette, das Pflanzen von Bäumen, das Anlegen eines eigenen Gartens, das bedingungslose Verzeihen, das Verständnis der Kulturen, die Toleranz der Religionen innerhalb eines Rahmens allgemein anerkannter Menschenrechte, eine gesellschaftliche Gerechtigkeit gleicher Startvoraussetzungen und Spielregeln, die persönliche Makellosigkeit als Krieger, die männliche Gesundheit und nicht zuletzt der Erfolg der eigenen Mission, um nur einige Beispiele zu nennen.

Jeder Mann sollte diese Dinge für sich selbst überdenken und seine eigene Liste erstellen. Unser maskulines Ziel kann es weder sein, den Rest unserer Tage mit Bier und Chips auf dem Sofa vor dem Fernseher zu verbringen, noch uns vor Wehleid oder Melancholie über die Ex-Partnerin oder die Ungerechtigkeiten dieser Welt zu verzehren, noch das uns geschenkte Leben mit einer Arbeit zuzubringen, die uns schon lange nicht mehr erfüllt! Nein, ein Mann steht auf, auch wenn es schmerzhaft ist! Ein *Krieger* ist, wer „ja" sagt zu dieser Welt und sich in ihr - im Idealfall - mit seiner kompletten maskulinen Essenz verwirklicht! Und sollte er Fehler begangen haben, so gesteht er diese ein und ändert sein Verhalten. Er möchte dies nicht, er bemüht sich nicht, er tut es einfach! Er ist ein Mann, was soviel bedeutet, dass er in letzter Instanz Schöpfer seiner eigenen Wirklichkeit ist! Hierzu bedarf es allerdings bereits im Vorfeld einer ganzen Reihe männlicher Attribute wie eines klaren Verstandes, der Aggression, der Kampfbereitschaft, einem Sinn für Jagd und Eroberung, der Willensstärke, einem positiven Verhältnis zur Macht, des grundsätzlich maskulinen Führungsanspruchs, der Willensstärke und Durchsetzungsfähigkeit, der Selbstdisziplin, einer kalkulieren Risikobereitschaft, Entschiedenheit usw. All dies ist männlich, dem maskulinen Pol zugehörend. Wer glaubt, er würde zum Schöpfer, nur weit er meditiert und betet, Yoga betreibt und überhaupt ein spiritueller Mann ist, irrt. Wir werden in dieser Welt nichts erlangen, wofür wir nicht auch bereit sind, Opfer zu bringen oder zu kämpfen, wenn es verlangt wird! Wir dürfen daher auch vor einer gewissen Härte nicht die Augen verschließen, nur weil Mutti gesagt hat, dieses oder jenes wäre nicht gut. Ganz im Gegenteil sollten wir uns als Männer klar zum maskulinen Pol unserer Männlichkeit bekennen! Wir werden uns in den folgenden Kapiteln mit einzelnen Unterpunkten gesondert beschäftigen. Dass auch Spiritualität und Meditation trotz ihrer femininen Einfärbung zum männlichen Pol gehören, sollte außer Frage stehen! Das Wort <<Yoga>> besitzt übrigens sogar die gleiche Sprachwurzel wie das Wort <<Yang>> (Männlichkeit).

Vielleicht wollen Sie, bevor Sie weiterlesen, zunächst einmal den Test zur Bestimmung der eigenen männlichen Essenz am Ende dieses Buches machen?

Einwände von weiblicher Seite

Im Gespräch mit Frauen wenden sich diese immer wieder entrüstet gegen den männlichen Führungsanspruch innerhalb von Partnerschaft und Familie. Ich werde weiter unten noch gezielt darauf zu sprechen kommen, möchte aber bereits an dieser Stelle dreierlei betonen:

1. Männer und Frauen sind ebenbürtig!
2. Führen bedeutet immer zugleich einem größeren Ganzen zu dienen!
3. Der männliche Führungsanspruch gehört in jenem Maße zum maskulinen Pol wie es das Prinzip der Hingabe bei einer Frau ist!

Es gibt hierbei also nichts zu verhandeln! Anderseits gehören zum männlichen Führungsanspruch innerhalb der Familie auch die klare Abgrenzung gegenüber Unerträglichkeiten von Seiten der Frauen (gezielte Beleidigungen, Demütigungen, Schläge etc.) sowie eine gewisse Richtlinienkompetenz. Ziehen Sie daher immer klare Grenzen und machen Sie den Frauen klar, was mit Ihnen auf keinen Fall geht! Lassen Sie sich weder finanziell noch körperlich oder emotional von niemandem ausnutzen! Von Ihrer eigenen Frau noch am allerwenigsten! Legen Sie daher ganz konkret die entsprechenden Spielregeln für einen respektvollen gegenseitigen Umgang fest und dulden Sie keine Verstöße hiergegen! Halten Sie sich zugleich auch Ihrerseits an diese Regeln! Sie als Mann sollten vorgeben, wohin sich die Beziehung und Familie entwickeln. Sobald Sie die Bereitschaft erkennen lassen, notfalls auch alleine zu gehen, wird Ihnen Ihre Frau willig folgen, da sie Ihre innere Stärke erkennt! Das ist es, was ich unter gelebter *Maskulinität* bezeichne! (Seit ich dies verstanden habe, hat sich im Übrigen auch meine eigene Beziehung wieder fundamental verbessert!)

Etwas anderes, was die heutigen - oftmals esoterisch angehauchten - Frauen meist zum Ausdruck bringen, ist, dass es all dieser kriegerisch-männlichen Attribute in einer modernen Welt nicht mehr bedürfe. Insbesondere nicht mehr nach der sogenannten „Bewusstseinsanhebung"! Sie schließen dabei aber von ihrer weiblichen Essenz auf den männlichen Pol. Lassen Sie sich davon also bitte nicht beirren und stehen Sie treu auf der Seite Ihres maskulinen Pols. Sie müssen entsprechende Eigenschaften (wie beispielsweise eine grundsätzliche Konfrontations- oder Kampfbereitschaft) in Anwesenheit einer solchen Frau ja nicht unbedingt überbetonen, es reicht, wenn Sie sie für sich kultivieren und im nächstbesten Fall, wenn Ihre Partnerin ungerecht behandelt oder gar physisch angegriffen wird, zur Schau stellen! Dann nämlich wird es Ihnen Ihre Partnerin danken! Vergessen Sie aber dennoch nie, dass Sie als *Krieger* in erster Linie ein Mann des Friedens sind!

Persönlich bin ich durchaus der Meinung, dass unser Planet kurz davor beziehungsweise bereits dabei ist, sich einer radikalen Häutung zu unterziehen. Auch auf die Gefahr hin als „esoterisch" verkannt zu werden, gehe ich fest von der Weiterentwicklung der menschlichen Rasse aus, die zugleich mit einer gewissen Bewusstseinserweiterung verbunden ist. Wir nutzen bisher ja nur einen Bruchteil des uns zur Verfügung stehenden Gehirns! Ich glaube hierbei tatsächlich, dass sich eine solche Bewusstseinsanhebung nicht nur „spirituell" und gesellschaftlich bemerkbar macht, sondern zugleich statistisch beweisen und physikalisch messen lassen wird. Im Umkehrschluss aber darauf zu schließen, dass ein Mann bereits jetzt oder spätestens dann - ohne ein gewisses Aggressionspotential und ohne sich real in der dreidimensionalen Welt zu betätigen - alle seine Projekte alleine durch sein Bewusstsein verwirklichen könne, halte ich doch für sehr gewagt! Weder glaube ich an eine baldige Aufhebung aller Dualitäten (wie es immer mehr Menschen zu glauben scheinen), der dann ja auch der maskuline Pol zum Opfer fiele(!), noch sehe ich mich bei aller inhärenter männlicher Gestaltungskraft als einen Schöpfer von Lebensrealitäten, ohne zuvor aktiv mit meinem Verstand, Herzen und vor allen den eigenen Händen tätig geworden zu sein! Um unsere Ziele zu erreichen bedarf es also neben der reinen Absicht immer auch eines konkreten Handelns! Bei aller geistiger Weiterentwicklung sollte ein Mann niemals seine Erdung verlieren! (Vermutlich habe ich mich bereits jetzt viel zu viel mit Spiritualität und Esoterik beschäftigt, um so etwas Absurdes wie eine bewusste Wirklichkeitsgestaltung alleine durch mentale Kräfte entgegen aller Naturgesetze überhaupt ernsthaft in Erwägung ziehen zu können!)

<u>Zum besseren Verständnis möchte ich mein dem Thema „Männlichkeit" zugrunde liegendes Weltbild hier nochmals knapp zusammenfassen:</u>

1) Die menschliche Rasse entwickelt sich nach wie vor weiter, was von einem allgemeinen Bewusstseinsanstieg begleitet wird beziehungsweise erst hieraus resultiert!
2) Dieser Bewusstseinsanstieg wird körperlich erfahrbar (höhere Lebensdauer etc.) und darüber hinaus auf irgendeine Weise auch physikalisch im Sinne einer Schwinungserhöhung messbar sein!
3) Die allgemeine menschliche Bewusstseinserweiterung erfolgt zugleich individuell und kollektiv. Niemand kann sich dem langfristig entziehen!
4) Als Begleiterscheinung kann es zu persönlichen und globalen Krisen oder gar Katastrophen kommen, wenn wir als Menschheit daraus nichts lernen und nicht ausreichend gegensteuern!
5) Wir sind bereits mitten in diesem Wandel!

6) Auch bei zunehmender Globalisierung oder dem steigenden Bewusstsein von Einheit, werden die Dualitäten und Polaritäten dieser Erde noch lange fortbestehen!
7) Zum Erreichen von positiven Zielen wird es nach wie vor der kanalisierten Aggression bedürfen. Für andere Ziele sollten wir uns nicht länger verwenden lassen!
8) Unser Weltbild als Mann sollte niemals den wissenschaftlichen Erkenntnissen widersprechen. Was allerdings als wissenschaftlich gesichert gilt, darüber darf es viele Zweifel geben!
9) Im Zuge der hier skizzierten Evolution wird *Maskulinität* bedeutsamer denn je!
10) Damit, was hierunter im Einzelnen verstanden werden kann, beschäftigt sich dieses Buch!

Die erste Reise

Ein Mann wäre kein „wahrer Mann", wäre da nicht neben seiner Beschäftigung mit weltlichen und metaphysischen Dingen auch die vollständige Integration all seiner weiblichen Anteile. Ich nenne dies die erste Reise. Es ist eine maskuline Reise in die Weiblichkeit der eigenen Seele und Schule der Frauen. „Was gibt es hier zu lernen?", mag mancher Macho fragen. Die Antwort lautet: „Sehr viel!" Auf dem femininen Pol begegnen wir grundlegenden Eigenschaften wie beispielsweise der partnerschaftlichen Liebesfähigkeit (im Gegensatz zum maskulinen Freiheitsbewusstsein), der Hingabe (anstelle des bloßen Gebens), des Empfangens und Vertrauens (anstelle von Risiko oder Sucht), der Zärtlichkeit (anstelle von rein zielgerichteter Sexualität), der Dankbarkeit (anstelle von Verlangen), der Empathie (anstelle von oberflächlicher Lustigkeit) oder der Konsensfähigkeit (anstelle von Konkurrenz). Wer diese Dinge, um nur einige zu nennen, nicht verstanden, erlebt und in sein männliches Sein integriert hat, verharrt auf der Stufe eines männlichen Zerrbildes seiner selbst.

Natürlich sind wir Männer in erster Linie friedfertig, verzeihend, zärtlich, liebend, intuitiv und herzlich! Wahrscheinlich sind diese Eigenschaften sogar bereits als weibliche Anteile im männlichen Pol „standardmäßig" enthalten. Ihre bewusste Annahme und Kultivierung eröffnet uns allerdings weitere Einsichten und die Entwicklung einer reifen, männlichen Seele.

Ebenso, wie nicht mehr alle Männer die „harte", männliche Seite ihres Pols für sich in Anspruch nehmen, integrierten auch beileibe nicht alle Frauen die „weichen" Eigenschaften ihres eigenen Pols gewinnbringend in ihren Charakter. Der Mythos von der heiligen, reinen Frau bedarf daher der gründlichen Entmystifizierung! Die meisten Frauen sind noch immer mehr Hure als dass sie Heilige wären. Sie befinden sich, wie auch die Mehrzahl aller Männer, zwischen den Polen und sind genauso käuflich wie wir selbst. Gerade deshalb ist für alle Menschen diese Reise in den femininen Pol unserer Existenz notwendig. Uns Männern hilft sie dabei, die ohnehin bereits in unserer männlichen Seele angelegten „weichen" Eigenschaften besser zu respektieren (z.B. Liebesbedürfnis, Gefühle, der Wunsch nach Hingabe und Zärtlichkeit etc.) und uns mannhaft auch zu ihnen zu bekennen! Wir sind keine Memmen, nur weil wir Gefühle haben. Ganz im Gegenteil: Es ist nicht unserer Aufgabe, der ewige Aggressor zu sein, der kämpfende, schreiende, grobschlächtige, kriminelle Vergewaltiger und Unterdrücker! Das waren wir Männer auch, aber eben nicht nur! Vergleichbares entspricht einer Pathologie männlicher Essenz! In Wirklichkeit waren und sind wir bewusste, liebevolle, einfühlsame Wesen mit einem Sinn fürs Praktische, aber auch für Ästhetik! Das, was unsere männliche Essenz zusätzlich vor den Frauen auszeichnet, ist, dass wir jederzeit bereit sind (beziehungsweise als echte Männer bereit sein sollten), aufzustehen, um auch für die „maskulinen, harten Seiten" unseres eigenen männlichen Pols und unserer Existenz einzustehen und sie zu verwirklichen. So gehört es zu unseren Aufgaben als Mann u.a. auch für unsere Rechte (und die von Minderheiten) einzutreten, Nahrung zu beschaffen, Schwächere zu schützen und im Sinne eines allumfassenden ritterlichen Ideals zu handeln! Wir sollten hierauf wieder verstärkt Wert legen! Der Reise in die Weiblichkeit <<vom Macho zum Frauenversteher>> muss eine zweite Reise zurück in die eigene Maskulinität, <<zum wahren Mann>>, folgen, soll unser Geschlecht wieder ganz und heil und herrlich werden!

Im Übrigen verfügen auch Frauen in ihrer feminine Essenz über eher weibliche und eher männliche Eigenschaften, ansonsten wären sie nämlich erst gar nicht auf die Idee gekommen, sich emanzipieren zu wollen. Jeder Pol verfügt also bei genauerer Betrachtung bereits in sich alles Lebensnotwendige und doch bedarf es beider Pole, um abschließende Ganzheit zu erreichen! Käuflichkeit und Prostitution sind das Ergebnis unvollendeter Reisen. Einzig die Verwirklichung des eigenen Pols bei vorheriger Integration des gegenüberliegenden Andersgeschlechlichen ist in der Lage uns hiervor zu schützen! Und ganz sicherlich gibt es auch so etwas wie eine weibliche Pathologie der Femininität! Ihre Facetten sind Beliebigkeit, Oberflächlichkeit, Ziellosigkeit, Haltlosigkeit...

Die zweite Reise

Verringern sich die Unterschiede zwischen dem männlichen und dem weiblichen Pol beispielsweise aufgrund ähnlicher beruflicher oder familiärer Belastungen oder weil ein Mann auf dem weiblichen Pol sprichwörtlich hängen bleibt, anstatt dessen Agens in die eigene Maskulinität zu integrieren, nimmt auch die sexuelle Anziehung ab. Zum Glück aber ist die Zeit der männlichen Emanzipation endlich angebrochen! Es ist dies unsere Reise zurück zur Essenz des eigenen maskulinen Pols. (Emanzipation ist immer eine Reise aus der Ganzheit des femininen Pols hin zur Individualität des männlichen Pols - soviel zum Verständnis.)

Frauen haben sich in ihrer überwiegenden Mehrheit längst emanzipiert. Sie sind bereits vor Jahrzehnten zum Männerpol aufgebrochen, wenn auch oftmals ohne Rückkehr in die Femininität. Deshalb sollten sie - gerade auch als Feministinnen - diese Art der Emanzipation hin zum Männlichen jetzt neu überdenken! Letztlich darf Emanzipation der Frau nicht bedeuten, dass sie von nun an ein Mann oder zumindest ein halber Mann ist. Hiermit wäre meines Erachtens das Ziel erfolgreicher Emanzipation verfehlt, welches darin bestehen sollte, die eigene Essenz umfassend zu leben. Es bedarf also auch für die Frauenwelt einer zweiten Reise zurück zu ihrem angestammten femininen Pol! Wirkliche weibliche Emanzipation wäre demnach das, was einer Frau erlaubt, zu 100% weiblich sein zu können. An dieser Stelle möchte ich gleich noch einem weiteren Missverständnis vorbeugen: Es geht mir nicht darum, Frauen in Männerberufen zu verurteilen oder „maskuline" Frauen zu diskriminieren. Ganz im Gegenteil sollte jeder im Rahmen seiner individuellen Bedürfnisse frei nach seiner Essenz und gemäß seines eigenen Gewissens leben dürfen! Dennoch bringe ich klar zum Ausdruck: Frauen, die sich langfristig in der Männerwelt etablieren und dies nicht über anderer weibliche Tugenden ausgleichen, verfügen nur über eine geringe Femininität! Früher oder später wird ihre emotionale Kühlung versagen und sie werden daran verdorren und verbrennen.

Meines Erachtens sollten beide Geschlechter jeweils das Maximum an Maskulinität und Femininität in ihrem Leben verwirklichen, um das entstehende Spannungsverhältnis, die Leiden-schaft, auszukosten, sich so zu inspirieren und das jeweils Beste aus sich heraus zu holen!

Auch die Leidenschaft ist ein Pol. Wer sie nicht kennt, wird auch den Gegenpol, die Glückseligkeit, nie erfahren! Wie wollen Sie Ihr Glück schätzen, wenn Sie niemals Trauer und Enttäuschung erfuhren? Wie wollen Sie sich entwickeln, wenn Sie niemals vor Probleme gestellt wurden? Wie wollen Sie das Gute wertschätzen, wenn Sie nicht auch um das Böse wüssten? Wie wollen Sie Mann sein, wenn Ihre Frau auch Mann sein und immer nur die Hosen anhaben möchte? Ist eine solche Frau glücklich? Sind Sie es?

Ebenso wie die Frauen sollten auch wir Männer endlich den Anspruch erheben, 100% Mann sein zu können und danach zu leben! Und zwar ohne wenn und aber! Diese männliche Unabhängigkeit ist es, die mir so sehr am Herzen liegt, dass ich ihretwegen dieses Buch geschrieben habe. Sie ist unserer Sache! Ich schlage hierfür das Wort „*Maskulinismus*" vor, als eine dem „*Feminismus*" vergleichbare Geisteshaltung und Bewegung, die sich rein für die Sache der Männer engagiert! Sache der Frauen hingegen bleibt es, ihre frauliche „Emanzipation" nochmals hinsichtlich einer zweiten Reise in Richtung ihrer eigenen Weiblichkeit zu überdenken. Wie bereits dargelegt hängen viele von ihnen - insbesondere auch in Deutschland und oftmals ohne es überhaupt zu merken - noch immer am männlichen Pol fest. Sie fanden nicht den Weg zurück in ihre eigene Wahrhaftigkeit! Ihre Säfte verlassen sie und sie drohen auszutrocknen. Aber das ist letztendlich ihre Sache! Unsere ist es, Mann zu sein und männliche Verantwortung zunächst einmal für uns selbst und unser Wohlergehen zu übernehmen! Maskuline

Freiheit und Verantwortung sind zwei Seiten einer Medaille: Nur der freie Mann kann sich verantwortlich zeigen! Nur der verantwortliche Mann wird es vermögen, wahrhaft zu führen und zu dienen! Vielleicht wird nur er dazu in der Lage sein, auch seiner Frau einen Weg zurück in ihre Feminität aufzuzeigen, zurück in Hingabe, Glücklichsein und Vertrauen.

Der Polsprung

Interessanterweise treffe ich in letzter Zeit vermehrt auf Frauen, die sich in Ihrer vermännlichten Rolle in Entscheiderpositionen gefallen! Selbst eine pathologisch-männliche auf Orgasmen ausgerichtete Sexualität eigneten sie sich an! Nicht, dass diese Frauen in ihrer überwiegenden Mehrzahl glücklich wären. Sie sind es nicht, aber ihre Angst überwiegt, sich wieder der männlichen Führung anzuvertrauen, die in der Vergangenheit für so viel Ungemach verantwortlich war! Versinnbildlicht wird diese Position durch den anstehenden Polsprung. Wer sich mit diesem geophysikalischen Phänomen noch nicht beschäftigt hat, sollte dies nachholen, denn etwa alle 200.000 Jahre kehrt aus bisher noch ungeklärten Gründen das Erdmagnetfeld um: Der Pluspol wird zum Minuspol und umgekehrt. Ist die Zeit hierfür erneut gekommen? Eine Metapher für ein vertauschtes Rollenverständnis? Während die Männer gerade erst begonnen haben, sich auf den Weg der Weiblichkeit zu machen und in deren Schule einzutreten, haben die Frauen den männlichen Pol längst erobert und halten dessen Zügel fest in der Hand. In dem Maße wie wir Männer verweiblichen und Verantwortlichkeit und Führung aus unserer Hand geben, drängen Frauen nach, diese für uns zu übernehmen! Für einen kurzen Zeitraum der Integration mag dies ja noch angehen, was aber wird die Zukunft bringen? Wir sollten endlich verstehen, dass beide Geschlechter zwar verschieden, hierin sich aber ebenbürtig sind!

Wie dem auch immer sei, es geht nie darum, unsere Anima, die ja nur unsere andere Seite spiegelt, herabzusetzen, sondern darum, den eigenen Animus zu stärken!

Einleitung

„Hierarchie ist zweifelsohne dem männlichen Pol zuzuordnen, trotzdem wählte ich im folgenden Hauptteil die alphabetische Anordnung! Ein weibliches Element im maskulinen Kontext, wie ihn der schwarze Kreis im weißen Yang verkörpert?"

Es werden durch meine Überzeugungen weder endgültige Standards von Maskulinität gesetzt, noch wird in irgendeiner Art Allgemeingültigkeit proklamiert, denn der männliche Weg ist ein Weg ständiger Weiterentwicklung. Dennoch glaube ich, dass die hier von mir zusammengetragenen Beobachtungen und Überlegungen auf einen Großteil der heutigen Männer und somit auf das heutige Mannsein zutreffen. Trotz der vielen Gemeinsamkeiten in der Männerwelt, die vielen von uns aufgrund unzureichender Kommunikation überhaupt nicht mehr bewusst sind, heißt dies nicht, dass nicht jeder Mann - der Gottheit sei Dank - anders wäre, individuell und einzigartig! Deshalb verwehre ich mich an dieser Stelle auch strikt dagegen, alle von uns über einen Kamm zu scheren. Gerade die persönliche Individualität sowie der Mut zum eigenen Weg und zur eigenen Wahrheit sind unverkennbare männliche Attribute.

Hier sind nun meine 103 Stichpunkte zum Thema „Männer - Männlichkeit - Mannsein". Warum 103 Punkte? Warum nicht, ist doch eine schöne Primzahl! Ich habe lange geschwankt, ob ich eine thematisch gegliederte Anordnung für die einzelnen Punkte wählen soll, entschied mich dann aber doch für die alphabetische

Gliederung. Einzig der Block zur persönlichen Vision/Mission wurde vorangestellt, da er von übergeordneter Bedeutung für alle weiteren männlichen Themen ist. Am Ende der Aufzählung fügte ich noch - ebenfalls außerhalb der alphabetischen Gliederung - „die Bereitschaft zum Töten" an. Am Beginn der Männlichkeit steht also eine Idee, am Ende der mögliche Tod! Wessen Tod? Die Beantwortung dieser Frage bleibt jedem selbst überlassen! Manchmal sind es einfach unsere falschen Glaubensmuster, die sterben müssen, um wieder freudvoll durch die Welt zu tanzen!

Manche der in diesem Buch geäußerten Ansichten bergen das Potential in sich, missverstanden zu werden oder entsprechen nicht ganz der herrschenden (weiblichen!) Meinung oder *political correctness*. Es ist ein Buch für Männer auf dem Weg und Männer mit ausreichender oder starker maskuliner Essenz. Dies ist kein Machobuch, auch wenn einzelnen Passagen aus dem Gesamtkontext genommen und für sich gelesen vielleicht einen diesbezüglichen Eindruck erwecken. Aber darum geht es nicht (mag sich mancheine auch daran aufhängen), sondern einzig um die Stärkung der Männlichkeit an sich. Es ist auch kein Buch für „Softies", sondern für wahre Männer und solche, die es werden wollen. Neben dem passiven, naiven und sanften *New-Age-Mann* (Robert Bly) und dem aktiven, aggressiven und sterilen *Dow-Jones-Mann* muss es noch so etwas wie wahre Männlichkeit geben! Nur neben starken Männern können auch starke Frauen bestehen: stark im Sinne der eigenen Weiblichkeit und femininen Essenz. Frauen, die sich ihrer Schönheit und Unabhängigkeit gewahr sind und sich dennoch oder gerade deshalb aus ihrer ganzen Liebe heraus dem männlichen Schutz und der männlichen Führung anvertrauen. Diese Frauen wissen und spüren, dass wir, die bewussten, neuen, starken Männer an ihrer Seite mit ganzen Herzen bereit sind, sie - sollte es notwendig sein - bis in den Tod zu lieben und zu verteidigen. Zugleich gewähren wir ihnen alle Freiheiten und Unterstützung, die Frauen brauchen, um sich ihrerseits bestmöglichst zu entwickeln und zu entfalten. Es gibt kaum jemanden, der an der Stärkung wahrer Männlichkeit ein größeres Interesse haben könnte, als eben jene Frauen, die sich selbst bereits auf die zweite Reise, den Weg der Weiblichkeit begeben haben. Richtig gelebte Männlichkeit und richtig gelebte Weiblichkeit ergänzen sich zu einem harmonischen Ganzen!

Im Übrigen vertraue ich darauf, dass Sie stark und erfahren genug sind, das für Sie Richtige aus dem Buch zu entnehmen und sich nicht an einzelnen Formulierungen - die meinerseits alle sorgfältig gewählt wurden - aufhängen. Das wäre kleingeistig. Formulieren Sie diese Stellen im Geiste also einfach so um, dass es mit Ihren eigenen Interessen, Ihrer Vision von der Welt, konform gehen! Auch dort, wo Sie vielleicht zunächst in Ablehnung gehen sollten, weil Sie meine Meinung nicht teilen, also von etwas anderem überzeugt sind, steckt zumeist etwas sehr Heilsames dahinter, wenn man zum wahren Grund der Ablehnung vordringt! Meistens ist es ja dann genau jenes, was wir an uns selbst nicht mögen!

Die drei großen Komplexe, die einen Mann beschäftigen, sind im Allgemeinen jene von Beruf, Partnerschaft und Sexualität. Ein weiterer Punkt sollte der der männlichen Gesundheit sein. Das vorliegende Buch gibt hierzu allgemeine sowie spezifische Hinweise und spiegelt meine persönliche Wahrnehmung, will aber nie belehren, sondern immer nur Impulse setzen. Es ist jedem Mann überlassen, was er daraus und aus seinem Leben macht! Ich will weder trennen noch werten, weder fixieren noch in irgendeiner Weise moralisieren.

Ausdrücklich geht es mir nicht darum, irgend jemanden herabzusetzen oder gar zu diskriminieren! Verstehen Sie bitte auch alle praktischen Hinweise in diesem Sinne. Übernehmen Sie davon, was Sie wollen oder tun Sie genau das Gegenteil! Wichtig ist es, zu Ihrer Wahrheit zu stehen, denn dafür gebührt Ihnen mein Respekt!

Um das Ganze noch etwas aufzulockern sowie um mich selbst und die hier dargelegten Thesen zu reflektieren, wurde von mir noch die Figur von Thomas, dem Göttlichen Schalk und Zweifler eingeführt. Sie ist die Stimme eines weiteren Mannes, dessen Zeuge Sie sind!

Zur nochmaligen Erläuterung

Die Bezeichnungen „männlich" und „maskulin" werden von mir während der gesamten Lektüre grundsätzlich als Synonyme verwendet, ebenso wie „weiblich" und „feminin" - alleine schon, um die Worte manchmal abzuwechseln. Immer wieder klingt aber auch eine Unterscheidung durch, die Maskulinität als jene Integrität in Männern beschreibt, die sie erst durch die vollständige Integration ihrer weiblichen Seiten zu entwickeln in der Lage sind! Gleiches gilt für „Femininität"! Sie ist fern davon „tussihaft" zu sein, sondern verkörpert die Essenz einer komplett ihre weibliche Essenz lebenden Frau, wobei hierzu auch die zuvorige Annahme und Integration aller ihrer männlichen Anteile zählt.

Beide Essenzen stellen - wertungsfrei - lediglich unterschiedliche Pole in der Gesamtheit der Schöpfung dar, welche sich gegenseitig bedingen und einander anziehen! Beide Pole haben ihre Daseinsberechtigung in einer dualistischen Welt und erst durch ihre vollständige Anerkennung und die Bereitschaft, sich darauf einzulassen, um sie zu erleben und „auszuschöpfen", lässt sich jene

Spannung erzeugen, die ein Leben nicht nur im herkömmlichen Sinne lebenswert und erfüllt macht! Ich spreche hierbei von einem spürbarem Glück jenseits aller tristen Gleichmacherei und des alltäglichen Einerleis. Ein Glücksempfinden, welches sich einstellt, noch lange bevor wir gleichermaßen als Männer und Frauen in die ursprüngliche Einheit zurückkehren! Vielleicht ist dieses täglich in der Spannung zwischen Maskulinität und Femininität erzeugte und erfahrene Glück sogar die Eintrittskarte für jegliche höheren Bewusstseinszustände?! Oder wie im Vorwort zu Ken Wilbers „Vom Tier zu den Göttern" steht:

„Ziel und Sinn der inneren Wandlung (...) ist, das Bewusstsein dieser Einheit zu finden. Geld, Ruhm, Essen, Sex, Wissen, Macht - das alles wird zur Ersatzbefriedigung, wenn wir das eigentliche menschliche Verlangen, welches nach Unendlichkeit strebt, nicht befriedigen können."

Ohne Polarität ist kein Leben möglich, wie wir es kennen. Erst sie spannt den Raum menschlicher Entwicklungsmöglichkeiten auf - zwischen Groß und Klein, Laut und Leise, Schnell und Langsam etc. pp.! Dies ist das alltägliche Spannungsfeld, in welchem wir leben und Ideen geboren werden. Natürlich birgt die aus der Polarität geborene Spannung auch ein gewisses Konfliktpotential, ohne Sie aber gäbe es nicht nur keine wahren Männer und Frauen, sondern ganz grundsätzlich keine Welt. Nicht nur niemanden, der da spräche, sondern nichts, worüber man sprechen könnte. Kein Subjekt, kein Objekt. Nichts!

Nicht nur zwischen Mann und Frau, sondern auch gesellschaftlich wird erst durch das Spannungsverhältnis beispielsweise zwischen Sozialist und Konservativer, Atheist und Gläubiger, Christ und Muslim, Arbeitgeber und Arbeitnehmer etc. gemeinschaftliche

Entwicklung möglich. Wir sollten unserem jeweiligen „Kontrahenten" deshalb immer für seine Existenz dankbar sein! Wir könnten ohne ihn in dieser Form überhaupt nicht existieren!

Und somit gilt: Erst durch die Überwindung aller Polarität kehrt ein Mensch zurück in die Einheit, aus welcher er ursprünglich entstieg. Manche sprechen von diesem Vorgang auch von Erleuchtung; er spielt aber keine weitere Rolle in diesem Buch, da es uns hier um den Zustand gelebten Glücks vor der Erleuchtung geht. Während sich das diesseitige Glück durch konsequente Maskulinität erreichen lässt, kann man Erleuchtung weder erzwingen noch forcieren. Sie gleicht einer Gnade, die sich irgendwann von selbst einzustellen vermag.

Dann wird es weder Mann noch Frau mehr geben, sondern nur noch Bewusstsein, Unsterblichkeit, Glückseligkeit - so zumindest berichten es die Quellen. Es ist das Ende aller Männlichkeit, wie wir sie kennen!

Bis dahin aber liegt ein „spannender" maskuliner Weg vor uns Männern, den wir unerschrocken und freudig beschreiten sollten! Es ist ein Weg der Anerkennung, Wertschätzung, Ermächtigung und Segnung all dessen was ist, bei gleichzeitiger freier Wahl und freiem Willen!

Der maskuline Pol hat nur dadurch Bestand, dass es auch einen femininen Pol gibt. Er wertschätzt daher auch diesen! Der maskuline Weg ist somit zwar vom femininen Weg getrennt und dennoch unmittelbar durch den ewigen Tanz der Geschlechter mit ihm verbunden. Jedes Individuum sollte in der Lage sein, während und durch diesen Tanz beide Sichtweisen zu begreifen, zu segnen, zu integrieren und je nach Situation zu gewinnbringend auszuleben.

Die in diesem Buch aufgezeigten *polaren Qualitäten* besitzen keinen Anspruch auf Ewigkeit! Auch duale Pole unterliegen in der Realität den Gesetzen der Verschiebung, Veränderung, Übertragung und Überlagerung.

Die eigene Vision/Mission

„Ihre vom Universum erteilte Mission ist die Verwirklichung Ihrer persönlichen Vision als Mann!"

Jeder Mann hat eine Vision, wenn auch viele sie nicht kennen. Im besten Fall entspricht unsere Vision jenem Potential, was wir in uns tragen. Dann ist dies unsere wirkliche Mission. Im anderen Fall wird uns das Leben korrigieren. Eine Vision zu haben bedeutet in diesem Fall nicht, irgendwelchen Bewusstseinstäuschungen zu unterliegen, sondern die Qualität unserer Herzen zu erkennen und hierfür einzutreten! Wollen Sie glücklich sein? Na also, machen Sie noch heute die nächsten Schritte dahingehend, Ihre ganz persönliche Vision zu erkennen und zu verwirklichen! Diese kann im Leben natürlich das eine oder andere Mal wechseln, denn Sie müssen sich ja ausprobieren und erkennen! Leben Sie daher immer für Ihre tiefste Wahrheit. Alles, was wir als unsere Vision erachteten und erreichten, um zu erkennen, dass es noch etwas Herzlicheres und Tieferes in unserem Leben gibt, waren notwendige Schritte zur Erkenntnis unserer wahren, dauerhaften Vision. Sie ist unserer eigentlicher männlicher Daseinszweck auf Erden! Machen Sie Ihre ganz persönliche Vision daher zugleich zur Mission. Ich weiß, dass dies ist nicht immer einfach zu bewältigen ist, zu vielfältig sind die Konventionen und Anforderungen, die von außen an uns herangetragen werden. Dennoch lohnt es sich, zu 100% für sich und seine Träume einzustehen. Wir sollten uns daher jederzeit gegenseitig unterstützen, für die Verwirklichung unserer innersten Vision einzutreten! Ihrer Ver-wirklich-ung in dieser Welt ist ein wahrer Mann bereit, alles zu opfern, auch seine Partnerschaft oder Beziehung, notfalls selbst den Kontakt zu den eigenen Kindern. Hätte er diese Bereitschaft nicht, würde seine Vision alsbald beginnen ihn zu jagen und ihn zu vernichten!

Schamanisch gesehen sprechen wir bei der Vision/Mission von einem Verbündeten unserer Seele. Der Mann als Jäger und Schamane hat nunmehr zwei Möglichkeiten. Entweder er ergreift die ihn verfolgende Vision, zwingt sie nieder und macht sie sich innerlich zu eigen oder aber er selbst wird zum Gejagten, den seine eigene Vision zu vernichten droht! Die Vision ist jener Verbündete, der uns unseren Seelenweg aufzeigt, sozusagen ein Gesandter unseres Höheren Selbst. Nehmen wir den Verbündeten in unserem Herzen auf und folgen ihm bereitwillig, ist unser Weg in der Welt vorgegeben. Die Vision wird zur Mission. Dies ist der Weg des Kriegers. Verweigern wir dem Verbündeten aber sein angestammtes Gastrecht, wird er sich bitter rächen. Die Vision übermannt uns und wirft uns nieder! Sogenannte Schicksalsschläge sind die logische Folge.

Ihre eigene Vision kann groß oder klein sein, dick oder dünn, schnell oder eher gemächlich, je nachdem, was Sie vom Leben erwarten. Entscheidend ist nur, dass sie - als Ihr Verbündeter - mit Ihrem Herzen und Ihrem Höheren Selbst in Verbindung steht. Ihre vorrangige Aufgabe als Mann ist es, Ihre persönliche Vision in Ihrem Herzen zu erkennen, ihre Herausforderung anzunehmen und sie mit dem Jagdinstinkt eines Kriegers zu verfolgen, zu ergreifen, niederzuringen und so in der Welt zu verwirklichen! Genau hierin offenbart sich Ihre Größe als Mann! Erjagen Sie ihre Vision als Krieger, gestalten Sie sie als Barde, begreifen Sie sie als Schamane und verwirklichen Sie sie als Druide! Hierin erkenne ich den Weg des wahren Mannes!

Natürlich werden auch Neider auf den Plan treten, Spötter und all jene, die Ihnen versichern werden, dies sei absoluter Unsinn, nicht verwirklichbar, nicht machbar, nicht möglich... Hören Sie nicht auf diese Menschen! Oder besser gesagt: Hören Sie sich an, was sie zu sagen haben und entscheiden Sie dann selbst! Werden Sie als Mann zum bedingungslosen Gestalter Ihrer eigenen Wirklichkeit!

Sobald Sie Ihre Vision klar vor sich sehen, müssen Sie noch einen weiteren wichtigen Schritt machen. Ich gehe davon aus, dass kein Mensch eine wahrhafte Vision empfängt, die nicht ihm selbst, seiner Familie, seinem Land, der Menschheit und Mutter Erde dienen wird! Überprüfen Sie bitte! Verrennen Sie sich also nicht in dogmatische, missionarische, religiöse, politischer oder sonstige Vorstellungen! Die Grundlage einer jeden echten Vision ist die Willensfreiheit aller Beteiligten! Nichts darf gegen den Willen anderer Wesen unternommen werden - seien dies nun Menschen, Tierarten, Pflanzengattungen oder selbst Gesteine. Hier ist ein großes Ausrufezeichen! Hier ist eine Warntafel: Ihre Vision besitzt nur dann Gültigkeit und Richtigkeit, wenn sie zugleich Mutter Erde und den sieben lebenden Elementen dient! Ansonsten schaden Sie sich nur selbst! Sollten Sie im ökologischen oder sozialen Sinn also Bedenken haben, gehen Sie bitte noch einmal in sich, suchen Sie die Einsamkeit auf und/oder beraten Sie sich mit wahren Freunden, bis Sie sicher sein können: Ja, dies ist meine Vision/Mission! Sie erkennen dies auch daran, dass der freie Wille aller selbstverständlich unangetastet bleibt! Keine Täuschung, keine Betrug, sondern eine Vision zum Ruhme und Dienst an der Menschheit! Ihre Mission ist also so etwas, wie Ihre Gabe für diese Welt. Normalerweise sollte sie sich gemeinsam mit Ihrer Partnerin und Familie erreichen lassen.

Merken Sie: Ihre Partnerin selbst kann nie Inhalt Ihrer tiefsten Vision sein. Sie würden sich nur selbst etwas vorlügen und beide unglücklich machen. Da Ihre Vision aus Ihrem Höheren Selbst stammt, wird sie sich zudem nie gegen die eigentlichen Belange von Mutter Erde wenden. Ein grundsätzlicher Ausgleich muss gewährleistet bleiben!

Möglicherweise kennen Sie Ihre Vision bereits, dann sollten Sie sich ihr bedingungslos anvertrauen und ihr folgen. Ist dies nicht der Fall, suchen Sie bitte die Einsamkeit auf! Meditieren Sie, so oft Sie können und unternehmen Sie sobald wie möglich eine mehrtägige Visionssuche! Entsprechende Anbieter finden Sie im Internet. Es geht hierbei um nichts Geringeres als Ihr Glück und Lebenssinn als Mann! Beten Sie darum, Ihre Vision alsbald zu empfangen! Besprechen Sie sich mit Ihren Ratgebern und Verbündeten! In dem Augenblick, da die Vision wahrhaft in Ihr Leben tritt, werden Sie es wissen! Sie entspringt Ihren tiefsten Sehnsüchten und wird Sie in jedem Augenblick, da sie ihr folgen, mit Glücksgefühlen überschütten. Eine Vision ist immer das, was uns augenblicklich in *Flow* versetzt, sobald wir nur daran denken. Wir sind in der Lage uns tagelang mit ihr zu befassen, ohne Hunger oder Müdigkeit zu empfinden! Es gibt nichts Heiligeres als die Vision eines wahrhaftigen Mannes!

Natürlich wird Ihre Partnerin kommen, falls Sie eine haben, oder Ihre Mutter und wird fragen: „Wie kann dir *dies* wichtiger sein als ich selbst?" Möglicherweise wird sie dabei Worte benutzen wie *„Hirngespinst"* oder *„Phantastereien"*. Hören Sie nicht auf sie, denn was Ihre Partnerin eigentlich sagt ist: „Ich versuche herauszubekommen, ob du ein starker Mann bist, der treu seiner persönlichen Vision folgt oder ob du mir und meinem Bitten, Flehen, Nörgeln, Drängeln oder gar Drohen nachgibst und die eigene Vision verrätst! Dann nämlich bist du ein schwacher Mann, dem ich nicht länger trauen kann!" Maßlosigkeit ist ein Defekt des weiblichen Pols und viele Frauen neigen in ihren emotionalen Forderungen dazu, ihr Raum zu geben! Daher entspricht es ihrer femininen Essenz, den Mann mit anhaltenden dunklen Emotionen (Zetern, Jammern, Klagen, Schimpfen etc.) zu konfrontieren, sobald sie intuitiv etwas erkannt haben, was ihr Partner mehr lieben könnte als sie selbst. Machen Sie sich daher auf Kämpfe gefasst. Es ist in dieser Situation von großer Wichtigkeit, klare Grenzen zu ziehen und die Richtlinien zu bestimmen! Die Grundbedürfnisse Ihrer Partnerin sind Intimität und Gemeinsamkeit; Ihres aber ist die Freiheit. So läuft das Spiel: Jetzt standhaft zu bleiben ist vielleicht die wichtigste Lektion eines jeden Mannes! Ich bin fern davon, diesem geschlechtsspezifischen weiblichen Verhalten irgendeine moralische Wertung beizumessen. Geben Sie jetzt dem Drängeln Ihrer Frau allerdings nach, werden Sie auch der Welt erliegen und niemals Ihre Mission verwirklichen! Es sind Ihre Durchsetzungsfähigkeit und Entschiedenheit, die jetzt verlangt werden. Ihre Frau spielt darin lediglich jene Rolle, die ihr zukommt. Sie steht für die Welt und weiß dies zumindest auch unbewusst. Werden Sie weich und beginnen Kompromisse zu machen, wird sie es fühlen: „Ich bin die Welt und du hast die Probe nicht bestanden! Du hast dein eigenes Inneres verraten - mir zuliebe - doch wer bin ich schon? Du bist ein schwacher Mann!" Sie erkennt Ihre Unzulänglichkeit und wird sich enttäuscht von Ihnen abwenden!

Widersteht der Mann hingegen den dunklen Forderungen und Versuchungen seiner Partnerin, indem er sie in Liebe aushält und trotzdem weiterhin seinen eigenen Interessen und Überzeugungen folgt, also treu zu seiner Vision steht, wird sie sich früher oder später seiner Stärke beugen und sich ihm erneut hingegeben. Auf höherer Ebene entspricht diese dem mythologischen Kampf des

Mannes gegen Dunkelheit und Maßlosigkeit. Das Licht des Helden wird nicht erlöschen, wenn er es beharrlich zu hüten in der Lage ist. Vermag er es, auch seine Frau auf seine Seite zu bringen, wird es hell in der Welt erstrahlen. Widersteht der Mann also in Liebe den Emotionen seiner Frau, wird dies beide stärken. Es ist ein Sieg über die Götter des Chaos für eine schönere, geordnetere, freiere und gerechtere Welt. Der Mann wird seine Vision weiter klären und festigen. Er kann sich nun guten Gewissens und aus freien Stücken seiner Frau in Zärtlichkeit und Liebe zuwenden und all die schönen Dinge mit ihr tun, wegen derer er mit ihr zusammen ist!

FAZIT: Jedem Mann ist es angeraten, seine persönliche Mission auf Erden anzuerkennen und ihr bedingungslos Treue zu leisten. Dies ist seine eigentliche Bestimmung, der Grund seines Daseins auf Erden und der Kern aller maskulinen Essenz! Hören Sie hierbei nicht auf Frauen, sondern bringen Sie sie durch eigene liebevolle Beharrlichkeit auf Ihre Seite!

Praktische Hinweise

- Erkennen Sie Ihre Vision! Weshalb sind Sie auf dieser Welt?
- Was wollen Sie wahrhaft in Ihrem Leben verwirklicht sehen?
- Was sind Ihre tiefsten Wünsche?
- Wofür wären Sie bereit zu sterben?
- Suchen Sie die Einsamkeit und schärfen Sie Ihre persönliche Vision!
- Beachten Sie hierbei den freien Willen aller Wesen!
- Sorgen Sie dafür, dass Ihre Vision zur Mission wird!
- Die Verwirklichung Ihrer Mission dient dem Erreichen einer schöneren, geordneteren, freieren und gerechteren Welt!
- Lassen Sie sich von niemandem darin hineinreden!
- Insbesondere nicht von Ihrer Partnerin!

- Widerstehen sie den Versuchen und Verführungskünsten Ihrer Partnerin zu ihrer beiden Nutzen!
- Nutzen Sie auch ihre dunklen Launen zur Klärung und Festigung der eigenen Vorhaben, indem Sie sie aushalten und damit ein Signal an die Welt senden, dass niemand sie von Ihrer Mission wird abbringen können!
- Haben Sie widerstanden kann Sie niemand hindern, sich Ihrer Frau mit all Ihrer inneren Stärke und äußeren Präsenz zuzuwenden, sie erneut zu verführen, für sich zu gewinnen, sie langfristig in Liebe zu binden und mir ihr die schönste Zeit ihres Lebens zu verbringen!

An dieser Stelle tritt der Heilige Narr in die Welt, er ist Gottes Schalk, ich will ihn Thomas, den Zweifler, nennen. Und hier sind seine Fragen und Kommentare...

THOMAS: Was ist meine Vision? Woher soll ich sie kennen? Wie kann ich wirklich wissen, dass sie die Richtige ist? Du gibst diesbezüglich zwar einige Hinweise, doch reichen diese aus, um selbstbewusst von einer „Vision" zu sprechen? Allein das Wort! Ich nehme doch keine bewusstseinsverändernden Drogen! Oder sollte ich das tun? Du führst dann ja noch weiter aus, die Vision solle zur Mission werden. Viele Männer habe ich bereits gekannt, die daherkamen ohne jeglichen Humor, aber davon sprachen, sie erfüllten die Mission Gottes. Mir wird schlecht bei diesem Gedanken! Andererseits weiß ich, dass du stets an dein Handeln hohe ethische Grundsätze legst, weshalb ich dir deine Worte gerne abnehmen möchte: Ja, du hast recht, ein Mann ohne Visionen ist wie eine Welle auf offener See. Sie erscheint kurz und verschwindet dann für immer im Urgrund des Ozeans, Sinnbild aller Weiblichkeit! Ein Mann mit Mission hingegen - wohlgemerkt nicht „missionarisch" - aber eben mit Mission, ist wie ein Leuchtturm, der den Schiffen ihren Weg weist und zugleich darin aufgeht, eben genau das zu sein: Ein Leuchtturm, nichts mehr und nichts weniger! Sein Sein erfüllt ihn und er leistet einen guten Dienst! Darum will ich mich deinen Wünschen anschließen, dass möglichst viele unter uns Männern Ihre persönliche Vision erkennen und ihr folgen mögen, um so Erlösung zu erlangen. Ich spreche meine Unterstützung aus! Spielt es dabei wirklich eine Rolle, ob diese Vision aus dem Höheren Selbst gesandt wurde, aus dem Herzen emaniert, von Gott kommt oder den tiefsten inneren Wünschen entsteigt? Wahrscheinlich ist sie in Wahrheit eine Kombination aus alledem! Oftmals wird sie darüber hinaus mit jener positiven Kreativität zusammenhängen, die ein Mann in seiner Freizeit als erstes an den Tag legt, sobald er sich all seiner Laster entledigt hat, also das, was ihn wahrlich erfüllt. Allerdings, um das Thema zu wechseln, möchte ich an dieser Stelle auch anmerken und gestehen, gefällt mir das von dir verliehene biblische Attribut des „Zweiflers" nicht, nur weil ich Thomas heiße. Persönlich sehe ich mich eher als deinen „wohlwollenden Kritiker", der mit aller männlichen, herzlichen Ehrlichkeit angetreten ist, die Schwachstellen dieses Buchs offenzulegen. Zumindest jene, die sich aus meiner Sicht der Dinge ergeben. Ich mag nicht immer wirklich getrennt sein von dir, dem Autor, denn der gleichen Feder entstamme ich, aber ein Schalk bin ich allemal. Wenn ich mir deshalb im folgenden gelegentlich widerspreche und teils konträre Standpunkte einnehme, so liegt dies - zweifelsohne - in der Natur der Dinge.

Zitate

„Je mehr sich die Männer den Wünschen der Frauen anpassen, desto weniger können die Frauen mit ihnen anfangen."
Camille Paglia

Abenteuergeist

„Das Erleben von Abenteuern in Natur und Wildnis ist essentiell für die Seele eines Mannes!"

Anders als Frauen müssen sich Männer immer auch im Äußeren spüren. Leider wird es heutzutage immer schwieriger, sich gesellschaftliche Freiräume zu schaffen und so den eigenen Abenteuersinn zu befriedigen. Um so wichtiger ist es als Mann, sich immer wieder Auszeiten zu können und/oder die Natur für eine Stunde, einen Tag, zwei Wochen, drei Monate, ein Jahr und länger aufzusuchen. Viele Abenteuer wurden bereits durchstanden. Die Wölfe und Bären wurden in den meisten Regionen ausgerottet, die Nilquellen sind entdeckt, die Nordwestpassage ist aufgrund der globalen Erwärmung durchfahrbar und die Rolltreppe auf dem Mount Everest wird auch bald fertig gestellt sein. Aber vielleicht muss es ja nicht immer das ganz große Abenteuer sein. Manchmal reicht vielleicht auch eine Nacht im Wald alleine. Nehmen Sie sich daher Zeit für sich und die Natur, denn Sie sind nicht getrennt von ihr! Natur ist Ihre zweite Natur.

Wildnis, Naturerfahrungen und Abenteuer aller Art führen uns näher an uns selbst heran. Der Blick für das Wesentliche wird geschärft. Was uns zuvor noch emotional belastete, löst sich beim Blick in den Himmel in allgemeinem Wohlgefallen auf. Scheinbar übermächtige Probleme relativieren sich. Naturabenteuer sind keine Flucht vor dem Alltag, sondern intensive Selbsterforschung und Heilung zugleich. Unsere äußeren und inneren Sinne schärfen sich!

Auch die Beschäftigung mit Wissenschaft und Forschung befriedigt den männlichen Abenteuersinn, wenn auch heutzutage meist nur noch auf intellektuelle Weise, also nicht ganzheitlich, wie es eigentlich sein müsste.

Insbesondere die Erfahrung mit den lebenden Elemente ist zum ganzheitlichen Erfahren und Begreifen von grundlegender Bedeutung für den heutigen Mann. Die Erfahrung, wie es ist, seinen Körper mit Erde einzustreichen; die Erfahrung des Feuerlaufs und der Nacht am Lagerfeuer; die Erfahrung, barfuß einen Berg zu besteigen und sich auf dessen Gipfel von den Winden und Stürmen durchblasen zu lassen oder die Erfahrung in einem kalten See zu tauchen sind fundamental für die Entwicklung und Stärkung der maskulinen Seele. Es ist kein Zufall, dass ich diese Elemente - also Erde, Feuer, Luft und Wasser - als „lebend" oder auch „belebend" bezeichne.

Andere wichtige *Elemente* im Leben eines Mannes, welche er nie vernachlässigen sollte, sind sein Verhältnis zu den Steinen, Pflanzen und Bäumen, Tieren und Ahnen. Ein maskuliner, wacher Mann wird nie aufhören, diesbezügliche Erfahrungen zu sammeln und Erkenntnisse zu erlangen. Selbstverständlich spreche ich hier nicht von Tierversuchen, sondern im Gegenteil davon, respektvoll mit allem Leben zu umzugehen. Eines der größten Probleme der heutigen Männer ist, dass ihre Arbeit und ihr Handeln nicht mehr dem Leben, der Vielfalt und der Entwicklung dienen, sondern oftmals sogar deren genauem Gegenteil, der Zerstörung desselben und damit unserer natürlichen Lebensgrundlagen. Der neue Mann, von dem in diesem Buch die Rede ist, wird zum Anwalt des Lebens und nicht zu dessen Vernichter! Er wird zum Hüter und Erhalter!

Wenn ich das Leben als einen Kreis mit seinen beiden Polen der Männlichkeit (Yang) und der Weiblichkeit (Yin) symbolisiere, so deutet die nach Innen gewandte Seite der Kreislinie auf den Pol des Weiblichen. Es befinden sich hier Gefühle, wechselnde Empfindungen und die Einheit des Seins. Die nach außen gewandte Kreislinie hingegen dient der Gefahrenabwehr, dem Schutz, der Vielfalt und der Weiterentwicklung menschlicher Vervollkommnung. Während die Frau - oder besser gesagt der Kern ihrer weiblichen Essenz - noch immer eins mit dem Universum ist, Leben empfängt und Leben gebiert, ist der männliche Pol nach außen hin geöffnet. Er strebt nach Fortschritt und Erfindung, Eroberung, Entwicklung. Es ist daher fundamental wichtig für den Mann, sich in regelmäßigen Abständen immer wieder neu in Mutproben und Initiationen selbst zu erfahren und dem Abenteuer Leben zu stellen. Ein Abenteuer, welches er mit allen Sinnen zu begreifen trachtet, um darin vollends aufzugehen und neugeboren in den Schoß seiner Familie und seines Stammes (seines Freundeskreises) zurückzukehren! Wer sich diesem Erleben versagt, trennt sich ab von der eigenen Seele! Wer sich dem Leben hingegen hingibt, wird von diesem auch getragen.

Ein Abenteuer zu erleben bedeutet immer auch sich als Individuum oder Gruppe einer unvorhersehbaren, nicht abschließend kalkulierbaren Situation auszusetzen. Ein Lob von Männlichkeit und Maskulinität wird so zugleich zu einem Bekenntnis zu Individualität und innerer Stärke. Einem verwirklichten Männerleben geht - bei aller Einheitserkenntnis, Menschenliebe, Solidarität mit anderen und Bruderschaft mit anderen Männern - immer auch die

Stärkung des eigenen „Ich" voraus, zumindest solange, bis dieses gänzlich zum ICH BIN wird!

FAZIT: Es ist essentiell für einen Mann, Abenteuer in der Natur zu erleben! Wer sich diese Option nicht offen hält und immer wieder ausführt, der sollte sicherlich seinen Lebensstil noch einmal überdenken. Wer gar in einem Gewerbe mit erheblicher Umweltzerstörung arbeitet, sollte baldigst seinem Herzen folgen, den Job kündigen, und sich auf die Suche nach dem nächsten Naturabenteuer begeben! Ignorieren Sie bitte niemals Ihre eigenen inneren Bedürfnisse!

Praktische Hinweise

- Begeben Sie sich auf die Suche nach Ihren Wurzeln!
- In der Natur sind wir zuhause! Wir sind Natur!
- Suchen Sie so oft es geht, das Abenteuer, die Einsamkeit und die Natur auf!
- Nur in der Natur findet ein Mann mit alle seinen Sinnen zu sich selbst!
- Suchen Sie den Kontakt zu den Elementen und die ganzheitliche Erfahrung!
- Lernen Sie die Zeichen der Natur zu deuten und auf Ihre aktuelle Lebenssituation und Gemütslage zu übertragen!
- Werden Sie dabei nicht leichtsinnig, sondern kontrollieren Sie das Risiko!
- Suchen Sie sich eine Arbeit, wo sie für und nicht gegen das Leben arbeiten!
- Sagen Sie dem System der Angst den Kampf an!
- Werden Sie zum Hüter und Bewahrer von Leben!
- Natur ist die Vergangenheit. Natur ist die Zukunft!
- Unsere Wurzeln sind Natur und unsere Äste!

- Wer seine Wurzeln und Äste verleugnet, verliert seine Seele!

THOMAS: Für mich ist das ganze Leben ein einziges Abenteuer, ich setze mich auf Bäume, um zu meditieren, grabe Löcher, um nach meinem Schmerz zu suchen, springe durch das Feuer und laufe auf Kohlen. Einmal bin ich barfuß auf einen Berg gestiegen, ein anderes Mal schwamm ich durch einen reißenden Fluss. Sprichst du zu mir? Das alles ist nichts Neues für mich. Tief im Herzen aber bedauere ich, dass es noch immer Heerscharen von Männern zu geben scheint, die den Kontakt zur Natur und damit zur eigenen Seele komplett verloren zu haben scheinen. Gerade diese Männer sollten sich ein Herz fassen und endlich auf ihr wundervolles, große Herz hören: Da schlägt es. Da spricht es. Was sagt es? Was sagt es? Was sagt es? Vernehmen Sie die Botschaft oder werden Sie an Herzleiden erkranken?

Abnablung von der Mutter

„Nur in jenem Maße wie es dem Jungen gelingt, sich im Laufe seines Lebens von seiner Mutter in liebevoller, aber entschiedener Weise abzugrenzen, wird er auch in der Partnerschaft seinen Mann stehen!"

Die Mutter ist die erste und wichtigste Frau im Leben eines Mannes; sie sollte es aber nicht bleiben! Um mit den diversen Frauen im Leben eines erwachsenen Mannes klarzukommen (Partnerinnen, Geliebte, Lehrerinnen, Schülerinnen, Freundinnen, Arbeitskolleginnen, Nachbarinnen etc.) muss dieser sein Verhältnis zur eigenen Mutter geklärt haben. Dies geht nur durch vollständige Abnablung! Viele der heutigen Männer bleiben ein Leben lang Muttersöhnchen und fügen sich und ihren Partnerinnen so unbewusst großes Leid zu! Diese Männer erfuhren nie eine Initiation als Mann, die Väter waren abwesend, ihre Erziehung durch und durch weiblich. Lassen Sie mich dies an einem Beispiel erläutern: Murat Söhnke (Muttersöhnchen) fühlte sich schon bald verantwortlich für die Gefühle seiner Mutter. Er hatte es nicht gelernt, ihre Emotionen auszuhalten oder ihnen etwas entgegenzusetzen. Oftmals war Mutter nach einem Streit mit dem jähzornigen Vater traurig und ihre Gefühle übertrugen sich auch auf Murat. Mit der Zeit entwickelte er einen regelrechten Hass auf seinen Erzeuger. Es kam nie zur gemeinsamen Aussprache zwischen Vater und Sohn. Murat übernahm ungefiltert den Standpunkt seiner Mutter und machte sich dabei emotional von ihrem Wohlwollen abhängig.

Die späteren Partnerinnen eines Mannes spiegeln immer dessen Verhältnis zur eigenen Mutter wider. Auch heute noch, als erwachsener Mann, hat Murat es nicht gelernt, sich abzugrenzen. Er lebt in einer symbiotischen Beziehung zu seiner Partnerin Mareike, welche er idealisiert und immer nur „Mari" nennt. Murat ist abhängig von ihren Launen. Ohne dass es Murat bemerken würde, ist sie längst an die Stelle seiner Mutter getreten. Er sieht immer nur seine „Fehler", nie die ihren. Ablehnung oder Kritik ihrerseits hält er nur schwer aus! Zuflucht findet Murat in der Nahrungsaufnahme. Er sagt sein Bauch wäre „teuer bezahlt". In Wirklichkeit waren es nicht die Nahrungsmittel, welche viel kosteten, sondern der Liebesentzug. Auch sexuell kann Murat sich nur schwer zurückhalten. Er hat es nicht gelernt, ohne Körperkontakt, Streicheleinheiten und Sex auszukommen. Er bedarf des ständigen Zuspruchs durch seine Frau. Wenn sie sich verweigert, spielt er mit sich selbst. Natürlich ist aus Murat ein kultivierter Mann geworden. Er vermeidet grobe Worte, Konkurrenz mit anderen, männliche Werte. Selbstdisziplin? Fehlanzeige! Murat weiß, dass er sich „hier und da" etwas gehen lässt. Standhaftigkeit? Fehlanzeige! Murat ist ein netter Mann, bemüht es allen Recht zu machen, ohne einen wirklich eigenen Standpunkt. In der Sexualität kommt er immer viel zu früh. Ein positives Verhältnis zur eigenen Aggression? Fehlanzeige! Murat hat es in seiner Beziehung und seinem Beruf gleichermaßen gelernt nachzugeben. „Der Klügere gibt nach!", hallen noch immer die Worte seiner Mutter nach. Nur selten sucht Murat die Natur auf. Seit Jahren schon hat er keine Nacht mehr alleine im Wald verbracht. Murat teilt alles mit seiner Frau; auch die Geheimnisse, welche ihm andere Männer anvertrauten, denen es auch nicht besser geht als ihm. Tadelt ihn Mareike, hat er sofort ein schlechtes Gewissen und ist um Wiedergutmachung bestrebt. Eigene Forderungen an seine Frau zu stellen hat Murat schon längst aufgegeben. Seine Freundschaften zu anderen Männern sind mittlerweile fast gänzlich zum Erliegen gekommen. Eher schon könnte man Murat als einen „Frauenversteher" bezeichnen. Er hat es allerdings nicht gelernt, einer Frau auch einmal ein klares „Nein!" vorzusetzen. Aus Angst vor Mareikes Reaktion versagt er sich das Fremdgehen. Gedanken daran hat er allerdings durchaus. Längst hat Mareike die Führung im Ehegespräch übernommen und bei dem, was passieren soll. Auch nach außen hin vertritt sie eloquent die Beziehung. Murat seinerseits schweigt immer öfters. Er reagiert auf ihre Impulse und hält sich mit der Verwirklichung eigener Ideen zurück. Für Mareike ist es ein Leichtes, ihn zum Geschlechtsverkehr zu bewegen, wann immer sie es will; umgekehrt gelingt dies Murat nur noch selten. Er fühlt sich verantwortlich für Mareikes Gefühle und vergisst darüber für sich selbst einzustehen. Aus „Liebe zu ihr" gelingt es ihm nicht, den eigenen Impulsen zu folgen und seine Vision in dieser Welt zu verwirklichen. Abends hält sie die Fernbedienung in der Hand. Auch sonst bestimmt sie darüber, was gedacht, gesagt, getan werden darf und was nicht! Glücklich sind weder er noch sie!

FAZIT: Das Verhältnis eines Mannes zu seiner Mutter spiegelt sich auch immer in seiner aktuellen Partnerschaft wider! Nur nach vollständiger Abnablung von der Mutter kann ein Mann seiner jeweiligen Partnerin frei gegenübertreten, sich selbstbehaupten und dabei seine eigene Männlichkeit entfalten! Im anderen Falle wird er leiden und dadurch auch seine wechselnden Partnerinnen unglücklich machen.

Praktische Hinweise

- Lieben Sie Ihre Mutter, aber lernen Sie sich ihr gegenüber abzugrenzen und auch „Nein!" zu sagen!

- Unterstützen Sie Ihre Mutter weiterhin, aber weisen Sie zugleich ungerechtfertigte Ansprüche bestimmt zurück!
- Bemühen Sie sich um Neutralität hinsichtlich möglicher Beziehungskonflikte Ihrer Eltern!
- Im Zweifel befragen Sie bitte immer auch Ihren Vater über seinen Standpunkt und seine Sichtweise!
- Übernehmen Sie nie ungefiltert die Sichtweise Ihrer Mutter!
- Überprüfen Sie für sich, inwieweit sich das Verhältnis zu Ihrer Mutter auch in Ihrer jetzigen Partnerschaft widerspiegelt!
- Lassen Sie sich von Ihrer Mutter nicht in Ihre Partnerschaft hereinreden!
- Dulden Sie auch sonst keine übermäßige Einflussnahme auf ihr Leben!
- Verwechseln Sie niemals Ihre Lebenspartnerin mit Ihrer Mutter!
- Thomas: Du verlangst also die 105%ige Abnablung von der Mutter. Meine Mutter ist Gaia, die Erde, eine andere kenne ich nicht. Und was ist mit dem Vater, fragst du? Mein Vater ist der Himmel!

Zitate

„Eine Frau braucht zwanzig Jahre, um aus ihrem Sohn einen Mann zu machen - und eine anderer macht in nur zwanzig Minuten einen Dummkopf aus ihm."
Helen Rowland

„Im Boden selbst aber lebte eine kleine alte Mutter und diese kochte eine gute Suppe und die Suppe hieß: **Bewusstwerdung***! Und wer immer von der Suppe speiste, erkannte mit der Zeit, wie die Mutter litt, da man sie missachtete, und wie mit der Mutter auch ihre Kinder litten. Auch wenn diese es vielleicht nicht wussten oder nicht wahrhaben wollten, so waren sie mit ihr doch unwiderruflich verbunden.*

Die Suppe aber der kleinen alten Mutter war gut gewürzt und enthielt außer Bewusstwerdung noch andere Geschmacksrichtungen. Eine hiervon hieß **Rebellion***, eine andere* **Friedfertigkeit***, wieder eine andere* **Aktivität** *und noch eine andere* **Verzeihen***. So wärmte und kühlte die Suppe gleichermaßen und es blieb zu hoffen, dass möglichst viele von ihr kosten würden, denn dies würde auch die Mutter wieder groß und stark machen. Sie könnte dann noch eine viel bessere Mutter sein und müsste sich nicht mehr so sehr schämen!"*

Aus: Der Medizinradkrieger

Aggression

"Das männliche Bekenntnis zur eigenen Aggression bildet das Fundament gelingender Maskulinität"

Aggressionen gehören zum menschlichen Leben. Ohne eine gewisse Grundaggression würden wir morgens einfach im Bett liegen bleiben, weder würden wir uns waschen, anziehen noch irgendein Tageswerk verrichten. Aggressionen sind der Motor zum Selbsterhalt und zur Selbstachtung. Es geht allerdings darum, diese in vernünftige Bahnen zu lenken. Beispiele hierfür sind der fair ausgetragene politische Wettstreit, das Ringen um einen Auftrag, die sportliche Auseinandersetzung oder auch das Durchsetzen eigener Positionen in Partnerschaft und Familie. Hierdurch gewinnt ein Mann an Kontur, wird aus einem formlosen Etwas zu einer männlichen Führungskraft.

Es geht nicht darum, andere entgegen ihres Willens zu etwas zu zwingen, sondern darum, durch das eigene Verhalten Reibungsfläche und dadurch Sicherheit und Halt zu gewährleisten. Wie wir noch sehen werden, besteht wahre männliche Führung in Familie und Betrieb zusätzlich darin, anderen zu ermöglichen, ihren eigenen Interessen nachzugehen und ihre eigenen Wünsche zu erfüllen, so dass für alle immer wieder - wie selbstverständlich - sogenannte win/win-Situationen entstehen!

Es geht in Ihrem Leben nicht darum, ich sage dies ganz ausdrücklich, Ihren Aggressionen uneingeschränkt Lauf zu lassen und sich rücksichtslos durchzusetzen. Vielmehr ist es wichtig, Ihre eigenen Aggressionen zu erkennen, anzuerkennen und zu kultivieren, indem Sie Grenzen setzen, auch im Wettstreit fair bleiben und sich bei jeglicher Auseinandersetzung an die vorgeschriebenen Regeln halten. Dies gilt selbst dann, sollte Ihr Kontrahent hiergegen verstoßen! Um ein einfaches Beispiel zu nennen: Nach wie vor gilt es dem Ehrenmann im Straßenkampf nicht nachzutreten oder von hinten anzugreifen! Schauen Sie Ihrem Gegner ins Gesicht. Feigheit wird mit dem Tode bestraft!

Im Übrigen ist Aggression die Grundlage jeder Sexualität, dient also gleichermaßen dem individuellen wie dem kollektiven Lebenserhalt. Ohne sie wäre die menschliche Rasse längst ausgestorben. Für eine gute Sexualität, die diesen Namen überhaupt erst verdient, geht es darum, die Kräfte der zugrunde liegende Aggression ins Herzen umzuleiten und sie dort sozusagen in einen höheren Bewusstseinszustand zu transformieren. Dort, wo Aggression in sexuelle Gewalt mündet, liegt allerdings ein absolutes Tabu, es sei denn beide Partner hätten hierin ausdrücklich eingewilligt.

Gemäß der tantrischen Lehre beherbergt jeder Mensch die sogenannte Kundalinikraft am unteren Ende seiner Wirbelsäule. Diese wird von Sehern und Schamanen als eine im untersten Chakra schlafende, zusammengerollte Schlange wahrgenommen. Durch yogische Praktiken und bewusste Sexualität kann sie erweckt werden und steigt dann entlang der Wirbelsäule auf, wobei sie die verschiedenen Chakren des menschlichen Körpers durchstößt, aktiviert und durchläuft.

Erreicht die Kundalinischlange das oberste Chakra, vereinigt sie sich mit der kosmischen Seele, dem Höheren Selbst, und der Mensch gelangt zu höchster Ein-sicht. In grenzenloser Glückseligkeit erfährt er Erlösung/Erleuchtung. Nichts anderes verstehe ich unter „Kanalisation von Aggressionen" während der Sexualität. Arm-selig ist daher jener, der keine Aggressionen hat!

Hinsichtlich von Aggression gibt es momentan zwei entscheidende Denkfehler in unserer Gesellschaft:

1. Gewalt wäre ausschließlich oder doch in den meisten aller Fälle männlich und die Opfer häuslicher Gewalt in erster Linie Frauen
2. Aggression und Gewalt wären gleichzusetzen!

Zu (1): Darüber, dass dies längst nicht mehr stimmt, werde ich mich im Kapitel über „Kriminalität" äußern, die Statistik spricht nämlich eine ganz andere Sprache!

Zu (2) Bereits in der Schule werden fälschlicherweise Männlichkeit und Gewalt gleichgesetzt. Durch ihre frühzeitige Reife gelingt es den Mädchen oft stunden- wenn nicht gar tagelang zumeist unbemerkt von den oftmals weiblichen Lehrkräften die Jungen zu provozieren. Sie tun dies, um einen Kontakt zum anderen Geschlecht herzustellen und seine Stärke zu testen. Reißt dem arglosen Jungen dann nur einmal kurz der Geduldsfaden und er schuppst das Mädchen in die Ecke, ist sofort die Lehrerin zur Stelle: „Gewalt! Gewalt gegen Mädchen!" Bereits in der Schule wird so die unbeholfene Aggression des Jungen zu Selbsterhalt und Selbstverteidigung geächtet. Man straft ihn hierfür und beraubt ihn so schrittweise seiner Männlichkeit im Sinne eines konstruktiven Umgangs mit seinen ehrlichen Aggressionen. Nicht der Junge unseres Beispiels trug die Schuld an diesem Vorgang, auch nicht das Mädchen, sondern das gesamte Schulsystem ist marode. Nicht nur die auffälligen, jungen Rabauken müssen sich ändern, sondern in erster Linie muss die Schule einen Schritt auf diese heranwachsenden Männer zugehen und ihnen anhand männlicher Vorbilder beibringen, ihre Aggression zu kanalisieren und positiv einzusetzen. Dies geschieht allerdings nicht! Anstelle dessen wird bestraft und sanktioniert!

An dieser Stelle möchte ich Björn Leimbach aus seinem bahnbrechenden Buch „Männlichkeit leben - Die Stärkung des Maskulinen" zitieren:

„Aggression bezeichnet die Energie und Motivation, die zur Abgrenzung, Zielerreichung oder Auseinandersetzung notwendig ist!"

Ohne sie, die Aggression, wäre es uns weder möglich, Farbe zu bekennen, Kontur anzunehmen, noch unserer Mission zu folgen; sprich: Wir könnten nicht Mann sein. Der Terminus der Auseinandersetzung aus dem obigen Zitat kann dabei durchaus wörtlich verstanden werden: Sich auseinander setzen, also den Abstand suchen, um sodann die anstehenden Konflikte zu lösen. Danach sollte man erneut als Freund oder zumindest in wohlwollender Neutralität gemeinsam schreiten.

FAZIT: Für einen Mann ist es essentiell, ein positives Verhältnis zu den eigenen Aggressionen zu unterhalten und zugleich Wege zu finden, diese ohne Gewaltanwendung ausleben zu können, sei es in fairer Konkurrenz mit anderen Männern oder für sich alleine!

Praktische Hinweise

- Entwickeln Sie ein positives Verhältnis zu Ihren Aggressionen!
- Nutzen Sie Ihre Aggressionen für sich und andere!
- Bleiben Sie dabei immer fair!

- Lernen Sie in der Sexualität Ihre Aggressionen in Form der Kundalinikräfte Ihr Rückgrat emporsteigen zu lassen und zu transformieren!
- Differenzieren Sie genau zwischen Aggression und Gewaltanwendung!
- Praktizieren Sie Gewaltlosigkeit (*Ahimsa*), wann immer es geht!
- Treten Sie auch der Gewalt anderer entschieden entgegen!
- Bleiben Sie dabei selbst weitestgehend gewaltfrei!
- Wenden Sie Gewalt (egal welcher Art) lediglich als letztes Mittel an und begrenzen Sie die von Ihnen ausgehende Gewalt dabei auf ein Minimum!
- Unterscheiden Sie nicht nur zwischen Aggression und Gewalt, sondern auch zwischen Gewalt und Brutalität!
- Verzichten Sie komplett auf Brutalität und treten Sie der Brutalität anderer mit Entschiedenheit entgegen!
- Üben Sie sich in einer Kampfsportart!
- Lernen Sie alle Ihre Aggressionen für etwas Sinnvolles zu transformieren!
- Werden Sie zu einem strahlenden Beispiel dafür, dass unnötige Gewaltanwendung das genaue Gegenteil verwirklichten Mannestums ist!

Stehen Sie bei allen notwendigen Einschränkungen dennoch fest zur eigenen Aggression! Thomas: Ich war ja bereit, deine These von der Priorität der Verwirklichung der eigenen Vision anzuerkennen und glaube jetzt, in der positiven Akzeptanz der eigenen Aggressionen hierfür einen wichtigen Schlüssel erkannt zu haben! Die Gleichung Mann = Aggression = Gewalt ist natürlich ausgemachter Blödsinn - wenn dies in breiten Teilen der Öffentlichkeit auch noch immer so gesehen wird! Erst neulich hat mich eine Frau in aller Öffentlichkeit beleidigt. Ich bin jedoch ruhig geblieben und habe nicht reagiert, was sie noch wütender machte! Eine andere Frau sah ich ihren

Mann ohrfeigen; sie erntete dabei noch Zuspruch von ihren Freundinnen. Als ich ein Gespräch im Garten der Nachbarin belauschte, hörte ich, wie die Mutter ihre Tochter aufforderte, das nächste Mal den Jungen auf die Nase zu schlagen! (Ich kenne allerdings nicht die Vorgeschichte.) Ich frage mich lediglich, ob diese Art weiblicher Aggression in den geschilderten drei Fällen wirklich notwendig und gerechtfertigt war. Eine Aggression, die in Gewalt umschlägt, ist zumeist pathologisch - egal von welchem Geschlecht sie ausgeht!

Zitate

„Das erste Anzeichen wirklicher Liebe ist bei einem jungen Mann Schüchternheit, bei einem jungen Mädchen Kühnheit." Victor Hugo

Sprich: Das Schulmädchen neckt den Jungen, bis dieser sich nicht anderes zu helfen weiß! Es ist ein Spiel, bestraft wird zumeist der Junge.

Ahnenreihe

„Nur wer sich in Linie mit der Weisheit und Stärke seiner Ahnen weiß, kann das komplette Potential seiner Männlichkeit entfalten!"

Die Verbundenheit mit seinen männlichen Ahnen ist für einen Mann eine schier unerschöpfliche Kraftquelle. Leider sind sich in unseren westlichen Gesellschaften viele Männer dieses Rückhaltes, der Weisheit und Inspiration, die eine bewusste Anbindung an die Ahnenreihe mit sich bringt, nicht mehr gewahr. Stellen Sie es sich doch einmal so vor: Sie sind das Endprodukt einer in die tiefste Vergangenheit zurückreichenden Erfolgsgeschichte genetischer und sozialer Anpassung an die jeweiligen Lebensbedingungen. Durch ihre Weisheit, Gesundheit, Tatkräftigkeit und Anpassung ist es Ihren Vorfahren geglückt, sich in Ihnen bis auf den heutigen Tag fortzupflanzen und diese Erfolgseigenschaften auch an Sie weiterzugeben (unabhängig davon, ob Sie selbst Kinder haben oder keine). Deshalb ist es nicht nur ein Ausdruck von Respekt, die eigenen Ahnen zu verehren, sondern zugleich eine unverzeihliche Dummheit, sich von ihrer Intuition, ihrer Weisheit und ihrem Werk abzuschneiden. Natürlich mögen Ihre Ahnen auch das eine oder andere Verbrechen begangen haben und/oder gegen die allgemeinen Menschengesetze verstoßen haben. Auch dies gilt es anzuerkennen! Die Augen hiervor zu verschließen wäre fehl am Platz, auch wenn es schmerzlich ist. Sie haben nun aber die Möglichkeit, es besser zu machen und die vorangegangenen Fehler in der eigenen Ahnenkette nicht zu wiederholen. Leisten

Sie Wiedergutmachung und heilen Sie so zugleich rückwirkend Ihre Ahnenreihe! Nutzen Sie dabei die gesammelte Weisheit, die zeugende Tatkraft und das angehäufte Wissen Ihrer männlichen Vorfahren, um sich Ihrerseits als würdiger Nachfolger zu erweisen. Wie alles im Leben ist auch dies ein Nehmen und Geben. Versöhnen Sie sich mit Ihrem Vater (siehe: Aussöhnung mit dem Vater)! Sagen Sie ihm, dass Sie ihn lieben, ehe es zu spät ist. Sollte er bereits schon gestorben sein, besuchen Sie zumindest sein Grab und sagen Sie es ihm dort und zwar indem Sie es wirklich aussprechen! Wer war der Vater Ihres Vaters? Erkundigen Sie sich danach! Wer war Ihr Großvater mütterlicherseits? Sammeln Sie soviel Wissen über Ihre Großväter wie nur irgend möglich, denn auch dies ist eine Form der Ehrerbietung! Was hat man Ihnen über Ihre Urgroßväter erzählt? Woran erinnern Sie sich noch persönlich? Geben Sie diese Geschichten auch an Ihre Kinder weiter. Verbinden Sie sich gefühlsmäßig und in Gedanken zudem mit allen weiteren Ahnen; als Mann insbesondere mit allen Urgroßvätern, die in Ihrer Reihe noch weiter voran stehen - bis zum Anbeginn der Menschheit! Widmen Sie Ihnen Zeit und Gedenken! Danken Sie Ihnen, denn ohne ihr Wirken gäbe es Sie heute nicht! Wer waren diese Menschen? Wie haben Sie gelebt? Vergewissern Sie sich bei wichtigen Entscheidungen immer des Rückhaltes Ihrer (männlichen) Ahnenreihe! Sie sind ein Mann wie bereits Ihr Vater, Ihre Großväter und Urgroßväter! Ihre Ahnen werden Sie gerne bei allen lebensbejahenden Unternehmungen unterstützen. Feiern Sie Ihre gemeinsame Männlichkeit noch zu Lebzeiten, ehe auch Sie in die Welt der Ahnen eintreten! Verbinden Sie sich mit Ihren Ahnen insbesondere auch dann, wenn Sie persönlich nicht mehr weiter wissen und bitten Sie sie um Rat in wichtigen Angelegenheiten! Ihre Ahnen lieben Sie, insbesondere auch die männlichen unter ihnen und werden Ihnen sicherlich zur Seite stehen, den rechten Weg aufzeigen (insbesondere dann wenn sie ihn schmerzlich erst selbst lernen mussten) und Trost spenden, sollte dies notwendig sein! Ihre Ahnen warten regelrecht darauf, dass Sie sich an sie wenden, da diese Anerkennung, Wertschätzung und Dankbarkeit ein Teil des rechten Weges als Krieger ist! Stellen Sie sich Ihren männlichen Ahnen nicht, werden einige von diesen in Ihrem eigenen Interesse aus Ihrem Inneren heraus beginnen, Sie zu verfolgen! Sie werden Ihnen in Träumen erscheinen oder durch seltsame Vorkommnisse auf Ihre Existenz aufmerksam machen! Es liegt also in Ihrem eigenen Interesse, die Weisheit Ihrer Ahnen endlich anzuerkennen und ernst zu nehmen!

FAZIT: Wer sich von seiner Ahnenreihe abschneidet, beraubt sich jahrtausendealter Weisheit, Erfahrung und Kraft für seine eigene Männlichkeit! Dies wäre nicht nur dumm, sondern unter Umständen sogar gefährlich!

Praktische Hinweise

- Treten Sie bewusst alleine oder mit Hilfe eines geübten Schamanens in Kontakt mit Ihren Ahnen!
- Tragen Sie rückwirkend durch Ihre eigene Makellosigkeit und Ihr Lebenswerk zur Heilung Ihrer Ahnen bei!
- Nutzen Sie die Weisheit, Inspiration und Kraft Ihrer Ahnen auch für eigene Zwecke!
- Ahnen Sie etwas? Nur aus der Verbundenheit mit den eigenen Ahnen kann Ahnung entstehen!
- Betreiben Sie Ahnenforschung und legen Sie einen Stammbaum mit Name, Hauptberuf, Heimatort und Lebensdaten Ihrer Vorfahren bis mindestens zu den 4 Urgroßvätern an!
- Beschäftigen Sie sich insbesondere auch mit Ihren männlichen Ahnen! Wie haben diese ihr Leben gelebt? Was können Sie von ihnen lernen?

- Was wissen Sie über Ihren Vater, Ihre Großväter und Urgroßväter? Erkundigen Sie sich nach Ihnen und machen Sie sich Notizen, die sie später an Ihren Sohn weiterreichen!
- Sie können sich sicher sein, dass all diese Männer Sie lieben, unabhängig davon, ob sie es zeigen konnten oder nicht!
- Schließen Sie Frieden mit Ihren Ahnen und rückversichern Sie sich bei wichtigen Entscheidungen ihrer Unterstützung!

THOMAS: Du meinst, ein Schamane wäre Narr genug, einem Narren die Ahnenverehrung zu lehren? Glaubt er denn, ich wüsste nicht, dass das Wort „Enkel" ursprünglich vom Wort „Ahne" abstammt, dass also, wer die Ahnen ehrt, hierdurch die Kraft und Weisheit allen Lebens an die Nachkommen weitergibt! Natürlich stehe ich in engem Kontakt zu meinen Ahnen: Sie stehen wie ein Mann hinter mir! Zur Erheiterung fällt mir allerdings auch noch ein kleines Zitat ein, dessen Urheber ich allerdings nicht kenne: „Ein Ahnenforscher ist ein Mann, der den Spuren Ihrer Familie folgt, soweit Ihr Geld reicht." Ich bin hier der Narr!

Allgemeinbildung

"Allgemeinbildung gehört zu einem wahren Mann wie Butter auf ein gutes Brot!"

Ein Mann sollte über eine gute naturwissenschaftliche, geologische, geographische, geschichtliche, kulturelle, soziologische und politische Grundbildung verfügen. Er sollte darüber hinaus die Grundsätze aller Weltreligionen und wichtigen philosophischen Systeme kennen. Er sollte sich ferner mit männlicher Spiritualität befassen und dieses Feld nicht den Frauen überlassen! Zu hohe Anforderungen in einer sich ständig wandelnden Welt? Ich glaube nicht! Für mich ist Allgemeinbildung eher so etwas wie ein Segen, denn eine Belastung. Natürlich kann man(n) nie alles wissen, aber er sollte die Dinge und Entwicklungen durchaus in ihren Grundzügen begreifen können und offen dafür sein, immer mehr hinzuzulernen. Ein Mann ohne die grundlegenden Kenntnisse seiner Kultur und Geschichte ist nichts als ein Schatten! Wie Sie all dieses theoretische und teilweise auch praktische Wissen erwerben? Es bedarf in unserer westlichen Welt noch nicht einmal besonderer Erfordernisse, um sich die von mir geforderte Allgemeinbildung anzueignen, denn alles Wissen steht - dem Internet sei Dank! - in großen Teilen der Welt frei zur Verfügung. Es reicht ganz einfach, wenn Sie sich für die Sie umgebende Welt interessieren: Zuerst war da die materielle Evolution. Vermutlich beginnend mit einer Art Urknall, fing das Universum damit an, sich mit unvorstellbarer Geschwindigkeit auszudehnen. Im vermuteten Urknall selbst entstanden nur die leichten Elemente Wasserstoff und Helium sowie in geringen Mengen Lithium, Beryllium und Bor. Alle schwereren Stoffe wurden erst danach von Sternen produziert. Sobald aber aller Wasserstoff im All aufgebraucht sein wird, werden die Sterne auch wieder erlöschen. Wir selbst sind - wissenschaftlich gesehen - nichts anderes als Sternenstaub. Finden Sie dies nicht interessant? So, einfach durch Offenheit, Neugier und Interesse, kann man meines Erachtens jedem Wissensbereich etwas abgewinnen. Was auf die materielle Ausbreitung und Entwicklung folgte, war übrigens eine biologische Evolution (Leben entstand!) und sodann eine geschichtliche, in der sich menschliche Gesellschaften und Reiche herausbildeten - bis heute: Noch immer werden Sterne erschaffen und vergehen, neue Arten entstehen und andere sterben aus und auch der Mensch entwickelt sich unaufhaltsam fort! Das ist doch spannend! Informieren Sie sich also über Ihre eigenen Lebensgrundlagen! Interessieren Sie sich für Ihre eigene Herkunft! Schauen Sie gute Filme! Lesen Sie informative Bücher! Führen Sie tiefsinnige Gespräche mit anderen Männern! Alles um Sie herum hängt auch immer mit Ihnen selbst zusammen! Werden Sie zum Forscher! Eine gute Allgemeinbildung wird darüber hinaus nicht nur Ihnen helfen, die Welt besser zu verstehen, sondern zugleich Eindruck bei Ihren Gesprächspartnern hinterlassen. Vermeiden Sie aber auf jeden Fall, dabei ein Klugscheißer zu werden und vergessen Sie nie das Praktische!

FAZIT: Erwerben Sie so viel Wissen wie möglich in den unterschiedlichsten Lebensbereichen, aber vermeiden Sie es zum bloßen Theoretiker zu werden. Wahres Wissen kommt immer vom Herzen, ist immer innerlich! Das hat mit Internet, Büchern oder Filmen nichts zu tun. Und wahrer Ausdruck sowie Gestaltung geschehen durch Ihre Hände und nicht durch Worte, Wissen oder Gedanken! Bei aller Allgemeinbildung bleibt es daher entscheidend, wie Sie sich verhalten und was Sie real tun. Bildung sollte Sie in erster

Linie befähigen, angemessen und richtig zu handeln, was immer „richtig" für Sie auch bedeuten mag. Allgemeinbildung ist nichts als eine Brücke, die von Ihnen auf der Suche nach neuen Horizonten überschritten wird!

Praktische Hinweise

- Studieren Sie fleißig und sammeln Sie so viel Wissen über Fakten und Zusammenhänge, wie Sie nur irgend können!
- Der beste Studienort ist das Leben selbst und nicht die weiterführende Schule oder Universität!
- Wissen ist Macht!
- Lernen Sie Dinge immer inwendig und nicht bloß auswendig!
- Lassen Sie sich nicht davon abschrecken, dass man ohnehin nicht alles wissen kann, sondern schließen Sie mit der Zeit Ihre größten Wissenslücken!
- Werden Sie zum Fachmann auf dem einen oder anderen Gebiet!
- Sorgen Sie dafür, dass Ihr Wissen immer auch einen Praxisbezug aufweist!
- Gebrauchen Sie Ihre Allgemeinbildung klug und herzlich!
- Werden Sie ein Mann, der seine Kenntnisse nicht nur zum eigenen Vorteil nutzt, sondern insbesondere zur Mehrung von Gesundheit, Wohlstand und Gerechtigkeit in dieser Welt!
- Wahres Wissen dient immer der Heilung, der Vielfalt, der Entwicklung und dem Frieden!
- Werden Sie mit den Jahren zu einem Wissenden, einem Weisen, einem Mann des Herzens, des Bewusstseins und der Transformation!

THOMAS: Ich weiß etwas, was du nicht weißt und das ist, dass ich nichts weiß, was du nicht auch wüsstest. Wir tragen alles Wissen in uns. Entscheidend ist, ob es uns gelingt, dieses Wissen auch in Aktivität umzusetzen. Hierbei gilt die *Grundregel des Narren:* „Wer die dümmsten Fragen stellt, wird zum Schluss der Weiseste sein!" (Denken Sie doch einmal hierüber nach!) Und noch entscheidender ist es, Wissen mit der Kraft der Liebe unserer Herzen in Verbindung zu bringen, denn nur dann wird daraus *druidische* Weisheit! Umfassende Allgemeinbildung ist der erste Schritt auf diesem Weg - sprach der Papagei.

Zitate

„Ein Experte ist ein Mann, der hinterher genau sagen kann, warum seine Prognose nicht gestimmt hat."
Winston Churchill

Anerkennung und Wertschätzung

„Wertschätzung, Anerkennung und Lob sind grundlegende Elemente für menschliches Gedeihen. Ein Mann sollte daran nicht sparen!"

David Deida in seinem bahnbrechenden, zutiefst poetischen Buch „Der Weg des wahren Mannes" schreibt:

„Die maskuline Essenz entwickelt sich durch Herausforderungen, die feminine durch Lob. Ein Mann muss seiner Frau offen und klar seine Wertschätzung zeigen. Loben Sie sie offen und freimütig."

Er trifft damit ins Schwarze! Ein maskuliner Mann hat keinerlei Probleme damit, einer Frau Komplimente aus seinem eigenen Herzen zu machen! Ein maskuliner Mann schätzt alles Feminine, da es zu seiner Komplementierung beiträgt. Sein Lob ist großzügig und ehrlich, individuell und einfühlsam, ja von zärtlicher Art. Loben Sie an einer Frau all das, was Ihnen gefällt und was Sie gerne noch stärker an Ihrer Partnerin entwickelt sehen möchten. Sagen Sie nicht: „Es wäre schön, wenn du häufiger kochen würdest!", sondern sagen Sie: „Es ist schön, wenn du kochst!" Für einen Mann würde das wahrscheinlich aufs Gleiche rauskommen, vermutlich würde er sogar die erste Formulierung bevorzugen, da sie eine klare Zielorientierung enthält. Frauen sind da anders. Für sie liegen Welten zwischen beiden Aussagen! Sagt der Mann: „Es ist schön, wenn du häufiger kochen würdest!", hören sie aller Wahrscheinlichkeit nach einen Vorwurf, fühlen sich nicht gesehen und nicht wertgeschätzt in allem, was sie leisten. Sagt der Mann hingegen „Es ist schön, wenn du kochst!" wird eine Frau dies als Lob empfinden. Es wird sie ermutigen, noch häufiger zu kochen, obwohl die Essenszubereitung vielleicht eine Tätigkeit ist, die ihr an und für sich normalerweise keinen Spaß bereitet. Sie wird sich aber von ihrem Mann gesehen und wertgeschätzt fühlen und wird alles daran setzen, ihm seinerseits Freude zu bereiten. Liebe geht durch den Magen, sagt man, und die nächste schmackhafte Speise befindet sich bereits im Ofen.

Anerkennung und Wertschätzung können selbst aus einem Beziehungsalptraum den Himmel auf Erden kreieren, da das einfühlsam platzierte Lob, die intuitive Aufmerksamkeit im richtigen Moment, eben jener Treibstoff sind, der aus Frauen das Beste herausholt und sie zu Höchstleistungen anspornt. Verfahren Sie übrigens mit Ihren Töchtern, der Welt und allem Weiblichen ebenso. Zumindest dann, wenn Sie es gerne zur Freundin oder Verbündeten hätten.

FAZIT: Zeigen Sie Ihrer Frau regelmäßig Ihre Wertschätzung durch ehrliches Lob! Analysieren Sie sie nicht! Tadeln Sie sie nicht, geben Sie keine Ratschläge, sondern bleiben Sie präsent und loben Sie ihr aus Ihrer Sicht positives Verhalten. Gleiches gilt im abgeschwächten Maß auch für Männer und das Maskuline! Auch ein junger Krieger erblüht und reift durch das ehrlich gemeinte Lob seiner Kameraden oder älterer Männer!

Praktische Hinweise

- Machen Sie ihrer Frau (und überhaupt allem Weiblichen) ehrlich gemeinte Komplimente!
- Entwickeln Sie ein Auge dafür, wann es angebracht ist, Ihre Kinder zu loben und tun Sie es!

- Vermitteln Sie Ihren Kindern ein Gefühl von Liebe und Geborgenheit, ganz egal, was sie taten oder tun!
- Sparen Sie nicht an Wertschätzung, sondern geben Sie reichlich Anerkennung aus Ihrem Herzen!
- Lernen Sie durch ehrliches Lob, das Verhalten von Frauen positiv zu beeinflussen!
- Loben Sie auch Ihre männlichen Freunde für deren positiven Eigenschaften!
- Hören Sie auf damit, die Vergangenheit zu rekonstruieren, zu analysieren oder ungefragt Ratschläge zu erteilen.
- Mit Anerkennung in diesem Moment und grundsätzlicher Wertschätzung des anderen werden Sie viel weiter kommen!
- Vermeiden Sie unbedingt gegenseitige Schuldvorwürfe!
- Das größte Lob meines Opas war es, mir mitzuteilen, dass er keine Fragen mehr an mich hätte! Alles war gesagt: Es war gut!

THOMAS: Seien Sie kein Narr, wie ich, sondern loben Sie Ihre Frau und alle Menschen, was das Zeug hält. Nur wer siebenmal gelobt wurde, wird einen Tadel schon verzeihen. Seien Sie also kein Narr, sondern bringen Sie häufig Ihre gegenseitige Wertschätzung zum Ausdruck - bevor es zu spät ist! Zeigen Sie den Menschen Ihre Liebe mit Worten und mit Taten! Darüber hinaus empfehle ich in allem, was Sie tun, die gewaltfreie oder noch besser gesagt „wertschätzende" Kommunikation nach Rosenberg. Sie basiert auf folgenden vier Schritten:

1. Beschreiben Sie Ihre **Beobachtung**, ohne Wertung oder irgendetwas hinzu zu interpretieren!
2. Nennen Sie das **Gefühl**, welches die beobachtete Handlung bei Ihnen auslöst!
3. Konkretisieren Sie Ihre eigentlichen **Bedürfnisse**!
4. Sprechen Sie eine **Bitte** aus!

Sollten Sie bisher noch keine Erfahrung mit dieser Art von Kommunikation gemacht haben, empfehle ich Ihnen dringend, sich das entsprechende Buch von Marshall B. Rosenberg zuzulegen und/oder einen entsprechenden Workshop zu besuchen! Seine Methode ist in der Lage, alle in der Vergangenheit geschlagen seelischen Wunden zu heilen und somit die Welt zu retten!

Atmung

"Bewusstes Atmen ist die Grundlage für ein glückliches und langes Leben!"

Wenn ich gar nicht mehr weiter weiß, beginne ich zu atmen (*wie eine Blondine*): Einatmen... ausatmen... einatmen... ausatmen... einatmen... ausatmen... einatmen... ausatmen... Und immer so weiter! Das ist für mich die beste Meditation und führt mich früher oder später fast immer in einen Bewusstseinszustand der Erkenntnis: Ich erkenne neue Möglichkeiten, schöpfe neue Hoffnung, bin aber gleichzeitig besser in der Lage zu relativieren und zu analysieren. Fast immer komme ich durch bewusstes Atmen wieder in meine Kraft! Es ist die Atmung, die uns permanent mit unserer Außenwelt verbindet. Atem vitalisiert! Nichts ist so kostbar und angereichert mit positiven *Qualitäten* wie der Sauerstoff der Luft. Hierzu zählen die Ruhe und die Beruhigung, die Konzentration, die Besinnung, die Stärkung, das Gewinnen von Zuversicht und Vertrauen, Rückbesinnung auf das Wesentliche, Gelassenheit und Weisheit. Der Atem verbindet unaufhörlich unseren Körper mit unserer Seele, Materie und Geist.

Ein genialer Trick bewusster Atmung besteht darin, alle schönen Momente, die uns das Leben bietet, durch tiefes Atmen in unserem Herzen und dadurch in unserer Seele zu verankern. Wenn immer Sie die Schönheit einer Frau beeindruckt, Sie sich über den Sieg Ihrer Lieblingsmannschaft freuen oder der Geburt neuen Lebens beiwohnen, atmen Sie diese ergreifenden Momente für einen kurzen Augenblick tief in Ihr Herz! Werden Sie so zu einem Sammler schöner Augenblicke, dann beginnen diese alsbald auch aus dem Urgrund Ihrer Seele Ihre generelle Wahrnehmung und Ihr Leben positiv zu beeinflussen. Sie werden so im Laufe der Zeit viel glücklicher, viel selbstsicherer und viel gesünder. Einfaches Atem und die damit verbundene Wahrnehmung und Wertschätzung machen den Unterschied zwischen einem gelungenen und einem vertanen Leben, auch wenn äußerlich alles gleich zu verlaufen scheint!

FAZIT: Der Kontakt zur eigenen Atmung ist essentiell, um lange und gesund zu leben und zugleich in jedem Augenblick, privat und geschäftlich, die richtigen Entscheidungen zu treffen. Diese werden durch Übersicht, Ganzheitlichkeit, Langfristigkeit und Verantwortlichkeit geprägt sein! Richten Sie Ihre Aufmerksamkeit und Ihren Atem zugleich auf das Gute, Edle und Schöne in dieser Welt und verankern es auf diese Weise, werden Sie ein glücklicher Mann sein! Ihre Seele wird es Ihnen danken!

Praktische Hinweise

- In der Ruhe liegt die Kraft!
- Stille entsteht durch Atmung!
- Ein kräftiger, tiefer Atemrhythmus versorgt uns mit allem, was wir brauchen, um in den entscheidenden Momenten präsent und erfolgreich zu sein!
- Erfolgreich sein heißt, aus sich selbst heraus das Beste zu geben!
- Erfolgreich sein heißt auch, Zeit für sich zu haben und diese zu genießen!
- Genießen Sie Ihr Leben und atmen Sie insbesondere alle schönen Momente in sich hinein, um sie so in Ihrem Herzen und Ihrer Seele unwiederbringlich einzubrennen!

- Lernen Sie den Atem als Ihren Ratgeber, Freund und ständigen Begleiter wertzuschätzen!
- Nutzen Sie die Kraft der Atmung, um ein glückliches Leben zu führen!

THOMAS: Einatmen. Ausatmen. Einatmen. Ausatmen... Es gibt keine größere Weisheit auf diesem Erdenrund! (Deine Anspielung auf den alten Witz mit der Blondine beim Frisör fand ich übrigens blöd!) Viel interessanter finde ich hingegen das holotrope Atmen. Haben Sie es schon einmal damit versucht? Es wirkt stärker als jede Droge und lohnt sich alleine schon durch das gesteigerte Bewusstsein bei erhöhter Sauerstoffzufuhr! Wenn Sie daran Interesse haben, empfehle ich Ihnen die *Quantum light breath* - Meditationen! Da ich der Narr bin, muss ich hier weiter nichts erklären! Es genügt mir, tief ein- und auszuatmen.

Aufrichtigkeit

"Ein Mann sei frei, aufrichtig und liebevoll!"

Aufrichtigkeit bedeutet in erster Linie Ehrlichkeit und Verlässlichkeit, also das gegebene Wort einhalten. Wie wichtig mir dieses maskuline Thema ist zeigt auch, dass es sich ebenfalls in den Kapiteln „Ehrlichkeit" und „Verbindlichkeit/Rückgrat" niederschlägt. Meine These ist es, dass nur dem aufrichtigen Mann wahrhafter Respekt durch andere Männer zukommen wird. Ab einem gewissen Lebensalter sollte es für einen Mann nicht mehr notwendig sein zu lügen. Falls er es doch tut, sollte er sich darüber ernsthaft Gedanken machen! Selbst, sollte in seiner Sozialisierung einiges falsch gelaufen sein, wie bei den meisten von uns, ist ein Mann spätestens mit dem Erreichen des 35ten Lebensjahres voll und ganz für sich selbst verantwortlich. Aus diesem Grund sollte er es auch tunlichst unterlassen, für seine eigenen Unzulänglichkeiten anderen (wie den Eltern, Lehrern, Politkern, Ausländern, Frauen etc.) die Schuld zuzuschieben. Aufrichtige Männlichkeit besteht meines Erachtens zu einem großen Prozentsatz in der ehrlichen Übernahme von Verantwortung für die eigenen Worte und Taten. Erkennen Sie Ihre eigenen Fehler und korrigieren Sie diese lieber heute als morgen. Hören Sie auf damit, sich selbst und andere anzulügen! Stehen Sie also zu sich, Ihren Versprechen und Handlungen. Sagen Sie nach Möglichkeit immer die Wahrheit, reden Sie Tacheles und seien Sie aufrichtig mit sich selbst und anderen! Tun Sie dies nicht, verschwenden Sie einfach nur Ihre Energie und die anderer Leute! Sie sind dann eben kein maskuliner Mann -

zumindest kein würdiger Vertreter dieser Gattung! Lügen heißt jammern. Wer lügt und wissentlich betrügt, besitzt lediglich die Stärke und den Reifegrad eines Jugendlichen, womit auch schon alles gesagt ist!

Im Gegensatz zur weltlichen Verbindlichkeit ist Aufrichtigkeit immer auch eine Aufrichtigkeit des Herzens! Wahre Aufrichtigkeit offenbart sich daher in der Übereinstimmung Ihrer Absichten und Gedanken mit Ihrer Intuition sowie Ihren Eindrücken im Hier und Jetzt! Es bedarf hierzu der persönlichen Präsenz, also der Wahrnehmung des eigenen Körpers, der Sinne, des Atmens und Ihrer inneren Welt. Verfügen Sie über eine solche Präsenz, wird sie zugleich „ansteckend" wirken. Auch Ihr Gegenüber kann dann Präsenz entwickeln, was es ihm oder ihr erleichtern wird, Ihnen seine/ihre eigene Aufrichtigkeit zukommen zu lassen. Das Gegenteil von Präsenz ist Schläfrigkeit, ein Abschweifen der Gedanken in Vergangenheit, Zukunft oder andere Traumwelten.

Wort zu halten ist eine zutiefst männliche Eigenschaft. Bei Frauen steht sie in kommunikativer Hinsicht erst an zweiter Stelle hinter dem Ausdruck der eigenen Gefühle. Frauen passen ihre Emotionen regelmäßig den sich verändernden Situationen an und entsprechend ändert sich auch ihre Bereitschaft, das gegebene Wort einzulösen. Ihre Gefühle in jedem Augenblick sind ihnen dabei wichtiger als ein früher einmal gegebenes Wort. Frauen wissen dies oft selbst nicht und beginnen dann damit, irgendwelche erfundenen Gründe aus der Luft zu greifen, um ihre - für Männer oftmals nicht nachvollziehbaren Meinungs-änderungen und Handlungen - zu rechtfertigen! In Wirklichkeit änderten sich einfach die Gefühle der Frau. Streiten Sie deshalb nicht mit ihr, denn Frauen wissen in diesem Moment selbst nicht, warum sie etwas tun und sind zumeist nicht in der Lage, ihren eigentlich zugrunde liegenden Gefühlen adäquaten Ausdruck zu verleihen! Es hat keinen Sinn, sich als Mann hierüber aufzuregen! Es wäre so, als würde sich eine Frau darüber ärgern, dass ihr Mann im Tiefschlaf nicht in der Lage ist, präzise seine Gefühlen zu artikulieren. Bleiben Sie daher nach Möglichkeit einfach ruhig. Was Ihre Frau in diesem Moment benötigt ist Einfühlung. Helfen Sie ihr dabei, wenn Sie wollen, sich ihrer eigenen Gefühle besser klarzuwerden. Was Sie auf keinen Fall tun sollten ist es, Ihrer Partnerin oder generell einer Frau vorzuwerfen, ihr gegebenes Wort nicht gehalten zu haben. Schaffen Sie lieber bereits im Vorfeld die Rahmenbedingungen, die es Ihrer Partnerin ermöglichen, hierzu auch langfristig zu stehen. Fragen Sie sich ansonsten, welche Gefühle Ihre Frau daran gehindert haben, ihr Versprechen einzuhalten bzw. ihre Ankündigungen auch wirklich wahr zu machen? Übernehmen Sie hierfür - ebenso wie für die eigenen Gefühle und Taten - die volle Verantwortung und geben Sie ihr eine zweite Chance. Fühlen Sie sich aber nicht verantwortlich. Dies ist ein entscheidender, wenn auch diffiziler Unterschied!

Im einen Fall tragen Sie stolz die volle Verantwortung für beide und im anderen Fall werden Sie sich schlecht fühlen, weil Ihre Frau nicht zu ihren Worten stand. Sollten Sie zu dieser Unterscheidung nicht fähig sein, gehen Sie einfach weg und überlassen Sie Ihre Frau sich selbst. Sie wird sich dann schon wieder beruhigen und von sich aus beginnen, klare Gedanken zu fassen. Möglicherweise ändert Sie jetzt erneut ihre Meinung und versucht, das Versäumte wieder gut zu machen. Ein derartig tolerantes Verhalten des Mannes, darf natürlich auch nicht in einer generellen Entbindung einer Frau aus allen Verantwortlichkeiten münden.

Ihre Führungsaufgabe als Mann in einer Partnerschaft besteht darin, den reibungslosen Ablauf der Beziehung zu gewährleisten und darüber hinaus gewisse Höhepunkte („schöne Zeit miteinander") zu ermöglichen. Führen hängt auch mit Ver-führen zusammen. Sie sind allerdings nicht verantwortlich für die Stimmungen und Gemütslagen Ihrer Frau! Von Ihnen als Mann wird lediglich verlangt, diese veränderlichen Launen aushalten zu können und sodann durch Ihre Standhaftigkeit, Authentizität, Präsenz und Liebe für Abhilfe zu sorgen. Oftmals hilft auch Humor, doch nicht alle Frauen sind hierfür gleichermaßen empfänglich. Es ist Ihre Aufgabe, in entscheidenden Momenten stark zu sein und es Ihrer Partnerin so zu ermöglichen, auch ihren Anteil zum Funktionieren und Segen der Beziehung beizutragen. Hierüber sollten Sie im eigenen Interesse die Verantwortung übernehmen. Dies heißt es wahrhaft zu führen: Eigenverantwortung zu übernehmen, den Rücken des anderen zu stärken und ihm beziehungsweise jene Entwicklungs- und Handlungsmöglichkeiten aufzuzeigen und zu bieten, welche von allgemeinem Vorteil sind. Im Falle Ihrer Partnerin bedeutet das, dass Sie ihr Wege aufzeigen, ihr Gesicht zu wahren, sich selbst zu vervollkommnen und zugleich die gesamte Partnerschaft und/oder Familie voranzubringen! Die Gefolgschaft und Hingabe einer Frau kann immer nur freiwillig - also aus eigener innerer, emotionaler Überzeugung - geschehen. Führen Sie Frauen daher so, dass sie Ihnen gerne folgen und zwingen Sie sie zu nichts! Im Übrigen sind die meisten Frauen in diesem Punkt mittlerweile sehr empfindlich, zu sehr haben sie individuell und auch als Kollektiv unter falscher männlicher Führung gelitten! Vermeiden Sie daher Forderungen und unnötige Proklamationen der eigenen Stärke und überzeugen Sie lieber im entscheidenden Augenblick durch maß- und taktvolles Handeln. Ansonsten wird für Sie die Sache nach hinten losgehen und alles nur verkomplizieren! Es ist eine Gratwanderung. Beweisen Sie Ihre Meisterschaft!

Ohne maskuline Führung geht es nicht! Je früher Sie das verstehen, desto besser für Ihre Beziehung! Persönlich war ich selbst lange genug „Frauenversteher" und „Frauen-alles-recht-macher", um aus meinen Fehlern zu lernen!

FAZIT: Stehen Sie zu Ihrem eigenen Wort und fordern Sie dies zugleich von anderen Männern ein! Tragen Sie ferner durch Ihr Verhalten dazu bei, dass es auch Frauen gelingt, ihr gegebenes Wort einzulösen! Erwarten Sie aber niemals zu viel von anderen, sondern tragen Sie in erster Linie die Sorge und Verantwortung für sich selbst! Erst durch die Entwicklung persönlicher Präsenz wird unserer Aufrichtigkeit vollkommen sein! Zugleich ermöglichen wir so den anderen, auch ihren Part zu erfüllen! Wenn Sie damit beginnen, Ihren Anteil der Verantwortung in einer funktionierenden Beziehung zu übernehmen und anfangen, Ihre natürliche Führungsrolle als Mann (wieder) einzunehmen, so tun Sie dies bitte mit liebevoller Aufmerksamkeit, Augenmaß und Feingefühl.

Praktische Hinweise

- Sie haben nichts als Ihr Wort! Nutzen Sie es also!
- Seien Sie aufrichtig mit sich und anderen!
- Fordern Sie die gleiche Aufrichtigkeit auch von anderen Männern ein!
- Dadurch, dass Sie zu Ihrem Wort stehen, fungieren Sie als Vorbild auch für andere!
- Sollte Ihre Partnerin ihr gegebenes Versprechen nicht einhalten, machen Sie Ihr darüber keine Vorwürfe, sondern suchen Sie in sich selbst die Ursache für dieses Verhalten!
- Wahre Führung besteht darin, dem anderen Möglichkeiten zu offerieren und Freiheiten zu gewähren.

- Übernehmen Sie die Verantwortung auch für die Handlungen Ihrer Partnerin, fühlen Sie sich aber nicht verantwortlich (im Sinne von „schuldig") für ihre Emotionen!
- Nutzen Sie die Intuition und Gefühle Ihrer Partnerin, um sich selbst zu vervollkommnen!
- Sollte es gar nicht anders gehen, trennen Sie sich von ihr!
- Bleiben Sie Ihren persönlichen Zielen treu!
- Entwickeln Sie umfassende Präsenz für alle körperlichen und innerlichen Vorgänge im Hier und Jetzt!
- Präsenz ist die Schwester der Aufrichtigkeit!
- Ihre eigene Präsenz wird es auch anderen ermöglichen, Ihnen gegenüber aufrichtig zu sein!

THOMAS: Aufrichtigkeit - es steckt doch schon im Namen: *Auf* und zwar *richtig*! Wenn Sie etwas tun, tun Sie es richtig. Für faule Kompromisse bin ich da, der Schalk und Wortverdreher! Sie aber sollten aufrichtig bleiben, die Wahrheit sagen und zu ihr stehen. Entgegen dem Sprichwort nur Kinder und Narren sprächen die Wahrheit, kann ich Ihnen versichern, dass aus meinem Mund noch kein einzig wahres Wort gekommen. Ich folge, seitdem ich mittlerweile meine Vision klar vor Augen sehe, nur noch dieser. Was kümmert mich da die Wahrheit? Ich bin Thomas, der Zweifler, und sehe schon, ich habe Sie verwirrt! Glauben Sie mir also kein Wort, ich spreche immer die Wahrheit! Am besten bleiben Sie einfach präsent und prüfen, was in Ihnen vorgeht, dann werden Sie die Worte anderer auch nicht mehr verwirren! Sie beginnen, hinter die Schleier zu schauen, je mehr Sie sich selbst vertrauen. Nur wer sich selbst erforscht, versteht die Welt und wer die Welt begreift, hat sich selbst erkannt!

Ausdauer/Beharrlichkeit/ Standhaftigkeit

„Was immer ein Mann auch beginnen mag, er sollte es beharrlich und standhaft verfolgen, um erfolgreich zu sein und auf den Grund der Dinge zu gelangen!"

Die Forderungen nach Ausdauer und Beharrlichkeit gelten sowohl in der Sexualität als auch im „richtigen" Leben. Ein Mann, dem es nicht gelingt, seine sexuellen Begierden unter Kontrolle zu halten, wird auch der Welt erliegen. Sei es, dass sich seine im Ursprung gesunden Bedürfnisse zu einem suchthaften Zwang auswachsen oder dass er im Sinne des *Ejaculatio Praecox* frühzeitig seinen Samen verspritzt. Ein solcher Mann wird auch den Versuchungen der Welt nicht widerstehen können. Er wird vom natürlichen Schöpfer und Gestalter eines gesunden Lebensumfeldes zum Opfer seiner Abhängigkeiten und früher oder später zum gesellschaftlichen *Looser*. Was ihm fehlt ist Standhaftigkeit in Form von Ausdauer, Geduld, Beständigkeit und Beharrlichkeit! Im Übrigen gibt es sehr wohl Abhilfe für den frühzeitigen Samenerguss, dem eine erstaunliche Anzahl der heutigen Männer zu unterliegen scheint. Zum einen ist da das systematische Training des PC-Muskels, zum anderen Langsamkeit, Bewusstheit und Kontrolle des eigenen Atems (siehe: sexuelle Probleme).

Insbesondere in Krisenzeiten darf ein Mann seine Ausrichtung nicht verlieren, will er nicht abtriften und sich in esoterischen oder emotionalen Welten verirren und verfangen. Beides, sowohl die Esoterik als auch die Emotionen, ist wichtig für einen Mann. Mir ist sehr wohl bewusst, dass es heutzutage oftmals zum guten Ton gehört, über Esoterik zu schimpfen, dennoch haben ihre Impulse und Lehren in ihrer Vielfalt ganz maßgeblich zur allgemeinen Bewusstseinsentwicklung unserer Gesellschaft und zur damit verbundenen Befreiung aus gesellschaftlichen Zwängen beigetragen. Andererseits möchte ich an dieser Stelle auch ausdrücklich vor der sogenannten Channeling-Mafia warnen, die durch falsche Vorhersagen für leichtgläubige Menschen schon sehr viel Leid über die Welt gebracht hat. Nicht alles ist Gold, was glänzt. Aus manchem Guru wird bald schon ein *Urug*! Es lohnt sich also immer ein genaueres Hinschauen! Worum geht es wirklich? Stehen Herzensliebe, Bewusstseinswachstum und Einheitsempfinden im Vordergrund oder handelt es sich vielmehr um Geldmacherei und das Schaffen neuer Abhängigkeiten? Noch wichtiger für einen modernen Mann als die Beschäftigung mit spirituellen Lehren ist meines Erachtens der Kontakt zu den eigenen Gefühlen. Dennoch offenbart sich die wahre Ausdauer und Standhaftigkeit eines Mannes in Zeiten des Umbruchs und der Krise zuweilen in einer scheinbaren Gefühlskälte! Jetzt gilt es, einen klaren Kopf zu bewahren, und deutliche Signale hinsichtlich dem Festhalten an der eigenen Vision zu senden. Da diese im Allgemeinen mit den eigenen Herzensüberzeugungen übereinstimmt, kann er daran festzuhalten, ohne sich   darüber hinaus in jedem Augenblick seiner eigenen Gefühle bewusst zu sein. Er sollte nicht aufgeben, solange auch nur der Bruchteil einer Chance besteht, die eigene Seelenmission - trotz aller Schwierigkeiten - erfolgreich zu verwirklichen. Ein maskuliner Mann glaubt an sich und seine Projekte! Was ihn in Friedenszeiten stärkt, nämlich Esoterik und Emotionen, kann ihm in Notsituationen den Kopf kosten. Viele Männer kenne ich (und noch mehr Frauen), die ihre Bodenhaftung verloren und in esoterische Welten abdrifteten; andere traten Sekten bei. Noch anderen ist es nicht gelungen, die Herrschaft über die eigenen Gefühle zurückzuerlangen, nachdem sie zum ersten Mal bewusst in Kontakt mit diesen traten. Diese Männer verloren ihre Bodenhaftung, ihre Erdung. Derlei treibt den einen oder anderen bisweilen sogar bis in den Selbstmord! Verrennen Sie sich also in nichts und achten Sie auf dem Weg zum Erfolg auch immer auf die Zeichen Ihrer Umwelt.

FAZIT: Sowohl im Leben als auch in der Sexualität zeichnet sich ein Mann durch Standhaftigkeit, Ausdauer und Beharrlichkeit aus. Insbesondere in persönlichen Krisen ist es wichtig für einen Mann, seine individuelle Vision fest im Auge zu behalten und sich nicht in Esoterik, Sektiererei oder den eigenen Gefühlswelten zu verlieren. Halten Sie deshalb gerade in Zeiten des Umbruchs konsequent an Ihren persönlichen Zielen fest! Bleiben Sie dennoch flexibel, hüten Sie sich vor Eitelkeit und Sturheit und achten Sie auf die Zeichen der Zeit!

Praktische Hinweise

- In der Krise offenbart sich die männliche Tugendhaftigkeit!
- Alles, was uns einmal widerfährt, widerfährt uns auch ein zweites Mal: Wenn ich bei Aufgabe A keine Ausdauer entwickele, werde ich es auch bei Aufgabe B nicht tun!
- Wenn ich einmal etwas einmal schleifen lasse, werde ich es auch ein weiteres Mal tun! Disziplinieren Sie sich daher selbst!
- Der Spruch: „Einmal ist keinmal!", entstammt der weiblichen Erziehung!
- Sorgen Sie dafür, dass sich Ihre Lebenswünsche mit dem decken, was Sie im Leben auch wirklich tun!

- Entwickeln Sie beim Verfolgen Ihrer Ziele Ausdauer und Beharrlichkeit
- Dies gilt insbesondere auch für die „Jagd und Eroberung von Frauen"!
- Beschäftigen Sie sich mit Esoterik und Ihren Emotionen, aber übertreiben Sie es damit nicht!
- Sollte Sie beim Verfolgen Ihrer Ziele fahrig sein oder nicht zum erwünschten Abschluss kommen, überprüfen Sie Ihre Zielsetzungen!
- Entwickeln Sie Standhaftigkeit auch in der Sexualität!
- Bleiben Sie insbesondere in Krisenzeiten standhaft!

THOMAS: Ausdauer, Standhaftigkeit und Beharrlichkeit, das klingt ja alles ganz nett. Was ist aber, wenn ich meine Meinung ändere? Ich möchte jederzeit auf meine Impulse hören und ihnen spontan folgen können. Ich möchte mich dabei ohne Planung und Festlegung einfach dem Fluss des Lebens anvertrauen! Okay, ich habe verstanden, das war meine „innere Frau", die soeben gesprochen hat. Trotzdem glaube ich, dass Esoterik, ich bevorzuge das Wort „Spiritualität" und der Kontakt zu seinen Emotionen einem Mann in Zeiten der Krise ebenso wertvoll sind wie seine grundlegende Standhaftigkeit in allen Lebensbelangen! Ich würde diese Dinge nicht gegeneinander ausspielen wollen, sondern sie gleichberechtigt nebeneinander stehen lassen. Ich glaube, der wahre Mann muss beides können: Stärke beweisen und trotzdem empfindsam bleiben. Wie gefällt dir übrigens der Begriff „intuitive Beharrlichkeit"? Er könnte eine mögliche und gewollte Synthese der benannten Fähigkeiten und Einstellungen zum Ausdruck bringen. Im Übrigen fand ich auch deine Äußerung von einer „Channeling Mafia" nicht sonderlich nett. Ich denke auch hierin sollte ein Mann in der Lage sein, wertungsfrei zu differenzieren.

Aussöhnung mit dem Vater

„Ein Mann, der sich nie mit seinem (inneren) Vater aussöhnt, wird ein Leben lang in der Luft hängen!"

Um die eigene Männlichkeit voll und ganz annehmen und leben zu können, muss ein Mann im Laufe seines Lebens das Verhältnis zum eigenen leiblichen Vater ebenso wie zu möglichen Stiefvätern geklärt haben. David Deida schreibt hierzu:

„Ein Mann muss seinen Vater lieben, sich aber gleichzeitig von den Erwartungen und der Kritik seines Vaters lösen, um ein freier Mann zu sein."

Die Loslösung aus diesen Erwartungen ist auch meines Erachtens der erste Schritt, um seinem Vater liebevoll und fair von Angesicht zu Angesicht gegenübertreten zu können. Nur dann wird es einem Mann gelingen, seinen eigenen Vater wirklich zu verstehen, zu lieben und respektvoll zu behandeln. Egal, was immer Ihr Vater auch getan haben mag, er ist und bleibt Ihr Vater! Seien Sie sich darin sicher, dass er Ihnen gegenüber immer aus Liebe gehandelt hat, denn Sie sind aus seinem Samen, Fleisch und Blut entstanden. Er wird Sie daher in dem Maße lieben (geliebt haben), in welchem er auch sich selbst zu lieben in der Lage ist (war). Ohne Ihren Vater, gäbe es Sie nicht und er hat Ihnen gegenüber immer sein Bestes gegeben. Es war das real mögliche Maximum seiner Liebe, welche er Ihnen jederzeit entgegengebracht hat! Auch, wenn es vielleicht nicht viel war oder Ihr Vater Sie sogar gedemütigt, misshandelt und geschlagen hat, war es doch sein Bestes, wozu er in der Lage war, jenes Maximum seiner Liebe, zu welchem er mit seinem weit geöffneten, großen Männerherzen fähig war! Darauf können Sie bauen! Sollte Sie also Ihr Vater enttäuscht haben oder sich gar in der schlimmsten Weise an Ihnen vergangen haben, ist er doch Ihr Vater, Ihr direkter männlicher Vorfahre. Sie tragen - ob sie dies wollen oder glauben oder auch nicht - auch sein vererbtes Karma in Ihrer Seele, von dem Sie sich nur lösen und dadurch heilen können, indem Sie Ihrem Vater verzeihen und ihm jenen Respekt zukommen lassen, den er verdient! Auch im umgekehrten Fall, sollten Sie bereits ein gutes, freundschaftliches Verhältnis zu Ihrem Vater unterhalten, sagen Sie ihm doch bitte wenigstens ein Mal unaufgefordert in Ihrem Leben, das Sie Ihn lieben! Eine kleine Geste, die beidseitig die tiefsten seelischen Verletzungen zu heilen in der Lage ist.

FAZIT: Lösen Sie sich aus allen Verstrickungen mit Ihrem eigenen Vater, hören Sie auf damit, ihm alles recht machen zu wollen und von seinem Lob bzw. seiner Einschätzung abhängig zu sein. Sodann aber treten Sie ihm frei und selbstbewusst gegenüber und ehren Sie ihn für seine Leistungen, seine Weisheit und seine Liebe!

Praktische Hinweise

- Klären Sie das Verhältnis zu Ihrem Vater besser früher als später!
- Sollte Ihr Vater bereits tot sein, treten Sie an sein Grab und offenbaren Sie sich ihm gegenüber laut, frei und deutlich sprechend!
- Ehren und respektieren Sie Ihren Vater, so wie auch Sie später von Ihren Söhnen und Nachkommen geehrt werden wollen!

- Sollten Sie absehbar der Letzte Ihrer Linie sein, ist diese Wertschätzung um so wichtiger!
- Heilen Sie durch Ihre Liebe Ihre komplette väterliche Ahnenreihe!
- Heilen Sie auch die Ahnenreihe Ihrer Mutter!
- Beschäftigen Sie sich intensiv mit der eigenen Vergänglichkeit!
- Bemühen Sie sich, die Fehler Ihres Vaters nicht zu wiederholen und werden Sie selbst zum Mentor für andere Männer!
- Insbesondere die männliche Linie vom Vater auf den Sohn bedarf der Heilung!

THOMAS: Loslösung, Aussöhnung und Respekt. Das ist der väterliche Dreiklang, den ich deinen Worten entnahm. Ich möchte darüber nachdenken! Ich glaube, dies könnte ein Weg sein, denn ohne innere und äußere Loslösung kann keine Aussöhnung erfolgen und ohne Aussöhnung kein Respekt. Löse ich mich hingegen nicht von den Überzeugungen und Befehlen meines Vaters, bleibe ich unfrei. Löse ich mich zwar, aber söhne mich nicht zugleich aus, bleibe ich genauso unfrei. Nur im Respekt für meinen eigenen Vater liegt die Befreiung und Heilung meiner eigenen Männlichkeit. Wie gesagt, ich möchte darüber nachdenken und weinen! „Aus-söhnung", was für ein tiefes, schönes Wort!

Zitate

„Als ich vierzehn war, war mein Vater so unwissend. Ich konnte den alten Mann kaum mehr in meiner Nähe ertragen. Aber mit einundzwanzig war ich verblüfft, wie viel er in sieben Jahren dazugelernt hatte."
Mark Twain

Authentizität/Wahrhaftigkeit

„Nur der authentische Mann wird den Mut aufbringen, sich seiner Mission zu widmen! Authentizität wird so zur Voraus-setzung von Makellosigkeit!"

Was versteht man eigentlich unter Authentizität oder Wahrhaftigkeit? Der Fremdwörterduden übersetzt Authentie oder Authentizität mit „Echtheit, Zuverlässigkeit, Glaubwürdigkeit" - drei durch und durch männlichen Tugenden! Was ist ein Mann, dessen Wort man keinen Glauben schenken kann? Ein Waschlappen! Unser Wort ist das Einzige, was wir haben. Oberstes maskulines Gebot sollte es also sein, sorgsam hiermit umzugehen! Sagen Sie daher, was Sie tun und tun Sie, was Sie sagen! Sind Sie authentisch, wird Ihnen dies Achtung und Respekt einbringen. Die Kunst des Wahrhaftigen liegt darin zu unterscheiden, wann es sinnvoll ist, seine Gefühle zum Ausdruck zu bringen oder lieber zu schweigen! Wörter tragen eine feine Energie. Wir sollten daher jederzeit sorgfältig mit ihnen umgehen und uns beim Sprechen zur besseren Kontrolle selbst zuhören. Machen Sie also bitte nicht den Fehler, alles mitteilen und erzählen zu wollen. Die Geheimnisse Ihres Freundes sind bei Ihnen gut aufgehoben! Ihre Frau wird davon nichts erfahren! Alles andere wäre ein grober Fehler, ein Verstoß wider die Maskulinität! Auch die Schwäche Ihres Kollegen, die Sie bei Ihm beobachtet haben, geht niemanden anderen etwas an! Es gibt viele mögliche Verfehlungen eines Mannes. Wir sehen uns vielen Versuchungen ausgesetzt. Sagen wir einmal, Ihr Kollege würde heimlich Alkohol während seiner Arbeit trinken. (Nur um ein Beispiel zu nennen.) Sprechen Sie hierüber einzig mit Ihrem Kollegen. Machen Sie ihm klar, dass ein solches Verhalten nicht geduldet werden kann! Unterstützen Sie ihn dabei, Wege aus seiner Misere zu finden (beispielsweise eine Entziehungskur mitzumachen), aber halten Sie verdammt noch einmal den Mund gegenüber anderen! Sollte all ihr Bemühen nichts fruchten und Ihr Arbeitskollege sein unrechtmäßiges Verhalten nicht einstellen, erst dann unternehmen Sie weitere Schritte. Vielleicht will er ja nicht mehr trinken, kann es aber einfach nicht, da sein maskuliner Wille schon zu sehr in Mitleidenschaft gezogen wurde. Teilen Sie ihm in einem solchen Fall mit, dass er sich bitte selbst in dieser Angelegenheit bei seinem direkten Vorgesetzten melden solle, sonst würden Sie es tun! Setzen Sie ihm eine entsprechende Frist. Erst dann gilt es zu handeln. Wägen Sie bei allem, was Sie tun, immer gut die Vor- und Nachteile der jeweiligen Handlung ab und sprechen Sie nicht hinter dem Rücken Ihrer Nachbarn, Freunde und Kollegen. Bei Gefahr im Verzug müssen Sie natürlich sofort handeln. Wahr-haftigkeit ist also immer auch eine Frage des eigenen Gewissens!

Authentizität ist eine männliche Tugend, die man nicht mal so gerade nebenbei erwirbt. Jahrelanges Üben ist notwendig! Verbessern Sie sich also beständig darin, authentisch zu sein und beobachten Sie sich selbst bei allem, was Sie tun. Die eigene schonungslose und doch zugleich moralisch nicht wertende Selbstbeobachtung ist vielleicht der wichtigste Schritt auf dem Weg zur Authentizität. Stimmen ihre Worte und Taten mit ihren wirklichen Absichten und Gedanken überein? Beobachten Sie sich und entscheiden Sie selbst. Erkennen Sie Differenzen zwischen Ihren Handlungen und den eigentlichen Ansprüchen, machen Sie sich daran, die Situation zu bereinigen. Leben Sie als Mann und be-herr-schen Sie sich und ihre Begierden zunächst einmal selbst, bevor sie dies von anderen verlangen! Nur wer sich selbst meistert, dem wird es gelingen nach und nach gelingen, Wahrhaftigkeit in alle wesentlichen Lebensbereiche einziehen zu lassen.

Zum Erreichen von Authentizität haben Sie grundsätzlich drei Möglichkeiten:

1. Sie passen Ihre innere Einstellung der aktuellen Situation an, was die Gefahr birgt, ein Fähnchenwechsler zu werden. Vielleicht begnügen Sie sich auch einfach nur mit zu wenig?
2. Sie setzen sich gezielt für die Veränderung der gegenwärtigen Situation ein, was unter Umständen in einem offenen Kampf münden wird. (Es wird immer Menschen geben, die sich den von Ihnen befürworteten Erneuerungen widersetzen werden.)
3. Sie verlassen den Kampfschauplatz und wenden sich anderen Dingen zu. Dann ist es nicht mehr ihre Aufgabe, auf diesem Gebiet irgendetwas zu verändern oder zu verwirklichen. Die Gefahr hierbei ist allerdings, dass ihr Abgang als Flucht gedeutet werden könnte. Möglicherweise fliehen Sie auch einfach nur vor sich selbst. In jedem Fall aber sollten Sie eine Entscheidung treffen!

Erst den wahrhaft authentischen Mann wird keine Frau mehr durch ihre Stimmungsschwankungen und Gefühle aus dem Gleichgewicht bringen können. Sie erkennen daran in Ihrer Beziehung, ob sie authentisch, also „echt" geworden sind: Die Klagen Ihrer Frau können Ihnen nichts mehr anhaben und werden nach einiger Zeit verstummen (wenn auch nicht für immer). Ihre Frau wird Ihnen vertrauen und willig folgen! Auf unerwartete Weise erfüllen sich auch weitere Wünsche von Ihnen, deren Verwirklichung Sie schon längst aufgegeben hatten. Überhaupt werden Sie glücklicher sein und auch von anderen Männern mit Respekt behandelt werden!

Dies wiederum wird Sie im Ansehen der Frauen steigen lassen und attraktiver machen.

<u>Authentizität und Wahrhaftigkeit hängen immer auch eng mit dem eigenen Gesprächsverhalten zusammen, weshalb ich an dieser Stelle einmal kurz einige grundsätzliche Regeln gelingender Kommunikation aufzählen möchte:</u>

- Lassen Sie andere (insbesondere auch Ihre Frau) immer ausreden!
- Unterbrechen Sie nicht durch Gegenthesen, ähnliche Geschichten oder gut gemeinte Ratschläge!
- Sie haben zwei Ohren, aber nur einen Mund, also hören Sie bitte doppelt so viel hin, wie sie sprechen!
- Zögern Sie anderseits auch nicht, anderen Menschen ein persönliches, hoffentlich positives, Feedback zu geben!
- Sprechen Sie, falls möglich, immer aus dem Herzen!
- Sprechen Sie mit Respekt für den anderen oder über andere!
- Es kann in einer sich verändernden Welt nicht mehr darum gehen, sich verbal durchzusetzen!
- Suchen Sie gemeinsam nach der besten Lösung für alle Beteiligten!
- Unterlassen Sie negative oder wertende Du-Botschaften!
- Sprechen Sie von sich selbst und Ihren Gefühlen!
- Erwarten Sie nichts von anderen und verzichten Sie auf Schuldzuweisungen!
- Falls notwendig, ziehen Sie Konsequenzen und meiden Sie entsprechende Personen!
- Fordern Sie in Beziehungen auf gleicher Augenhöhe nichts von anderen, sondern bitten Sie!
- Freuen Sie sich an dem, was bereits erreicht wurde!
- Bringen Sie Ihre Dankbarkeit hierfür zum Ausdruck!

FAZIT: Leben Sie authentisch, ganz egal, was andere auch von Ihnen halten mögen. Setzen Sie sich freundlich über diese Widerstände hinweg! Letztlich wird Sie Ihre eigene Authenie dahin führen, wo Sie schon immer hingelangen wollten! Überprüfen Sie Ihr persönliches Kommunikationsverhalten hinsichtlich der oben notierten Punkte! Wahrhaftigkeit erfordert immer auch Mut!

Praktische Hinweise

- Sie haben nur Ihr Wort, nutzen Sie es!
- Natürlich behält Ihre Frau die Geheimnisse, die sie von anderen Frauen erfahren hat, für sich!
- Tun Sie das gleiche mit den Geheimnissen Ihrer Freunde!
- Unterstützen Sie andere Menschen auf ihrem Weg der Tugend und der Authentie!
- Lassen Sie nicht alles durchgehen, seien Sie andererseits aber auch keine Petze!
- Setzen Sie immer alles daran, Ihre Absichten und Ihr Handeln mit der gegenwärtigen Situation in Einklang zu bringen!
- Üben Sie sich in allen Lebensbereichen in Authentizität!
- Lassen Sie sich nicht mehr durch anderer, insbesondere nicht durch Ihre Partnerin, aus dem Gleichgewicht bringen, sondern stehen Sie fest zu Ihren Überzeugungen!
- Authenie ist ein Geschenk; eine gute Partnerin wird in der Lage sein, dies zu erkennen!

THOMAS: Du sprichst zwischen den Zeilen immer so abwertend von Frauen, dass sie permanenten Stimmungsschwankungen unterworfen wären, ihre Meinung oft änderten und häufig nörgeln würden. Willst Du damit provozieren? Entspricht dies deiner Beobachtung oder ist es lediglich der unbeholfene Versuch, die männliche Position auf Kosten der weiblichen stärken? Ich weiß doch, dass du längst erkannt hast, wie wichtig gerade auch das feminine Prinzip in der heutigen Welt ist! Möglicherweise bin ich selbst auch überempfindlich, was die Kritik (und oftmals darin versteckte Schuldzuweisung) anderen gegenüber anbelangt, denn wenn ich ehrlich bin (und das bin ich) entspricht es durchaus auch meinen Erfahrungen, wie du die Frauen darstellst. Vielleicht meinst du es daher ja gar nicht abwertend. Ist dies alles nichts anderes als eine Beschreibung deiner persönlichen Lebenserfahrung und Wahrnehmung? Ist diese Darstellungsweise also realistisch oder wirst du an anderer Stelle einen Ausgleich durch ein positiveres Frauenbild schaffen?

Zitate

„Eine Frau kann jederzeit hundert Männer täuschen,
aber nicht eine einzige Frau."
Michèle Morgan

„Ich bin lieber für mich. Das Wort <<husband>>, Ehemann, bedeutet
<<housebound>>, ans Haus gebunden.
Wer will das schon?"
Jack Nicholson

Bardentum

„Maskulinität kennt vier Entwicklungsstufen. Gelebtes Bardentum ist die zweite hiervon!

Dass der Kreativität immer auch eine männliche Komponente innewohnt, ergibt sich unter anderem daraus, dass selbst die Samurai, hartgesottene, mittelalterliche Krieger, späterhin im Laufe ihrer Karriere weiche, kreative Künste wie Malerei, Blumenstecken oder Tanz erlernten. Für den hiesigen Kulturraum sprechen wir dabei vom Bardentum. Der Barde ist der schaffende, kreative Künstler, dessen Kunst sich klassischerweise in Poesie oder Musik offenbart. Der Archetypus des Barden trifft auf Männer zu, die es in ihrem Handwerk zu einer gewissen Kunst und Reife gebracht haben, das Praktische also mit dem Schönen zu verbinden lernten. Barden sind Männer mit Geschicklichkeit und einem Sinn für Ästhetik. Während der Mann als Krieger durchaus noch wild und ungehobelt sein darf (und teilweise muss), gleicht erreichtes Bardentum einer Reise in die Gefilde des Weiblichen, ohne sich jedoch darin zu verlieren, da ein Barde seine Schaffenskraft als entscheidenden männlichen Wesenszug beibehält. Der germanische Ausdruck für den keltischen Barden war jener des „Skalden", ein Hauch von Runenkunde und Magie schwingt in dieser Bezeichnung noch mit. Heutzutage würde ich bewusst schaffende, sich selbstverwirklichende Männer mit einem gewissen „Draht nach oben" unter diesem Typus subsumieren. Dies können neben Musikern, Schriftstellern und Künstlern auch inspirierte Handwerker sein. Traditionell basiert Bardentum auf den fünf Säulen von Quellenstudium, einem angeborenen oder erworbenen Sinn für die Schönheit, unzähliger praktischer Übung, Lebenserfahrung sowie einem Überschuss kreativer Energien.

Unabhängig davon, dass auch Frauen auf kreative Männer stehen, sollte jeder Mann danach streben, sich auf künstlerischem Terrain einen regenerativen Ausgleich zum stressigen Arbeitsleben zu schaffen! Die Entwicklungsstufe des Barden ist darüber hinaus unverzichtbar für die vollständige Entfaltung der männlichen Seele. Wer noch mehr über diesen Archetypus erfahren möchte, kann dies gerne in meinem Buch „Die Lebensschule" nachlesen. Trotz alles androgynen Beigeschmackes wird der feminine Zugang im kreativen Schaffen des Barden erst durch die vollendete männliche Form seiner Werke zur künstlerischen Vollendung reifen!

FAZIT: Ein kreativer Mann mit Sinn für Ästhetik, dem es gelingt sein Handwerk mit der Kunst zu verbinden, kann durchaus als moderner Barde bezeichnet werden. Seinen klassischen Ausdruck findet das Bardentum in Poesie und Musik. Kreativität ohne Form verpufft; Form ohne Kreativität aber erstarrt! In ihrer alchemistischen Verbindung erst werden sie skaldisch, bardisch, magisch!

Nachtrag zur Leseart diese Buches

Viele in diesem Ratgeber aufgeführten Hinweise wie beispielsweise der Aufruf zur Bildung oder zur Kreativität gelten naturgemäß gleichermaßen für alle Menschen, wurden hier aber spezifisch für Männer verfasst!

Praktische Hinweise

- Vollendetes Bardentum ist nach dem Kriegertum die zweite Entwicklungsstufe auf dem Weg eines verwirklichten Mannes!

- Erst durch schaffende Kreativität kann unser volles Potential als Mann entfaltet werden!
- Bardentum bedeutet zugleich Verständnis und Kreativität; seine Form ist verständlich, sein Inhalt kreativ.
- Überraschen Sie Ihre Frau hin und wieder mit selbst kreierten Liedern, Texten oder kunstvoll gefertigten Gebrauchsgegenständen!
- Nutzen Sie Ihre Kreativität gleichermaßen für sich, Ihre Beziehung und in Ihrem Beruf!
- Was immer Sie tun, tun Sie es auf eine männliche Art und Weise!

THOMAS: Ein schwieriges Kapitel, wie ich finde. Du verstehst also unter Bardentum so etwas wie eine Reise in die Kreativität, Aufmerksamkeit und Empfindsamkeit der Weiblichkeit, ohne sich darin zu verlieren. Zugleich nennst du diese Fähigkeiten männlich-maskulin. Ein Barde, auch wenn er wie wir Narren weibliche Gewänder trägt, ist immer noch ein Mann! Sogar einer, der auf dem Weg der Männlichkeit im Allgemeinen weiter geschritten ist als der bloße Krieger. Vielleicht ist der Barde sogar als *vollendeter Krieger* ein weiteres Mal an den femininen Pol gereist, hat ihn bezwungen oder sich zu eigen gemacht? Ein wahrhafter Mann also, dem es in jedem Fall gelungen ist, auch seine femininen Anteile zu integrieren! Jemand, der seine innewohnende Kreativität in zunehmendem Maße in sein Leben einfließen lässt und sich darin verwirklicht! Dennoch wird das feminine Gefühl des Barden für alles Weibliche erst durch seine gleichermaßen männliche Durchsetzungskraft zur Blüte und Vollendung gebracht. Ein Hauch von Alchemie und Magie klingen an. Da ist dieses besondere Flair des Barden, welches ihn auch für die Außenwelt als unwiderstehlich (oder unausstehlich?) erscheinen lässt. Es scheint als polarisiere er - allein der altertümliche Name! Wenn ich dich richtig interpretiere, so muss ein Barde weder überdurchschnittlich intelligent, gut aussehend oder erfolgreich sein. Fünferlei aber bedarf er mit Sicherheit:

- dem Quellenstudium seiner Kunst
- einem Sinn für die Schönheit
- praktischen Geschicks
- der Lebenserfahrung sowie
- einer gewissen künstlerischen Vitalität.

Begeisterungsfähigkeit

"Es gibt für einen Mann nichts Schöneres, als be-geistert sein Leben zu gestalten und mit anderen zu teilen!"

Auch Frauen lassen sich gerne von der Begeisterungsfähigkeit und Faszination eines Mannes anstecken. Sie sehnen sich geradezu nach willensstarken, leidenschaftlichen, abenteuerlustigen und entschiedenen Männern. Sie erwarten von ihnen zugleich Führung und Sicherheit. Auch wenn dies die meisten Frauen heutzutage vermutlich nicht mehr zugeben würden, hoffen sie doch auf den Traumprinzen oder Helden, der sie mithilfe seiner eigenen kalkulierten Risikobereitschaft wohlbehalten durch das Abenteuer Leben führt. So weit, so gut. Erwarten Sie dennoch nicht von einer Frau, dass sie sich von Ihnen für alles interessieren oder gar begeistern ließe. Sie muss dabei immer auch ihren eigenen Vorteil erkennen! Zeigen Sie ihn ihr - insbesondere wenn es sich um Ihre Geliebte handelt oder Ihnen sonstwie irgendetwas an dieser Frau liegt! Führung hat zu guter Letzt immer auch ein wenig mit Ver-führung zu tun. Verführen Sie Ihre geliebte Frau auf Ihrem Weg der Begeisterung. Frauen stehen hierauf, selbst jene, die ein schlechtes Bild von „Führung" haben lieben es noch immer ver-führt zu werden! Offenbaren Sie Ihre Geister in ihrer ganzen Schönheit, Macht und Herrlichkeit!

FAZIT: Nur wer es vermag, sich selbst zu begeistern, wird auch andere durch seine Be-geister-ung in Bann ziehen. Sehen Sie zu, dass alle Beteiligten von Ihren Projekten einen persönlichen

Nutzen davontragen! Nur auf diese Art werden Sie Erfolg haben und Segen über das Land bringen!

Praktische Hinweise

- Folgen Sie Ihren Impulsen und begeistern Sie sich als Mann für die Schönheiten der Welt und alles Weiblichen!
- Lassen Sie Ihrer Begeisterung auch Taten folgen!
- Zeigen Sie anderen, wie sie sich gemeinsam mit Ihnen auf dem Weg Ihrer Begeisterung entwickeln können!
- Teilen Sie nicht nur Ihre Begeisterung, sondern auch deren Früchte!
- Begeistern Sie sich in erster Linie für Angelegenheiten Ihres Herzens und weniger für die Ihres bloßen Verstandes!
- Folgen Sie Ihrem Herzen und gehen sie voran, ganz egal, ob es sich um die Eroberung einer Frau, ein Fußballspiel, eine Weltreise oder ein wissenschaftliches Projekt handelt!
- Wenn niemand folgt, so gehen Sie alleine!
- Vielleicht sind ja andere bereits dort?!
- Sich gemeinsam zu begeistern ist immer schöner, als alleine!
- Verführen Sie Ihre Frau, so oft Sie es vermögen!

THOMAS: Ein sich begeisternder Mann erweckt in mir immer Bilder eines kleinen Jungen, der sich mit all seiner Unschuld ins große Abenteuer stürzt. Wahrscheinlich ist es einfach nur richtig und wichtig, diesen Jungen wieder zu leben. Andererseits sprichst du aber auch von einer „kalkulierten Risikobereitschaft", die eine gewisse männliche Reife voraussetzt. Auch denke ich, dass, wer sich be-geistert, immer zugleich Verantwortung dafür trägt, welcher Art diese Geister sind; nicht dass er auf einmal „von allen guten Geistern verlassen" dasteht. Dann hingegen würde wahrscheinlich genau diese Erfahrung - sollte sie notwendig sein - den größten

Lerneffekt nach sich ziehen! Also voran, Kameraden, mit wehenden Fahnen! Wer wird denn gleich an Untergang denken? Oder haben Sie Angst, dass Sie die Geister, die sie riefen, nicht mehr loswerden? Im Dritten Reich dauerte der Spuk jedenfalls zwölf dunkle Jahre!

Zitate

> *„Die Geister, die ich rief... Wer rief denn hier eigentlich wen? Die Geister den Menschen oder dieser seine Geister?"*
> *Spinnenkind*

Beruf

„Ein gesegneter Mann ist, wer seine Vision zum Beruf macht und somit seine eigentliche Be-ruf-ung lebt!"

Die Wahl oder der Wechsel eines Berufes dient gleich mehreren Zwecken. Erstens, ganz banal, stattet er den Mann mit eigenem Geld aus. Das ist etwas ganz anderes als bloß ererbtes oder gar in einem Glücksspiel gewonnenes Geld. Der Beruf eines echten Mannes ist ehrlich. Kriminelle Berufe scheiden aus, möchte sich der Mann im Spiegel weiterhin in die eigenen Augen schauen; soviel ist klar. Auch das Glücksspiel ist in meinen Augen eine eher machohafte oder weibische Angelegenheit. Es gleicht dem Beschwören einer fixen Idee oder dem Lesen im Kaffeesatz. Ein Gelderwerb sollte einen Mann nicht nur stolz auf sich selbst machen, sondern zugleich Freude bereiten. Ich rede nicht davon, dass sein Beruf immer Freude bereitet, aber grundsätzlich sollte er es tun. Ertappt sich ein Mann dabei, an vier von fünf Wochentagen nur unwillig an seine Arbeitsstelle zu fahren, sollte er ernsthaft über einen Wechsel nachdenken. Nichts ist unwürdiger für ihn als ein Beruf, dem er nur halbherzig nachgeht. Das wäre schäbig! Im umgekehrten Idealfall wird der Beruf in seinem ursprünglichen Sinn sogar zur Berufung. (Ruft sie den Mann oder ruft er nach ihr?) Im Normalfall reicht es, wenn der Mann in seinem Beruf die Möglichkeit hat, seinen ganz persönlichen Wert der Welt zu offenbaren, nämlich zum Wohle und der Weiterentwicklung der Gesellschaft das zu geben, was er in seinem Inneren trägt. Ist dies nicht der Fall, sollte mittelfristig über einen Berufswechsel nachgedacht werden. Ein Mann, der an sein Lebensende kommt und erkennt, dass er sein ganzes Leben etwas gearbeitet oder getan hat, was ihm keinen Spaß bereitete, hat sein Leben verfehlt! Es wäre ein grober Fehler, langfristig einem Beruf nachzugehen, in welchem Sie die Ihnen eigenen Qualitäten nicht zum Ausdruck bringen können!

Andauernder beruflicher Stress wird sich früher oder später auch auf das partnerschaftliche und familiäre Zusammenleben auswirken. Auch umgekehrt gilt, dass ein Mann nicht langfristig im Beruf erfolgreich sein kann, wenn er nicht zuvor die Beziehungen zu allen seinen Familienangehörigen geklärt hat. Er sollte Respekt vor seinem Vater bekunden, sich von seiner Mutter in Dankbarkeit abgenabelt haben, sich mit seinen Geschwistern aussöhnen und anerkennen, dass ihn die gelebte Rivalität stärkte. Insbesondere sollte der arbeitende Mann in einem guten Verhältnis zu seiner Lebenspartnerin stehen (so vorhanden) und zu seinen Kindern (sofern sich diese nicht gerade in der Pubertät befinden, denn dann ist eine abschließende Klärung unmöglich). Gleiches gilt natürlich auch für weitere wichtige Personen im Leben eines Mannes wie beispielsweise den eigenen Mentor oder gute Männerfreunde, die Exfrau oder die mögliche Geliebte. Ich bin hierbei frei jeglichen Moralisierens, denke aber einfach, dass ein Mann im Idealfall offen und ehrlich in erster Linie mit seiner Frau klären sollte, inwieweit diese zusätzlichen intimen Beziehungen toleriert werden können. Auch seiner Geliebten gegenüber sollte er keine falschen Versprechungen machen! Wer seine eigene Frau nicht zu befriedigen vermag, warum sollte der eine zweite wollen? Andererseits verstehe ich mittlerweile auch jene Männer, die nach dem Motto verfahren: „Der Gentleman genießt und schweigt!" Dann aber müssen Sie sicher gehen, dass erstens Sie diese Affären vor sich selbst verantworten können und zweitens - das ist noch wichtiger - dass wirklich nie etwas auffliegt, denn sonst würden

Sie zum offensichtlichen Verräter an Ihrer Frau! Das, mein Herr, wäre nicht sehr maskulin! Andererseits sollten Sie sich niemals, also wirklich niemals für das Flirten mit anderen Frauen vor Ihrer eigentlichen Ehefrau oder Partnerin rechtfertigen! Daran ist moralisch nichts Verwerfliches und wenn Sie sich selbst in eine Position begeben haben, dies zu rechtfertigen, dann haben sie längst das Zepter der männlichen Führung aus der Hand gegeben. Das ist unnatürlich - wider die Natur! Holen Sie sich Ihr Königszepter zurück! Es gehört Ihnen und niemand sonst!

Kommen wir zurück zum eigentlichen Thema „Beruf versus Familie". Meines Erachtens hat Beziehungspflege hat immer den Vorrang. Die eigenen Kinder sollten einem Vater also grundsätzlich wichtiger sein, als die Erwartungen des Vorgesetzten. Sprechen Sie mit ihm (oder ihr), regeln Sie ihre Belange, aber kümmern sie sich zuallererst um Ihre Familie. In den meisten Fällen ist sie der Grund, warum Sie so viel arbeiten. Zerstören Sie also nicht das liebevolle Verhältnis, welches Sie zu ihren Angehörigen unterhalten (sollten). Hiervon unabhängig ist es, dass ein Mann gewisse Spannungen und in der Luft liegende Emotionen für einen bestimmten Zeitraum manchmal einfach auszuhalten hat. Er muss Konflikte aussitzen können. Als typische Beispiele möchte ich hierbei das angespannte Verhältnis zur pubertierenden Tochter nennen. Ertragen Sie die Launen der Frauen einfach - egal, ob nörgelnde Kolleginnen oder die der eigenen Partnerin - ohne dem zu viel Bedeutung beizumessen (siehe: Spannung aushalten). Rechtfertigen Sie sich nicht! Tun Sie einfach das, was Sie für richtig erachten, dann wird man Ihnen auch Respekt entgegenbringen. Man wird wissen, dass Sie sich nicht so einfach aus der Bahn werfen lassen und Sie werden beruflich erfolgreich sein.

FAZIT: Kümmern Sie sich zunächst um sich selbst und um ihre Mission, sodann um Ihre Partnerschaft und Familie und erst an dritter Stelle um die Belange Ihres Arbeitsplatzes oder Berufs. Erst kommen die Menschen, dann die Dinge! In den seltensten Fällen wird Ihr Gelderwerb bereits jetzt mit Ihrer Mission übereinstimmen, sonst würden Sie wahrscheinlich nicht dieses Buch lesen. Tragen Sie dennoch dafür Sorge, dass Sie sich weitestgehend mit Ihrem Beruf identifizieren können. Er ist zur Unterstützung und Verwirklichung Ihrer höherrangigen Ziele da, darf diese also in keinem Fall gefährden! Leisten Sie gute Arbeit, was immer Sie auch tun!

Praktische Hinweise

- Ein Mann drängt danach, seine Gaben an die Welt zu verschenken! Der übliche Weg hierfür ist der Beruf!
- Ihr Beruf wird Sie erfüllen, wenn Ihr Wollen und Ihr Können übereinstimmen!
- Verdienen Sie Ihr eigenes Geld mit moralisch gerechtfertigtem Tun!
- Sie sind es, der sein eigenen Tun eines Tages wird rechtfertigen müssen!
- Nur ein berufliches Umfeld, welches Ihre Gaben wertschätzt, kann mittel- und langfristig auch wirklich das Ihrige sein!
- Es gibt Berufe, da wird das Gehalt zum Schmerzensgeld!
- Es gibt Berufe, die täte man auch ganz ohne Bezahlung!
- Die besten Berufe aber sind jene, wo zur Verwirklichung, dem Verschenken der eigenen Gaben, noch eine angemessene Entlohnung hinzukommt!
- Suchen Sie sich als Mann einen solchen Beruf, immerhin wollen Sie ja noch viele Jahre Ihres Lebens damit verbringen, glücklich zu sein!

- Nur zwei Dinge sind wichtiger als die Berufswahl: 1. die eigene Mission; 2. die Beziehungspflege! Berücksichtigen Sie diese Reihenfolge, wird mit großer Wahrscheinlichkeit ein gelungenes Leben daraus!
- Leisten Sie gute Arbeit, was auch immer Sie tun!
- Sie sollten grundsätzlich Spaß an dem haben, was Sie tun und darin einen gewissen Sinn sehen!
- Andernfalls ist es besser, sich nach einem anderen Arbeitsgebiet umzuschauen!
- Rechtfertigen Sie sich nicht für Ihre Handlungen!
- Rechtfertigen Sie sich insbesondere nicht gegenüber Kolleginnen oder weiblichen Vorgesetzten!
- Sollten Sie einen Fehler gemacht haben, tragen Sie selbst dafür Sorge, dass Vergleichbares nie wieder vorkommt!
- Tun Sie einfach, mit dem entsprechenden Mindestmaß an notwendiger Abstimmung, was Sie persönlich für richtig erachten!
- Flirten Sie mit wem auch immer Sie wollen!
- Rechtfertigen Sie sich hierüber niemals gegenüber Ihrer Frau!
- Ein Flirt ist noch kein Fremdgehen!

THOMAS: Ich weiß, wie es ist, ohne Geld zu leben. Wenn dies alle tun, ist es das Schönste, was man sich vorstellen kann. Ich habe es selbst erlebt. Wenn du allerdings der einzige bist, der kein Geld hast, ist es die Hölle im Paradies! Deshalb bin ich Narr geworden. Ich verdiene mein Geld mit Nichtstun und werde dafür sogar noch gelobt! Wie dies geht? Den Trick muss jeder selbst finden! Der Trost: Die Anerkennung dessen, dass es wichtiger ist, Spaß im Leben zu haben als ein volles Konto, ist der erste Schritt auf dem Weg in eine glückliche, berufliche Zukunft. Im Übrigen sehe ich das mit dem Flirten und Königszepter genauso. Andererseits sollten wird dann aber auch unseren Frauen den Flirt nicht verbieten! Etwas zusätzliche Anerkennung hat nämlich noch niemandem geschadet!

Beschützerinstinkt und Vorsorge treffen

„Es ist und bleibt die Aufgabe eines Mannes, sich und die Seinen vor jeglicher Bedrohung zu schützen!"

Eine Frau wird sich einem Mann nur dann ganzheitlich hingeben, wenn sie Vertrauen in den von ihm vermittelten Schutz erlangt. Es ist die Aufgabe des Mannes, seiner Frau auf jedem Feld jene Sicherheit zu vermitteln, die diese braucht, um sich ihm empfangend anzuvertrauen. Eine Frau kann ihre komplette Weiblichkeit erst dann wahrnehmen, erleben und auch weiter geben, wenn es dem Manne gelungen ist, ihr ganzheitliches Sicherheitsbedürfnis zu befriedigen. Solange dies gewährleistet ist, wird die Beziehung (sofern alle anderen Faktoren stimmen) gesegnet sein und beide Partner darin glücklich. Dies ist eine Gesetzmäßigkeit, die meines Erachtens in gefühlten 99% aller Fälle zutrifft. Ich nenne dies hier, den eigenen maskulinen Beschützerinstinkt kultivieren.

Schutz ist die Rolle des psychisch und physisch stärkeren Mannes. Man versucht uns Männern zwar heute einzureden, dass Frauen das psychisch stärkere Geschlecht wären, dies hat sich in meinen persönlichen Erfahrungen und der Beobachtung zahlreicher Beziehungen indes nicht bestätigt. Ganz im Gegenteil besitzen die Männer eine wesentlich höhere Leidensfähigkeit als das zurecht „schwach" genannte Geschlecht der Frauen. In dieser männlichen Stärke aber liegt zugleich unsere natürliche Aufgabe verborgen, uns darum zu kümmern, dass sich Frauen permanent sicher und zugleich begehrt fühlen, denn nur dann werden sie uns mit ihren lebensspendenden Geschenken (Hingabe, Zärtlichkeit, Gefühlsreichtum, Inspiration etc.) in vollem Umfang beglücken und selbst glücklich sein.

Obwohl gerade im nahezu bedingungslosen Vertrauen auf eine gelingende Zukunft eine große männliche Kraft ruht, bleibt es doch eine der grundlegenden Aufgaben jeden Mannes, für sich und seine Familie reale Vorsorge zu treffen. Dies beinhaltet alle lebenswichtigen Funktionen wie Gelderwerb, Nahrungs-beschaffung, Sicherheit vor Übergriffen, Unfällen etc. Ihre Frau wird es Ihnen vermutlich nicht direkt danken; würden Sie derartige Vorsorge allerdings unterlassen, würde Sie aus gesellschaftlicher Sicht in jedem Fall die Schuld treffen, ginge irgendetwas Wesentliches schief! Es ist die Aufgabe des Mannes, sich um das Grobe zu sorgen! Die ansonsten auf ihn projizierte Schuld ist indes nicht ursächlich (es hätten sich ja beide Partner darum kümmern können), sondern liegt in diesem Fall tatsächlich im Sinne einer moralischen Verfehlung vor. Auch wenn heutzutage in fast jedem Lebensratgeber steht, dass es so etwas nicht gäbe! Dennoch würde jede Nachlässigkeit im Hinblick auf maßgebliche Lebensbereiche (Finanzen, Haus überm Kopf, Essen etc.) einfach auf Sie zurückfallen. Sie wären es, der sich den Rest des Lebens hierfür vor sich selbst verantworten würde, ginge irgendetwas Wesentliches schief! Dies wäre selbst dann der Fall, wenn keinerlei Schuld im „objektiven" Sinne vorliegen würde!

Seinen Beschützerinstinkt als Mann zu kultivieren heißt nun nicht, dass wir nicht gelegentlich auch schwach sein oder uns an der Brust unserer Partnerin erholen dürften. Nein, auch dies ist sehr männlich. Mann sein bedeutet allerdings im entscheidenden Moment zum Schutze der Frau da zu sein bzw. bereits im Vorfeld darauf hingewirkt zu haben, dass dieser Extremfall erst gar nicht eintritt. Dort, wo im umgekehrten Fall eine Frau glaubt, ihren Mann beschützen zu müssen, ist das natürliche Beziehungsverhältnis bereits auf eine gefährliche Weise gestört. Der Mann wird in den Augen der Frau zum Pflegefall oder bestenfalls zum weiteren Kind, während sie ihrerseits ihre natürliche Fähigkeit zur Hingabe verliert und früher oder später damit beginnt, sich nach anderen Männern umzuschauen.

Nur wenn die Liebe, die von einem Mann ausgeht, ebenmäßig von einer Frau empfangen wird, kann sich diese ihr hingeben. Unterliegen die Herzensöffnung und die damit verbundenen Liebesausstrahlungen eines Mannes großen Schwankungen oder ist der Empfang bei der Frau gestört, wird sie Ihre Liebe nie in gleichem Maße erwidern können. Es ist die Aufgabe des Mannes, seine Gaben und seine Liebe an seine Frau zu verströmen; ihre Aufgabe ist es, zu empfangen, emotional zu segnen und Ihre Geschenke hierdurch für die gesamte Welt zu potenzieren! Von einem Paar, das in dieser natürlichen Weise funktioniert, wird ein unglaublicher Segen nicht nur für Ihre Familie und das nächste Umfeld, sondern für die gesamte Welt ausgehen! Vermögen Sie es auf diese Weise mit Ihrer Frau in einer harmonischen Partnerschaft zu leben, werden Sie zum Lichtbringer für die ganze Erde!

Ein häufiger kultureller Fehler, der von Männern im Zusammenhang mit ihrem Beschützerinstinkt gemacht wird, ist es, der Frau alle Wünsche von ihren Lippen ablesen zu wollen. Verfallen Sie bitte niemals in dieses unwürdige, lächerliche Verhalten! Sie sind nicht der Bedienstete ihrer Frau! Sie können ihr den einen oder anderen Gefallen erfüllen, wenn Sie dies wollen oder sich vielleicht sogar etwas davon versprechen, aber auch nicht mehr! Wenn ihre Frau beispielsweise einen An- oder Umbau am Haus fordert, prüfen Sie bitte sehr sorgfältig, ob dies auch *wirklich* mit Ihren Plänen übereinstimmt. Frauen verfügen gerade im Hinblick auf die Wohnsituation von Paaren und Familien nur allzugerne über das Konto, die Arbeitskraft und Zeit des Mannes. Ist die Rennovierungsmaßnahme sinnvoll oder notwendig, sollten Sie selbst der Erste sein, der darauf kommt! Im anderen (häufigeren) Fall aber stürzen Sie sich in Unkosten, verschulden sich und opfern unnötig Ihre Freizeit, die Sie alleine oder mit anderen Männern verbringen könnten. Sie als Mann werden körperlich mitanpacken, um Kosten einzusparen und Ihrer Frau gefällig zu sein, während diese ihre Zeit nutzt, um neue Pläne zu spinnen und weitere Aufgaben für Sie zu ersinnen! Merken Sie nicht die Abhängigkeit, in welche Sie sich hier begeben? Sie verschulden sich, müssen berufliche Sonderschichten einlegen, verschleißen unnötig Ihren Körper und lassen sich von Ihrer Frau für die geleistete Arbeit auch noch kritisieren (die Ihre Frau zu verrichten möglicherweise überhaupt nicht in der Lage gewesen wäre). Es bringt jetzt auch nichts mehr aufgrund des Bauprojektes <<Ihrer Frau>>, um doch noch einen freien Termin für die Pflege der - in diesem Stadium oftmals bereits angegriffenen - Partnerschaft zu schaffen, lang vereinbarte Treffen mit Freunden aus zeitlichen oder finanziellen Gründen abzusagen. Sie haben sich bereits zum Ochsen gemacht! Ohne es zu merken, werden Sie von der eigenen Ehefrau (und mittlerweile gegebenenfalls auch von den Banken) am Nasenring herumgeführt! Oftmals wird Sie Ihre Frau gerade dann verlassen, wenn Sie unter Aufbringung all Ihrer finanziellen Möglichkeiten, Kraft und Zeit das „gemeinsame" Projekt beendet haben! Sagen Sie jetzt bitte nicht, ich hätte Sie nicht gewarnt!

FAZIT: Treffen Sie ganzheitlich Vorsorge für alle Eventualitäten. Hören Sie hierbei insbesondere auch auf die Stimme Ihrer Intuition! Bereiten Sie Ihrer Frau ein Umfeld, in welchem sie sich sicher entfalten kann. Senden Sie ungebrochen Ihre Liebe und verschenken Sie sich selbst, an das, was sie lieben. Sie wird es Ihnen mit Anerkennung, Liebe und Sex danken! Verwechseln Sie allerdings bitte nie Ihren wertvollen Beschützerinstinkt und die von Ihnen stammenden Gaben mit den Wünschen, Ideen, Forderungen und Projekten Ihrer Frau! Machen Sie sich nicht zum Ochsen, wie bereits viele Männer vor ihnen!

Praktische Hinweise

- Schenken Sie ihrer Frau auf eine ehrliche Art und Weise Sicherheit!
- Halten Sie Ihr Herz für Ihre Partnerin offen, ganz egal, was auch geschehen mag!
- Es gibt nichts Schöneres und Größeres als ein männliches Herz!
- Verströmen Sie gleichmäßig Ihre Liebe und schenken Sie sich hin, mit allem, was Sie haben! Treten Sie in Vor-gabe!
- Vergeben Sie und genießen Sie die Früchte der Vergebung!
- Ansonsten schaden Sie sich durch Ihre eigene Hartherzigkeit nur selbst und niemals jenen, denen sie gilt!
- Treffen Sie zugleich rational Vorsorge für Eventualitäten!
- Hören Sie auf Ihre Intuition!
- Empfangen Sie dankbar den Segen Ihrer Frau!
- Erst durch den Segen Ihrer Partnerin bekommt Ihr Wirken jene Strahlkraft, die die ganze Welt umfängt!
- Bleiben Sie aufmerksam, dass Ihre natürliche Vorsorge nie pathologisch wird!
- Verschulden Sie sich nicht wegen oder für Ihre Frau!
- Machen Sie sich niemals zu ihrem Ochsen, Diener oder Sklaven!
- Prüfen Sie insbesondere bei baulichen Maßnahmen, von wem die ursprünglichen Ideen und Forderungen stammen!

- Verweigern Sie gegebenenfalls sich, Ihr Geld, Ihre Zeit und Ihre Arbeitskraft!
- Lernen Sie wieder „nein" zu sagen!
- Ein Geschenk ist nur dann ein Geschenk, wenn es nicht erwartet wird!
- Ihre Gabe ist nur dann Ihre Gabe, wenn Sie ursprünglich aus Ihnen stammt und mit offenem Herzen gegeben wird! Und nicht auf Geheiß Ihrer Frau!
- Zu schützen und vorzusorgen heißt nicht, sich aufzuopfern!
- Lernen Sie zu unterscheiden!

THOMAS: Er sendet, während sie empfängt und dabei die Gaben ihres Mannes potenziert. Nett anzuhören, aber soll das schon alles sein? Ist dies nicht etwas kurz gegriffen? Was ist mit den Gaben der Dame? Oder ist es so, dass er nur gibt und sie nur empfängt? Nein, das kannst du nicht gemeint haben. Auch wenn du dich manchmal etwas machomäßig, unbeholfen ausdrückst, sprichst du ja doch immer von der ausgleichenden Integration beider Pole. Also muss auch das Gegenteil stattfinden: Auch ein Mann muss fähig sein, die Geschenke einer Frau herzlich und dankbar entgegen zu nehmen. Und auch ein Mann sollte diese weiblichen Gaben von Zeit zu Zeit mit männlicher Klarheit segnen und so gewissermaßen eine zweite ergänzende Segenswelle in die Welt senden. Diese Welle ist eine maskulin angereicherte und potenzierte Welle der Dankbarkeit, des Genusses und der Liebe. Die notwendige Voraussetzung dieser „zweiten" Welle aber ist es, dass auch die Gattin reichlich und gerne von dem ihren gibt! Nicht alle Frauen tun dies. Davon aber sprichst du nicht. Was ist es, was sie zu geben hat und gerne verschenkt? Ein Mann sollte hierfür immer offen bleiben und zugleich neben seinen Geber- auch seine Nehmerfähigkeiten kultivieren. Beides, Geben und Nehmen, sollte sich im Leben eines Menschen irgendwo im Gleichgewicht befinden. Ich lasse dir deine diesbezügliche Einseitigkeit hier noch einmal durchgehen, werde diesen Punkt allerdings weiter beobachten! In einem aber sind wir uns einig: Wenn schon der Mann der Gebende ist, kann es nicht angehen, dass im Laufe der Jahre zu jenem wird, den man ausbeutet und aussaugt. Er muss Grenzen setzen! Insbesondere sein Investment in Häuser macht ihn oftmals abhängig und unfrei, zum Rad im Getriebe der Banken und Mächtigen! Er wird wirtschaftlich durch die hohe Steuerlast und seine Hypotheken gegängelt, erlebt sich als ohnmächtig, übernimmt die gleiche Rolle auch hinsichtlich seiner Frau und manchmal sogar gegenüber seinen Kindern und schuftet sich unglücklich bis in den Tod! So unglaublich dies vielleicht auch klingen mag, ist es noch immer das Schicksal vieler Männer. Kaum eine Sparbüchse ist größer als die des Eigenheims. Man kann ein ganzes Leben daran arbeiten!

Bewusstsein

„Bewusstsein ist Ver-wirklich-ung und zugleich die höchste Gabe, die der maskuline Pol zu bieten in der Lage ist!"

Bewusstsein ist wie auch Dankbarkeit, Empathie oder die Hingabe eine jener femininen Eigenschaften, die ein Mann von seiner Reise in die Weiblichkeit mit zurückbringen sollte, um vollständig zum Manne werden zu können. Sie sind Voraussetzung für die zweite Reise des Mannes zurück in die eigene, wahre Männlichkeit! Darüber hinaus ist Bewusstsein unsere eigentliche Substanz, unabhängig davon, ob wir in diesem Leben Männlein oder Weiblein wurden: Bewusstsein, Unsterblichkeit, Glückseligkeit sind es, woraus wir bestehen. Sie formen den Urgrund unserer unzerstörbaren Ganzheit, einem Einssein mit uns selbst, unseren maskulinen und femininen Eigenschaften, der Welt-an-sich, dem Universum... mit allem was ist. Ich könnte an dieser Stelle auch von der unendlichen LIEBE sprechen, die alles durchdringt, aus welcher alles emaniert und zu der alles wieder heimfindet, ohne je wirklich getrennt von ihr zu sein. LIEBE, das ist die Essenz des Universums! LIEBE ist Einheit, ist Ganzheit, ist Bewusstsein. Auf diesen Ebenen der Schöpfung und der Erkenntnis gibt es keine Trennung mehr, kein männlich und kein weiblich. Wir wissen es. Es muss uns niemand darüber belehren. Schon gar keine Frau! Wie aber lässt sich diese Erkenntnis für einen mittelmäßigen Mann, der ich bin, auch im Alltag umsetzen? Ein Mann sollte das Gefühl der Verbundenheit mit allem kennen. Er sollte diese Einheit zutiefst gespürt und erfahren haben und über Möglichkeiten (Sex,

Musik, Naturerfahrungen, Meditation, schamanische Reisen, Sport etc.) verfügen, um immer wieder erneut in diesen höchsten aller Bewusstseinszustände eintreten zu können. Drogen wie LSD oder Ayahuasca, Psilocybin oder Ibotensäure sind hierbei keine wirkliche Alternative. Alkohol erst recht nicht. Mögen sie auch zunächst als Wegöffner des Bewusstseins fungieren, werden sie uns doch nie wirkliche Einheit mit allem lehren können. Sie können uns zwar bei diesen erweiterten Bewusstseinszuständen begleiten - und durchaus auch voller Liebe - aber sie werden immer als etwas Zweites, Fremdes neben uns stehen, also letztendliche Dualität bewirken. Und zwar unabhängig davon, ob es sich um Tetrahydrocannabinol (THC), Lysergsäurediethylamid (LSD), die Ayahuascadeva (DMT) oder Pilze handelt, um bei den obigen Beispielen zu bleiben! Immer wird etwas in uns sein, was im Normalzustand nicht zu uns gehört! Einzig in der Meditation, während oder nach einem Orgasmus sowie beim holotropen Atmen erleben wir als Mensch und Mann das reine Abbild unserer Seele. Hören wir Musik, nehmen wir Drogen oder geben wir uns dem Geschwindigkeitsrausch oder der Spielsucht etc. hin, ist immer noch etwas Weiteres neben uns, was uns von unserem eigentlichen SELBST ablenkt!

Meiner Meinung nach sollte sich ein Mann ausführlich mit Esoterik, Religion, Spiritualität und auch Drogen beschäftigen, aber er muss hierbei Mann bleiben: standhaft, kampfbereit, zielgerichtet, bereit in jeden Augenblick auch auf physische Aggression in Form von Wettkampf, Jagd oder Verteidigung umzuschalten, sollte dies notwendig sein. Diese in unserem Stammhirn verankerten archaischen Programme des Überlebens und der Männlichkeit sollten meines Erachtens immer im Standbymodus mitlaufen. Die Welt, wie sie ist - als vergänglicher Planet mit begrenzten Ressourcen, stellt keine ausreichende Sicherheit dar, gänzlich auf Aggressionen verzichten zu können. Die Erde schützt das Leben lediglich durch eine dünne atmosphärische Schicht. Wir sollten Mittel an der Hand haben, um uns gegen Angriffe von außen verteidigen zu können. Seien es feindlich gesinnte Extraterrestrische oder bloße Gesteinstrümmer (Asteroiden/Meteoriten), wie sie zuhauf durchs All fliegen. Bitte verstehen Sie mich nicht falsch. Ich sage weder, dass es Außerirdische gibt, noch, dass, wenn es sie gäbe, sie alle bösartig sein müssten. Aber wir Männer sollten auf alle Eventualitäten vorbereitet sein, um unserer Gattung zu schützen, das ist alles! Auch der Lack unserer angepriesenen Zivilisation ist höchstens drei Tag dick, die uns von der Steinzeit trennen. Erfahrungen aus den USA haben gezeigt, dass bereits Stunden nach einer Naturkatastrophe (beispielsweise einem Erdbeben) die Plünderungen beginnen. Ein Mann sollte sich bereits im Vorfeld hiergegen wappnen, um seine Familie sowie sein Hab und Gut zu verteidigen. Unserer menschlichen Körper werden nur durch eine dünne Hautschicht geschützt. Darunter fließt Blut. Wir sollten Mittel haben, uns, unser Leben und unsere Lebensressourcen (Luft, Wasser, Nahrung, Brennholz etc.) notfalls auch durch Gewalt zu verteidigen, sollte dies durch entsprechende Umstände von uns gefordert werden. Dies ist die Aufgabe von Männern, und wir sollten uns von niemandem einreden lassen, dass dies je anders sein wird! Entsprechende Programme gehören unverzichtbar zum Mannsein und sind Teil unserer maskulinen Essenz! Vielleicht offenbart sich sogar in dieser Bereitschaft der höhere Sinn jener breiten, esoterischen Konsensaufforderung, immer und überall bewusst im Hier und Jetzt zu leben! Richtig: Im Hier und Jetzt, bereit zur Rettung von Kindern, zum Löschen von Feuer, zur Abwehr äußerer Angriffe... Selbstverständlich leben wie noch immer in einem Paradies und ist es schön, sich in den Weiten allumfassender, bewusster Liebe zu verlieren, zunächst einmal aber sichert ein Mann die natürlichen Lebensgrundlagen seiner Familie, seiner Sippe, seines Stammes!

Dies ist seine primäre Aufgabe als Jäger und Krieger. Alles andere - auch darüber hinaus reichendes Bewusstsein - ist zweitrangig!

Vielleicht werden manche jetzt auch an den berühmten Jesus-Ausspruch denken „Wenn dir einer auf die linke Backe schlägt, dann halte ihm auch die rechte hin" und fragen „Und was ist mit Jesus? War der etwa kein Mann?" Natürlich war Jesus ein Mann, sogar einer, dem es gelang, seine maskuline Essenz auf hervorragende Art und Weise auszuleben: Er legte sich mit den Pharisäern und Römern an, randalierte (obwohl grundsätzlich immer um Heilung und Frieden bemüht) im Tempel, hatte eine große Anzahl - „Jünger" genannter - männlicher Freunde, mit denen er wetteiferte. Zudem liebte und verehrte Jesus die weibliche Essenz (Feste, Wein, Frauen, Natur). Er suchte das Abenteuer (worin er beinahe auch umkam), verbrachte einen Großteil seines Lebens als freier Mann auf Wanderschaft und folgte einzig und allein seiner Mission. Hey, Jesus war ein cooler Typ und ich wäre gerne mit ihm befreundet gewesen! Er lebte das Leben eines Kriegers, strebte nach Makellosigkeit und übte sich in Herzlichkeit und Verzeihen! Natürlich stammte von ihm auch der Ausspruch mit der Backe, dass er dann aber doch noch ans Kreuz genagelt wurde, damit hatte er nicht gerechnet: „Mein Gott, warum hast du mich verlassen?" (Vielleicht hätte er sich bereits im Vorfeld wehren sollen?) Trotzdem gelang es Jesus zu fliehen. Seine Freunde wälzten den schweren Stein jener Höhle zur Seite, in welcher er nach seiner Abnahme vom Kreuz aus feiertagsrechtlichen Bestimmungen gefangen gehalten wurde. Es ist nämlich überliefert, dass am Schabat, also am Samstag, niemand mehr am Kreuz hängen durfte, was eine damals übliche Folter- und Hinrichtungsmethode war. Jesus selbst wurde freitags (genauer genommen am ersten Karfreitag) - nach seinem Gange durch die Via Dolorosa irgendwann am Nachmittag - ans Kreuz genagelt und wurde am Abend bereits wieder abgenommen, denn der Schabat beginnt traditionell eine Nacht zuvor, also freitagsabends mit Einbruch der Dunkelheit. Es ist somit eine historische Tatsache, dass Jesus diese Tortur überlebte! Ohnehin wäre es für einen bloßen Geist-Jesus nicht notwendig gewesen, den schweren Höhlenstein zur Seite zu rollen! Das einzige, was Simon Petrus dann am nächsten Morgen noch fand, waren Binden und das Tuch, welches Jesus um den Kopf getragen hatte, „zusammengewickelt an einer Stelle für sich". Zuvor war es bereits Nikodemus gelungen, die Wunden des Jesus mit einer Heilsalbe aus Myrrhe und Aloe Vera bestmöglichst zu kurieren, wie es in der Bibel steht. (Diese Salbe ist übrigens in Jerusalem noch immer unter dem Namen „Salbe Jesu" erhältlich.) Jesus war also entkommen! Er befand sich bereits auf der Flucht nach Galiläa („dass er vor euch nach Galiläa hergehen wird, dort werdet ihr ihn sehen, wie er euch gesagt hat")! Als Jesus dann Maria von Magdalena aufsuchte, sagte er zu ihr: „Berühre mich nicht, denn ich bin noch nicht zum Vater aufgefahren." Vermutlich litt Jesus noch immer an den Schmerzen seiner Verwundung. Er schickt Maria die anderen Jünger holen und bestimmte diesen einen Ort. Und weiter heißt es bei Johannes: „Am Abend aber dieses ersten Tages der Woche kam Jesus dorthin, wo die Jünger versammelt waren und trat mitten unter sie." Er zeigte ihnen seine geschundenen Hände und seine vom Lanzenstich verletzte Seite. Er war kein Geist, er stand lebend, wenn auch noch immer geschwächt vor ihnen! Bei Lukas 24 heißt es wörtlich: „Was seid ihr so erschrocken, und warum kommen solche Gedanken in euer Herz? Seht ihr nicht meine Hände und meine Füße, ich bin's selber. Fasst mich an und seht; denn ein Geist hat kein Fleisch und keine Knochen, wie ihr seht, dass ich sie habe. Und als er das gesagt hatte, zeigte er ihnen Hände und Füße. Als sie aber vor Freude noch nicht glaubten und sich wunderten, sagte er zu ihnen: Habt ihr hier etwas zu essen? Und sie legten ihm ein Stück gebratenen Fisch vor. Und er nahm's und aß es vor ihren Augen..." Jesus hatte

Hunger nach all den Strapazen, so viel ist klar. Wenn er sagte, er sei von den Toten auferstanden, so sollte man dies wörtlich verstehen! (Ebenso wie alle hier zitierten Stellen wortwörtlich aus den Evangelien stammen!)

Dass Jesu am Kreuz gestorben sei, ist wahrscheinlich der größte Irrglaube der Geschichte! Ich verstehe nicht, warum so viele Männer noch immer daran glauben, wo die Wahrheit doch selbst aus der Bibel klar hervorgeht: Sein Überleben darf als historisch gesichert gelten! Es gelang Jesus, sich gemeinsam mit Maria Magdalena über Afghanistan (wo damals viele Juden lebten) nach Indien abzusetzen. Auch hier gibt es ausreichend historische Belege für sein Erscheinen. Natürlich hatte Jesus mit Maria auch leibliche Kinder, deren Nachfahren bist heute unter uns leben. Teile des europäischen Adels gehören zu ihnen. (In den entsprechenden Familien wird dies im Übrigen auch bis heute überliefert.) Jesus' Grab befindet sich übrigens in Srinangar im Kaschmir und kann dort gerne von Ihnen besucht werden! Einzig dem Wirken der Kirchen ist es zu verdanken, dass diese Tatsachen noch immer weitestgehend unbekannt sind. Der Tag aber wird kommen, da selbst der Vatikan seine Archive offen legen muss!

Doch kommen wir zurück zum eigentlichen Thema: Für einen Mann mit großer männlicher Essenz kommt nach Sicherung der allgemeinen Lebensgrundlagen an zweiter Stelle meistens das Bedürfnis nach eigener Unabhängigkeit und Freiheit. Manchmal ist es sogar umgekehrt! Ich glaube, die meisten Männer haben kein wirkliches Herzensinteresse daran, sich der Liebe zu öffnen oder ihre Bewusstseinsfähigkeiten bis hin zur höchsten Erkenntnis, dass alles eins ist, zu schulen und zu erweitern, solange sie sie sich in dieser Welt nicht wirklich frei fühlen. Lieber kämpfen sie für ihre physische, emotionale oder mentale Freiheit, als sich spirituellem Wachstum zu verschreiben. Zumindest mir geht es so: Freiheit ist mir wichtiger als Liebe - und ich glaube, dass ich hierbei nicht allein dastehe. Bei Frauen ist dies, wenn ich nicht irre, zumeist anders: Bei ihnen kommt nach der Sicherung der allgemeinen Lebensgrundlagen im Allgemeinen zunächst das Bedürfnis nach Intimität, welches aber heutzutage oftmals schon durch das ebenfalls sehr feminine Bedürfnis nach Bewusstseinserweiterung abgelöst wurde. Männer müssen verstehen lernen, dass dieses Bedürfnis nach spiritueller Entwicklung bei Frauen oftmals noch stärker ist als jenes nach Intimität mit Ihnen. Gerissene, schlaue Männer machen sich dies sogar zu Nutzen, indem sie selbst auf die esoterische Schiene aufspringen und die Frauen so verführen. Frauen ihrerseits tun gut daran, den Wunsch ihres Mannes nach Unabhängigkeit zu akzeptieren und sogar zu unterstützen. Es liegt nun einmal in der männlichen Natur, dass diese angeborene, maskuline Freiheitsbedürfnis im Allgemeinen in der männlichen Werteskala ein gutes Stück vor unseren Bedürfnissen nach Intimität oder Bewusstseinsentwicklung rangiert! Nur eine Frau, die dies verstanden hat, wird auch die beiden anderen Lebensbereiche langfristig mit ihrem Mann teilen können, denn der freie Mann wird sich auch der Liebe und dem Bewusstsein öffnen!

Natürlich fangen die Unabhängigkeit und die Revolution der Freiheit zunächst im eigenen Kopf an, doch sollte sich ein Mann hiermit nicht zufrieden geben. Sein Anliegen für sich und andere sollte es immer sein, diesen Freiheitsanspruch auch im Leben, der Materie und in der Tat umzusetzen. Ich frage Sie, was hätte Ihre Frau wohl lieber für einen Mann an der Seite: Einen, der erleuchtet im Knast sitzt oder einen, der dafür sorgt, dass sie sich ihrerseits in aller Freiheit und Sicherheit selbst entfalten und weiter entwickeln kann? Es gibt bereits genug Erleuchtete (sie schießen momentan wie Pilze aus dem Boden), aber noch immer viel zu viele Männer in materiellen, emotionalen und mentalen Ketten! Was also nutzt die Erleuchtung, wenn andernorts Kinder vor Hunger sterben?

Die entscheidende Frage bei aller Bewusstseinsentwicklung ist übrigens immer: „Wer bin ich? Wer ist dieses Ich, das sich seiner bewusst werden will?" Alle anderen Fragen sind sekundär.

FAZIT: Ein Mann sollte alles daran setzen, sein Herz offen zu halten, sich spirituell weiterzubilden und Bewusstseinszustände höherer Ordnung zu erfahren. Er sollte darüber hinaus aber niemals vergessen, dass, wer sein Bewusstsein schult und nach allumfassender Liebe strebt, zunächst einmal leben muss: Er muss essen, schlafen und sich vor Übergriffen schützen! Ein Krieger sollte dies immer im Auge behalten: Ohne physische Sicherheit nutzt die beste Erleuchtung nichts! Aus diesem Grund strebt Maskulinität - will sie nicht selbst ans Kreuz geschlagen werden - immer zuerst nach Sicherheit für Leib und Leben aller Nahestehenden, danach im Allgemeinen nach konkreter persönlicher Freiheit und erst an dritter Stelle nach spiritueller Weiterentwicklung!

Praktische Hinweise

- Unser eigentliches Sein ist Bewusstsein!
- Bewusstsein ist Ganzheit und insofern primär dem weiblichen Pol zuzuordnen!
- Zugleich ist es als solches Ziel aller Männlichkeit!
- Dem richtigen Bewusstsein zugrunde liegt die bedingungslose, reine Liebe.
- Liebe und Bewusstsein sind jene Ideale, denen wir uns im Laufe unserer Leben nähern sollten!
- Gesteigertes Bewusstsein oder Liebesbewusstsein wirkt wie eine Droge, ein Mann aber darf seine Fähigkeit nicht verlie-

ren, jederzeit auch wieder auf Kampfbereitschaft, Aggression, Selbstdisziplin und/oder den Anspruch auf Souveränität umstellen zu können!
- Reines Bewusstsein verteidigt nicht, sondern lässt geschehen, ein Mann aber schützt zunächst einmal seine Kinder, seine Partnerin und seine Familie!
- Den meisten Männern ist die persönliche Freiheit wichtiger, als Bewusstseinsentwicklung oder die partnerschaftliche Liebe!
- Ein Mann muss daher zunächst seine eigenen Freiheitsansprüche verwirklichen, ehe er nach höheren Bewusstseinszuständen strebt!
- Was nützt Ihnen die Erleuchtung, wenn Sie vor lauter Meditation vergessen, das Geschirr abzuwaschen oder Ihren Sohn aus der Schule abzuholen?
- Mein Tipp: Leben Sie zunächst bewusst und frei im Hier und Jetzt, bevor Sie nach Erleuchtung, Nirwana oder Unsterblichkeit streben!
- Beschäftigten Sie sich zur Abwechslung doch einmal mit der wahren Jesusgeschichte, denn Jesus ist nie und nimmer am Kreuz gestorben!
- Noch am selben Abend wurde er abgehängt, wie wir aus der Bibel erfahren und in eine Höhle gesperrt, die mit einem schweren Stein verschlossen wurde. Wozu diese Mühe, wenn Jesus in diesem Augenblick schon tot gewesen wäre?
- Warum erscheint er danach seinen Jüngern, mahnt sie zur Vorsicht, lässt sich seine Wunden erneut verbinden und bittet um Speise und Trank? Geister tun so etwas nicht!

THOMAS: Wenn ich dich richtig verstehe, glaubst du, dass die Freiheit der Erleuchtung geringer zu schätzen sei, als die Freiheit, das eigene Haus zu verlassen und wieder heimzukehren, wann immer man möchte? Schätzt du den Körper also wirklich mehr als den Geist? Ich schlage dir vor, beide gleichermaßen zu ehren, zu pflegen und zu verwirklichen. Lass uns also in allem frei sein: physisch, finanziell, sexuell, emotional, mental und spirituell. Was hältst du davon? Persönlich glaube ich nicht, dass sich die individuelle Freiheit und Erweiterung des eigenen Bewusstseins gegenseitig ausschließen. Ganz im Gegenteil! Was im Übrigen deine Interpretation der Jesusgeschichte betrifft... ich stand an seinem Grab... In Asien wird er unter dem Namen Isa verehrt! Hätte er etwa in Palästina bleiben sollen, wo ihn die Römer suchten und er bereits einmal verraten worden war? Er war vielleicht leichtgläubig aber doch beileibe kein Narr! Natürlich hat ihn Maria Magdalena auf seiner Flucht begleitet, sie liebte ihn ja! Was wissen Sie übrigens von den Merowingern? Beschäftigen Sie sich doch einmal mit deren Herkunft und Geschichte!

Biss/Schneid

„Der schneidige Mann ist ein Verführer!"

Schon immer wurde von einem Mann verlangt, er solle einen gewissen Biss oder Schneid besitzen. Ehrlich gesagt hatte ich bis vor ein paar Monaten nur eine sehr undifferenzierte Ahnung davon, was damit eigentlich gemeint sein könnte. Diese Ausdrücke erweckten in mir vielmehr eher negative Bilder von eingebildeten Männern in Uniformen, die sich des Machtmissbrauchs befleißigten. Ich denke mittlerweile aber, man sollte die beiden Begriffe wörtlich nehmen: Biss kommt von „beißen" bzw. vom mittelhochdeutchen „bizen", interessanterweise mit der Bedeutung „beißen, schneiden, verwunden". Biss und Schneid hängen also etymologisch zusammen. Ein weiteres verwandtes Wort ist „bheid", was soviel wie „hauen" oder „spalten" bedeutet. Wir kennen den Begriff noch aus dem heutigen Wort „Beil". Schneid hingegen kommt vom mittelhochdeutschen „sniden". Ableitungen hiervon kennen wir aus den Begriffen „Schneise, Schnitt oder Schnitte" bis hin zu „schnitzen". Die Grundbedeutung beider Begriffe ist demnach „mit scharfem Gerät schneiden oder hauen". Hierzu bedarf es der Kraft und des Mutes. „Schneidig" bedeutet beispielsweise, wenn jemand „tatkräftig oder forsch" ist. „Gut abschneiden" oder „schlecht abschneiden" sind Synonyme dafür, ob jemand Erfolg hat. Es geht also darum sich durchzusetzen, sich nicht „beschneiden" zu lassen oder nur zum „Durchschnitt" zu gehören. Manchmal „überschneiden" sich auch bestimmte Lebenslinien. Was geschieht dann auf diesem „Schnittpunkt"? Wird man sich „schneiden", also die andere

Person nicht beachten oder ihr gar den Weg „abschneiden" oder sie verletzen? Oder wird man zum Prahlhans und „Aufschneider"? Ich weiß es nicht. Es muss einjeder selbst entscheiden, was er aus seinem Leben macht. Haben Sie Biss und Schneid, wird man sich von Ihnen möglicherweise „eine Scheibe abschneiden" können. Anderenfalls werden Sie vielleicht „beschnitten".

FAZIT: „Biss oder Schneid zu besitzen" heißt nicht als Prahlhannes, Lackaffe oder eingebildeter Geck durch die Gegend zu laufen, sondern im Gegenteil mit Mut, Kraft und Geschicklichkeit auch mit scharfen Waffen stechen, schneiden oder hauen zu können, sollte dies von einem verlangt werden.

Praktische Hinweise

- Kleiden Sie sich männlich, aber protzen Sie nicht durch Ihre Kleidung. Das könnte leicht nach hinten losgehen!
- Halten Sie Ihren Körper aufrecht! Überprüfen Sie hierzu mehrmals täglich Ihre Körperhaltung und korrigieren Sie diese falls notwendig!
- Werden Sie allein durch Ihr Äußeres, Ihre Präsenz und Ihr Körperbewusstsein zu einem Vorbild für andere!
- Lassen Sie sich niemals hängen!
- Rasieren Sie sich regelmäßig!
- Deodorant ist unnötig! Wechseln Sie regelmäßig die Unterwäsche und waschen Sie sich täglich im Genitalbereich und unter den Achseln mit Seife!
- Wenn Ihre langen Haare nichts mehr aussehen sollten, schneiden Sie sie einfach ab!
- Beweisen Sie Mut und Geschicklichkeit, wenn es darauf ankommt!

- Trainieren Sie hierzu täglich Ihre Fähigkeiten (siehe: Magisches Programm)!
- Setzen Sie sich mit Ihren Anliegen durch, dort wo es Ihrer Mission oder Überzeugung entspricht!
- Werden Sie allerdings nie zu einem Prinzipienreiter!
- Entwickeln Sie Ihren Humor weiter und nehmen Sie nicht alles so ernst!

THOMAS: Sich männlich kleiden? Was bedeutet das? Für mich wären dies einfach ein paar gute, situationsgerechte, saubere Schuhe, eine vernünftige Jeans, dazu T-Shirt, Hemd und eine anständige, sitzende Jacke. Ich bin mir sicher, du sprichst hier weder von Stringtangas für Männer noch von zu eng anliegenden, ärmellosen Bodyshirts. Persönlich trage ich weder Anzug noch Krawatte. Ich denke, dass wir irgendwann dahin gelangen, dass diese Kleidungsstücke der Vergangenheit angehören. Ist nicht die Krawatte nichts anderes als ein Gängelband? Welchen Zweck sollte sie sonst erfüllen? Glücklicherweise ist auch die Zeit der Pluderhosen- und Perückenmänner bereits abgelaufen. Was allerdings hast du gegen unrasierte Männer. Sind nicht sein Bart- und Haarwuchs Symbole des wilden, freien Mannes?

Zitate

„Männer sind Geschöpfe, die wie Sparbüchsen den größten Lärm machen, wenn am wenigsten in ihnen steckt."
Anonym

Charisma

"Frauen altern wie Milch; Männer wie Wein!"

Was den Frauen die Schönheit, ist dem Manne sein Charisma. Wodurch entsteht dieses begehrte Gut? Während die Schönheit der Frauen im Alter abzunehmen beginnt (zumindest in den Augen jüngerer Betrachter), kann sich diese beim Mann durch die Entwicklung von natürlicher Ausstrahlung noch verstärken. Man spricht dann von Charisma. Faktoren hierfür sind unter anderem der materielle Erfolg und das erworbene finanzielle Vermögen eines Mannes! Doch sind diese materiellen Verstärker keineswegs ausschlaggebend. Vielmehr liegt maskulines Charisma in dessen bewusster und gönnender Hinwendung zur Welt. Ein Mann, der seine Männlichkeit voll zur Entfaltung gebracht hat, sozusagen als positiver Pol, wird beginnen, seine Gaben und seine Gnade in die Welt zu verströmen. Hierzu zählen u.a. seine Lebenserfahrung und entwickelte Spiritualität, seine Kreativität und Musikalität, der Grad des von ihm erreichten Bewusstseins, seine Offenherzigkeit gleichermaßen wie die von ihm geschlagenen Schlachten. Er muss nicht immer Siege davon getragen haben. Entscheidend ist vielmehr, wie er aus diesen Schlachten hervorging? Was waren die von ihm gezogenen Lehren? Ist es ihm geglückt, aus seinen Niederlagen zu lernen und diese so nachträglich in Siege zu verkehren? Oder hat er sich in der Welt verloren, ist gar an dieser zerbrochen? Ausschlaggebend für Charisma ist also nicht das HABEN, sondern lediglich das offenbarte SEIN eines Mannes. Welche Früchte trugen seine TATEN in der Welt? Führten sie zu

Bewusstwerdung, Wachstum und Entwicklung oder hat dieser Mann immer nur seinen eigenen Vorteil gesucht? Charismatisch ist, wem es gelingt, sich mit offenem Herzen in die Welt zu entfalten. Großzügigkeit, Gelassenheit, Opferbereitschaft, Herzensgüte, Liebesfähigkeit, Humor und Tapferkeit sind einige der Tugenden, die nachhaltig zur Entfaltung von Charisma beitragen.

FAZIT: Charisma ist eine für alle Männer erstrebenswerte Ausstrahlung ihrer maskulinen Essenz! Es nimmt mit dem Alter noch zu! Wer die 100%ige Verantwortung fürs eigene Wohlergehen übernimmt, die Ratschläge dieses Buchs befolgt und sich in Großzügigkeit übt, wird sicherlich mehr davon erlangen!

Praktische Hinweise

- Charisma basiert auf vielen Faktoren!
- Einige hiervon sind: Atmung, Präsenz, Bewusstsein, Humor, Großzügigkeit, die aufrechte Körperhaltung, der elegante, zugleich lässige und praktische Kleidungsstil, stilvolles Auftreten sowie das eigene Selbstbewusstsein als Mann etc. pp
- Lernen Sie Ihre sexuellen Drang nach Ejakulation zu beherrschen, denn zu häufiges Ejakulieren schwächt einen Mann!

THOMAS: Das war jetzt aber plötzlich. Erst schreibst Du von natürlicher Ausstrahlung, materiellem Erfolg, eigener Verantwortlichkeit, einer gönnenden Zuwendung zur Welt und dergleichen mehr, um dann knallhart mit einem Satz auf die Beherrschung der Ejakulation einzugehen. Ich will dir aber eine Sache verraten: Du hast recht! Seitdem ich es gelernt habe, nicht mehr zu ejakulieren, sondern die entstehende Energie über meine Wirbelsäule hoch bis ins Scheitelchakra und darüber hinaus zu leiten, bin ich zu einem nahezu unwiderstehlichen, kreativeren und bewussteren Mann geworden! Ich habe Seiten an mir entdeckt und Stärken in mir erkannt, von denen ich vorher noch nicht einmal zu träumen wagte! Und ich habe es sogar auf die Seiten dieses Buchs geschafft! Haha! Bewusstsein ist immer zugleich Selbstbewusstsein! Das Selbst ist sich seiner Selbst bewusst. Die vollständige Unterdrückung und Transformation des Samenergusses ist auf diesem Weg eine wunder-volle Medizin! Charisma in seiner Essenz ist nichts anderes als die offen-sichtliche SELBSTbeherrschung. Der Magier oder Druide hat es nach Jahren der Übung und Reife vermocht, mit seinem kleinen niederen Selbst zum Höheren Selbst aufzuschließen. Er wurde zum Meister seiner Verbündeten (siehe: Schattenarbeit)! Ein Doppelgänger wurde geboren! Dies heißt ja nun nicht, dass man keinen Sex oder keine Orgasmen mehr hätte. Ganz im Gegenteil ist beides häufiger und intensiver! Die Gleichung Orgasmus = Ejakulation ist so fehlerhaft und verantwortlich für sehr viel sexuelles Leid! Das ist so, als würde man annehmen, dass die Erfüllung in der Ver-ausgabung läge. Eher ist noch das Gegenteil der Fall: Wenn Sie zu viel herausgeben, werden Sie unter Umständen bald keine Fülle mehr vorfinden. Dann wird ihm auch Ihr Charisma nicht mehr viel nützen! Vielleicht können Sie dann ja noch den „elderly gentleman" spielen, das war es dann aber auch! Nein ganz ernsthaft, Seien Sie ab einem gewissen Alter sparsam mit Ihrem Samen, er ist nicht nur in der Mythologie heilig, sondern enthält nebenbei auch noch große Mengen an Vitaminen und wertvollen Spurenelementen, die Sie sich und Ihrem Körper erhalten sollten!

Dankbarkeit

"Wer dankt, dem wird gegeben!"

Dankbarkeit ist eine jener Eigenschaften aus dem Umfeld des weiblichen Pols, welche auch für Männer von großer Bedeutung ist. Nicht nur, dass wir durch unseren Dank unserer Freude Ausdruck verleihen und wiederum den Schenker erfreuen, nein, wir werden sogar selbst noch reicher vom Leben beschenkt werden!

Wie oft laufen wir in Sorgen vertieft herum und verbringen den Tag in Gedanken. Als Schatten unserer selbst verbringen wir unser Leben in eingetrübten Zwischenräumen. Wir sind nicht bewusst, nicht dort, wo wir eigentlich sein sollten, nämlich präsent bei unseren Wahrnehmungen und Gefühlen im Hier und Jetzt. Wir sind dafür in der Vergangenheit oder zumeist bereits planend in der Zukunft. Das wahre Leben läuft an uns vorbei! Im Gegensatz dazu wird jenen unter uns Männern Lebenskraft geschenkt, denen es auf ihrer Reise in die Weiblichkeit gelingt, ihre (männlichen) Ge-danken durch weibliche Dank-barkeit anzureichern. Die weibliche Essenz wird ihre männlichen Seelen füllen! Sie werden sich erheben über die Widrigkeiten des Alltags, denn wer sieht, was er schon alles hat und hierfür Dankbarkeit verströmt, dem wird sich der Himmel auf Erden auftun. Wer aber immer nur im Mangeldenken verharrt, Fehler sucht und mit dem Leben hadert oder daran denkt, was noch alles sein könnte, wenn nur... - der wird nichts als Mangel, Armut, Neid und Problematik erfahren!

Nehmen Sie daher dankbar Ihre Segnungen an! Seien Sie dankbar für alles und liebevoll zu allen Lebewesen! Der Segen auf Ihnen wird so immer sichtbarer werden und die einstmals verschlossen Türen des Ansehens, Reichtums und der Einflussnahme werden sich auftun. Sie werden jenes Charisma erwerben, von dem schon im vorherigen Kapitel die Rede war. Sie sollten aus den sich öffnenden Räumen des Geldes und der Macht alles mitnehmen, was Ihren Zielen dienlich ist, aber zugleich wachsam bleiben, sich nicht im Äußeren zu verlieren! Die wahre Anmut liegt im Inneren!

Seien Sie dankbar, auch wenn Ihr Leben aus nichts anderem bestehen sollte als aus einer Reihe kleinerer und größerer Katastrophen! Es prüft Sie! Es, das Leben, die Weiblichkeit, die Welt. Vergessen Sie auch in Krisenzeiten nicht, weiterhin Herzensentscheidungen zu treffen, bewusst zu bleiben und zu handeln. Bleiben Sie sich selbst also gerade in Zeiten der Prüfung treu und danken Sie für alles, was Ihnen widerfährt. Auch wenn es schwierig ist. Wer dankbar ist wie ein Hiob, dem wird die Sonne früher oder später mit Sicherheit wieder scheinen! Bleiben Sie beharrlich! Bleiben Sie bewusst und dankbar! Verfolgen Sie Ihre Überzeugungen und Ihre Mission gerade auch durch alle Unbill hindurch, wenn sich alles gegen Sie zu verschwören scheint. Gerade dann bleiben Sie konsequent und folgen als Krieger dem Weg Ihres Herzens! Sie wissen nie, welcher Wissensvorsprung und welche Chancen aus den erlittenen Missgeschicken dereinst entstehen werden!

FAZIT: Bleiben Sie selbst in Zeiten der Asche dankbar für alles was ist! Dann werden sich nicht nur die Tore des Wohlstandes, sondern zugleich die Türen von Liebe, Bewusstsein und Glückseligkeit für Sie öffnen. Es sind Ihre Türen! Durchschreiten Sie sie - jetzt!

Praktische Hinweise

- Leben Sie präsent im Hier und Jetzt!
- Seien Sie dankbar für alles, was Ihnen widerfährt und bereits widerfahren ist!
- Wer dankt, dem wird gegeben!
- Seien Sie dankbar auch für die Widrigkeiten in Ihrem Leben!
- Freuen Sie sich, verfolgen Sie konsequent Ihre Ziele und seien Sie dankbar für alles, was Sie bereits erreicht haben!
- Sollte die Pechsträhne anhalten, überprüfen Sie Ihre Mission. Stimmt sie noch immer mit den licht- und liebevollen Absichten Ihrer Seele und Ihres Herzens überein? In diesem Fall folgen Sie ihr unbeschwert! Sie wird Sie ans Ziel Ihrer Träume führen!
- Ändern Sie ansonsten ihren Kurs, bleiben Sie aber in jedem Fall dankbar für die Erfahrungen!
- Dankbarkeit ist ein Segen für Sie und andere!
- Sie ist eine Energie, die wie jede andere Energie auch, Ihrer Aufmerksamkeit folgt und so das, wofür Sie dankbar sind, weiter anreichert!
- Erkennen Sie, dass die Wirklichkeit aus Interpretationen besteht!
- Machen Sie aus Kata-stophen, was soviel wie „Umkehr" bedeutet, durch Uminterpretation herausfordernde Strophen und Lieder!
- Aktivieren Sie Ihr positives Fühlen, Denken und Erleben, indem Sie Ihren Blick vom „Problem" auf die Lösung lenken!

THOMAS: Du rechnest Dankbarkeit dem femininen Pol zu. Könntest du einmal zusammenfassen, was du noch alles unter dem Weiblichen subsumierst. Was verstehst du darunter? Bedeutet Femininität so viel wie die weichen *Skills*, die sich ein Mann auf der Reise in die eigene Weiblichkeit erwerben sollte, bevor er mit aller männlichen

Durchsetzungskraft und Härte konsequent seiner eigenen maskulinen Vision folgt? Verstehe ich dich richtig, es gilt dir als Essenz aller Männlichkeit Spannung und Emotionen auszuhalten, frei zu sein und der eigenen Vision zu folgen, während sich der feminine Pol - ich greife möglicherweise vorweg - in soften Eigenschaften wie der Liebe, der Hingabe und der Intimität offenbart? Ist es so? Aber sind diese Dinge nicht ein viel größerer Segen für die Menschheit als das, was den Mann ausmacht? Nun, vermutlich wäre dies in deinen Augen ein Fehlschluss! Erst durch den Segen der weiblichen Liebe (oder der Liebe durch die Welt) gelingt es dem Mann, das Beste aus sich herauszuholen! Das Beste für sich, seine Familie und die Welt. Männliche Gaben, ohne welche der Mensch noch immer in der Steinzeit lebte. Während ein Mann normalerweise immer in die Zukunft gerichtet denkt, fühlt eine Frau ganzheitlich, zyklisch, intim! Die große Vision aber, die die Menschheit nach vorne bringt, ist maskulin! Der feminine Pol bewirkt Aufrechterhaltung und Erhalt, der maskuline den Fortschritt! So ergänzen sich Im Optimalfall beide Geschlechter ideal in jenem Paradies, welches wir Erde nennen! Natürlich sind immer beide Pole zugleich in unterschiedlichem Ausmaß in beiden Geschlechtern, also allen Menschen angelegt. Je authentischer sich ein Mann jedoch zu seiner Maskulinität bekennt und eine Frau zu ihrer Femininität, desto intensiver, leidenschaftlicher und erfolgreicher können sie ihren gegenseitigen Austausch leben. Eigentlich hättest du diese Erkenntnis zusammenfassen sollen, aber ich mache mich soeben hier als weiser Narr und göttlicher Clown selbstständig! Hast du die Führung über das Geschehen in deinem Buch verloren? Kehre zurück in deine eigene Männlichkeit, bevor du Ratschläge erteilen möchtest! Kehre um und lenke deinen Blick auf die Lösung der heutigen Geschlechterproblematik!

Drogen

„Ein weiser Mann sagt nicht grundsätzlich nein zu den Dingen, er weiß aber, was ihm gut tut und was nicht!"

Philosophisch gesehen gehören Alkohol und Drogen zum weiblichen Pol. Im Gegensatz zu der vielleicht herkömmlichen Auffassung bin ich der Meinung, dass es für einen Mann durchaus wichtig ist, mit Drogen aller Art (wie überhaupt mit allem Weiblichen) in Berührung zu kommen. Drogenkonsum ist kein Ziel an sich, aber ein Mittel der Bewusstseinserweiterung und der Erforschung des eigenen SELBST. Hierbei gibt es jedoch gewisse Regeln zu beachten: 1. Der Konsum darf nicht zur Gewohnheit werden! 2. Bereits bei anfänglichem Gewohnheitsverhalten oder erster Herausbildung von Toleranzen muss Mann sofort Stärke beweisen und hiermit wieder aufhören, ehe es zu spät ist! Es gibt nichts weiter zu lernen! 3. Alle Drogen sind gefährlich, egal ob Alkohol, Koffein oder Guarana, Nikotin, Ritalin, Speed, Amphetamine, Barbiturate, Haschisch und Marihuana, Pilze, Nachtschattengewächse, LSD, Extasy (MDMA), Opium, Kokain, Mescalin, DMT oder was auch immer auf dem freien Markt zu erhalten ist! 4. Drogen sollten nur unter Anleitung bzw. in einer sicheren, harmonischen Umgebung eingenommen werden! 5. Drogen sollten immer bewusst - also rituell - und niemals nur so nebenbei konsumiert werden! 6. Drogen sollten weder zur Flucht aus dem Alltag noch zur Steigerung der Leistung im Alltag verwendet werden, sondern lediglich zur Erfahrung der eigenen Grenzen!

Einer der größten Fehler unserer Regierungen ist es, einen „Krieg gegen Drogen" zu führen. Dieser Krieg ist falsch (wie fast alle Kriege), selbst wenn entsprechende Drogen von vielen Frauen und Männern noch immer unsachgemäß konsumiert werden. Oftmals sind Männer die Hauptkonsumenten! Die staatliche Freiheitsbekämpfung, genannt „Drogenkrieg", jedoch treibt lediglich die Preise in die Höhe und rettet keinen dieser Menschen aus der Abhängigkeit. Ganz im Gegenteil führt sie somit einerseits zu erhöhter Beschaffungskriminalität und andererseits zur Mehrung des Reichtums der Kartelle. Zur gleichen Zeit brechen Bandenkriege in den Erzeugerländern aus, da das Geschäft immer lukrativer und zugleich riskanter wird. Bauernsöhne, die sonst in der heimischen Subsistenzwirtschaft arbeiten würden und sich jetzt bei den Drogenbaronen verdingen, sind die ersten Opfer! Diese erklärtermaßen unnötigen „Kriege" haben die Tendenz, ganze Volkswirtschaften zu kriminalisieren und mit sich in den Abgrund zu reißen. In den Konsumentenländern der ersten Welt ihrerseits führt die durch staatliche Verbote und Sanktionen bewirkte Verteuerung der *illegalen* Substanzen dazu, dass der Stoff durch Streckung verunreinigt wird, was wiederum zu einer erhöhten Todesrate unter den Konsumenten führt. Würde man hingegen die Droge in den Apotheken und Drogerien frei verkaufen, könnte man ihre Qualität überprüfen und damit viele Menschenleben retten. Während es in den Erzeugerländern immer lukrativer wird, Drogen anstelle von Nahrungsmitteln anzubauen, entgehen den Staaten Steuereinnahmen, die sie durch einen legalisierten Verkauf erzielen würden und für sinnvolle Projekte einsetzen könnten. Allein durch eine europaweite, landesübliche Besteuerung von Marihuana könnte die gesamte Griechenlandrettung finanziert werden! Für die Kriminalisierung und Verteuflung von Pflanzen per Gesetz (Kokastrauch, Schlafmohn, Hanf etc.) hingegen muss letztlich allein der Steuerzahler aufkommen, immerhin müssen die kostenpflichtigen Polizeieinsätze, die ausufernden Gerichtsprozesse sowie Gefängnisunterbringung von Abhängigen und Dealern ja auch bezahlt werden!

Die finanziellen Mehreinnahmen aufgrund ihrer durch „Illegalisierung der Drogen" erzielten Verteuerung fließen nun ihrerseits den gewaltbereiten kriminellen Vereinigungen zu, die durch den „Drogenkrieg" nicht vernichtet, sondern geradezu subventioniert werden, wie die Erfahrung zeigt. Je größer der staatlicherseits aufgebaute Druck wird, desto mehr florieren die Kartelle, denn an die großen Strippenzieher und Bosse kommt man nur selten ran. Und wenn doch, dann werden auch sie durch noch korruptere und gewaltbereite Nachfolger schnell ersetzt. Der „Krieg gegen Drogen" ist ein Krieg, den man nicht gewinnen kann!. Er verursacht lediglich Todesopfer unter allen Beteiligten und vernichtet wertvolles Geld, welches dem Gemeinwohl dienen sollte. In den überquellenden Gefängnissen landen in erster Linie Kleindealer und Konsumenten, die hier auf Staatskosten eine Ausbildung für eine spätere kriminelle Karriere absolvieren. Willkommen in der Welt der illegalen Drogen und des Krieges gegen sie!

Dies ist ein Aufruf zur Legalisierung! Er gilt nicht nur für Hanfprodukte sondern gleichermaßen für alle Drogen!

FAZIT: Ein Mann sollte Erfahrungen mit einer Reihe gängiger Drogen gemacht haben, um so seine Unabhängigkeit von ihnen unter Beweis zu stellen. Er sollte Entscheidungskriterien entwickelt haben, unter welchen Voraussetzungen welche Drogen akzeptabel sind oder sich gar als heilvoll erweisen und was man in dieser Hinsicht auf jeden Fall unterlassen sollte. Erfahrung mit einer Droge heißt also nicht immer unbedingt deren Konsum. Zumeist reicht es, sich das Umfeld zu betrachten, in welchem die betreffende Droge konsumiert wird! Ein freier Mann allerdings sollte sich immer auch für sein Recht auf Selbstverantwortung jenseits staatlicher Bevormundung engagieren!

Praktische Hinweise

- Drogen, Geld, Musik, Farben, Töne, Klänge, Gerüche, Sinnesempfindungen, Bewusstseinserweiterung, Zärtlichkeit, Blumen... das alles gehört zum weiblichen Pol!
- Treten Sie für die Liberalisierung der Gesetze und Legalisierung aller Drogen ein und leisten Sie dadurch einen Beitrag zum Schutze der Weiblichkeit!
- Machen Sie in einem geschützten Umfeld und unter fachkundiger Anleitung eigene rituelle Erfahrungen mit Drogen, um so Ihrer persönlichen Ganzheit und Göttlichkeit besser auf die Schliche zu kommen!
- Beweisen Sie Stärke, erkennen Sie Ihre Grenzen und bewahren Sie sich hierbei Ihre persönliche Unabhängigkeit!
- Ein Mann darf weder einer Frau noch dem Geld und dessen Verlockungen noch einer Droge jemals zur Gänze nachgeben!
- Ihre Seele nähme Schaden; mittelfristig würde es Sie umbringen!
- Es ist erlaubt und geboten einer Beute nachzustellen und sie zu erjagen, doch wird ein guter Jäger niemals mehr nehmen, als er benötigt und selbst tragen kann!
- Niemals dürfen Sie einer Droge erliegen und deshalb ihre beruflichen und familiären Pflichten oder ihre Mission vernachlässigen! Auch nicht kurzfristig!
- Nehmen Sie niemals Drogen, wenn Sie im Augenblick der Einnahme nicht vollkommen emotional, mental und spirituell ausgeglichen sind!

- Die Droge wird Sie locken und betören. Sie wird Ihnen Weisheiten eingeben und Ihnen ihre Schönheit offenbaren!
- Sie werden denken, diese Droge sei nur für Sie alleine, doch die Drogendeva wird Sie hintergehen! Sie wird sich allen hingeben, die nach ihr verlangen!
- Sie wird von Ihnen immer mehr fordern (Geld, Zeit, Risiko) und Ihre Männlichkeit testen, ihre Fähigkeit zum Verzicht! Sie wird kokettieren und versuchen, Sie zu bezirzen!
- Sie verlangt nach Vereinigung!
- Wenn Sie sich ihr hingeben, wird sie Sie lehren weich zu sein und fließend. Sie wird - obwohl selbst Frau - Ihre eigene Weiblichkeit hervorkitzeln. Nur wenn Sie sich ihr in diesen Momenten zur Gänze hingeben, vertrauend, werden Sie unbeschadet aus der Erfahrung hervorgehen!
- Leisten Sie der Drogen nicht vor, sondern nach der Einnahme Widerstand, wird sie Sie brechen und verzehren! Sie wird Sie stückweise vernichten! Sie wird zur Durga und zur Kali!
- Jetzt (nach einer bewussten Einnahme) ist es Zeit, sich bedingungslos anzuvertrauen, hinzugeben und zu genießen!
- Was sie die Droge - neben ihrer weiblichen Essenz - eigentlich lehrt, ist es, bereits im Vorfeld zu verzichten!
- Maskulin ist, entsprechende Erfahrungen eine Reihe von Malen gemacht zu haben, zu erkennen, zu integrieren und zu verzichten!
- Werden Sie komplett frei von Drogen, Abhängigkeiten und Süchten!
- Erlangen Sie Makellosigkeit!
- Teilen Sie Ihre Erfahrungen mit anderen!

THOMAS: Frauen, die Welt, die Natur, Drogen, Musik, die Künste, ganzheitliche Sexualität... Das ist - du hast es richtig erkannt - alles weiblich. Es sind schöne Dinge, denen ich mich als Mann widmen möchte. Sie sind aber allesamt auch gefährlich; auch Musik und Sexualität im Übermaß genossen entfremden den Mann von seine eigentlichen Mission. Denken Sie nur an den Sirenengesang, der den listenreichen Odysseus beinahe um Leben und Verstand gebracht hätte, wäre er nicht weise genug gewesen, sich vorher an den Schiffsmast anketten zu lassen und seinen Kameraden bei Todesstrafe einen Ohrenschutz verordnet hätte. Vermutlich ruht in tödlichen Versuchungen dieser Art die Urangst des Männlichen vor weiblicher Verführung und Maßlosigkeit! Wir sollten ihr hin und wieder nachgeben und die schönen Momente genießen, die sie uns zu schenken in der Lage ist. Wir dürfen uns aber nie von der femininen Versuchung - ganz egal welcher Art - abhängig machen oder ihr zur Gänze erliegen, denn dann sind wir verloren. Hierin liegt die große Herausforderung und Gefahr für einen wahren Mann! Wer der weiblichen Verführung durch Welt, Geld oder Frau dauerhaft nachgibt, wird früher oder später sein Heil auf der Straße suchen müssen! Man wird ihn als drogenabhängig, spielsüchtig, sexsüchtig oder schlichtweg als gescheiterte Existenz bezeichnen! Er hat ausgespielt.

Druidentum

„Den Stand eines Druiden zu erreichen bedeutet sein Potential voll auszuschöpfen! Mit weniger sollte sich ein Mann nicht zufrieden geben!"

Der männliche Archetyp des Druidens ist die höchste Anerkennung, Selbstverwirklichung und zugleich -verpflichtung, die wir in diesem Leben erlangen können: Anerkennung - Selbstverwirklichung - Selbstverpflichtung. An anderer Stelle bezeichnete ich den Druiden bereits als *Tor zur Erleuchtung*. Er ist ein mystischer Geselle!

Der keltische Druide (oder der germanische Gode) stellen den obersten Rang unserer klassischen, mitteleuropäischen Gesellschaften dar. Sie sind die höchste Form persönlicher Ehrung und standen in ihrem Ansehen noch über jenem des Königs. Aus den keltischen und germanischen Stämmen unserer Vorfahren ist im Laufe der Jahrtausende u.a. das Volk der Deutschen hervorgegangen, in deren Sprache ich hier schreibe. Das Druidentum an sich wurde dabei durch die stattfindende Christianisierung in den Untergrund gedrängt. Ihr geheimes Wissen aber wurde bis zum heutigen Tag in den verschiedenen esoterischen Schulen weitergegeben. Auch das Königtum an sich wurde entmannt, wenn auch nicht gänzlich abgeschafft. Noch immer gibt es eine Reihe von Königshäusern in ganz Europa. Ihr Einfluss ist nach wie vor bedeutsam, wenn auch von wirklicher Macht nicht mehr gesprochen werden kann: Zu erstarrt sind ihre Formen! Die einstige Machtfülle der früheren Könige verteilt sich heutzutage in den demokratischen Staaten der westlichen Welt auf die verschiedenen Leistungs- und Entscheidungsträger aus Wirtschaft, Politik, Wissenschaft und Kultur. Wo aber sind die weisen Berater, die maskulinen Druiden, die ihnen als Ratgeber zur Verfügung stehen, wie einstmals den echten Königen? Es klafft hier eine gesellschaftliche Lücke! Was den heutigen Entscheidern oftmals fehlt, sind die spirituelle Macht und das Wissen eines oder mehrerer Druiden, um die wahrhaften Lebenszusammenhänge zu durchschauen. Wie einstmals der König sind auch die heutigen Mächtigen zu beschäftigt mit ihrer eigenen Vorteilnahme und den weltlichen Wirren einer mittlerweile globalisierten Welt, als dass es ihnen gelänge - wenigstens ansatzweise - über den eigenen Tellerrand hinaus zu schauen. Sie erkennen immer nur einen kleinen Ausschnitt der Wirklichkeit, sind aber zumeist nicht in der Lage, aufgrund ihres Zeitdrucks oder eigener Verblendung das Gesamtgeflecht körperlichen, geistigen und seelischen Lebens auf unserem Planeten in seiner Gänze zu erfassen. (Ausnahmen bestätigen die Regel.) Die heutigen Entscheider planen kurzfristig. Es geht ihnen zumeist lediglich um eigene Gewinnmaximierung anstelle von Nachhaltigkeit. Umweltschutz und Solidarität mit allem Lebenden - was ist das? Sie sprechen noch immer von „Zufällen", wo doch in Wahrheit höhere Gesetzmäßigkeiten und Lebenszusammenhänge am Wirken sind. Sie sprechen von „Katastrophen" und erkennen nicht, dass sie selbst es waren, die sie verursachten und zu verantworten haben. Sie propagieren den Kampf gegen Terrorismus, Drogen, Umweltzerstörung, Kriminalität oder was auch immer und begreifen nicht, dass sie selbst und das von ihnen gestützte System die Ursache aller Fehlentwicklungen ist! Aus diesen Gründen ist es wichtiger denn je, den Archetypus des Druiden als des weisen Beraters aller Mächtigen wieder aus seiner Vergessenheit zu heben und den Herrschenden an die Seite zu stellen. Es ist dies ein Archetypus, den nicht alle Männer erfüllen können, dem nachzueifern und in seinen Prinzipien zu ehren wir aber alle aufgerufen sind.

FAZIT: Ein Mann sollte immer den eigenen Wurzeln und der höchsten Kultur und Erkenntnis seiner Vorfahren gedenken. In Mitteleuropa waren diese die Druiden. Wünscht man sich auch den alten Könige nicht wirklich zurück, so bleibt die Sehnsucht nach seiner Stärke und der Weisheit der Druiden und jeder Mann sollte danach streben, diesem Archetypus in seinem Leben nachzueifern. Noch immer wird Druidentum gelehrt! Ein Mann, der sich mit der eigenen Geschichte und Geistesgeschichte verbindet, kann, hat er die entsprechenden Lehren selbst inwendig verstanden - zumindest in seinem unmittelbaren Umfeld - bei allen zu treffenden Entscheidungen unterstützend und beratend zur Seite stehen! Jener Mann aber, der die für die Rückbesinnung auf die Ganzheit notwendige Zeit nicht aufbringt und dennoch wichtige Entscheidungen zu treffen hat, sollte zuvor einen druidischen Ratgeber befragen!

Praktische Hinweise

- Beschäftigen Sie sich mit dem Archetypus des Druidens!
- Ergründen und erkennen Sie das Geflecht allen Lebens!
- Erwerben Sie Weisheit!
- Geben Sie sich nicht mit Halbheiten zufrieden, sondern verlangen Sie immer nach dem Ganzen!
- Ehren Sie die eigene Abstammung und Geschichte, ohne diese zu verklären!
- Achten Sie auch das Schreckliche in der vergangenen und gegenwärtigen Welt!
- Verschließen Sie hiervor nicht die Augen, aber verdammen Sie es auch nicht!

- Integrieren Sie liebevoll die Schatten der eigenen Vergangenheit und Gegenwart in Ihrer Seele!
- Lernen Sie aus menschlichen Fehlern!
- Ein Druide verlangt nie nach Erleuchtung, sondern nach Gerechtigkeit in dieser Welt!
- Zugleich weiß er, dass es eine solche zu 100% auf Erden niemals geben wird, denn der Stachel der Ungerechtigkeit dient als Motor zur eigenen Weiterentwicklung und Vervollkommnung.
- Der Beiname „Tor zur Erleuchtung" deutet darauf hin, dass es in einer dualistischen, männlichen Welt nichts Höheres als einen Druiden geben kann.
- Danach folgt lediglich noch die Erleuchtung, die Rückkehr in die asexuelle Einheit alles Seins.
- Zugleich verkörpert ein Druide die maximale innere und äußere Freiheit, die ein Mann zu erlangen in der Lage ist!
- Das Gesetz, die Ursache und die Antwort (Lösung) auf alle unsere Fragen ist immer die Liebe!
- Es gibt keine wirklichen Probleme in dieser Welt! Wir müssen uns nur weiterentwickeln!
- Bereits in unseren Schulen dürfen wir damit beginnen wieder intuitive Weisheit anstelle von bloßem Wissen zu lehren!
- Die Gesellschaft als Ganzes darf erkennen, dass nicht in weiterem Wirtschaftswachstum unser Heil liegt, sondern in nachhaltigem Wirtschaften!
- Ein Druide erkennt, dass alles möglich ist!
- Werden Sie selbst zum Druiden!
- Erkennen Sie, dass es keine „Zufälle" gibt, sondern alles miteinander verbunden ist, kommuniziert und interagiert!
- Die Zeit zur Rückkehr der Schamanen und Druiden ist gekommen!
- Es ist dies eine Zeit rasanter Bewusstseinsentwicklung!

THOMAS: Ich wusste ja bereits, dass du einen Hang zum Altertümlichen hast: Könige, Krieger, Barden, Schamanen, Goden oder Druiden etc. Zugleich glaube ich aber zu verstehen, was du damit meinst: Es bedarf der Ideale! Das ist es doch, was du zum Ausdruck bringen möchtest - oder? Die Welt steht am Rande des Abgrunds. Es ist 5 vor 12. Die Zeit zum Umdenken und Umlenken ist längst angebrochen! In einer seicht gewordenen, vom Kommerz regierten und zugleich vom Untergang bedrohten Welt geht es dir in erster Linie um *wahre Werte* und weniger um *wertvolle Waren*. Ist es nicht so? Deine Sehnsucht ist keine nach der Vergangenheit, denn du kennst durchaus ihre Schattenseiten, sondern nach einer Tugendhaftigkeit, in der das menschliche Handeln, Fühlen, Denken mit den höchsten ethischen Werten übereinstimmen! Du forderst die Rückkehr des Druidens im Manne, um so ein neues „goldenes" Zeitalter entstehen zu lassen. Glaubst du, dass Erleuchtung nur jener zu erlangen fähig ist, der zuvor ein ethisches Leben führte, wie es Druiden im Allgemeinen tun? Ich glaube nicht! Erleuchtung kann allen zuteil werden. Sie ist eine spontane Gnade Gottes, der wir selbst sind! Aber wie du bereits geschrieben hast, geht es einem Druiden, so wie du ihn verstehst, überhaupt nicht um Erleuchtung. Wahrscheinlich hätte er zwar nichts dagegen, wenn jemand über oder durch ihn Erleuchtung erlangt, eher aber noch wirbt er für globale Werte wie Lieben, Frieden, Licht, allgemeinen Wohlstand, Leben im Einklang mit der Natur und Gerechtigkeit. Dieser Art sind die Dinge, die er als „beratender Weiser" in der Welt zu vermehren gedenkt. Es sind die Gaben jenes Mannes, der zum Druiden reifte. Was aber ist Gerechtigkeit eigentlich? In letzter Instanz gibt es eine solche nur auf spirituellem Niveau (siehe: Gerechtigkeit). Dennoch drängt es einen Druiden, hiervon bereits so viel wie möglich auf Erden zu etablieren. Möglicherweise ist dies der letzte Wunsch, der ihn noch an eigener Erleuchtung hindert?!

Durchsetzungsfähigkeit

„Gibt es eine Tugend die männlicher wäre als die Durchsetzungsfähigkeit?"

Neben der Kommunikationsfähigkeit ist die Durchsetzungsfähigkeit heute die vielleicht wichtigste persönliche Voraussetzung in allen Führungspositionen. Und das ist auch richtig so! Wir dürfen allerdings eines nicht vergessen, dass wir aufgrund unserer komplexen Gesellschaften mittlerweile fast alle - zumindest für Teilbereiche - verantwortlich sind und gewisse Entscheidungen treffen müssen. Während man früher den Manager noch als etwas Abgehobenes, Fremdartiges, Anderes begriff, kann man heute konstatieren, dass nahezu alle Erwerbstätigen bereits mehr oder weniger zu Managern ihrer Spezialgebiete geworden sind. Heutzutage muss der typische Arbeitnehmer eine gewisse Reihe von Managerfunktionen erfüllen müssen, um im Berufsleben überhaupt bestehen zu können. Auf Selbstständige trifft dies um so mehr zu. Insofern treten insbesondere die Entscheidungs- und die Durchsetzungsfähigkeit als klassische männliche Tugenden auf den Plan. Hierbei geht es immer auch um Resultate! Dies bedeutet nun allerdings nicht ein sich Durchsetzen gegen alle anderen, sondern im Gegenteil sich durchsetzen zum Wohle der Firma, der Gemeinschaft und aller Beteiligten! Natürlich spielt im Berufsleben auch die Konsensfähigkeit, als weibliches Pendant zur Durchsetzungsfähigkeit, eine große Rolle. Gemeinsam mit anderen *eher weiblichen Skills* wie Kommunikationsfähigkeit, Empathie, Intuition und Mitgefühl trägt eine Mischung von sowohl weiblichen als auch männlichen Fähigkeiten und Tugenden (wie Schaffenskraft, Pünktlichkeit, Ehrlichkeit, Verlässlichkeit etc.) am ehesten zum Erfolg bei. Erfolg in diesem Fall ist wiederum nichts anderes als praktizierte Durchsetzungsfähigkeit. Die Schlange beißt sich hier also in den Schwanz und der zurückgelegte Weg ist - sofern ethisch vertretbar - zweitrangig. Was zählt sind die Resultate: Es sollten Ergebnisse zum Wohle aller erzielt werden, die ihren Namen zu recht tragen, nämlich Er-geb-nis: Er gibt! Hand in Hand, das Maskuline mit dem Femininen. Nur gemeinsam mit dem Potential und der Behutsamkeit des femininen Pols wird männliche Schaffenskraft in einer noch immer macho-maskulin geprägten Geschäftswelt gesunde Waren und Werte für die Allgemeinheit erzielen. Das Universum funktioniert aufgrund von Wechselbeziehungen. Im Großen wie im Kleinen. In der Geschäftswelt ist es nicht anders: Neue Impulse und Ideen werden nur dann die hierfür notwendige Dynamik entfalten und sich gewinnbringend umsetzen lassen, wenn sich das Männliche und das Weibliche verbinden: Durchsetzung und Konsens; Schaffenskraft und Kommunikation; Berechnung und Intuition etc. Persönlich sehe ich keine anderer Möglichkeit, die Erde, Mutter Gaia, vor dem mittlerweile drohenden Kollaps zu bewahren. Weiblichkeit oder Männlichkeit alleine werden hierzu nicht in der Lage sein!

FAZIT: Sorgen Sie dafür, dass - wo immer sie sich auch engagieren - Sie mit ganzheitlich integrierten, weiblichen Skills und Ihrer ebenfalls weiter zu entwickelnden maskulinen Durchsetzungsfähigkeit Ergebnisse zum Wohle aller erzielen! Resultate, die ihren Namen zu recht tragen, nämlich Er-geb-nis: Er gibt!

Praktische Hinweise

- Nur aus der empathischen Ganzheitlichkeit und dem zyklischen weiblichen Denken heraus ist männliche Durchsetzungsfähigkeit in der Lage, weiterhin Gutes zu schaffen!
- Nur wo Durchsetzung auf Konsens beruht, werden Resultate hervorgebracht, die auch tatsächlich der Allgemeinheit dienen, das heißt der menschlichen Gesellschaft, der Natur und Mutter Gaia!
- Vater Himmel ist der Ernährer (Regen, Sonne, Winde, Luft), aber nur durch die Fruchtbarkeit von Mutter Erde kommt Leben zustande!
- Er-geb-nis bedeutet <<Er gibt>> und nicht <<Er nimmt>>.
- Es schmerzt mich in meiner männlichen Seele, dass noch immer viele Männer in den Entscheidungspositionen eher <<Er-nimm-misse>> erzielen, denn bewusste, maskuline Ergebnisse hervorbringen!
- Um so wichtiger ist der Einzug femininer Skills im Wirtschafts- und Erwerbsleben!
- In erster Linie sind hierbei Konsensfähigkeit, wertschätzendes Kommunikations-verhalten, Empathie, Intuition und zyklisches Denken zu nennen!
- Diese Eigenschaften sind gleichermaßen in Männern wie in Frauen zu verwirklichen!
- Nicht die Erde gehört uns, wir gehören der Erde!
- Auch unserer Seele gehört uns nicht, sondern wir gehören der Seele!
- Vergessen Sie bitte auch nie Folgendes: Richtige, wahrhaftige Führung bedeutet <<Dienen>> und nicht <<Zwingen>>!

THOMAS: Du und dein Männerbuch. Da hast du es bei dem urmännlichen Thema „Durchsetzungsfähigkeit" ja tatsächlich dahin gebracht, ein kleine Hymne auf die Weiblichkeit zu dichten! Nur gemeinsam etc. Schäm' dich! Bereits jetzt bin ich neugierig auf deine Ausführungen zum Thema „Matriarchat"! Wirst du auch hier einknicken oder dir die männliche Stange und Strenge bewahren? Gut gefallen hat mir übrigens die Metapher vom Himmel als dem Ernährer!

Zitate

> *„Manager: der Mann, der genau weiß, was er nicht kann, und der sich dafür die richtigen Leute sucht."*
> *Philip Rosenthal*

Ehrlichkeit

„(Wahre) Männer sind ehrlich, Frauen hingegen vertrauen mehr auf ihre Gefühle!"

Die Aufforderung zur Ehrlichkeit als einer fundamental maskulinen Tugend, ist in zwei verschiedene Richtungen zu verstehen: nach außen, mit anderen und nach innen, mit sich selbst. Nur wer mit sich selbst ehrlich ist, sich dadurch also selbst wertschätzt, kann auch nach außen hin ehrlich sein. Hierzu gehört es in erster Linie, sein Brot ehrlich zu verdienen, ehrliche Verträge zu machen, seine Meinung ehrlich kundzutun und überhaupt in allen Belangen des familiären und geschäftlichen Lebens Wort zu halten und zu dem zu stehen, was man von sich gibt und verspricht.

Insbesondere all jenen gegenüber, die Sie lieben, ist äußere Ehrlichkeit das Fundament des gegenseitigen Vertrauens. Sprechen Sie respektvoll mit Ihrer Frau, wenn Ihnen an ihrem Verhalten etwas nicht passt! Erklären Sie Ihren Kindern verständlich, was Sie von ihnen erwarten! Sagen Sie Ihren männlichen Freunden klipp und ehrlich, wenn sie dabei sind, zu fett zu werden, ihre Frau schlecht behandeln oder kurz davor sind, die größte Dummheit ihres Lebens zu begehen! Nehmen Sie hierbei kein Blatt vor den Mund, sondern Ihren Freund beiseite und erläutern Sie ihm deutlich und klar Ihre Meinung! Ein wahrer Freund wird es Ihnen danken. Wer dieses Verhalten negativ auffasst, hat es nicht verdient, Ihr Freund genannt zu werden. Akzeptieren Sie auch umgekehrt die Ansichten Ihrer Freunde und ermutigen Sie sie dazu, auch Ihnen ehrlich ihre Meinung mitzuteilen und Sie im Voraus zu mahnen, sollte dies notwendig sein!

FAZIT: Ehrlichkeit beginnt zunächst mit sich selbst, umfasst dann aber auch alle anderen Menschen, mit den Sie in Kontakt treten. Ein ehrlicher Mann wird - egal in welchem Kulturkreis - weit kommen; der andere früher oder später scheitern. Je näher Ihnen andere Menschen stehen, desto ehrlicher sollten Sie mit Ihnen sein, was durchaus gelegentlich auch Mut erfordern kann.

Praktische Hinweise

- Innere Ehrlichkeit ist die Aufrichtigkeit mit sich selbst!
- Beschenken Sie Ihre Freunde und alle Menschen, die Ihnen etwas bedeuten mit Ihrer wahren Meinung!
- Erteilen Sie hierbei keine Ratschläge, sondern sagen Sie einfach, was Sie beobachten und denken!
- Hüten Sie sich andererseits davor, zu allem Ihren Kommentar abzugeben!
- Verzichten Sie auf gegenseitige Schuldzuweisungen!
- Verhalten Sie sich im Geschäftsleben und der Familie ehrlich und fair!

THOMAS: Das mit der Ehrlichkeit ist so eine Sache. Wir haben ja bereits über <<Aufrichtigkeit>> sowie über <<Authentizität und Wahrhaftigkeit>> gesprochen. Natürlich sind diese Tugenden von grundlegender Bedeutung für jeden Mann. Was aber, wenn wir andere damit verletzen? Was ist, wenn unserer Ehrlichkeit nur zu Eifersucht, Kummer und Streitereien führt, die man durch bloße Schweigsamkeit hätte vermeiden können? Heißt es nicht immer, „der Gentleman genießt und schweigt"? Und was ist überhaupt mit der Diplomatie? Müssen wir als Männer immer mit der Tür ins Haus fallen? Ist es nicht gelegentlich besser, einfach mal die Klappe zu halten? Wenn ich diesen Fragen nachsinne, komme ich zu dem Entschluss, dass der Schutz höherrangiger Güter, wie beispielsweise der ehelichen Harmonie und dem Familienfrieden, sowie eine grundsätzliche (männliche) Verschwiegenheit notwendige Korrektive auf diesem Weg der Offenbarung sein sollten! Im Übrigen glaube ich nicht, dass Ihnen Ihre Frau in jedem Fall ihre „Fehltritte", also ihr Fremdgehen erzählen würde. Ganz im Gegenteil halte ich das für eher unwahrscheinlich! Auch Frauen schweigen - je männlicher sie werden, um so mehr! Sie sind in dieser Hinsicht sogar oftmals „maskuliner" als wir selbst! Überlegen Sie sich daher gut, ob Sie als der einzige Gehörnte in die Geschichte eingehen wollen?

Zitate

„Es ist keine Kunst, ein ehrlicher Mann zu sein, wenn man täglich Suppe zu löffeln hat."
Heinrich Böll

Emanzipation der Frau

„Die Emanzipation der Frau ist auf halbem Weg stecken geblieben! Was oftmals fehlt, ist das Bekenntnis zur eigenen Femininität und das Leben ihrer weiblichen Tugenden!"

Natürlich bin ich als wahrer Mann ein Freund der weiblichen Emanzipation! Trotzdem sollten Frauen darauf bedacht sein, nicht das zu verlieren, was sie als Frauen ausmacht. Sie müssen von ihrer Reise in die Männlichkeit wieder zurückkehren an den weiblichen Pol. Wir Männer lernen für uns gerade erst wieder, was es bedeutet, ein Mann zu sein, der emotionale Autonomie entwickelt hat und seiner Vision folgt. Die Frauen sind uns hierbei meist voraus. So wie wir es gerade lernen, unser Maskulinität voll zu entfalten, wünsche ich mir allerdings auch für die Frauen, dass sie nie vergessen, wo ihre eigentliche Heimat ist. Wahrer Feminismus ist immer die Rückkehr und Stärkung der femininen Anteile einer Frau. Charakteristika wie Schönheit, Fürsorglichkeit, Hingabe etc.. Natürlich bin ich ein großer Befürworter des weiblichen Prinzips gerade in der heutigen Welt. Feminismus hingegen als pseudofeminine Männlichkeit, wie er lange verstanden wurde, macht mittelfristig weder die Männer noch die Frauen selbst glücklich und führt auch nicht zu jener ökologischeren und gerechteren Gesellschaft, nach der wir uns alle sehnen. Wir dürfen nie vergessen, dass fast alles im Universum bereits weiblich ist. Wenn etwas wirklich bedroht wird, dann ist dies der männliche Pol! Es kann also nicht Sinn und Zweck der Schöpfung sein, dass alle Frauen zu Mannsweibern mutieren und wir Männer entweder zu ihnen in Konkurrenz treten oder aber als jammernde Waschlappen an ihrer Seite unser Dasein fristen. Natürlich haben Frauen das Recht, ja die Pflicht, für ihre Rechte einzutreten und zu kämpfen. Ein wahrhaftiger Mann wird sie darin sogar ermutigen! Das Beste, was ein Mann zur Unterstützung der Frauen beitragen kann, ist es allerdings, seine eigene maskuline Stärke zu entwickeln. Allein die Maskulinität der Männer ist dazu geeignet, den männlichen Pol wieder in seinem ganzen Glanz aufzuerstehen und erstrahlen zu lassen. Nur so können wir es den Frauen aufs Neue ermöglichen, sich voll und ganz der männlichen Führung anzuvertrauen, um so zugleich auch ihre eigene weibliche Seite zu vervollkommen. Die Essenz der Weiblichkeit liegt in ihrer hoffnungsfrohen Hingabe an das Leben und die Führung Ihrer Männer! Das Ziel aller Femininität ist das bedingungslose Verschmelzen. Die diesbezügliche Gleichmacherei der letzten Jahrzehnte war fatal für erfüllende Liebesbeziehungen und prickelnde ganzheitliche Sexualität! Andererseits soll auch nicht verschwiegen werden, wie verwerflich viele Männer der Vergangenheit mit ihren Frauen umgesprungen sind: Sie verwechselten maskuline Führung mit Zwang; das Vermitteln von Sicherheit mit Unterdrückung und Gefangennahme. Wie dumm ein Mann doch sein kann! Auch wenn Männer durch ihr diesbezügliches Fehlverhalten bereits viel zerstört haben, werde ich nicht die Schuld hierfür auf mich nehmen. Ebensowenig wie ich an den Gräueltaten des Dritten Reichs die Schuld trage! Im Namen aller Männer kann ich an dieser Stelle nur sagen, dass es mir unendlich leid tut, welchen entsetzlichen Zwang Männer in Vergangenheit und Gegenwart ihren Frauen angetan haben. Welche Bestialität, abscheulichste Gewalt! Es schmerzt mich, dies erkennen und anerkennen zu müssen. Im Namen aller Männer möchte ich mich für unser diesbezügliches Fehlverhalten, unseren Machtmissbrauch entschuldigen und hoffe, dass die Frauenwelt diese Entschuldigung anerkennen möge, auch wenn ich jedwede persönliche Schuld von mir weise! Auch hinsichtlich ihrer eigenen Heilung sollten die Frauen einen Schlussstrich unter ihre Schuldvorwürfe ziehen und dem neuen Mann erneut vertrauen. Nur so werden sie selbst wieder heilen können. Ein natürliche Harmonie wird sich erst wieder einstellen, wenn beide Seiten ihre Verletzungen aus der Vergangenheit geheilt haben. Nicht vergessen werden darf also, dass auch wir Männer durch das Verhalten unserer Frauen Wunden und Narben davon trugen!

FAZIT: Für einen maskulinen Mann gibt es nichts Schöneres als kraftvolle, unabhängige Frauen. Eine Emanzipation der Frau, die sie darin unterstützt, ihre komplette Weiblichkeit zu leben, ist daher sehr positiv zu bewerten, ebenso wie eine Stärkung des ausgleichenden weiblichen Prinzips in der globalisierten Wirtschaftswelt. Eine weibliche Emanzipation aber, die irgendwo auf dem Weg in eine falsch verstandene Männlichkeit stecken bleibt und ihre feminine Essenz leugnet, ist aus männlicher Sicht schlichtweg abzulehnen! Auch Frauen ihrerseits sollten sich nicht wünschen, einen Mann zu „verweiblichen"! Frauen werden nie wie Männer sein und Männer nie wie Frauen - und das ist auch gut so, denn zusammen, von ihren diametralen Polen her, ergänzen sie sich bestens!

Praktische Hinweise

- Es gibt nichts Schöneres als weibliche Emanzipation, die die Frau dabei unterstützt, ihre männlichen Seiten zu integrieren, wenn auch immer nur im Hinblick darauf, fortan ihre vollständige feminine Essenz zu leben!
- Ein Mann sollte seine femininen Seiten ebenso integrieren, wie eine Frau ihre maskulinen!

- Dies darf aber nie bis zur asexuellen Gleichmachung beider Geschlechter führen!
- Das wäre aus meiner Sicht fatal und würde früher oder später in den Untergang der Menschheit münden!
- Eine Emanzipation der Frau, die sie lediglich zur Verwirklichung ihrer männlichen Seiten aufruft, ist aus männlicher Sicht daher fehl am Platz!
- Andererseits wird ein wahrer Mann eine Frau immer darin unterstützen, ihre komplette Weiblichkeit zu leben, also jene Femininität, die sich nach der Integration und Rückkehr aus dem männlichen Pol ergibt!
- Die Essenz der Weiblichkeit liegt in ihrer bedingungslosen Hingabe! Frauen, die dies vermögen, erblühen regelrecht!

THOMAS: Ich weiß schon, dies ist ein „Buch für Männer" - und so! Und: „Männer verraten keine Geheimnisse" - und so! (Aber ich bin ja ein Heiliger Narr und zähle nicht!) Weißt du, wo ich eben war? Nein? In deinem Kopf! Und weißt du, was ich eben sah? Nein? Einen Gedanken von dir! Und weißt du, welcher es war? Ja?! Du dachtest laut und wörtlich: „Ich muss erst gar nicht versuchen, ein Buch für beide Geschlechter zu schreiben. Schreibe ich auch nur einen Satz, der einer Frau nicht passt, wird sie das ganze Buch zerreißen!" Ich weiß nicht, was ich davon halten soll?! Fürchtest du die Frauen noch immer? Hast du Angst davor diskriminierend zu wirken? Empfindest du Diskriminierung in deinem Herzen? Ist denn daran etwas Falsches, was du schreibst? Ist die Natur der Dinge nicht vielmehr einfach ihre Natur? Warum die Wertung? Natur ist Natur. Die moderne Forschung hat herausgefunden, dass es zwischen Mann und Frau lediglich knapp über 3 Prozent genetische Unterschiede gibt. Das ist nicht viel, aber entscheidend für unserer Fortpflanzung. Ohne diese knapp 3 Prozent gäbe es den Menschen nicht. Sie sind entscheidend, warum also bist du so verunsichert? Ich weiß von starken, femininen Frauen, dass sie genauso empfinden! Frauen lieben es, sich hinzugeben; sie sehnen sich nach starken Männern, ja fordern manchmal sogar von diesen belogen und betrogen zu werden (indem sie die Wahrheit nicht wahr-haben wollen), nur um das Gefühl von sicherer Hingabe zu erlangen. Daher mein Aufruf an alle Männer: Stehen Sie zu Ihrer Männlichkeit! Seien Sie ehrlich mit Frauen! Bieten Sie wahrhaften Schutz! Und geben Sie Ihr Zepter in Ihrer Beziehung niemals aus der Hand! Darin liegt Ihre wahre Maskulinität! Frauen werden Sie versuchen und - bleiben Sie standhaft - vor Ihnen niederknien und Sie vergöttern! Nehmen Sie diese Geschenke dankbar an und spiegeln Sie dann auch Ihrer Frau ihre eigene Göttlichkeit. Wie sehr sie selbst Göttin ist, Behüterin von Leben! Jener Mann aber, der seine Frau zur Göttin erklärt, bevor er sich selbst und von dieser als Gott erkannt wurde, macht sich zum Deppen seines eigenen Geschlechts!

Zitate

„Der ganze Emanzipationsrummel hat nichts daran geändert, dass Frauen sich schön machen, um Männern zu gefallen." Marcello Mastroianni

„Die Vorliebe der Männer für Vollbärte hängt mit der Emanzipierung der Frau zusammen. Denn beim Vollbart kommt auch die emanzipierteste Frau nicht mit."
George Hamilton

„Ohne Schnurrbart ist ein Mann nicht richtig angezogen."
Salvador Dalí

„Frauen brauchen sich nicht zu emanzipieren. So gut wie Männer werden sie eh nicht."
Jack Nicholson

„Männer: Waschlappen, die von den Frauen mit vollem Recht ausgewrungen werden."
Graf Fito

Emanzipation des Mannes

„Ehemannzipation!"

Die Emanzipation des Mannes? Absolut notwendig ist sie! Die meisten Männer haben gegenüber den Frauen, aber insbesondere auch gegenüber ihrem eigenen maskulinen Potential, noch einen erheblichen Nachholbedarf männlicher Emanzipation! Ich möchte an dieser Stelle nochmals Herrn Leimbach zitieren, da ich es selbst nicht besser ausdrücken könnte:

„Der abhängige Mann glaubt ebenso wie einst der Junge: <<*Ich bin dafür verantwortlich, wie es Mama geht.*>> Dieser Glaubenssatz wird später auf die Partnerin übertragen: Wenn sie weint, fühlt er sich schuldig und tut alles, um sie wieder Lachen zu sehen. Wenn sie frustriert oder einfach schlecht gelaunt ist, fühlt er sich verantwortlich, das zu verändern. Dafür versetzt er sogar Freunde oder verzichtet auf Dinge, die ihm wichtig sind. Wenn Sie ihn bedrängt zu erzählen, was er mit seinem Freund unternommen oder beredet hat oder was die Männer in der Männergruppe gemacht haben, dann vergisst ein Muttersöhnchen oft sein Versprechen und die Ehre gegenüber den anderen Männern und plaudert *Geheimnisse* aus. Wenn er sexuelle Fantasien mit anderen Frauen hat, dann beichtet er ihr diese und gelobt Treue, in der Hoffnung, dass sie ihm vergibt und gnädig gesinnt bleibt. Er ist so naiv zu denken, dass sie ihm ebenso alles erzählt, was sie denkt und tut und was sie mit ihren Freundinnen bespricht."

Ohne Worte. Haben Sie sich wiedererkannt?

Erstes Fazit: Halten Sie wichtige Termine und Verabredungen mit Ihren Freunden ein, ganz egal, wie es Ihrer Frau gerade geht! Frauen benutzen ihre dunklen Launen oftmals mehr oder weniger bewusst als Test oder zur emotionalen Erpressung, um uns von für uns wichtigen Veranstaltungen fern zu halten. Sie sprechen dabei von „Einfühlung" oder „Liebe", in Wirklichkeit aber ist es Ihre persönliche Schwäche, wenn Sie dem nachgeben und Ihrer Frau „zur Liebe" bei ihr zuhause bleiben oder nur mit ihr ausgehen, damit sie sich wieder besser fühlt oder um die bereits angeschlagene Beziehung zu retten. Oder aber, um zu signalisieren, dass Sie klar zu ihr stehen oder warum auch immer. So oder so machen Sie sich abhängig von den Wünschen Ihrer Frau. In Wirklichkeit sind es weder die Befindlichkeiten Ihrer Frau, noch irgendeine Bösartigkeit, sondern lediglich Ihre eigene Schwäche. Ihr Versagen liegt darin, dass diese und ähnliche Verhaltensweisen immer nach hinten los gehen: Am Ende werden nämlich Sie als Verlierer dastehen und nichts, aber auch gar nichts wurde gewonnen! Weder haben Sie Ihre Verabredung eingehalten und schöne Zeit mit Ihren Freunden verbracht noch das Verhältnis zu Ihrer Frau verbessert! Ganz im Gegenteil wird Ihre Partnerin auch das nächste Mal verlangen, dass Sie bei Ihr bleiben und Ihre „Liebe" über Ihre eigenen Interessen wie beispielsweise die Freundschaften mit anderen Männern setzen. Vielleicht sagt sie das nicht so direkt, aber sie kennt die subtilen Mittel, Sie dahin zu bringen. Sie weiß genau, welche Knöpfe sie bei Ihnen drücken muss, um ihren Willen durchzusetzen. Nichts anderes wird geschehen, als dass Sie erneut nachgeben. Ihr Herrschaftsanspruch als Mann wurde aufgegeben und sich längst zu Gunsten ihrer Frau verschoben. Während Sie Ihrer Partnerin alles erlauben, setzt sie (zumindest unbewusst) subtile Hebel in Bewegung, Ihre restlichen Freiräume auch noch durch ihre „Befindlichkeiten" zu boykottieren! Zu guter Letzt werden Sie dann alleine dastehen, Ihre männlichen Freunde sind längst weiter gezogen und gemeinsame Freunde, die sie einst in die Beziehung mit eingebracht haben - Pärchen, bei denen der Mann genauso unter der Fuchtel steht, wie Sie selbst - wechseln das Lager! Telefonate und Verabredungen mit ihnen laufen jetzt über Ihre Frau. Sie ist der primäre Ansprechpartner Ihrer einstigen Freunde! Hinzu kommt, dass es Ihrer Lebenspartnerin immer bewusster werden wird, was für einen schwachen Mann sie da an ihrer Seite hat, dem es nicht einmal gelingt, seine eigenen Interessen ihr gegenüber würdig zu vertreten. Wie aber soll er dann erst ihre Interessen gegenüber der Welt durchsetzen? Ihre Frau wird sich ebenso einsam fühlen, wie Sie selbst! Sie sehnt sich nach Zweisamkeit und muss sie doch immer erst dazu überreden, da von Ihnen nichts kommt. Sie sehnt sich nach Hingabe und kann es nicht, da sie die Führende ist.

Zweites Fazit: Behalten Sie Ihre Geheimnisse und die Geheimnisse anderer Männer für sich! Es ist Ihr gutes Recht Geheimnisse vor Ihrer Frau zu haben. Sie müssen Ihr nicht alles erzählen! Machen Sie Ihrer Frau ein für alle Mal klar, wenn Sie etwas nicht sagen möchten! Lassen Sie sich in dieser Hinsicht nicht erpressen! Und glauben Sie vor allen Dingen nicht, dass umgekehrt Ihre Frau Ihnen alles erzählen würde, was sie tut, mit anderen Frauen bespricht, von ihnen erfährt oder über Sie erzählt! Sorgen Sie in Ihrem Leben dafür, dass es nichts gibt, womit Sie eine Frau erpressen könnte! Machen Sie sich weder finanziell, sexuell, emotional, spirituell oder sonstwie von einer Frau abhängig! Niemals!

Die Reise eines Mannes in die Weiblichkeit - so wichtig sie zum Erwerb von Lebenserfahrung und Entwickeln eigener Reife auch sein mag - darf niemals dort enden! Selbstverständlich ist diese

Reise notwendig, um auch noch den letzten Winkel von Femininität in unserer maskulinen Seele zu entdecken und zu integrieren. Dennoch haben viele Männer sie noch immer nicht unternommen. Und zwar mit verheerenden Folgen für sich selbst und für die Gesellschaft! Ebenso fatal aber erscheint es mir, sich im Weiblichen, Weichen, der Droge, der Frau, der Abhängigkeit von Mami und/oder Freundin zu verlieren! Dies ist der Weg des „New Age"-Mannes. Er ist weich und schmelzend, setzt keine Grenzen, verteidigt sein Revier nicht zur Genüge und schwelgt dafür im Rausch der Drogen oder esoterischen Halbwahrheiten. Er verliert sich im Weiblichen, der Musik, dem Wunsch nach Frieden, aber er handelt nur unzureichend. Seine Werke bleiben auf halben Wege stecken. Es mangelt ihm an maskuliner Durchsetzungsfähigkeit und klaren Visionen; er verschwimmt seine Gaben, anstatt sie zielgerichtet zu verwenden. Er ist der Prototyp des ewig Suchenden. Sucht und Suche. Es ist eine Schande, wie viele Männer sich abhängig machen von der Weiblichkeit in alle ihren schillernden Facetten, der Sexualität mit einer Frau oder gar von deren erbärmlichen Substitut, dem Porno!

FAZIT: Es gibt aus männlicher Sicht momentan nichts Bedeutsameres als sich selbst in die eigene Männlichkeit zu emanzipieren. Damit sind weder Machogehabe noch Weicheiertum gemeint, sondern wahre Männlichkeit, die ihre weiblichen Anteile selbstverständlich integriert, darin aber nicht stecken bleibt, sondern gelernt hat, ihren Mann zu stehen und sich als solcher gesellschaftlich und in der Liebesbeziehung zu behaupten! Einzig der emanzipierte Mann ist maskulin, weder sind es der muskelprotzende Türsteher ohne Hirn, noch der philosophierende Kiffer ohne Einkommen. Weder der klapprige Gelehrte ohne Herz, noch der schweigsame Asket ohne Eier. Ein maskuliner Mann mag von alldem etwas haben. Im Idealfall ist er sportlich, emotional gereift, gebildet und zugleich spirituell bewandert. Vor allem aber steht er seinen Mann in Familie, Partnerschaft und Beruf!

Praktische Hinweise

- Mann, seien Sie endlich Mann!
- Bekommen Sie zunächst einmal Ihr eigenes Leben in allen wesentlichen Lebensbereichen auf die Reihe!
- Beherrschen Sie Ihre Sexualität!
- Lösen Sie sich aus allen Abhängigkeiten von Mutti!
- Ehren Sie Ihre Mutter, aber lernen Sie zugleich „Nein" zu sagen!"
- Begeben Sie sich nicht in neue Abhängigkeiten von Freundin, Partnerin oder Ehefrau!
- Tragen Sie die Verantwortung für sich und Ihre Beziehung, fühlen Sie sich dabei aber niemals verantwortlich im Sinne von „schuldig"!
- Die Launen und Gefühle Ihrer Partnerin sind ganz allein ihre Sache!
- Überprüfen Sie die Groß- und Kleinschreibung des vorherigen Satzes! Sie ist so korrekt!
- Lassen Sie sich nicht in die emotionalen Dramen Ihrer Mutter oder Partnerin verwickeln! Lieben Sie beide, aber distanzieren Sie sich von ihren dunklen Stimmungen und Launen!
- Bleiben Sie präsent, nehmen Sie Frauen ernst, lieben Sie sie, bringen Sie sie zum Lachen, aber steigen Sie niemals in ihre Dramen ein!
- Das Weibliche wird, wenn es keinen weiteren Ausweg mehr sieht, versuchen, Ihnen die „Schuld" - woran auch immer - zuzuschieben. Gehen Sie einfach nicht darauf ein!
- Gehen Sie niemals auf Schuldvorwürfe ein und machen Sie ihrerseits keine!

- Identifizieren Sie sich insbesondere niemals mit dem Hass Ihrer Partnerin!
- Wenn es in Streitereien zu heftig wird, gehen Sie einfach. Ihre Partnerin wird dies verstehen, selbst dann, wenn sie es nicht zugibt und vielleicht hinter Ihnen herschreit, was für ein erbärmlicher Feigling Sie wären!
- Gehen Sie einfach, alles andere hat jetzt keinen Sinn mehr!
- Sollten Sie jedoch über die garantierte innere Stärke verfügen, - trotz falscher Vorwürfe - innerlich ruhig zu bleiben, bleiben Sie solange bei Ihrer Frau, bis sich diese wieder beruhigt hat!
- So wird Sie Ihnen vertrauen können!
- Danach tun Sie, was Sie zu tun haben!

THOMAS: Die Ausführungen dieses Kapitels scheinen mir bereits so etwas wie ein Kompendium des gesamten Buches zu sein! Ich finde es interessant, manche Dinge derartig auf den Punkt gebracht zu bekommen! Möglicherweise hast du Recht, dass es momentan gesellschaftlich nichts Wichtigeres gibt, als die männliche und weibliche Emanzipation zu vollenden! Nur so werden beide Geschlechter wieder lustvoll, leidenschaftlich, sich gegenseitig ergänzend, liebend, heilend, unterstützend und bereichernd zusammenleben können. Und zwar frei von Erpressungen, Machtmissbrauch, Eifersuchtsdramen, Abhängigkeiten, gegenseitigen Erwartungshaltungen und was dergleichen sonst noch an der Tagesordnung ist! (Interessant, wie sich die Streitereien der Paare doch zu gleichen scheinen!) Nur der maskuline Mann, der die Gefühle seiner Frau nachvollziehen kann, ohne sich darin zu verwickeln, ist wahrhaft Mann. Nur die feminine Frau, die den Gedanken ihres Mannes aufrichtig zu folgen vermag, ohne dass sie diese teilen müsste, ist wahrhaft Frau.

Nachtrag

Die Emanzipation der Frau zeigt sich allein darin, dass es ihr erlaubt ist, sowohl Kleider, als auch Röcke oder Hosen zu tragen, Strumpfhosen oder eben nicht etc. Sie ist also - bei einem entsprechenden Stil - absolut frei in ihrer Kleidungswahl. Wir Männer haben uns ein vergleichbares Recht nicht erkämpft! Das glücklichere, mächtigere , gesündere und freierer Geschlecht - zumindest in den westlichen Ländern - sind die Frauen! Sie leben länger und gesünder, arbeiten weniger hart, verfügen nachweisbar über mehr Freizeit (wenn auch im Durchschnitt noch immer über ein geringeres Einkommen - aber der dumme Mann zahlt ja!), kleiden sich, wie sie wollen, setzen sich auch ansonsten leichtfertiger über Regeln hinweg, dominieren die Männer im privaten und zunehmend auch im beruflichen und öffentlichen Bereich! Das sind die Fakten.

Fazit: Wir Männer sollten von den Frauen lernen, nicht mehr alles über unserer Herzen und Köpfe hinweg mit uns machen zu lassen und uns endlich selbst emanzipieren! Treten Sie den Besitzansprüchen und Erwartungshaltungen Ihrer Partnerin konsequent entgegen!!! Leben Sie **Ihr** Leben!

Emotionale Autonomie

„Emotionale Autonomie ist jenes essentielle Gut, welches eine überwiegend weibliche Erziehung den Männern vorenthält!
Das Übel nimmt seinen Lauf!"

Emotionale Autonomie bedeutet in erster Linie, sich nicht gefühlsmäßig von seiner Partnerin oder einer anderen Person abhängig zu machen. Grundsätzlich gilt, dass die Gefühle ihrer Partnerin ihre Gefühle sind und Ihre Gefühle sind Ihre. Sie entscheiden darüber, ob Sie sie mitteilen wollen oder lieber für sich behalten möchten.

Emotionale Autonomie bedeutet ferner, nichts je persönlich zu nehmen! In Ihre Richtung gerichtete Kritik verrät immer mindestens genausoviel über den Kritiker wie über Ihr eigenes Verhalten. Sollte die Kritik sachlich begründet sein, stellen Sie die bei Ihnen liegenden Fehler ab. Seien Sie aber auch in der Lage unsachliche, eher im Bereich von Gefühlsschwankungen angesiedelte Kritik zu ertragen und rechtfertigen Sie sich deshalb nicht. Rechtfertigen Sie sich also weder bei gerechtfertigten noch bei ungerechtfertigten Angriffen, sondern hören Sie sich erst einmal in aller Ruhe an, was die Gegenseite vorzubringen hat! Sich nicht zu rechtfertigen ist ganz wichtig, um die eigene Souveränität und agierende Handlungsfähigkeit zu bewahren! Lassen Sie Angriffe einfach ins Leere verlaufen! Kommentieren Sie auch nicht unnötig, insbesondere keine Dinge, die Ihr eigenes Leben betreffen. Entwickeln sie die Fähigkeit, selbst falsche Behauptungen erst einmal in der Luft stehen zu lassen. Ein Mann muss in der Lage sein, Belehrungen oder Kritik auszuhalten. Sollten Sie sich allerdings ungerechtfertigt behandelt fühlen, beispielsweise indem man Sie übergeht, wehren Sie sich! Sollte man Sie körperlich angreifen, verteidigen Sie sich! Sollte man Sie aber nur für irgendetwas kritisieren, strafen Sie den anderen durch Ihre zur Schau gestellte Gelassenheit!

Zur emotionalen Autonomie gesellt sich als jüngeres Geschwisterchen noch eine gewisse mentale Autonomie, die sich beispielsweise darin zeigt, dass man sich nicht übermäßig um die Meinung Dritter kümmert! Dies bedeutet allerdings nicht, man solle hochnäsig oder arrogant werden. Ganz im Gegenteil drückt sich mentale Autonomie darin aus, dass man in der Lage ist, sich alles unvoreingenommen anzuhören, um danach seine eigenen Schlussfolgerungen zu ziehen. Man ist frei, das Gehörte entweder zu verwerfen oder aber es ins eigene Weltanschauungssystem zu integrieren. Hierbei ist es dann allerdings von großer Wichtigkeit, sich zunächst einmal über die eigenen Gedanken, Beweggründe, Worte und Taten bewusst zu sein. Nur wenn ich weiß, was ich selbst meine, denke und fühle, kann ich diesbezügliche Beiträge anderer ins eigene System einordnen! Beobachten Sie sich daher immer selbst und optimieren Sie von Zeit zu Zeit Ihre persönliche Ausrichtung und Ihr Handeln!

Zur emotionalen Autonomie eines Mannes gehört als weiterer wichtiger Punkt insbesondere auch, „Nein" gegenüber einer Frau und ihren Angeboten zu sagen, seien dies nun Essen, Sex oder gemeinsamer Zeitvertreib. Sagen Sie „nein", wenn Sie nicht wollen und stehen Sie dann auch hierzu. Das Falscheste wäre, seine einmal geäußerte Ablehnung dann doch wieder zu revidieren und sich sozusagen „rumkriegen" zu lassen! Dies wird Ihnen in jedem Fall als Schwäche ausgelegt und sollte nicht allzuoft vorkommen. Eigentlich nur dann, wenn neue - zuvor unbekannte

- Tatsachen eine erneute Entscheidung erfordern. Erbitten Sie sich ansonsten, wenn Sie sich nicht sofort entscheiden können, eine gewisse Bedenkzeit.

In diesem Zusammenhang der emotionalen Autonomie möchte ich auch einmal mein Unverständnis für den Gebrauch (angeblich) potenzsteigernder Pillen zum Ausdruck bringen. Wem möchten Sie damit eine Freude bereiten oder zu Gefallen sein? Wer die vielschichtigen Facetten von Sexualität erst einmal ausgelebt und verstanden hat, für den wird sie hoffentlich an Bedeutung verlieren und das ist gut so. Unverständlich ist und bleibt für mich daher der Gebrauch von *Viagra* oder anderen chemischen Mitteln - nur um eine penetrations- und ejakulationszentrierte Sexualität zu erzwingen. Warum stehen Sie nicht einfach zu sich und Ihrem Körper und sagen „Nein!" zu übertriebenen sexuellen Forderungen?

Zu guter Letzt ist es bedeutsam, in sich selbst die Fähigkeit zu kultivieren, Geheimnisse für sich zu behalten. Die eigene Partnerin macht hiervon keine Ausnahme! Sollte diese Sie dennoch weiter drängen, die Ihnen anvertrauten Geheimnisse Preis zu geben, berufen Sie sich einfach auf Ihre Pflicht zur Verschwiegenheit. Früher oder später wird dies ihre Partnerin akzeptieren, da sie nun weiß, dass auch ihre Geheimnisse bei Ihnen gut aufgehoben sind!

FAZIT: Machen Sie sich nicht abhängig von den Gefühlen anderer Menschen, insbesondere nicht von denen Ihrer Partnerin! Nehmen Sie hierbei nichts persönlich und halten Sie die an Sie herangetragene Kritik aus! Lernen Sie insbesondere auch Frauen gegenüber „Nein" zu sagen und behalten Sie - verdammt noch mal - Geheimnisse für sich!

Praktische Hinweise

- Rechtfertigen Sie sich niemals - ganz egal, ob sie „Schuld" trifft oder nicht!
- Sollten Sie sich dabei erwischt haben, sich doch einmal zu rechtfertigen, hören Sie sofort damit auf!
- Kommentieren Sie nicht die Gefühlszustände Ihrer Partnerin!
- Halten Sie auch ihre dunklen Stimmungen aus!
- Sollten Sie selbst schlechte Laune haben, halten Sie es ebenfalls einfach aus! Belasten Sie andere nicht damit!
- Machen Sie keine unnötigen Fehler in diesen Dingen!
- Sollten Sie kritisiert oder belehrt werden, sitzen Sie es ebenfalls einfach aus!
- Gehen Sie sodann in sich und überlegen Sie sich Ihr weiteres Vorgehen!
- Rückversichern Sie sich gelegentlich, dass Sie sich noch immer auf dem Weg der eigenen Vision befinden!
- Der Weg der Vision ist immer ein Weg des Herzens!
- Grenzen Sie sich ab, falls notwendig!
- Grenzen Sie sich insbesondere gegenüber ungerechtfertigten oder maßlosen Forderungen von Frauen ab!
- Sagen Sie „ja", wenn Sie „ja" meinen und „nein", wenn Sie „nein" meinen.
- Sie müssen diese Entscheidungen nicht begründen!
- Sie können sie begründen, wenn Ihnen danach ist, aber Sie müssen nicht!
- Verraten Sie keine Geheimnisse, sondern üben Sie sich in Verschwiegenheit!
- Was auch immer man Ihnen an den Kopf werfen wird: Nehmen Sie nichts persönlich!
- Etwas persönlich nehmen heißt, sich als Person kritisiert zu fühlen. Was kritisiert wird, ist aber lediglich ein Aspekt Ihres

Handels in einer bestimmten Situation, zu einer bestimmten Zeit, an einem bestimmten Ort!
- Nicht Sie als Person werden kritisiert!
- Stellen Sie die in Ihrem Verhalten begründeten Ursachen für Kritik ab!
- Alles, was man Ihnen vorwerfen mag, hat immer zu mindestens 50% auch mit dem anderen zu tun!
- Versetzen Sie sich in die Lage anderer, um zu verstehen, warum diese so reagieren, wie sie reagieren!
- Egal, was auch geschieht, bleiben Sie immer ruhig und gelassen!
- Sollte Ihnen das einmal nicht gelingen, verlassen Sie den Raum, atmen Sie tief durch und sprechen Sie erst wieder, wenn Sie sich innerlich beruhigt haben!
- Verteidigen Sie sich, falls Sie körperlich attackiert werden!
- Bewahren Sie die Übersicht über die Gesamtsituation!
- Fragen Sie männliche Freunde um Rat und handeln Sie entsprechend Ihren Überzeugungen!

THOMAS: Ich glaube, das war die bisher längste Liste mit praktischen Hinweisen. Hältst du dich denn selbst immer an alles? Mein persönlicher Standpunkt ist hier klar und deutlich: Getrennte Schlafzimmer! Getrennte Finanzen! Getrennte Emotionen! Dies kann ich nachdrücklich nur jedem Mann empfehlen!!! Mir persönlich ist es nur aus dieser dreifachen Freiheit heraus möglich, eine Frau auch wirklich so zu lieben, wie sie es verdient, geliebt zu werden. Alles andere sind weibliche Besitzansprüche und Erwartungshaltungen! Meines Erachtens sollten wir uns in unseren Partnerschaften mehr auf den Kernbereich der Beziehung beschränken, nämlich gelebte Liebe, das Gestalten schöner Momente, Herzensöffnung sowie die gegenseitige Leidenschaft und Begierde. Sobald die partnerschaftlichen Überschneidungen nämlich in die Breite gehen (z.B. gemeinsamer Haushalt, gemeinsame Kinder, gemeinsame Finanzen, gemeinsame Freundeskreise, gemeinsame Freizeitgestaltung, gemeinsame geschäftliche Unternehmungen etc.), fangen zugleich schon die Probleme an. Man ver-heiratet sich, anstatt dass man ge-heiratet würde und glücklich wäre. <<Heirat>> geht auf das germanische <<*hiwa*>> zurück, was soviel wie <<Haus, Hauswesen oder Hausgemeinschaft>> bedeutet. Oftmals kommt man aber nur für eine kurze Zeit <<heim>> oder <<nach hause>>, sondern alsbald schon direktenwegs in Teufels Küche! Naja, solange man noch etwas aufzuarbeiten hat, sollte man sich binden. Mancheiner, der sich dies nicht „traut", also keine „Trauung" vollzieht, mag zwar eine Zeit lang vergnüglich dahin leben, er wird aber etwas Wesentliches verpassen! Die tiefen Seiten seines Wesens werden nicht berührt. Es ist so, als spiele er auf einer Gitarre mit nur 4 hohen Saiten. Seine dunklen Schatten wachsen im Verborgenen. Er wird nie sein volles Potential abrufen.

Zitate

„Die meisten Frauen setzen alles daran, einen Mann zu ändern, und wenn sie ihn dann geändert haben, mögen sie ihn nicht mehr."
Marlene Dietrich(!)

„Vermutlich hat Gott die Frau geschaffen, um den Mann kleinzukriegen."
Voltaire

„Zuerst schuf der liebe Gott den Mann, dann schuf er die Frau. Danach tat ihm der Mann Leid, und er gab ihm den Tabak." Mark Twain

„Es ist Sache der Frau, so früh wie möglich zu heiraten. Die Aufgabe des Mannes ist es, so lange unverheiratet zu bleiben, wie er nur kann."
George Bernard Shaw

„Die Ehe ist gut für Frauen.
Deshalb sollten nur Frauen heiraten."
Ephraim Kishon

Empathie

„Für die Maskulinität heutiger Männer ist Empathie eine der wichtigsten Voraussetzungen!

Als die beiden hervorragendsten Eigenschaften von Männern, denen es gelungen ist, ihre gesamte Weiblichkeit im Mannsein zu integrieren, würde ich ihr Konsensvermögen und ihre Empathie bezeichnen. Empathie oder Einfühlungsvermögen ist die Kunst, sich in Gedanken, Gefühle und das Weltbild des anderen hineinzuversetzen. Man könnte auch von *Einfühlung* sprechen. Es ist die Fähigkeit zuzuhören und andere zu verstehen. Auch wenn die überwiegende Mehrzahl der großen Philosophen und Weltliteraten Männer sind, so ist vielschichtige Kommunikation mit mannigfachen Nuancen durchaus dem weiblichen Pol zuzuordnen. Der Mann denkt gradlinig, die Frau in Zyklen und Spiralen. Das Labyrinth ist weiblich. Die Autobahn männlich. Zur Empathie gehört es, die vielfältigen kommunikativen Schattierungen, die jeder Austausch mit sich führt, zu erkennen und richtig einzuordnen. Auch wenn Frauen hierbei manchmal weit über das Ziel hinausschießen und in Situationen Dinge hineininterpretieren, die hierin nun wirklich nichts verloren haben, sind sie auf diesem Feld im Allgemeinen doch das begabtere Geschlecht! Um so wichtiger erscheint es mir gerade für uns Männer, uns im Einfühlungsvermögen zu schulen. Nur jener ist ein wahrer Mann, dem es gelingt, sich treffend in sein jeweiliges Gegenüber einzufühlen, ohne Tatsachen zu verdrehen, latente Gefühle überzubewerten oder hinzuzuerfinden. Vertrauen Sie auf Ihre Intuition, sichern Sie sich aber bitte auch immer wieder anhand der Fakten ab, ob Sie damit richtig liegen! Insbesondere in einer funktionierenden Beziehung darf männliches Einfühlungsvermögen nie dazu führen, sich von den Emotionen seiner Partnerin überschwemmen zu lassen oder sich in ihre Prozess hinein zu verwickeln. Männliche Empathie bedarf also immer zugleich der natürlichen Abgrenzung. Ein Mann sollte sich zwar mit allem, was er hat, für die Liebe öffnen. (Hierzu zählen u.a. seine Präsenz, Empathie und die aktive Einfühlung.) Darüber hinaus sollte er aber nie seine eigene Unabhängigkeit und Freiheit verraten beziehungsweise an eine Frau verkaufen, nur um ein paar schöne Stunden mit ihr zu verbringen!

FAZIT: Um in Ihrem Leben die Ganzheit erwachter Männlichkeit zu verwirklichen, gehören die Empathie oder das Einfühlungsvermögen in andere Menschen zu Ihren größten Verbündeten! Üben Sie sich entschlossen in diesen weiblichen Aspekten Ihres Daseins und lernen Sie das daraus resultierende Verständnis zum eigenen Wohle und dem Wohle Ihrer Partnerin, Geschäftskollegen und Freunde zu nutzen. Tragen Sie andererseits Sorge dafür, dass sie Ihre empathischen und intuitiven Fähigkeiten nicht irreleiten oder gänzlich überwältigen, sondern Sie sich immer auch an Fakten halten, rückversichern und Grenzen setzen!

Praktische Hinweise

- Üben Sie sich in Empathie!
- Beobachten Sie die Menschen auf der Straße oder in einem Café. Was denkt dieser Mann gerade? Was fühlt dieser Jugendliche? Was bezweckt diese Frau?
- Entwerfen Sie mithilfe Ihrer Intuition ganze Lebensläufe von Menschen!

- Machen Sie sich sodann einen Spaß daraus, diese Menschen zu kontaktieren und Ihren Entwurf mit deren wirklichen Leben abzugleichen. Es wird eine für beide Seiten interessante Erfahrung sein!
- Beginnen Sie Ihre Übungen mit Männern, sodann mit Kindern und üben Sie erst zum Schluss mit Frauen!
- Bleiben Sie bei allem, was Sie tun, immer Ihr eigener Souverän!

THOMAS: Das klingt nach wie vor in meinen Ohren irgendwie immer alles so „frauenfeindlich", was du schreibst. „seine Freiheit nicht verraten oder an die Frau verkaufen".... „erst zum Schluss mit Frauen üben" etc. Und dann die durchgängige Unterstellung, Frauen hätten permanent irgendwelche inneren Prozesse am Laufen, Stimmungen, mit denen sie nicht alleine fertig würden, sie „übermannende" Gefühle, dunkle Launen, emotionale Stürme und dergleichen mehr. Wüsste ich nicht, dass du tief in deinem Inneren ein großer Liebhaber alles Weiblichen wärst, würde ich dich glatt für einen latenten Frauenhasser halten! Ja, ja, ich weiß, dies ist ein Buch für Männer! Aber ich durchschaue dich in deiner Provokation! Du sagst Dinge wie: „Nur ein starker Mann kann auch eine starke Frau führen und je mehr sich die Frau dieser Führung anvertrauen und hingeben kann, desto glücklicher werden beide sein!" Und du meinst liebevoll: „Starke, feminine Frauen haben maskuline Männer verdient!" Im Endeffekt bist und bleibst du ein Minnesänger, Barde oder Galan, der Weibliches, wie das Matriarchat, die Konsensfähigkeit oder hier die Empathie mindestens ebenso ehrt, wie alle männliche Provokation und Tugendhaftigkeit. Meines Erachtens spielst du mit Vielschichtigkeit, bist trotz klarer Richtlinien ein Meister der Maske. Man spürt dich, kann dich aber nicht fassen. Als Frauenliebhaber entziehst du dich und gehörst doch zu deren größten Bewunderern. Ein gefährliches Spiel? Ein lustvolles Spiel? Ein gewagtes Spiel? Oder doch einfach nur die

Attitüde eines enttäuschten Mannes? Nein, das glaube ich nicht, hierfür kenne ich dich zu gut.

Entscheidungsfreude/Klarheit/ Entschiedenheit

„Wann immer er kann, trifft ein Mann Entscheidungen!"

Je mehr Entscheidungen ein Mann in seinem Leben trifft, desto größere Weisheit wird er erlangen - und zwar unabhängig von der Tatsache, was die Konsequenzen aus seiner Entscheidung waren. Entscheidet sich der Mann beispielsweise für die „Obdachlosigkeit der Bahnhofsstraße" und überlebt, wird er mit der hieraus gewonnen Lebenserfahrung anderen Männern als Vorbild dienen. Dies gilt umso mehr, entscheidet sich der Mann für die „Schlossallee" und hat Erfolg in seinem Leben. In beiden Fällen dient seine Entscheidung seiner Selbstbehauptung, seinem Weiterkommen und seinem Ansehen unter Männern, denn sie ist mit Lebenserfahrung verbunden. Weigert sich der Mann aber, die notwendig gewordene Entscheidung zu fällen, wird er - zum Spott seiner Kollegen und auch der Frauenwelt - als geborenes Muttersöhnchen auf der Stelle treten. Er wird ein schlechter Kämpfer ein, ein erbärmlicher Jäger und keine einzige Frau jemals wirklich sein Eigen nennen. Ein Mann muss daher lernen, sich immer wieder neu zu entscheiden. Nur so bleibt er makellos! Je mehr er dies verinnerlicht, desto erfolgreicher wird er langfristig sein, selbst sollte sich die eine oder andere Entscheidung zunächst als falsch erwiesen haben.

Als Voraussetzung für das, was ich hier Klarheit oder Entschiedenheit nennen möchte, habe ich drei Grundbedingungen ausfindig machen können:

1. Ziehen Sie keine voreiligen Schlüsse, sondern wägen Sie alle Ihre Entscheidungen sorgfältig ab!
2. Rückversichern Sie sich, dass Sie Ihren Partner, Gegner, Freund (oder wen auch immer) richtig verstanden haben! Stellen Sie also gezielt Fragen und warten Sie die Antworten ab!
3. Kommunizieren Sie Ihrerseits klar und unmissverständlich, wobei Sie ebenfalls offen für Nachfragen anderer sein sollten!

Innere Klarheit ist ein nicht zu unterschätzendes, maskulines Gut und eine wichtige Voraussetzung gelingender Entscheidungen. Stellen Sie daher sicher, dass Sie bei allen Zweifeln immer wieder auf den Weg der Entschiedenheit zurückkehren und nicht in Empfindungen oder dem ewigen Abwägen stecken bleiben. Natürlich sind auch Ihre Zweifel berechtigt, aber dann eben doch etwas, was es zu überwinden gilt. Es sollte selbstverständlich für einen Mann sein, bei der Entscheidungsfindung immer auch auf seine Intuition zu hören und die Stimme seines Herzens zu befragen. Halten Sie sich darüber hinaus allerdings auch an beweisbare Fakten! Kennen Sie „The Work" von Byron Katie? „The Work" basiert auf vier Fragen, die Sie sich in der Unklarheit jederzeit stellen können und beantworten sollten:

1. Ist das wahr?
2. Können Sie mit absoluter Sicherheit wissen, dass das wahr ist?
3. Wie reagieren Sie, wenn Sie diese Gedanken denken?
4. Wer wären Sie ohne diese Gedanken?

Diese vier Fragen - obwohl von einer Frau stammend - bergen jene männliche Essenz, die sie bei Ihrer Entscheidungsfindung berücksichtigen sollten! Danach folgt noch die sogenannte Umkehrung!

FAZIT: Informieren Sie sich umfassend, sichern Sie sich ab und kommunizieren Sie klar und unmissverständlich bei allem, was Sie tun! Lassen Sie sich von niemandem hetzen, sondern nehmen Sie sich all jene Zeit, die Sie auf dem Weg Ihrer inneren Klarheit benötigen. In der Ruhe liegt die Kraft! Sodann treffen Sie so viele Entscheidungen, wie sie können und kosten Sie möglichst alle eingeschlagenen Wege mit größtmöglicher männlicher Entschlossenheit bis zum Ende aus! Sollten Sie sich zuvor umentscheiden, auch gut, aber dieser Prozess sollte wiederum nicht spontan geschehen, sondern mit der gleichen Präzision und Klarheit erfolgen, die bereits Ihrer ursprünglichen Entscheidung zugrunde lagen!

Praktische Hinweise

- Treffen Sie so viele Entscheidungen selbst, wie es nur irgend geht!
- Wägen Sie Ihre Entscheidungen so sorgfältig ab, wie nur irgend möglich, haben Sie sich aber entschieden, so stehen Sie dazu!
- Wird eine neue Entscheidung fällig, so treffen Sie auch diese mit größtmöglicher Sorgfalt!
- Wer sich Zeit zum Abwägen und Befragen Seines Herzens nimmt, spart Lebenszeit!
- Lassen Sie allen Ihren Entscheidungen auch Taten folgen!
- Wenn Sie tief in sich spüren, dass die einmal getroffene Entscheidung nicht mehr mit Ihrer eigentlichen Mission übereinstimmt, korrigieren Sie Ihren Kurs schnellstmöglich!

- Zögern Sie keinen Augenblick einmal getroffene Entscheidungen, die nicht mehr mit ihrem Lebenskurs übereinstimmen, über Bord zu werfen!
- Auch die Umentscheidung ist eine Entscheidung und daher positiv zu bewerten!

Den abschließenden Zitaten zu diesem Kapitel ist gemeinsam, dass es schwierig scheint, das Wesen und die Gedanken einer Frau zu begreifen. Sie scheinen sich dem männlichen Verstand zu entziehen. Erwarten Sie daher auch keine Entscheidungen von einer Frau, sondern treffen Sie diese selbst!

THOMAS: Was soll ich sagen? Bin ich eine Memme, weil ich mich nicht entscheiden kann? Persönlich habe ich seit einiger Zeit damit begonnen *The Work* von Byron Katie zu praktizieren, weshalb es mich freut, dass auch du dich darauf beziehst, wenn deine diesbezüglichen Ausführungen auch nicht sehr umfassend sind. *The Work* ist eine Methode zur Wahrheitsfindung und keine esoterische oder religiöse Richtung. Es basiert auf vier immer wiederkehrenden Fragen zur Erforschung der eigenen Glaubensmuster, die ich hier nochmals wiederholen möchte:

1. Ist das wahr? (= berechtigter Zweifel an den eigenen unbewussten Überzeugungen)
2. Können Sie mit absoluter Sicherheit wissen, dass das wahr ist? (= Überprüfung der Tatsachen; wahr ist immer nur das, was mit der Realität übereinstimmt!)
3. Wie reagieren Sie, wenn Sie diesen Gedanken denken? (= Überprüfung des Herzens; was löst dies bei mir aus?)
4. Wer wären Sie ohne diesen Gedanken? (= Gegenfrage zur Kursbestimmung)

Die folgende Umkehrung wäre dann so etwas, wie eine positive Kursbestimmung mit dem Ziel der Freiheit von allen negativen Gedankenmustern und Bewusstseinstäuschungen. Wie bereits gesagt arbeitet The Work mit den eigenen Glaubensmustern und hat dabei immer die Realität als entscheidendes Korrektiv zur Grundlage. Meine liebevolle Empfehlung lautet, diese vier Fragen bei jeder wichtigen Entscheidungsfindung zu berücksichtigen. Sollten Sie sich also angesprochen fühlen, kaufen Sie sich das Buch von Mortiz Boerner, einem Mann, mit dem Titel: „Byron Katies The Work" und/oder besuchen Sie einen entsprechenden Kurs! Die Beschäftigung hiermit wird sich emotional und finanziell auszahlen. Ich wünsche Ihnen viel Erfolg damit!

Zitate

„Die Ahnung der Frau ist meist zuverlässiger als das Wissen der Männer."
Joseph Rudyard Kipling

„Ein kluger Mann widerspricht nie einer Frau. Er wartet, bis sie es selbst tut."
Humphrey Bogart

„Manche Männer bemühen sich lebenslang, das Wesen einer Frau zu verstehen. Andere befassen sich mit weniger schwierigeren Dingen z.B. der Relativitätstheorie."
Albert Einstein

„Kein Mann hat Phantasie genug, die weibliche Vernunft zu begreifen, deshalb nennt man sie Unvernunft."
Elenora Duse

Ernährung

„Fern davon der Alleinernährer seiner Familie zu sein, ernährt er sich doch gut!"

Ein Mann sollte immer auf gesunde Ernährung bedacht sein. Außerdem sollte er seiner Partnerin gelegentlich etwas Leckeres kochen! Wenn auch Frauen im Allgemeinen den größeren Anteil zur täglichen Essensvorbereitung treffen, sind doch die besten Köche allesamt Männer und *große* Männer fast immer auch gute Köche! Nutzen Sie diese Gesetzmäßigkeiten und verwöhnen Sie hin und wieder Ihre Frau und sich selbst mit schmackhaften, eigenständig für den besonderen Anlass bereiteten Speisen!

Schlagen Sie gelegentlich auch einmal über die Stränge und erkennen Sie, welch zentrales Thema Nahrungsaufnahme und Ernährung bei der Eroberung einer Frau spielt! Vergessen Sie bitte nicht, hin und wieder auch gemeinsam mit anderen Männern zu kochen und Rezepte auszutauschen. Es gibt nur wenig, was mehr zusammenschweißt, als gemeinsam zu speisen!

Üben Sie sich andererseits auch darin, auf Nahrung zu verzichten und durch Fasten zu entschlacken! Machen Sie sich hingegen niemals wegen Essensthemen verrückt und verzichten Sie auf Diäten. Essen Sie grundsätzlich, was Ihnen schmeckt, doch bleiben Sie dabei maßvoll! Experimentieren Sie mit Essgewohnheiten und lernen Sie dabei, auf die Signale Ihres Körpers zu hören! Sie müssen in der Lage sein, Ihre Essensverhalten zu beobachten und jederzeit zu kontrollieren! Üben Sie sich in bewusstem Essen!

Eignen Sie sich gerade auch als Mann gute Essensmanieren an! Schmatzen Sie nicht! Sitzen Sie aufrecht! Verschlingen Sie die Speisen nicht achtungslos, sondern bedanken Sie sich zumindest innerlich dafür, dass genügend gesundes und schmackhaftes Essen auf dem Tisch steht! Loben Sie Ihre Frau für schmackhafte Zubereitungen und liebevolles Decken und Servieren. Es muss andererseits auch nicht immer das Fünfgängemenü sein, manchmal reichen ein Schluck aus der Quelle, trockenes Brot und ein Stück Käse zum Glücklichsein! Wenn Sie Fleisch essen, bedanken Sie sich bei den Tieren, die hierfür ihr Leben gelassen haben!

FAZIT: Dies ist weder ein Kochbuch noch ein Ernährungsratgeber! Natürlich achtet ein bewusster Mann auf eine ausgewogene, vitamin- und proteinreiche Ernährung, erfreut sich an der Zubereitung schmackhafter Speisen, benimmt sich beim Essen gesittet, kontrolliert sein Essverhalten und ehrt das, was er verzehrt! Darüber hinaus gilt noch immer die alte Weisheit, dass Liebe durch den Magen geht! Laden Sie daher als Single gutaussehende Frauen zunächst einmal zum Essen ein. Am Besten schmeckt es, wenn Sie selbst der Koch waren.

Praktische Hinweise

- Nahrung ist Medizin!
- Ernähren Sie sich gesund, also ausgewogen!
- Bevorzugen Sie regionale und saisonale Speisen!
- Essen Sie nur wenig Fleisch! Wenn Sie dennoch Fleisch verzehren, vergegenwärtigen Sie sich, wie diese Tiere gelebt haben!

- Bedanken Sie sich bei den Tieren dafür, dass sie ihr Leben für Sie ließen!
- Wenn Sie übergewichtig sind, bringen Sie Ihren Körper so in Ordnung, dass Sie sich wohlfühlen!
- Sollten Sie nichts auf den Rippen haben, essen Sie mehr Fett und tierisches Eiweiß!
- Übernehmen Sie mindestens einen Tag in der Woche, an dem Sie für sich, Ihre Partnerin und/oder Familie kochen!
- Kaufen Sie mindestens die Hälfte der Lebensmittel selbst ein!
- Achten Sie bereits beim Einkauf auf die richtigen Speisen!
- Das heiß unter anderem: wenig Alkohol; wenig Schokolade, Kekse und Co.; nur eine Tüte Chips etc.!
- Ernähren Sie sich immer wieder einfach nur von Obst und rohem Gemüse!
- Lernen Sie es, mit wenig auszukommen und zu fasten!
- Verschwenden Sie Ihre Zeit und Ihr Geld nicht mit Rauchen! (Sie disqualifizieren sich damit nur vor sich selbst!)
- Wie bitte? Sie rauchen noch immer? Nicht nur zum Genuss? Sie wollen damit aufhören und könne es nicht? Das ist lächerlich!
- Hören Sie einfach in allem auf Ihren Körper, der weiß schon, was gut für Sie ist!

THOMAS: Mein Gott, was soll das? Ein Mann sollte wissen, was ihm gut tut und welche Ernährung ihn eher träge, allergisch und krank macht. Dies ist doch hier kein Ernährungsratgeber, du schreibst es selbst! Natürlich ist Ernährung ein fundamentales Thema! Ich würde sogar empfehlen angesichts der ungewissen Weltsituation Nahrungsvorräte für sich und Ihre Familie für mindestens drei Monate zu lagern! Meine Ratschläge: Wisse, woher du dein Wasser bekommst! Wisse, in welchem Garten zu dein Gemüse pflanzt und wisse, was alles essbar ist und worauf du alles verzichten kannst! Sei ein Mann, triff Vorsorge, mein Freund!

Finanzen

„Die erste Aufgabe? Finanziell unabhängig zu werden!"

Für einen gesunden Mann im Mannesalter ist es unabdingbar, sein eigenes Geld zu verdienen! Dies ist ein Grundsatz, an dem es nichts zu rütteln gibt. Keine Ausreden! Finden Sie eine Arbeit gemäß dem eigenen Vermögen und verdienen Sie damit Ihr eigenes Geld. Es ist egal, ob diese Arbeit gesellschaftlich angesehen ist oder nicht. Es ist egal, ob Sie viel oder wenig darin verdienen. Wichtig ist es, auf ehrliche Art und Weise Ihren eigenen Unterhalt zu bestreiten und niemandem hierbei auf der Tasche zu liegen. Geraten Sie dennoch in Not, zögern Sie nicht das Amt aufzusuchen, aber setzen Sie zugleich alles daran, baldmöglichst wieder in Lohn und Arbeit zu treten. Sie wollen Respekt? Beginnen Sie mit Selbstrespekt und und erarbeiten Sie sich Ihr eigenes Brot!

Hüten Sie sich vor Hypotheken! Hypothek ist Bankenknechtschaft. Wenn es manchmal auch sinnvoll erscheinen mag, einen Kredit aufzunehmen und zu investieren, sollten Sie sich niemals komplett verschulden! Schulden sind der erste Schritt in die gesellschaftliche Kastration! Üben Sie sich lieber im Verzicht! Das ist viel männlicher, wird Ihre Freiheit sichern und Ihnen ermöglichen, für Ihre Vision einzutreten!

Sollten Sie andererseits über zu viel Geld verfügen, kann dies auch zum Problem werden! Haben Sie nicht gelernt, Ihre Zeit mit Sinnvollerem als dem Gelderwerb und Ansammeln von Reichtümern zu verbringen? Warum teilen Sie das überflüssige Geld nicht mit Ihren Freunden, Ihrer Familie, Ihren Nachbarn? Warum spenden Sie das viele Geld nicht einer gemeinnützigen Organisation und machen sich frei davon? Falls Sie es noch immer nicht wissen sollten: Geld macht abhängig! Man muss sich darum kümmern, es wieder investieren, es ausgeben, um dann den damit erworbenen Besitz zu unterhalten. Überprüfen Sie sich doch bitte einmal selbst: Sind sie mit der Zeit grau und geizig geworden? Sind Sie misstrauisch und zumeist schlecht gelaunt? Fürchten Sie sich gelegentlich vor anderen Menschen? Vielleicht wäre es jetzt an der Zeit, Ihren Lebensstil grundsätzlich zu ändern und endlich das zu tun, was Sie schon immer machen wollten!

Vorsicht: Tun Sie das, was Sie schon immer tun wollten und nicht das, was Ihre Frau mit Ihren ständig steigenden Ansprüchen gerne möchte. Denken Sie daran, dass Sie es sind, der Ihr Geld verdient und nicht Ihre Partnerin. (Wenn die Mutter Ihres Kindes oder Ihrer Kinder einen Großteil der entsprechenden Arbeit übernommen haben sollte, lässt Sie sich von Ihnen ja auch nicht in ihre Art der Erziehung hineinreden!) Leider habe ich bisher noch wenig Frauen getroffen, die im Handaufhalten nicht spitzenklasse wären. Auch wenn dies natürlich meiner ganz persönlichen Lebenserfahrung entspricht und deshalb nicht ohne Weiteres verallgemeinert werden kann, bin ich mir doch sicher, dass an dieser Stelle ein überwältigender Großteil aller Männer spontan zustimmend mit dem Kopf nicken werden. Woher kommt dieses scheinbar durchgängige Muster der Inanspruchnahme durch Frauen? Eine entsprechende Verhaltensweise scheint nicht nur am weiblichen Pol verankert, sondern zugleich eine über die Jahrtausende trainierte - mittlerweile genetische - Veranlagung zu sein! Man muss diese Dinge auch einmal beim Namen nennen dürfen, ohne deshalb gleich gesellschaftlich geächtet zu werden: Wenn nichts

Wahres daran wäre, dass Frauen reiche Männer bevorzugen und hierbei auch gerne einmal die eigene finanzielle und materielle Bereicherung zur Grundlage ihrer Liebe machen, wobei sie oftmals - wie Killerviren - den möglichen Ruin des Mannes (ihres Wirtes) sprichwörtlich in Kauf nehmen, würde sich auch niemand über diese Sätze empören!

FAZIT: Der Zweck des Mannseins besteht nicht darin, Reichtümer anzuhäufen, sondern darin, sich selbst und andere versorgen zu können! Dies aber ist zugleich seine vorrangige Aufgabe, der ein Mann nachzukommen hat, erhofft er sich den Respekt anderer Männer! Auch als Hausmann sollte ein Mann immer noch einem Nebenjob nachgehen, um unabhängig zu bleiben und sich zumindest selbst versorgen zu können! Andererseits wird auch zu viel Geld schnell zu einem Problem, teilt man es nicht mit anderen Menschen! (Das allerdings sollte nicht immer nur die eigene Frau oder Ex-Frau sein!)

<u>Praktische Hinweise</u>

- Erfolgreich sein, bedeutet Spaß am Leben zu haben!
- Der Gelderwerb ist ein wesentlicher Bestandteil hiervon!
- Hüten Sie sich vor Schulden, Krediten und Hypotheken!
- Was auch immer ist, verdienen Sie Ihr eigenes Geld und sehen Sie zu, das dies auch so bleibt!
- Schluss mit Ausreden... Arbeitslosigkeit... Finanzkrise... globale Wirtschaftssituation... betriebliche bedingte Kündigung... schlechte Auftragslage... zu große Arbeitsverdichtung... Kurzarbeit... Burnout... Stellenabbau aufgrund von Fusionen... Wegrationalisierung... persönliche Gesundheit... Befindlichkeiten... Allergien... schlechte Erreichbarkeit der Arbeitsstelle... mangelnde Ausbildung... Mobbing... was weiß ich...

- Tun Sie im Zweifelsfall einfach das, was sie besonders gut können und machen Sie sich damit selbstständig!
- Es gibt immer etwas, was Sie für andere Menschen tun können!
- Es gibt immer Arbeit und mit Arbeit ließ sich schon immer Geld verdienen! Schluss mit Ausreden!
- Wenn die Selbstständigkeit nichts für Sie ist, schreiben Sie noch heute eine weitere Bewerbung!
- Werden Sie persönlich vorstellig!
- Was sind Ihre Ressourcen? Was sind Ihre Ideen? Was können Sie den anderen schenken?
- Vermarkten Sie sich selbst, wenn es sein muss, aber verdienen Sie Ihr eigenes Geld!
- Sollten Sie bereits über ausreichend und mehr Einkommen verfügen, verschenken Sie es! Machen Sie sich frei davon!
- Machen Sie sich endlich frei von Ängsten und Belastungen!
- Ändern Sie Ihren Lebensstil zur Abwechslung doch wirklich einmal radikal und tun Sie, was Sie schon immer wollten!
- Seien Sie der, der Sie eigentlich sein wollen und verhalten Sie sich entsprechend!
- Steigen Sie aus dem Geldsystem aus!
- Ich bin mir sicher, dass Sie diesen Schritt niemals bereuen werden!
- Verweigern Sie auch Frauen gegenüber ungerechtfertigte finanzielle Ansprüche!

THOMAS: Manche dieser Sätze klingen schon recht hart, vielleicht sogar leicht frustriert oder resigniert. Andere wiederum überheblich! Hattest du denn nie Zeiten ohne Erwerbsarbeit oder Aufträge? Bist du wirklich so arrogant? Würdest du all dein Geld verschenken, wenn du finanziell mehr als nur erfolgreich wärst? Und was ist eigentlich mit der Mehrzahl all jener Männer, die ihr Geld ganz normal verdienen, nämlich mit einer Arbeit, die sie weder verhungern lässt noch reich macht? Haben diese in finanzieller Hinsicht alles richtig gemacht? Welche Optionen haben sie? Da du schweigst, versuche ich, diese Frage für dich zu beantworten:

a) Weiter wie bisher, das Mittelmaß war noch immer gut;
b) Alles auf eine Karte setzen und versuchen, den Traum vom großen Geld zu verwirklichen;
c) Dem Geldsystem den Rücken kehren und zum Aussteiger werden;
d) Den Beruf wechseln und in einem anderen Feld sein Glück probieren.

Zu welchem Typus Mann gehören Sie? Womit verdienen Sie Ihr Geld? Was sind Ihre eigentlichen Lebensziele? Wie verhalten Sie sich in beruflicher und finanzieller Hinsicht? Sind Sie glücklich mit dem, was Sie tun? Wovon träumten Sie als Kind? Was müsste geschehen, damit Sie glücklich sind? Was wäre der erste Schritt? Was hindert Sie daran?

Es lohnt sich, diesen Fragen einen Moment lang nachzusinnen!

Zitate

„Ein reicher Mann ist oft nur ein armer Mann mit sehr viel Geld."
Aristoteles Onassis

„Sinn des Lebens: etwas, das keiner genau weiß. Jedenfalls hat es wenig Sinn, der reichste Mann auf dem Friedhof zu sein." Peter Ustinov

(Zwei Zitate von Männern, die es „geschafft" haben.)

„Die beiden größten Spardosen: Alte Häuser und junge Frauen!"
(ein Nachbar)

Freiheit

„Mann sein heißt frei sein und doch ist der freie Mann heute eine Rarität!"

Gibt es etwa Höheres als die Freiheit? Die herkömmliche Liebe? Bestimmt nicht! Bedingungslose Liebe? Auch nicht! Freiheit bedeutet, jede Bindung und jede Verpflichtung aus eigenem Willen einzugehen und auch wieder selbst zu lösen, sollte dies erforderlich sein. Und doch gibt es in den westlichen Ländern nur noch sehr wenige wirklich freie Männer. Die meisten von uns sind domestiziert. Wir leben wie die Hunde. Das, obwohl das Streben nach Freiheit so etwas wie die Essenz des männlichen Pols verkörpert. Hierbei spielt es keine Rolle, was im Einzelnen unter Freiheit verstanden wird. Entscheidend für den Mann ist es, all jene Widerstände zu überwinden, die seiner ganz persönlichen Vision/Mission entgegenstehen. Freiheit bedeutet immer auch eigene Entscheidungen treffen zu können. Allerdings wird nur ein Mann, der sich immer wieder selbst zur Disziplin ruft, in der Lage sein, wirkliche Freiheit zu erfahren. In Wahrheit nämlich sind Freiheit und Selbstverantwortung lediglich zwei Seiten der gleichen Medaille. Die Seiten der weiblichen Medaille sind Hingabe und Liebe. Auf der männlichen Seite aber stehen: Verantwortung und Freiheit!

Wirkliche Freiheit beginnt immer im Inneren, in Ihrem Kopf, Ihren Gedanken und Gefühlen. Bitte opfern Sie sich daher nie für etwas auf, was nicht das Ihre ist. Bitte machen Sie auch nie den Fehler, Ihre Freiheit „für die Liebe zu Ihrer Frau" aufzugeben. Schritt für

Schritt würde sie immer mehr hiervon fordern und Sie würden - wie bereits dargelegt - als ein unfreier Mann ohne Mission enden. Dies wäre tragisch!

Man kann den Frauen diese Handlungsweise noch nicht einmal vorwerfen, wie dies ein mittelmäßiger Mann sicherlich tun würde. Es geschieht aus dem persönlichen Schutzbedürfnis ihrer weiblichen Essenz: Frauen fordern den Mann heraus, um zu sehen, ob er stark genug ist, um zu widerstehen. Sie werden dabei mit Begriffen wie „Intimität", „Zweisamkeit", „Beziehungspflege" oder „Liebe" argumentieren, wünschen sich aber von Ihnen nichts anderes als innere Stärke! Bewahren Sie deshalb konsequent Ihre Freiheit und verwirklichen Sie vorrangig Ihre Mission. An femininer Begleitung wird es Ihnen in diesem Fall jedenfalls nicht fehlen, denn die Frauen werden Sie für Ihre Standhaftigkeit bewundern! Wenn vieles in dieser Welt auch unsicher ist, eines wird sich nie ändern: Egal, welchen äußeren Erfolg Sie auch vorweisen, Ihre Partnerin wird nicht nachlassen, Sie unbewusst herauszufordern und auf Ihre innere Stärke hin zu prüfen. Halten Sie diesen Versuchen stand, dann werden Sie als Paar gestärkt daraus hervorgehen.

Dort, wo der Mann den Verlockungen der Frau nachgibt, unterliegt er auch der Welt. Wir sollten uns immer daran erinnern, dass das Weibliche in dieser Welt die Regel ist und das Männliche folglich die Ausnahme. Warum dies so ist? Materie ist weiblich - Geist männlich. Da haben Sie schon die ganze Begründung. Schauen Sie sich nur um. Was sehen sie? Nichts als Materie! Na also. Erst der Geist veredelt den Stoff und die Dinge. Natürlich gibt es auch Meinungen, die besagen, alle Materie sei ursprünglich aus dem Geist entsprungen. Richtig! Gott, als männliches Prinzip des Geistes oder „Großer Geist" schuf im Ursprung die Materie. In der Bibel steht sogar, Eva sei aus Adams Rippe geschaffen, was dieses

Prinzip verdeutlicht. Sie sollten übrigens über die Auslegung dieser Textstelle nicht mit Ihrer Frau diskutieren. Lassen wir es einfach mal so stehen. Festzuhalten gilt, dass, wer seiner Frau und dem Femininen standhält, auch seine persönliche Freiheit bewahren und sich daher in der materiellen Welt behaupten wird. Frauen spüren diese Macht und das daraus erwachsende Charisma. Sie wollen folglich sogar, dass wir ihren Verlockungen widerstehen, ihrer Kritik standhalten und ihnen Kontra bieten. So treiben sie uns immer wieder zu neuen Höchstleistungen an. Dafür sollten wir sie lieben! Glauben Sie bitte keiner Frau, sie würde Sie umso mehr lieben, je mehr Sie ihr die Wünsche von den Lippen ablesen. Das Gegenteil ist der Fall! Nach und nach wird Herr Freundlich in ihrer Gunst fallen. Ich weiß, wovon ich spreche, war selbst lange genug einer von ihnen. Geben Sie nur dann, wenn Ihnen selbst danach zumute ist und hören Sie endlich damit auf, auch nur zu versuchen, die ewigen Wünsche Ihrer Frau zu erfüllen. Seien Sie nur dann großzügig, wenn Sie es wollen. Verschenken Sie sich und Ihre Zärtlichkeiten, wann immer Ihnen danach ist. Diese Freiheit sollten Sie sich bewahren!

FAZIT: Ihre Freiheit beginnt in Ihrem eigenen Kopf, hat dann aber ganz reale Auswirkungen auf Ihr Leben, auf Partnerschaft, Alltag und berufliche Entwicklung. Gönnen Sie sich alle Freiheiten, derer Sie bedürfen, wenn auch immer nur ohne anderen zu schaden. Im Übrigen hat keine Frau der Welt das Recht, Sie daran zu hindern, sich mit Ihren Freunden zu treffen, Ihre Hobbys zu pflegen und jederzeit gemäß Ihrer innersten Bedürfnisse oder Überzeugungen zu handeln! Bleiben Sie standhaft und kommen Sie entsprechenden Bitten grundsätzlich nicht nach! Verschenken Sie sich, Ihre Arbeitszeit und Ihre Liebe nur dann, wenn Sie es für richtig erachten und nicht, wenn es von Ihnen gefordert wird!

Praktische Hinweise

- In der Verwirklichung seiner Vision findet der Mann Erlösung!
- Seine Freiheit gegenüber der Welt, der Natur und allem Weiblichen zu verteidigen, ist eine der wichtigsten Aufgaben eines jeden Mannes!
- Es gibt nichts Attraktiveres für Frauen als freie, unabhängige Männer!
- Lassen Sie sich nicht von einer Frau aussuchen, sondern treffen Sie die Wahl und erobern Sie sie! (Alles andere führt nur in die Mittelmäßigkeit!)
- Lassen Sie sich nie von einer Frau verführen, wenn Ihnen nicht danach ist!
- Treffen Sie alle wichtigen Entscheidungen in Ihrem Leben selbst!
- Setzen Sie sich aktiv für Freiheits- und Menschenrechte ein!
- Gestehen Sie auch Ihrem Sohn die Freiheit der eigenen Entwicklung zu und begleiten Sie ihn hierbei!
- Zeigen Sie sich als arbeitender Mann solidarisch mit jenen, die ernsthaft auf der Suche nach Arbeit sind!
- Zeigen Sie sich als freier Mann solidarisch mit jenen, die hinter Gittern sitzen!
- Auch diese habe eine zweite Chance verdient!
- Setzen Sie sich für die Legalisierung aller Drogen ein!
- Beobachten Sie mit Argusaugen die Politik und machen Sie regelmäßig Ihr Kreuz an der für Sie richtigen Stelle!
- Beteiligen Sie sich an Volksabstimmungen!
- Sprechen Sie sich in der Familie, im Betrieb und der Gesellschaft für wenige, dafür klare Regeln aus!
- Übertreten Sie bewusst Gebote, wenn diese nicht mit den Allgemeinen Menschengesetzen in Einklang stehen!

- Leisten Sie Widerstand gegen alle weiteren Einschränkungen ihrer physischen, sexuellen, emotionalen, mentalen oder spirituellen Freiheit!
- Freiheit beginnt immer im eigenen Kopf! Dann aber offenbart sie sich auch im dinglichen Lebensalltag!
- Nutzen Sie Ihre Freiheit auf eine positive Art und Weise. Vergessen Sie bitte nie, dass ein anderes Wort für Freiheit „Verantwortung" lautet!
- Übernehmen Sie daher Verantwortung für sich und ihre Familie!

THOMAS: Von Karl Marx (oder John Lennon?) stammt wohl ursprünglich das berühmte Zitat, die Revolution beginne im Kopf des Philosophen. Persönlich glaube ich allerdings nicht, dass Freiheit und Revolution im Kopf beginnen. Meines Erachtens liegt ihr Ursprung im Herzen!

Zitate

„Die Frau ist die einzige Beute, die ihrem Jäger auflauert." Anonym

Freundschaften/Freude

„Männliche Freundschaft beginnt in Konkurrenz und endet in Kooperation, bei Frauen ist es manchmal umgekehrt!"

Die männliche Freundschaft beginnt in der gegenseitigen Konkurrenz. Die potentiellen Rivalen messen sich und befinden sich im Anschluss an diese Ringen einer Freundschaft würdig - oder eben auch nicht. Ob Freundschaft oder Feindschaft daraus resultieren, entscheidet sich an der Art, wie der Kampf geführt wird, ob er fair verläuft und mit welchen Waffen die Gegner antreten. Ein Schwertkämpfer wird sich wohl kaum mit einem Boxer befreunden, selbst dann nicht, sollten sich beide an die Regeln halten. Der Bogenschütze meidet den Messerstecher usw. Ohne diese anfängliche Konkurrenz, das Umtänzeln und die bellizistische Begutachtung wird keine wahrhafte, maskuline Freundschaft entstehen. Gelingt es jedoch, sich auf eine Waffengattung zu einigen und verläuft der Kampf positiv, ist es angemessen und männlich, sich nach dem Wettkampf die Hand zu reichen und ein gemeinsames Fest zu feiern. Wie zunächst die gegnerische Kampfkunst wird ein Mann auch hierbei immer erst einmal die Fähigkeit des anderen zum Feiern auf die Probe stellen. Es gilt der Grundsatz „Im Leben wie beim Feiern"! Erst, wenn auch dieser zweite Test der Geselligkeit und ausgelassener Maskulinität bestritten und bestanden wurde, ohne dass es hierbei zu größeren Zwischenfällen oder Diskrepanzen gekommen wäre, steht der gegenseitigen Freundschaft nichts mehr im Wege! Sie zeigt sich darin, dass die einstigen Rivalen damit beginnen, gemeinsam Dinge zu unternehmen, sich zu unterstützen und für erhaltene Wohltaten auch zu bedanken, denn nichts ist selbstverständlich in dieser Welt! Bitte tragen Sie deshalb immer Sorge für ihre männlichen Freunde! Helfen Sie ihnen, wo und wie auch immer Sie können. Es ist genauso wichtig, seine Freunde in entscheidenden Momenten in den richtigen Dingen zu loben, wie sie zu kritisieren, wenn Sie wiederholt den gleichen Fehler begehen. Freunde sagen sich ehrlich und oftmals ungeschminkt die Meinung, auch wenn dies manchmal schmerzhaft sein mag. Doch nur so lernen sie wirklich voneinander und haben die Möglichkeit, sich weiter zu perfektionieren!

Die wichtigste Aufgabe maskuliner Freundschaft besteht allerdings darin, den jeweils anderen Mann zu ermutigen, seine persönliche Vision zu finden und in der Welt zu verwirklichen. Eine Frau und insbesondere die eigene Partnerin ist hierfür zumeist vollkommen ungeeignet, kann sie doch die Welt nur durch ihre weiblichen Augen sehen. Es geht ihr daher im Allgemeinen weniger um Missionen, sondern vielmehr um Zweisamkeit mit ihrem Partner. Es fällt ihr schwer zu verstehen, dass sich dieser danach sehnt, seine Gaben an die gesamte Welt zu verschenken und nicht nur an sie und vielleicht noch die nächsten Freunde. Die offene - zur Sonne und dem All hin ausgerichtete - Großherzigkeit des Mannes ist ihr fremd, denn ihr eigenes Herz gleicht einem Brillanten, der für den Einen bestimmt ist! Es kommt zu Missverständnissen. Für die stete Ermutigung, dem Weg des eigenen Herzens treu zu bleiben, wohin auch immer er führen mag, sind also Ihre männlichen Freunde zuständig! Auch umgekehrt sollte sich ein Mann hüten, einer Frau irgendwelche Ratschläge erteilen zu wollen! Schon gar nicht in weiblichen Dingen! Es geht ihm nicht ums Verschmelzen der Erze; es geht ihm ums Feuer selbst. Seine primären Ziele sind nicht Sicherheit, Harmonie und Hingabe, sondern Selbstbehauptung, Abenteuer und Makellosigkeit!

Natürlich kann und sollte auch die eigene Partnerin auf gewissen Ebenen eine gute Freundin sein. Von ihr aber Unterstützung hinsichtlich der eigenen Mission zu verlangen, wäre in den allermeisten Fällen eine unrealistische Fehlentscheidung. Hinsichtlich Ihrer Beziehung, wenn Ihre Frau Sie liebt, gibt es nur zwei Möglichkeiten. Entweder würde sie zu noch engerer Bindung raten oder aber sie würde Ihnen vielleicht sogar einen Weg in die Freiheit öffnen, indem sie Sie früher oder später unter eigenen Schmerzen selbst verlässt, damit Sie frei für Ihre Mission werden. Beides kann nicht in Ihrem Sinne sein. Im ersten Fall, müssten Sie sie enttäuschen, denn ihre eigentliche Herzensmission darf durch nichts gefährdet werden. Auch nicht durch partnerschaftliche Liebe. Im zweiten Fall würde Ihre Freundin ihren Willen zur Freiheit und der visionären Verwirklichung ihrer persönlichen Ziele vermutlich fehldeuten, denn für Sie wird es immer einfacher sein, Ihre Mission mit Ihrer Partnerin an der Seite zu verwirklichen als ohne sie. Oftmals ist es jener Segen, der von ihr ausgehenden weiblichen Essenz, der über Sieg oder Niederlage einer maskulinen Vision entscheidet. Wir dürfen den positiven Einfluss unserer Partnerinnen auf unser Leben und dessen Verlauf daher niemals unterschätzen!

Vergessen Sie bitte nie, dass für Frauen zumeist die Liebesbindung an eine Person im Vordergrund steht. Während sie die Bereitschaft in sich trägt, hierfür alles zu opfern (zumindest wenn es sich bei ihrer Partnerin um eine Frau mit ausgesprochener femininer Essenz handelt), dürfen Sie als Mann mit maskuliner Essenz nichts über ihre Vision/Mission stellen! Kommen Sie Ihrer Frau daher weitestmöglich entgegen, überschreiten Sie hierbei aber bitte niemals die Grenzen Ihrer inneren Absichten! Sollte es diesbezüglich - oder auch aus anderen Gründen - zu partnerschaftlichen Verwicklungen kommen, scheuen Sie sich nicht, Ihr Herz Ihrem besten Freund anzuvertrauen. Er wird mit Ihnen mitfühlen und Sie darin unterstützen, eine Lösung für Ihr Problem zu finden!

<u>Dingen, die Sie mit einem guten Freund schon erlebt haben sollten, nachdem Sie zunächst einmal in faire Konkurrenz getreten sind. Sie haben:</u>

- miteinander gefeiert
- gemeinsam Sport betrieben
- gemeinsam Sport geschaut
- gespielt
- gelacht
- geweint
- gestritten und verziehen
- Ihre gegenseitige Liebe bekannt
- Projekte gemeinsam befolgt
- gemeinsam gearbeitet
- gemeinsam musiziert
- gemeinsam meditiert oder gebetet
- gemeinsam gekocht und gegessen
- gemeinsam getrunken oder Drogen genommen
- gemeinsam am Feuer gesessen
- gemeinsam eine Nacht im Freien verbracht etc. pp.

Prüfen Sie doch einmal Ihre Freundschaften hieraufhin. Dann werden Sie auch erkennen, was Ihnen unter Umständen noch fehlt. Wahrscheinlich gibt es sogar noch ein paar andere Dinge mehr, die Männer miteinander getan haben sollten.

FAZIT: Einer der besten Wege zum Erlebnis der eigenen Männlichkeit ist jener, der zusammen mit anderen Männern beschritten wird, sei es, um ein gemeinsames Ziel zu erreichen, sich gegenseitig zu unterstützen oder einfach nur um Spaß zu haben. Sorgen Sie dafür, dass Sie diese männlichen Freiräume in Ihrem Leben ausreichend wahrnehmen!

Praktische Hinweise

- Treffen Sie sich mit Ihren männlichen Freunden, so oft Sie können!
- Unterstützen Sie sich gegenseitig in allen Belangen!
- Scheuen Sie nicht davor zurück, sich ehrlich die eigene Meinung zu sagen!
- Legen Sie nicht jedes Wort auf die Goldwaage!
- Üben Sie sich in Verschwiegenheit und behalten Sie intime Gespräche auf jeden Fall für sich!
- Entwickeln Sie spielerischen Ehrgeiz und wetteifern Sie miteinander!
- Wer allerdings glaubt, immer und überall der Beste sein zu müssen, verfügt über wenig Selbstwertgefühl!
- Je fortgeschrittener eine Freundschaft ist, je stärker tritt der Kooperationsgedanke anstelle der einstigen Konkurrenz!
- Maskuline Freundschaft hängt immer auch mit Spaß und Freude zusammen!
- Wertschätzen Sie Ihre Freunde, Ihre Partnerin und Ihre Beziehung!
- Lernen Sie, Äpfel von Birnen zu unterscheiden!

THOMAS: Gut, wo ist die nächste Männergruppe? Mein Fazit: Es besteht kein zwingender Widerspruch zwischen der Pflege männlicher Freundschaften, der Verwirklichung der eigenen Herzensvision und dem Genuss der eigenen Beziehung. Sie sollten dies mit Ihrer Freundin besprechen! Im Idealfall ergänzen sich diese drei Lebensbereiche sogar auf eine positive Art und Weise. Im echten

Leben ist es allerdings noch immer schwierig, unter Männern gute Freunde zu finden. Wir tun so, als sei in unserem Leben alles in bester Ordnung. Wir wetteifern und scherzen miteinander und verbleiben dabei doch auf der Oberfläche. Noch immer gilt es als „unmännlich", einander zu vertrauen und sich gegenseitig seine Gefühle mitzuteilen. Es ist so, als hätten viele Männer eine natürliche Abneigung gegenüber dem emotionalen und spirituellen Tiefgang. Wahrscheinlich orientieren sie sich hieran an ihren Vätern, die diese Komponente ebenfalls nach oder während des Zweiten Weltkrieges vermissen ließen. Viele unserer Väter mussten einfach nur in der Ferne oder am Arbeitsplatz funktionieren und waren abends froh (wenn sie überhaupt nach Hause kamen), nichts mehr tun zu müssen: „Bitte keine zusätzliche Arbeit mehr, keine philosophischen Diskussionen, kein Ausdruck von Gefühl... Wenn Du noch etwas von mir möchtest, dann würdige meinen kräftezehrenden, finanziellen Beitrag zum Überleben und Wohlergehen der Familie. Lass mich ansonsten aber bitte in Ruhe!" Wir müssen eine solche Einstellung akzeptieren. Der Krieg ist vorbei, doch die Industrialisierung fordert nach wie vor ihren menschlichen und männlichen Tribut. Sie spaltet den Vater von seiner Familie. Noch immer gibt es in Ländern wie Deutschland viel Leid abzutragen. „Leid", nicht „Schuld"!

Friedfertigkeit

„Es entspricht dem natürlichen Zustand eines Mannes vor und nach dem Kampf friedfertig zu sein, er sollte aber nicht schläfrig werden! Der beste Krieger ist jener, der durch seine bloße Präsenz die Schlacht verhindert!"

Ist ein Mann friedfertig? Ja, dies ist sein natürlicher Zustand! Der Frieden ist jener Zustand, in dem es die Pflicht des Mannes ist, seine Sinne zu schärfen, seine Herzensvision deutlich zu entfalten, seine Künste zu üben, seine Gaben zu verschenken und dabei immer wachsam zu bleiben. Die meisten Männer haben durch ihre Sozialisation gelernt, dass ein Frieden niemals von Dauer sein wird, weshalb sie auch weiterhin durch die Konkurrenz mit anderen Männern ihre Makellosigkeit trainieren. Der nächste Konflikt auf der Arbeit ist vorprogrammiert, die nächste Auseinandersetzung mit der Partnerin wartet schon und wer weiß, was sonst noch alles von außen an ihn herangetragen wird. Ein maskuliner Krieger nutzt die Zeit des Friedens, um seine Waffen zu schärfen! Natürlich wird er sich am Frieden erfreuen, sich in die Wiese setzen und den Flug der Vögel beobachten. Darüber hinaus wird er alles in seiner Macht stehende tun, um den Frieden zu erhalten. Dennoch oder gerade deshalb bleibt er wachsam! Der Natur des Mannes entspricht es, anderen zu helfen, zu lachen, zu singen, zu tanzen und zu feiern und genau dies wird er in den Zeiten des Friedens auch tun. Er wird schöne Dinge mit seiner Partnerin unternehmen und sich mit anderen Männern treffen, um Spaß zu haben. Ein kluger Krieger liebt den Frieden mehr noch als die Schlacht! Dennoch sollte er sich nie in Sicherheit wiegen! Es steht in seiner Verantwortung, Vorsorge für sich und seine Familie zu treffen. Was immer auch geschehen mag, kümmert sich der maskuline Krieger um sich und seine Familie. Ihr Überleben besitzt die oberste Priorität - egal, ob in Zeiten des Friedens, des Asche oder des Krieges! Darüber hinaus ist vielleicht ein Tantraseminar mit Partnerin wichtig, um die eingeschlafene Lust neu zu entfachen? Möglicherweise ist es bedeutsam, eine Initiationsreise mit dem eigenen Sohn zu unternehmen? Vielleicht braucht der eigene Vater Hilfe? Oder es werden berufliche Veränderungen eingeleitet? Derlei sind die Beschäftigungen des Mannes in Friedenszeiten. Sofern wir noch Kapazitäten frei haben, kümmern wir uns zudem zuverlässig um Belange der Nachbarschaft und des allgemeinen Interesses. Wir investieren in ökologischen Landbau, männliche Freundschaften und Netzwerke. Auch informieren wir uns über globale Themen zum *Erhalt und Erlang* des globalen Friedens in der Welt sowie der natürlichen Lebensgrundlagen. Natürlich sind Männer friedfertig. Was für eine seltsame Eingangsfrage!

FAZIT: Ein wahrer Mann ist immer ein Mann des Friedens, er kann dies aber nur sein, wenn er auch bereit ist, hierfür zu kämpfen und notfalls in den Krieg zu ziehen. Wohl gemerkt: Die meisten Kriege der Vergangenheit waren unnötig und hätten unter Umständen mit einer bewussteren, entschiedeneren und tatkräftigeren Männlichkeit verhindert werden können. Wurden sie aber nicht! Vielleicht ist daher die Vermeidung zukünftiger kriegerischer Auseinandersetzungen eine der vordringlichsten Aufgaben von uns heutigen Männern? Mögen wir darin alle an einem Strang ziehen!

Praktische Hinweise

- Die Makellosigkeit des männlichen Kriegers liegt in seiner tiefsten Friedfertigkeit!
- Nehmen Sie Frieden bewusst wahr!
- Üben Sie sich darin, inneren und äußeren Frieden so lange wie irgendmöglich auszudehnen!
- Bleiben Sie wachsam!
- Eine frühzeitig gelöschte Kerze verhindert den Hausbrand!
- Schließen Sie Frieden mit sich, Ihrer Partnerin, Ihrer Ex-Partnerin, Ihrer Mutter, Ihrem Vater, Ihren Geschwistern und eigenen Kindern!
- Verzeihen Sie und schließen Sie endlich FRIEDEN!
- Ich habe bisher noch keinen Mann getroffen, der die Schlacht noch immer liebte, nachdem sie geschlagen war!

THOMAS: Ich bin eingeschlafen. Mich langweilt der Frieden. Es soll endlich mal wieder was los sein! Wo ist die *Action*, wo das Abenteuer? Lieber Thorsten, von einer höheren Warte aus gesehen gab es keinen einzigen unnötigen Krieg, denn wäre er unnötig gewesen, hätte man(n) ihn nicht führen müssen! Man(n) musste aber. Man(n) konnte nicht anders, denn Kriege spiegeln einfach nur, was wir im Inneren tragen. Ich bin so ein Narr! Jetzt verstehe ich endlich: Kriege geschehen einfach! Ich bin nur der Beobachter! Ich bin nicht der, der sie anordnet, nicht der, der sie ausführt, nicht der, der darin umkommt. Ich bin nur der Beobachter und doch zugleich dies alles! Ich glaube, ich habe in meinem Leben zu viel meditiert und nachgedacht. (Oder waren es die Drogen?) Ich weiß es nicht, denn ICH BIN. Das ICH BIN kann nicht wissen, es kann einfach nur sein. Das ist seine Natur! Wer den Krieg verteufelt, führt ihm weitere Energie zu. Die Natur des Menschen waren Gewalt, Brutalität, Bestialität und eben Krieg - gräbt man aber noch tiefer, wird man Friedfertigkeit entdecken! Mal schauen, was die Zukunft bringt. Ich bin nur der Narr, der Beobachter!

Zitate

„Soldaten: Männer, die offene Rechnungen der Politiker mit ihrem Leben bezahlen."
Ron Kritzfeld

Führungskraft/Familienführung

"Die Essenz maskuliner Familienführung ist die Förderung und autonome Freiheit aller Mitglieder!"

Eine Frau möchte immer zu ihrem Mann aufschauen können; sie möchte stolz auf ihn sein, auch wenn sie dies so unter Umständen nicht zum Ausdruck bringt. Ein Mann sollte daher nie den Fehler machen, seine persönlichen Ziele auch nur ein einziges Mal ihren Launen oder selbst ihrem Wohlergehen unterzuordnen. Tut er dies, wird sie es immer wieder von ihm verlangen und je mehr er ihr hingibt (Freunde, Hobbys, Überzeugungen etc.), desto tiefer wird er in ihrer Achtung sinken, bis sie seiner ganz überdrüssig geworden ist. Dies ist tragisch, aber die Wahrheit.

Je mehr Männer diese Gesetzmäßigkeiten erkennen und ihnen gegensteuern, desto glücklicher werden unserer Partnerschaften und Ehen wieder verlaufen. Das bedeutet nicht, dass ein Mann seine Frau nicht hin und wieder verwöhnen sollte. Ganz im Gegenteil, schließlich liebt er sie ja. Nur sich aufopfern oder ihretwegen auf seine eigenen Bedürfnisse oder Ziele verzichten, darf er eben nicht. Der Mann selbst muss es sein, der bestimmt, wann und wieviel seiner Zeit er seinen Hobbys, Freunden und Zielen widmen möchte und wann er lieber schöne Dinge mit seiner Frau erlebt. Schließlich ist dies sein Leben und er sollte diese Selbstverantwortung und Führerschaft - auch zum Wohle der eigenen Partnerschaft - niemals aus der Hand geben! Frauen spüren, wenn der Mann andere Dinge wie beispielsweise Sport mit Freunden,

Fußballländerspiele oder die eigene Band ihnen vorziehen und werden intuitiv ihre Männer daraufhin testen, ob sie stark genug sind, ihre ausgleichenden Bedürfnisse und Interessen (die ja von Mann zu Mann verschieden sein werden) selbst ihnen gegenüber zu verteidigen. Tun dies die Männer nicht und geben dem Schimpfen, Werben und Locken ihrer Frau nach, haben sie verloren, ohne es zu merken. Nach und nach werden sie im Respekt ihrer Partnerin sinken, auch wenn diese das Gegenteil behauptet. Sie wird beispielsweise Dinge sagen wie: „Es ist schön, dass du mir zuliebe auf das Länderspiel verzichtest" oder: „Ich mag an dir, wenn du bereit bist, für unserer Partnerschaft auch einmal vom Kegelabend mit deinen Freunden abzusehen. Wir haben doch immer nur so wenig Zeit füreinander." Und wahrscheinlich werden die nachgebenden Männer sogar kurzfristig den einen oder anderen schönen Abend mehr mit ihrer Freundin/Frau verbringen. Doch diese erkauften harmonischen Momente sind nichts als Trojanische Pferde! Die Frau wird die mangelnde Standhaftigkeit ihres Mannes erkennen und ihr Bitten und Nörgeln das nächst Mal noch intensivieren, sie hatte damit ja Erfolg. Eigentlich möchte sie, dass der Mann Stärke zeigt und für sich selbst einsteht, denn nur dann wird er in der Lage sein, auch ihre Bedürfnisse und Interessen nach außen hin würdig zu vertreten. Zumeist ist sich die Frau dessen aber nicht bewusst und auch ihr Mann weiß es nicht! Ein Teufelskreislauf! Je mehr der Mann nachgibt und auf seinen Ausgleich (Spiel, Sport, Spaß, Treffen mit anderen Männern etc.) verzichtet, desto mehr wird die Frau an Führung übernehmen - sie hat ja jetzt einen schwachen Mann und muss sich also folgerichtig vermehrt um ihre eigene Sicherheit kümmern! Je weniger sie sich aber deshalb geborgen fühlt (obwohl der Mann mittlerweile bereit ist, fast seine ganze freie Zeit mit seiner Partnerin zu verbringen), desto geringer denkt sie von ihrem Partner. Sie wird beginnen, sich nach anderen Männern umzuschauen. Ich behaupte nicht, dass all dies planmäßig oder bewusst geschieht, aber es sind die zugrundeliegenden Gesetzmäßigkeiten, die jeder Mann kennen sollte! Erst wer die Regeln kennt, kann damit spielen und sie für eigene Zwecke nutzen! Wahrscheinlich merkt Ihre Frau anfangs noch nicht einmal, dass Sie sich langsam auch wieder für andere Männer öffnet. Irgendwann ist es dann zu spät! Nutzen Sie diese Erkenntnisse also bitte für den Frieden und die Harmonie in Ihrer Partnerschaft, wenn Ihnen an Ihrer Frau etwas gelegen ist und handeln Sie entsprechend!

Machen wir einen Schwenker: Matriarchat, die Führung durch die Frau, funktioniert nur, wenn die monogame Bindung in der Zweierbeziehung aufgehoben wird. Dann können sowohl der Mann als auch die Frau glücklich werden. Und ich als Mann bin durchaus ein Anhänger dieser heutzutage seltenen Gesellschaftsform, da ich sie für natürlich halte, auch wenn dies zunächst allen bisherigen Ausführungen zu widersprechen scheint! In einer matriarchal geprägten Zivilisation könnten wir Männer den Frauen getrost die Führung in politischen, wirtschaftlichen und familiären Belangen überlassen. Es würde meines Erachtens global besser funktionieren als das momentane Steuerungssystem. Wichtige hervorstechende Charakteristika eines Matriarchats sind:

- die sexuelle Selbstbestimmung beider Geschlechter;
- die politische Führung durch Frauen;
- nachhaltige Wirtschaftsweisen

Zu (1): Der Mann wird weiterhin um eine Auserkorene werben und hierin mit anderen Männern wetteifern. Er bleibt also Jäger, Krieger und Eroberer, wenn auch auf einem sublimen, gewaltfreien Niveau - ausreichend jedoch, um die eigene Essenz zu leben! Die Frau hingegen kann sich jeden Tag aufs Neue für einen Ihrer

Verehrer entscheiden, ohne dass es hierdurch zu Eifersuchtsdramen käme! Dieses Verhalten wird gesellschaftlich als normal gewertet. Meines Erachtens entspricht dies dem natürlichen Werbungsverhalten und der menschlichen Freiheit!

Zu (2): Was mehr schlecht als recht die heutigen männlichen Seilschaften sind, wären im Matriarchat die Ratskreise der Frauen. Die Männer hätten natürlich weiterhin beratende Funktionen, darüber hinaus aber wesentlich mehr Zeit für sich und ihre Freunde! Dies wäre eine unglaubliche Entlastung! Wir würden gesünder leben, mehr Spaß haben und mehr lachen!

Zu (3): Aufgrund des stärkeren Einbringens des zyklischen femininen Prinzips, würde die linearen, männlichen Wirtschaftsweisen schrittweise von der Erdoberfläche verschwinden. *Cradle to cradle* heißt das Zauberwort. Von der Wiege zur Wiege: Alles würde im Kreislauf hergestellt und wieder recycelt! Der Mutter Erde mittlerweile zugefügte Schaden würde schon bald der Vergangenheit angehören!

Ich werde mich später noch vertieft mit der Funktion und den Vorteilen des Matriarchats beschäftigen (siehe: Matriarchat). In einer durch Ehe und monogame Partnerschaften geprägten Gesellschaft hingegen ist und bleibt es die ordnende Aufgabe des Mannes, den wesentlichen Kurs zu bestimmen und die Führung zum Wohle aller in Wirtschaft, Politik, Partnerschaft und Familie weitestgehend zu übernehmen! Wohlgemerkt immer unter vollen Berücksichtigung und Integration der eigenen femininen Anteile! Männer und Frauen sind ebenbürtig! Während eine politische und gesellschaftliche Gleichberechtigung nach Fähigkeit und Eignung also selbstverständlich sein sollte, hat sie in einer Partnerschaft doch nichts verloren, da „gleichberechtigte" Partnerschaften früher oder später in entsetzlichen Machtkämpfen ausarten werden. Gleiches gilt für familiäre Demokratie. Oder wollen Sie Ihren Kindern wirklich in allen relevanten Lebensbereichen das letzte Wort lassen und somit die volle Entscheidungsbefugnis zugestehen? Das mag theoretisch ja vielleicht ganz anregend sein, funktioniert aber nicht in der Praxis. (Jeder der Kinder hat, weiß dies.) Demokratie und Gleichberechtigung sind sicherlich gute und anerkennungswürdige Prinzipien, die ansatzweise bereits in Partnerschaften und Familien eingeübt werden sollten. Dennoch stoßen sie hier zugleich an ihre natürlichen Grenzen. Kinder haben das Recht auf ein intaktes Familienleben und eine gesunde Umwelt. Es sollte ihnen möglich sein, ihre Eltern und andere Erwachsene im Leben, auf Festen und auf der Arbeit zu begleiten und von ihnen zu lernen (siehe: Vaterschaft). Nachhaltiger Wohlstand, Gesundheit und Frieden sollten zu den Grundvoraussetzungen menschlichen Lebens auf diesem Planeten werden. Das Recht allerdings, über ihre Eltern zu bestimmen, sollte Kindern auch in kinderreichen Familien aufgrund noch mangelnder eigener Lebenserfahrung und Verantwortung versagt bleiben! Natürliche Entscheidungsrechte kommen immer erst mit der Übernahme von Pflichten und eigener Verantwortung daher.

Was für die Diktatur der Kinder gilt, kann auch auf die Partnerschaft zwischen Mann und Frau übertragen werden. Was geschieht, wenn sich der Mann und seine Partnerin absolut nicht einigen können? Zugegebenermaßen ein heikler Punkt. Ich geben Ihnen trotz allem den einen Ratschlag: Sehen Sie zu - egal, ob Sie der Hauptverdiener sind oder nicht - dass Sie sich als Mann in den für Sie wesentlichen Punkten durchsetzen! (So wie sich Ihre Frau längst mit den ihr wichtigen Anliegen durchgesetzt hat!) Hören Sie also auf ein braver Junge zu sein, sondern werden Sie zum echten Mann und behaupten Sie als solcher Ihre eigenen Interessen - insbesondere auch gegenüber Ihrer Partnerin! Demokratie ist die

Herrschaft des Volkes und ich bin sicherlich ein großer Befürworter von Volksbefragungen, basisdemokratischer Strukturen und Entscheidungsfindungen. In der Partnerschaft aber gibt es kein Volk. Es gibt lediglich zwei Menschen mit unterschiedlichen Auffassungen. Wird kein natürlicher Konsens erzielt, muss man(n) sich durchsetzen. Ihre Frau tut dies schließlich auch! Stößt sie hierbei nun auf Ihren maskulinen Widerstand, wird sie anfangs vielleicht zetern, langfristig aber wird sie Sie hierfür lieben, denn Sie bewiesen Stärke! Sorgen Sie dafür, dass auch Ihre Frau in ihrer Entwicklung gefördert wird und ermöglichen Sie ihr die Erfüllung ihrer tiefsten Wünsche! Sie wird Sie dafür lieben und sich bereitwillig Ihrer Führung anvertrauen! Ich hoffe, Sie erkennen den Unterschied beider Vorgehensweisen. Im Falle weiblicher Führung wären Sie der Gehörte; im anderen sind Sie der Gönner! Es liegt an Ihnen, ob Sie schlau die Ihnen zustehende männliche Führung ergreifen oder sich weiter demütigen lassen. Machen Sie aber bitte nicht den Fehler, hierüber mit Ihrer Frau zu diskutieren. Frauen selbst sprechen nämlich im Allgemeinen nicht über „Führung" und „Herrschaft", sondern tun es einfach. Ich habe schon studierte Frauen getroffen, die schlichtweg leugneten, dass es so etwas wie Herrschaft überhaupt geben würde. Meiner Erfahrung nach sprechen die meisten heutigen Frauen solange von „Gleichberechtigung", wie ihr Mann ihnen nach der Pfeife tanzt. Möchte sich aber der Mann einmal mit seinen Ansichten und Ideen durchsetzen, nennen sie dies „Fremdbestimmung, Zwang oder Unterdrückung". Kommt Ihnen das bekannt vor? Schauen Sie genau hin! Ihre schrittweise Machtübernahme als Mann sollte daher zunächst schleichend, geschickt und gewissermaßen im Geheimen erfolgen. Erkennen Sie andererseits aber auch den feinen und zugleich unendlich wichtigen Unterschied zwischen wahrhaftem Führen und einer männlichen (nicht maskulinen) Diktatur des Zwanges!

Das Wort <<Führen>> kommt ursprünglich von <<Fahren>>. Man führt, also fährt, eine Beziehung. <<Fahren>> bedeutet wiederum, etwas in Bewegung setzen. Wer also etwas in Bewegung setzt, führt eine Beziehung oder führt auch generell in einer Beziehung. Weitere ursprüngliche Synonyme für das Wort <<führen>> waren <<darbringen>> oder <<leiten>>. <<Leiten>> hieß ursprünglich soviel wie <<die Richtung bestimmen>>. Einer muss die Richtung bestimmen. Dies versteht man dann unter <<Führung>> oder <<Leitung>>. Passt man nicht auf, wird aus <<leiten>> schnell <<leiden>>, was beispielsweise im Dritten Reich geschah und in vielen Familien noch immer geschieht! Im besten Fall aber wird der <<Führer>> oder <<Leiter>> zur <<Leiter>>, welche von anderen benutzt werden kann, um eigene Ziele zu erreichen! Dies verstehe ich in diesem Buch zugleich unter maskuliner Führung: Zur Leiter für andere werden! So wird derjenige, der führt, zugleich zum ersten und obersten Diener seiner Beziehung, Familie beziehungsweise seines Betriebs, seiner Mannschaft, Gruppe, Vereins oder gar des gesamten Landes! Alle profitieren davon!

Wer führen möchte, muss zunächst einmal gut zuhören können. Richtige Führung bedeutet immer, andere darin zu unterstützen, ihre ganz persönlichen Ziele zu erreichen. Nur dann wird auch der Gesamtkomplex (Familie, Betrieb, Gesellschaft etc.) annähernd reibungslos funktionieren können. Leider wird unter dem Begriff von Führung oftmals noch immer etwas ganz anderes verstanden, nämlich das rücksichtslose Durchsetzen der eigenen Interessen unter bestmöglicher Ausbeutung der Untergebenen! Diese Konzept aber ist nicht nur grundlegend falsch, sondern zugleich auch unmännlich. Ein Mann sollte immer darauf bedacht sein, Geben und Nehmen in einem gerechten Austausch zu halten. Auf seine Führung übertragen bedeutet dies, Entwicklungsmöglichkeiten für alle zu schaffen. Entfaltungsmöglichkeiten, die den bloßen

Austausch von Serviceleistung, Produkt und Geld als zweitrangig erscheinen lassen. Vielmehr geht es auch um die seelische Entwicklung eines Menschen! Das weibliche Pendant zur <Führung>> ist die <<Förderung>>. Auch diese Assoziation sollte immer mitschwingen, wenn von <<Führen>> die Rede ist! Maskuline Führung beinhaltet beides, Fördern und Fordern!

Deutlich möchte ich an dieser Stelle zum Ausdruck bringen, dass Führung und das Austragen von Konflikten (also der Wettkampf) zwar notwendig sind, die männlich dominierte Welt hierin aber über die letzten Jahrtausende viele Fehler begangen hat, die für das heutige desaströse Erscheinungsbild unserer Erde mitverantwortlich sind. Ich spreche unter anderem von Umweltverschmutzung, Hungersnöten, Kriegen, Ressourcenverknappung und selbst von Naturkatastrophen, denn viele dieser Katastrophen (Erdbeben, Hurrikans, Vulkane, Flutwellen etc.) sind in ihrem Ursprung auch auf den Menschen zurückzuführen! Ein Mann sollte sich zuerst selbst beherrschen, also selbst fordern und selbst führen, bevor er dies auch für andere beabsichtigt. Hierzu muss er zunächst einmal überhaupt präsent sein! Eine erschreckende Anzahl von uns ist zu Zombies mutiert. Unsere maskuline Seele ging verlustig und die meisten Männer laufen ausschließlich als Marionetten durch die Welt. Sie reagieren auf Knopfdruck, lassen sich gängeln und an ihren Schlipsen vorführen. Sie sind überfordert, werden gedemütigt und sind zutiefst verunsichert, was es heißt, ein Mann zu sein! Solche Männer müssen sich zunächst erst einmal Körperspannung, Selbstbehauptung und Standhaftigkeit aneignen, bevor sie als maskuline Krieger aufbrechen, um zu kämpfen! Auch seine eigenen inneren Konflikte sollte ein Mann ausreichend kennen und bereits ausgetragen haben, bevor er sich in Auseinandersetzungen mit anderen begibt. Er sollte also nicht schon im Vorfeld als Opfer, sondern erst als Herzensritter in die Schlacht ziehen!

Ich lehne - wie gesagt - die männliche Auseinandersetzung und selbst die blutige Konfrontation unter Männern nicht grundsätzlich ab. Ganz im Gegenteil: Wenn, dann richtig! Das heißt: hart und fair! Es gibt viel zu lernen. Trotzdem leben auch wir Männer insgesamt gesehen lieber in einer friedlichen Welt mit nachhaltiger, tiefenökologischer Naturnutzung. Wohlgemerkt „Nutzung", nicht „Ausbeutung"! Wir sind grundsätzlich friedfertig und in unseren schwachen Momenten harmoniebedürftig. Es liegt an uns selbst, jedem einzelnen von uns, vom Obdachlosen bis zum Konzernvorstand, für Frieden und Freiheit einzutreten und das unsere beizutragen. Und ich sage es nicht gerne, aber es ist so: In Punkto Nachhaltigkeit und Naturschutz, Ressourcennutzung und Langfristigkeit, Friedfertigkeit und globaler Gerechtigkeit können wir von den Frauen und vom weiblichen Prinzip viel lernen!

Allerdings sollten wir Männer aus leidvoller Erfahrung sehr vorsichtig sein, uns Frauen gegenüber allzu gutmütig zu erweisen. Sie sind nicht per se der bessere Mensch! (Wieso hielten sie uns in der Vergangenheit nicht davon ab, in die Schlacht gegen unsere Brüder zu ziehen, sondern stachelten uns im Gegenteil noch hierzu auf?) Wir müssen das Weibliche, wir zuvor bereits Mutti, endgültig entmystifizieren! Nicht zuletzt die Frauen selbst werden einen Vorteil hiervon tragen, denn sie haben auf Dauer kein Interesse am „netten", „gutmütigen" und „weichen" Mann. Sobald sie die Dominanz über ihren Mann gewonnen haben, übernehmen sie zugleich die Mutterrolle - eine Rollenverteilung, die nur wenige Frauen attraktiv finden. Sie klagen dann über ihr „großes Kind". Ist dies erst einmal geschehen, sollte der Mann schleunigst handeln und eine 180 Grad-Wende hinlegen. Er muss sich mit seinen Projekten ihr gegenüber wieder durchsetzen, markant in seiner Präsenz werden, alles Weiche ablegen und zu echter führender Männlichkeit zurückfinden, will er nicht selbst untergehen und seine Partnerschaft auf Dauer erhalten. Was Frauen an Männer schätzen, ist ihre Entschiedenheit, die Sicherheit, die sie ausstrahlen, ihr Charisma und ihre (männlichen) Führungsqualitäten auch in der Beziehung. Sie suchen einen Mann mit Integrität und Rückgrat, der es vermag, ihnen in respektvoller und ehrlicher Art Kontra zu bieten und ihnen dadurch zugleich jene Geborgenheit und jene Grenzen vermittelt, die sie brauchen, um sich als Frau gänzlich hinzugeben. Und noch etwas: Zwingen Sie Ihre Frau niemals zu irgendetwas, sondern führen Sie sie lieber so, dass sie Ihnen gerne folgt! Eine Frau möchte sich immer gesehen und wertgeschätzt fühlen!

Fassen wir zusammen: Wir leben in keinem Matriarchat. Dieses konnte sich historisch gesehen nicht durchsetzen. Es fehlte den Frauen an Zielstrebigkeit, Durchsetzungsfähigkeit, Konsequenz - also durchweg männlichen Tugenden. Daher ist es nach wie vor der Mann, dem aufgrund seiner maskulinen Essenz die natürliche Führung innerhalb der Familie auch und gerade in den Zeiten globalen Umbruchs zukommen sollte. Die Beziehungsrealität indes sieht in den meisten Fällen ganz anders aus. Anstelle von natürlicher, maskuliner Dominanz ist längst die nahezu vollständige Domestizierung der einstmals freien Männer getreten: Oftmals ist es sogar so, dass Männer mit einem permanent schlechten Gewissen (des Mannseins-an-sich) leben, welches sie sich bereits nach einigen wenigen Jahren gemeinsamen Zusammenlebens von ihren Frauen haben einreden lassen. Der Kontakt zu den einstigen Freunden wurde auf ein Minimum reduziert. Es scheint so, dass diese Männer in der Familie für alles, was nicht immer ganz rund läuft, von ihren Frauen (und selbst ihren Kindern) verantwortlich gemacht werden und diese Rolle seltsamerweise auch angenommen und verinnerlicht haben. Diese armen - und doch selbst hierfür verantwortlichen(!) - Männer fühlen sich nahezu ständig für irgend etwas schuldig und grundsätzlich schlecht. Überzeugt von der eigenen Unverantwortlichkeit und Unfähigkeit resignieren sie an ihrem eigenen Leben. Obwohl sie sich gewissenhaft in Haushalt und Beruf abstrampeln - und oftmals dabei über die eigenen Grenzen gehen - vermögen sie nicht, es ihren Frauen jemals recht zu machen! (Wie auch, da der allgemeingültige Grundsatz des maskulinen Herrschaftsanspruchs für das Zusammenleben zwischen Mann und Frau aus Unkenntnis in gröbster Weise vernachlässigt wurde?) Nicht nur, dass die Frauen längst über die Freizeitaktivitäten des Paars verfügen, sie entscheiden mittlerweile sogar über die Auswahl der „richtigen" Freunde! (Ich habe das oft genug erlebt!) Es ist dahin gekommen, dass viele Männer Ihre Frauen um Erlaubnis fragen müssen, ehe sie sich abends mit anderen Männern zu gemeinsamem Spiel, Spaß oder Sportschauen verabreden dürfen! Sicherlich kennen auch Sie Partnerschaften, mit vergleichbaren Herrschafts- und Machtverhältnissen! Längst ist der Mann das unterlegene, unterworfene, domestizierte Geschlecht! Ich sage nicht, dass dies zwingend in allen Familien zutrifft und doch spiegeln diese hier in einfachen Worten geschilderten Zustände die Alltagsrealität vieler Männer wider!

Betrachtet man die Sache psychologisch, wird man dahin kommen zu verstehen, dass es den heutigen Frauen bei all ihren Forderungen schon längst nicht mehr um die persönliche Unabhängigkeit geht, welche sie sich bereits vor Jahrzehnten erkämpften! Das Bild vom Manne als Alleinernährer hat lange schon ausgedient und wurde von den gesellschaftlichen Realitäten überholt. Nein, es geht den Frauen in erster Linie um Intimität und Gemeinsamkeit mit ihren Partnern. In Ermangelung maskuliner Führung verhalten sie sich unbeholfen und beschneiden die Männer immer weiter in deren Drang nach Freiheit - dem höchsten Gut für einen Mann - auf der Suche nach eigener innerer Ganzheit, dem mit partnerschaftlicher Intimität verbundenen Grundgefühl. Es ist ein Hilfeschrei der Frauen! Alleine sind nur die wenigsten Frauen in der Lage, diese Gefühl des Einseins mit allem zu erlangen. Sie bedürfen hierzu der Zweisamkeit mit ihrer anderen Hälfte, dem männlichen Pol. Möglicherweise wird dieses Bedürfnis der Frau erst dann nachlassen, wenn sie beide Seiten ihrer Existenz, ihre eigene Maskulinität und ihre Weiblichkeit, zu gleichen Teilen in ihrer Persönlichkeit zu integrieren vermochte. Auch Männer haben dieses Bedürfnis nach Intimität, die damit verbundenen Gefühle ähneln aber jenem von Verbundenheit in der Männergruppe, im Verein oder auf der Jagd nach der Verwirklichung der eigenen Vision. Männer besitzen dieses Bedürfnis nach Ganzheit oder Intimität also nur in abgeschwächtem Maß oder sind in der Lage, es sich anders zuzufügen. Es geht den Frauen (ebensowenig wie den Männern) also nicht wirklich um Macht, doch je mehr sie hiervon - oftmals in unbewusst-egoistischer Weise, dann aber auch wieder ganz gezielt - Gebrauch machen, desto unfreier werden wir Männer. Wir begeben uns auf die Flucht und werden vom Jäger zum Gejagten. Je mehr die Frauen auf Zweisamkeit insistieren, desto weniger Lust und Bedürfnis haben wir, sie ihnen aus der Größe unserer eigenen Herzen zu schenken.

Erstaunlich an diese Geschichte ist zweierlei: Zum einen, dass die Männer diese Art der häuslichen und gesellschaftlichen Unterwerfung und pathologischer Domestizierung heutzutage mit sich geschehen lassen - teilweise ohne auch nur den geringsten Widerstand zu leisten. All dies gleicht einer in keinster Weise zu rechtfertigenden, fatalistischen Selbstaufgabe aller Maskulinität! (Fern sind die Tage des Patriarchats!) Lehnen sich einzelne Männer doch einmal hiergegen auf, wirft man ihnen Egoismus oder Tyrannei vor. Die bewussten oder unbewussten Machtspiele der Frau aber bleiben unkommentiert. Sie entsprechen dem Status Quo heutiger Beziehungen und werden durch eine einseitig auf die Förderung von Frauen ausgerichtete Erziehung (Bevorzugung der Mädchen), Politik (Bevorzugung der Frauen) und Rechtsprechung (Bevorzugung der Mütter) noch zementiert! Vater Staat ist längst verweiblicht. Wen wundert es da noch, dass wir auch von einer Bundeskanzlerin regiert werden? Hat diese männliche Frau dem Land das benötigte Umdenken, den erhofften Aufschwung und Segen gebracht?

Zum anderen erscheint bemerkenswert, auf welch subtile Weise Frauen ihre Machtansprüche durchzusetzen gelernt haben! Die ihrer freiheitlichen Essenz beraubten, unglücklichen Männer ihrerseits suchen nach Auswegsmöglichkeiten aus der Misere und beginnen damit, sich in Beziehung und Beruf restlos aufzuopfern, um es allen Recht zu machen. Dies wiederum macht ihre Frauen noch unglücklicher, die sich von Mal zu Mal weniger gesehen fühlen und damit beginnen, immer weitere Forderungen an ihre Männer zu stellen. Irgendwann sind die Männer dieser Last dann nicht mehr gewachsen und brechen reihenweise zusammen. Sie bekommen Burnout, gehen fremd, greifen zu Alkohol und Drogen, bringen sich um oder verunglücken auf der Arbeit. Einigen wenigen gelingt es auch, sich in Extremsportarten zu flüchten.

Einige schlaue Frauen sind in der Lage, diesen Kreislauf zu durchschauen. Ihre Forderung lautet dann, dass weder Mann noch Frau in einer Beziehung führen sollten. Beide sollten die Verantwortung für sich selbst tragen, ihre Unabhängigkeit genießen und immer wieder aus Liebe neu zusammen kommen. Die Unterschiede zwischen Männern und Frauen müssten aufgehoben und die gegenseitigen Gemeinsamkeiten betont werden, der Einheitsgedanke sollte im Vordergrund stehen und einzig die jeweilige Person im Mittelpunkt des Interesses - jenseits aller Rollenbilder! Das, meine lieben Frauen, so verführerisch es auch klingen mag, ist das Falscheste was geschehen könnte! Eine derartige Gleichmacherei hätte verheerende Folgen für Partnerschaft und Gesellschaft und würde die Unsicherheit der geschlechtlicher Leitbilder und Ideale nur noch vertiefen! Ein Mann ist und bleibt ein Jäger, ein Krieger, ein Kämpfer, ein Eroberer, ein Versorger und Beschützer! Beraubt man ihn dieser fundamental wichtigen Eigenschaften, wird er verkümmern. Er wird weder im Beruf seinen Mann stehen können, noch seine Frau beglücken! Um der Flaute im Bett, den partnerschaftlichen Streitereien und der allgemeinen Beziehungskrise zu entkommen, kann es also einzig darum gehen, diese geschlechtlichen Rollenidentität wieder zu schärfen und eventuelle negative Begleiterscheinungen zu kanalisieren. Der einzige Ausweg ist die maskuline Führung in Partnerschaft und Beruf!

Der wahre Mann der neuen Zeit ist Bewusstseinsjäger, Herzenskrieger, Kämpfer für die Liebe, Eroberer von Weisheit und Beschützer des Lichts. Trotzdem wird er keinen Augenblick zögern, auch seine Geliebte und seine Kinder bis auf den Tod zu verteidigen, sollte dies notwendig sein! Beschneidet man einem Mann diese grundlegenden Daseinsfunktionen, nimmt man ihm all seine Männlichkeit! Aus diesen Gründen spreche ich mich deutlich gegen alle geschlechtliche Gleichmacherei aus! Sollten mich manche deshalb als einen Sexisten bezeichnen, werde ich dieses Prädikat als Auszeichnung tragen!

Auch die Frau wird sich immer nach Intimität, Hingabe, Anerkennung, männlicher Klarheit, Harmonie, Schönheit, Zugehörigkeit und eigenem Empfangen/ Empfängnis sehnen. Sie ist und bleibt eine Frau. Je stärker sie ihre eigene Essenz lebt, desto reiner werden diese und ähnliche weibliche Attribute hervortreten. In einer Gesellschaft, die diese geschlechtlichen Unterschiede nicht anerkennt oder gar vermischt und nivelliert, würde sie verwelken oder aber auf den nächstbesten Macho hereinfallen, der das Gegenteil davon verkörpert, was wahre Männlichkeit wirklich ausmacht, nämlich Integrität, Authentizität, Verantwortungsübernahme etc. pp.

FAZIT: Dem Mann kommt die natürliche Führung innerhalb der Familie zu und er ist gut beraten, diese auch wieder einzufordern und anzunehmen! Je kleiner sich die soziale Einheit gestaltet, desto schwieriger ist es, das Prinzip der Gleichberechtigung oder der Demokratie auch wirklich umzusetzen! In der Realität haben die Frauen in den Beziehungen deshalb längst die Macht übernommen, mit fatalen Folgen: Ein Großteil der heutigen Männer wird in Familie und Beruf zutiefst gedemütigt! Sie sind verunsichert und kennen den Weg des Mannes nicht!

Praktische Hinweise

- In monogamen Beziehungen kann es kein Matriarchat geben!
- Oder umgekehrt: Matriarchat funktioniert nur, wenn es den Männern gesellschaftlich gestattet ist, jeden Tag aufs Neue eine Angebetete Ihrer Wahl zu umwerben und erobern!
- Dies aber wollen die Frauen nicht! Ein zeitgemäßes Matriarchat scheitert also an den Frauen selbst!
- Männer und Frauen sind ebenbürtig!
- Demokratie ist als Führungsmechanismus erst dann angebracht, wenn sich in den entsprechenden Einheiten kein Konsens mehr herstellen lässt, der von allen geteilt wird!
- Wir leben in keiner Demokratie, sondern in einer „Bürokratur"!
- Echte Demokratie ist immer basisdemokratisch!
- Auf der Einheit der Familie ist männliche Führung (im hier vertretenen Sinn) das erfolgversprechendste Leitungsmodell!

- Auf gesamtgesellschaftlicher Eben muss das weibliche Prinzip gestärkt und in den Vordergrund gestellt werden. Es verkörpert u.a. Ganzheit, Bewusstsein, Sanftmut, Kommunikation und Empathie, die der Welt momentan fehlen!
- Dies heißt ausdrücklich nicht, dass wir weiblicher Führer bedürften. Doch, wer auch immer gewählt wird, sollte den weiblichen Pol zur Fülle in seiner Persönlichkeit integriert haben!
- Es liegt an uns, wir haben die Wahl!
- Die momentane Gesellschaft und globale Situation ist lediglich ein Abbild unseres Bewusstseins!
- Ändern Sie sich und die Welt wird sich ändern!
- In einer harmonisch funktionierenden Partnerschaft und Familie liegt die natürlich Führungsposition weiterhin beim Mann!
- Ist dies nicht der Fall, kommt es unweigerlich zu Problemen!
- **Entmystifizieren Sie die Frauen in Ihrem Leben!**
- Niemals sollte es sich ein Mann gefallen lassen, sich von (s) einer Frau unterdrücken zu lassen!
- Unser Staat ist längst verweiblicht, doch die Frauen fordern immer mehr!
- Lesen Sie dieses Kapitel vielleicht noch ein zweites Mal. Es enthält viele wichtige Hinweise!

THOMAS: Auch, wenn ich anfangs deine Ausführungen nur mit Bedenken las, da ich befürchtete du würdest den männlichen Führungsanspruch dazu benutzen, in machistische Phrasen zurückzufallen, finde ich jetzt doch, dass das Kapitel gut geworden ist. Du bemühst dich zumindest um Ausgeglichenheit und erforschst den eigentlichen Wortsinn von Führung. Zudem gibst du Anregungen, wie eine solche, durchaus naturgegebene - da dem männlichen Pol entsprechende - Führung innerhalb der Familie, zum Nutzen und Vorteil beider Geschlechter, aussehen könnte. In der Beziehungsrealität haben längst die Frauen die Macht übernommen, wie du treffend darstellst. Woran liegt das? Warum lässt es sich der domestizierte Mann gefallen, derartig vom Wohlwollen der eigenen Partnerin abhängig zu sein? Liegen die Ursachen wirklich noch immer in der dominanten Mutter, dem abwesenden (oder auch jammernden) Vater, an dem die Mutter oftmals kein gutes Haar ließ? Oder liegen sie noch tiefer? Beispielsweise darin, dass sich Teile der männlichen Seele nach einem funktionierenden Matriarchat zurücksehnen? Könnte dies allerdings heute noch die Lösung sein? Je mehr die Frauen einseitig ihre männlichen Seiten ausleben, wie in den oben geschilderten Negativbeispielen, desto fraglicher erscheint mir ein solcher Ansatz.

Zitate

„Die meisten Differenzen in der Ehe beginnen damit, dass eine Frau zu viel redet und ein Mann zu wenig zuhört."
Curt Goetz

„Im ersten Ehejahr strebt ein Mann die Vorherrschaft an. Im zweiten kämpft er um Gleichberechtigung. Ab dem dritten ringt er um die nackte Existenz."
George Bernard Shaw

„Unter Gleichberechtigung verstehen die Frauen gleiches Recht mit dem Mann überall dort, wo sie keine Vorrechte haben." Mario Adorf

„Die volle Gleichberechtigung wäre ein Rückschritt."
Anita Ekberg
(Zitat einer Frau!)

Gastfreundschaft

„Die Gastfreundschaft ist ein so hohes Gut, dass sie manchmal übersehen wird!"

Gastfreundschaft ist eine jener alten Tugenden, die immer mehr in Vergessenheit geraten sind. Sie bedeutet nicht, andere auf unbestimmte Zeit durchzufüttern! Allerdings sollte auch niemand Ihr Heim verlassen, ohne mit Ihnen gegessen oder zumindest ein Glas Wasser getrunken zu haben! Bieten Sie als Mann allen Menschen, die ihr Haus betreten, eine Stärkung an. Egal, ob es sich dabei um Freunde, Verwandte, Arbeitskollegen, Nachbarn, Handwerker oder den Schornsteinfeger handelt! Halten Sie, wenn möglich, mindestens ein Gästezimmer bereit, um darin jederzeit geplanten oder unangemeldeten Besuch unterbringen zu können! Laden Sie auch unbekannte Menschen, die Sie „zufällig" treffen, zu sich nach Hause ein. Man weiß nie, was sich daraus noch alles entwickeln wird. Geschäftliche Kontakte, Freundschaften etc. Zudem wird es Ihnen Gott lohnen, wenn Sie andere bei sich unterbringen und verköstigen! Ganz nebenbei bemerkt: Gott ist auch nur ein Mann und als solcher an maskuliner Großherzigkeit, Gastfreundschaft und Güte interessiert!

FAZIT: Alte männliche Tugenden wie die Unterstützung von Waisenkindern, die Unterbringung des Wanderers und großzügige Speisung der Armen sowie generell die Gastfreundschaft stehen den heutigen Männern noch immer gut zu Gesicht! Endziel muss es aber bleiben, keine Abhängigkeiten zu schaffen, sondern lediglich großzügig Hilfe zur Selbsthilfe zu leisten!

Praktische Hinweise

- Scherzen Sie mit Ihren Gästen!
- Bieten Sie Ihnen das Beste an, was Sie haben!
- Wer im eigenen Heim auf dem Boden schläft, um anderen sein Bett zu bieten, ist ein wahrer Herrscher!
- Wer andere nicht verköstigt, selbst aber Wein und Trauben speist, ist ein Bettelmann!
- Gott als Mann schätzt Ihre gelebte Maskulinität und Güte!

THOMAS: Auch ich liebe diese alten Tugenden aus der Zeit, da es noch Könige, Gaukler, Pilger und Ritter gab! (Das war lange vor der Heilsarmee und der Wohlfahrt.) Aber Gott als Mann?! Pass nur auf, dass dir nicht irgendwann dein Schießpulver nass wird!

Gefühle zeigen

„Der wahre Mann zeigt Gefühle, verliert sich aber nicht in ihnen!"

Gefühle zu zeigen galt lange nicht als männlich. Das Gegenteil ist der Fall. Natürlich pflegt der wahre Mann eine intensive Beziehung zu seinen Gefühlen und bringt diese auch zum Ausdruck. Im Unterschied zu einer Frau verliert er sich aber nicht darin. Mittlerweile haben Männer damit begonnen, andere Männer beim Ausdruck ihrer Gefühle zu unterstützen. Weinen ist akzeptiert, dann aber wird erwartet das Problem zu lösen, eine neue Vision zu entwickeln und die entscheidenden Schritte zu ihrer Verwirklichung zu unternehmen. So funktioniert Männlichkeit und so ist es gut! Wie viel ärmer wäre eine Welt ohne die maskuline Fähigkeit zur Problemlösung und Erfindung neuer Dinge! Gefühle sind der treibende, nicht jedoch der beherrschende Teil neuer Ansätze. Auch wer immer nur jammert, vergisst es, die schönen Augenblicke im Leben bewusst wahrzunehmen und diese Moment tief in sein Herz zu atmen, um sie dort zu verankern. Das wäre ein grober Fehler! Leben Sie als Mann Ihre Freude und Ihre Gefühle und bringen Sie diese auch in Ihrem Handeln zum Ausdruck. Lassen Sie sich andererseits niemals von Emotionen an Ihrer grundsätzlichen Handlungsfähigkeit hindern. Sie sind der Meister des Gefühls. Sie sind ihr Dominus und Schöpfer und nicht deren Sklave.

Frauen fordern ihre Männer immer wieder auf, doch mehr Gefühle zuzulassen und zu zeigen. Ein Mann sollte dem aber nur teilweise nachkommen. Einerseits hilft ein solches Bekenntnis und Geständnis der eigenen Gefühle natürlich der Partnerin, die Beweggründe ihres Mannes besser zu verstehen und so einen faireren eigenen Standpunkt einzunehmen. Andererseits ist es aber zugleich gefährlich, zu viel Gefühl vor der eigenen Partnerin zu zeigen. Leicht könnten sie Ihre Gefühlsduseleien dazu verführen, Sie für einen schwachen Mann zu halten und zumindest unbewusst an Ihrer Sicherheitskompetenz zu zweifeln. In einem solchen Fall beginnt sie dann damit, die Führung innerhalb der Familie an sich zu reißen, etwas - Sie wissen es schon - was im Sinne einer langfristig funktionierenden Partnerschaft auf keinen Fall geschehen darf! Äußerlich wird sie Sie natürlich loben, dass Sie Ihre Gefühle zeigen und sie wird Sie einen „guten Mann" oder etwas Ähnliches nennen. Innerlich aber beginnt Ihre Frau zur gleichen Zeit, wenn auch anfangs ohne es selbst zu merken, sich von Ihnen zu lösen, da ihr Urbedürfnis nach Schutz und Sicherheit nicht mehr erfüllt wird. Ihr Tonfall Ihnen gegenüber wird dem eines Frauchens gegenüber ihrem Hund gleichen: „Brav gemacht, guter Mann!" Sie wollte einen starken Mann und was hat sie bekommen: Sie, ein pseudomännliches Gefühlsei! Schreiben Sie es sich also bitte selbst zu, wenn Ihre Frau auf den nächstbesten Machoblender reinfällt und mit diesem das Weite sucht. Er wird vermögen, was Sie nicht konnten: Seine Gefühle zurückhalten, mit Ihrer Frau das eine oder andere Abenteuer durchleben und sie trotzdem in Sicherheit wiegen. Bitte verstehen Sie mich nicht falsch. Das hier Gesagte bedeutet nicht, dass Sie Ihre Frau anlügen oder ihr irgendetwas vormachen sollen. Ganz im Gegenteil: Seien Sie immer ehrlich mit ihr, aber hüten Sie sich vor zu viel eigener Gefühlsoffenbarung! Heulen Sie sich daher, wenn es denn schon sein muss, lieber bei einem guten Freund aus, als bei Ihrer Partnerin! Wenn Sie sich allerdings freuen, stolz auf etwas sind oder glücklich mit Ihrer Partnerin, sollten Sie das ihr durchaus hin und wieder mitteilen und zeigen!

Trotz allem männlichen Bekenntnis zum Gefühl und dessen Offenbarung gibt es nach wie vor Situationen im Leben eines Mannes, wo es angebracht ist, seine Gefühle zu unterdrücken. Beispielsweise beim erforderlichen Leisten von Erster Hilfe oder in anderen Notlagen, wenn schnelles Handeln erforderlich ist! Auch diese emotionale Selbstbeherrschung wird von uns Männern - zu Recht - erwartet!

FAZIT: Es ist maskulin, Gefühle zu zeigen, die eigene Weiblichkeit zu entwickeln und zu integrieren. Vergessen Sie aber bitte nie, dass Ihre eigentliche Bestimmung die eines Mannes ist. Jammern Sie deshalb nicht ständig und lösen Sie ihre Probleme auf eine männliche Art und Weise - also authentisch, fair und zielstrebig!

Praktische Hinweise

- Noch immer gibt es Situationen, in denen es besser ist, sich und seine Gefühle zu unterdrücken, anstatt ihnen freien Lauf zu lassen!
- Zeigen Sie ansonsten transparent Ihre Gefühle, verlieren Sie sich aber nicht darin!
- Sollten Sie an Ihre eigenen inneren Tränen herankommen, weinen Sie solange, bis Sie wieder lachen können! Dann ist es gut!
- Üben Sie sich darin, über eine Sache immer nur einmal zu weinen!
- Zeigen Sie insbesondere auch Ihre Freude am Leben und teilen Sie diese mit Ihrer Familie und Ihren Freunden!
- Nehmen Sie Probleme nicht so ernst und werden Sie zu einem Vorbild an positiver Ausstrahlung!
- Was soll den schon passieren? Wir können geschlagen und verlassen, gefeuert und krank werden. Und dann? Dann sterben wir. Das ist auch schon alles!

- Es gibt keinen Schmerz, der nicht vergeht!
- Jammern Sie, so viel Sie wollen, irgendwann aber sollte es gut sein!
- Würden Sie eine Frau attraktiv finden, die ständig nur jammert? Natürlich nicht. Frauen geht es da nicht anders!
- Wenn die großen Dinge nicht gelingen wollen, freuen Sie sich einfach an den kleinen!

THOMAS: Muss ich immer alles kommentieren? Ich freue mich, dass Männer endlich weinen dürfen (und mir kommen darüber sogar fast die Tränen), dein lapidarer Kommentar aber ist „Dann ist es gut!" Nein, sage ich dir, lass uns ruhig zweimal oder dreimal oder noch öfter weinen, wenn uns danach ist! „Die *maskuline Träne* tut Not!" (Diesen oder einen ähnlichen Satz zumindest hätte ich von dir erwartet!) Warum also so postpreußisch streng? Robert Bly hat von der *Zeit der Asche* gesprochen. Auch du hast dieses Zitat im Zusammenhang mit Dankbarkeit und Friedfertigkeit bereits verwandt! Hier ist sie wieder: „Die Zeit der Asche"! Jener Mann, der das Weinen nach Jahren und Jahrzehnten der Unterdrückung endlich wieder erlernt hat, ist der wahre Held, Mann und Krieger unserer Geschichte!

Gerechtigkeit

„Mannsein bedeutet sich in Gerechtigkeit zu üben, obwohl man weiß, dass es eine solche überhaupt nicht gibt!"

Natürlich gibt es keine weltliche Gerechtigkeit! Dies mag zwar eine bittere Lektion sein, aber niemand kommt umhin, sie zu lernen. Warum sollte Gerechtigkeit für einen Mann dennoch wichtig sein? Ganz einfach, es entspricht dem Ideal aller männlichen Archetypen, der Druiden und Krieger, Könige und Ritter, gerecht zu sein. Während der christliche Einfluss vermehrt auf eine Gerechtigkeit nach dem Tode setzt, gibt es sowohl im heidnischen als auch im demokratischen Europa die Tradition, eine weitestmögliche Gerechtigkeit bereits in diesem Leben anzustreben und zu verwirklichen. Die Grundvoraussetzungen für Gerechtigkeit sind gleiche Regeln und Wiedergutmachung im Falle der Regelüberschreitung für alle - unabhängig von Herkunft, Nationalität, Religion, Geschlecht etc. Die entsprechenden Regeln sollten allgemein akzeptiert sein - also beispielsweise durch eine basisdemokratische Legitimierung - ebenso wie die entsprechenden Verfahren zur Wiedergutmachung. Zusätzlich muss es bestimmte Überwachungsmechanismen geben, damit Wiedergutmachung (nicht Sanktion!) auch wirklich stattfindet. Somit haben wir, kurz gesagt, eine aus den Naturgesetzen und der europäischen Tradition abgeleitete Dreiteilung in Legislative (gleiche Regeln für alle), Judikative (Festsetzung der Wiedergutmachung) und Exekutive (Überwachung der Regeln und der Wiedergutmachung).

Im konkreten Fall des bundesdeutschen System bedarf es der grundlegenden Vereinfachung, um seine generelle Akzeptanz und Verständlichkeit bei den Menschenmassen zu erhöhen. Dies beinhaltet u.a. eine Entbürokratisierung, eine Verschlankung des Staatsapparates, mehr Volksentscheide und eine Rückkehr zum heilenden Prinzip der Wiedergutmachung anstelle der entzweienden Praxis von Strafen oder Sanktionen. Ab einem gewissen Bewusstseinsgrad genügen einige wenige, einfache, konkrete Grundregeln, um den Lauf eines Volkes oder einer Nation zu lenken. Im Alten Testament kannte man zehn solcher Regeln. Das friedliebende Volk der Toda in Indien kommt seit Jahrtausenden mit 42 Regeln aus, welche mündlich von Generation an Generation weiter gegeben werden.

Zur Zeit streben immer mehr gesellschaftliche Gruppen nach der Abschaffung des deutschen Staates und seiner zumindest im Ansatz freiheitlich-demokratischen Grundordnung. Ich spreche u.a. von Nazis, Anarchisten, Salafisten etc., die im Übrigen immer nur aus eigenem, wenn auch teilweise fehlgeleiteten oder gar absichtlich fehl gesteuertem Idealismus handeln. Ich habe mich selbst persönlich lange Zeit als linker Staatsfeind begriffen, war Anhänger der RAF und sprach mich für die autonome Gewalt der Straße aus. Mittlerweile habe ich meine Meinung aber geändert - auch dies ist ein Anzeichen funktionierender Rechtsstaaten, dass man offen seine Meinung sagen darf (solange man nicht zur Gewalt aufruft oder andere beleidigt) und diese Ansichten gegebenenfalls auch wieder wechseln kann, ohne mit Repression, Verfolgung oder Gefangennahme rechnen zu müssen! Alleine insofern finde ich eine Bekenntnis zum sozialen Rechtsstaat, den Menschenrechten, der Demokratie (die noch längst nicht vollendet ist) und der freien Marktwirtschaft wichtig. Bei aller Reformbedürftigkeit ermöglicht diese Staatsform doch noch immer mehr, als dass sie uns behindern und einschränken würde. Ich glaube, der Weg des wahren Mannes liegt immer im Einsatz für seine persönliche Vision und niemals gegen etwas. Ich darf und sollte mich also weiterhin für mehr Gerechtigkeit im eigenen Land und in der Welt einsetzen, wenn dies mein Anliegen ist, aber nicht mit Gewalt, sondern im Gegenteil mit zäher Friedfertigkeit. Ein Mann, der seine Ganzheit lebt, ist immer auch ein politischer Mann, und als solcher sollte er sich grundsätzlich zur bestmöglichen Gerechtigkeit bekennen und hierfür auch wahrhaftig einsetzen!

Die grundsätzliche Regel „Gleiches Gesetz für alle!" kann allerdings nur solange gelten, wie alle halbwegs gleiche Startchancen haben! Wo dies nicht der Fall ist, müssen solidarische Ausgleichsmechanismen greifen! Solidarität mit den Schwächeren ist also - neben staatlich garantierten und notfalls zu erkämpfenden Grundgesetzen - ein weiterer wichtiger Bestandteil im Streben nach globaler Gerechtigkeit! Andererseits sollte man diese Solidarität auch nicht übertreiben und sich grundsätzlich dem fairen Wettkampf stellen! Solange alle genug zu essen haben und die Aussicht auf ein anständiges Leben, macht es nichts aus, wenn es Ärmere und Reichere gibt, denn erstens ist der Reichere nicht unbedingt glücklicher und zweitens spielt Wohlstand ab einem gewissen Niveau keine wesentliche Rolle mehr für die Weiterentwicklung eines Menschen. Unsere wahren Aufgaben liegen im Herzen, im Geist und in der Re-ligiosität im ursprünglichen Sinn, der Rückverbindung mit allem Sein! Geld ist hiebei ein Mittel zum Zweck, sollte aber nie mit dem Zweck selbst verwechselt werden.

Meines Erachtens ist ein Mann spätestens mit Erreichen des 35ten Lebensjahres für sein Schicksal ganz alleine selbst verantwortlich, ganz egal, welche negativen Erfahrungen er in seiner Kindheit oder Jugend auch gemacht haben mag! Wer also von Gerechtigkeit spricht, sollte in erster Linie hiermit nicht die Gerechtigkeit der anderen meinen, sondern selbst gerecht handeln und als erwachsener Mensch so wenig wie möglich auf andere projizieren.

FAZIT: Ein Mann sollte sich in allem, was er aus eigener Überzeugung und in Anerkennung seiner Tradition tut, immer auch dem Grundsatz der Gerechtigkeit verpflichten!

Praktische Hinweise

- Der wahre Mann strebt immer nach Gerechtigkeit, auch wenn er längst verstanden hat, dass es diese in irdischer Form nie geben wird, nicht geben kann!
- Es sollte niemals um Strafe gehen, sondern immer nur um Wiedergutmachung!
- Solidarität ist ein wichtiger Bestandteil jeglicher Gerechtigkeit!
- Man sollte die Forderung nach Solidarität allerdings auch nicht übertreiben!
- Auch Wettkampf und Konkurrenz sind wichtige Voraussetzungen funktionierender Gerechtigkeit!
- Der Tüchtigere soll belohnt werden, der Verlierer aber nie leer ausgehen!
- Eine Revanche zu gewähren und hierzu die Möglichkeit einzuräumen, ist eine der maskulinsten Tugenden überhaupt! Das Spiel ist nie vorbei!
- Jeder verdient immer wieder auch eine „zweite" Chance!
- Die Todesstrafe an sich kann nie gerecht sein, denn sie ist unwiederbringlich!
- Ein Mann ist immer auch politisch! Man kann Politik und Menschsein heutzutage nur noch schwer voneinander trennen!
- Politik wird so zur wichtigsten Nebensache der Welt! (Noch vor Fußball!)

- Setzen Sie sich als maskulines Vorbild für Basisdemokratie, eine Umgestaltung in eine europäische Räterepublik mit Stärkung der Regionen (weg von veralteten Nationalstaaten und Parteien) sowie für ein bedingungsloses Grundeinkommen ein!
- Nehmen Sie einem Menschen niemals die Selbstverantwortung!

THOMAS: Du warst schon immer ein politischer Freigeist, holst du doch tatsächlich wieder die Räterepublik aus dem Keller der Geschichte. Vielleicht ist die Idee aber gar nicht so schlecht! Das bedingungslose Grundeinkommen wird auf jeden Fall früher oder später kommen! Ein Segen für die Menschheit, denn jeder Einzelne wird willkommen sein und kann sich angstfrei gemäß seinen Veranlagungen entwickeln. Dies zumindest ist für mich keine Utopie, sondern zukünftige Realität!

Grenzen

"Seine eigenen Grenzen und die anderer auszutesten und zu erweitern ist männlich; sie zu akzeptieren maskulin!"

Ohne allen Zweifel ist es männlich und manngegeben, sich auszutesten, um so seine persönlichen Grenzen zu erfahren und zu erweitern. Es spielt hierbei keine Rolle, wo diese Grenzen liegen. Entscheidend ist es, sie zu kennen und schrittweise zu erweitern. Die hierin verborgene menschliche Entwicklung ist ein Ansatz der Erkenntnis, welcher alle Lebensbereich betrifft, seien dies Gelderwerb, Wohnumfeld, Freundschaften, Partnerschaft, Vaterschaft, Sexualität oder Dinge wie Drogen, Kriminalität, Gewaltbereitschaft, die wir als „schlecht" einzustufen gelernt haben. Insbesondere auch im Archetypus des Schamanen (siehe Schamanentum) tritt uns der Mann als Grenzgänger entgegen. Es ist seine Pflicht, die eigenen Grenzen zu kennen, zu schützen und zu erweitern. Persönliches Wachstum geschieht immer im Grenzbereich. Viele Männer scheitern allerdings daran, dass sie versuchen, ihre Grenzen zu erweitern, bevor sie sie überhaupt erst kennen gelernt haben. Sie begreifen das Risiko nicht, in welches sie sich begeben und gehen daran zugrunde: Sie trinken sich zu Tode, verunglücken bei einem Autounfall oder stürzen von einer Klippe etc.. Diese tragischen Ereignisse hängen auch damit zusammen, dass die betroffenen Männer nie einen erfahrenen männlichen Mentor oder Lehrer zur Seite hatten, der ihnen zeigte, wie diese Dinge funktionieren. Es ist dies ein Versagen der reifen, alten Männer und nicht der Jungen!

FAZIT: Lernen Sie Ihre ganz persönlichen Grenzen kennen und erweitern Sie diese schrittweise. Schießen Sie dabei nicht über das Ziel hinaus, sondern vertrauen Sie sich notfalls der erfahrenen Führung anderer Männer an, die hierin bereits eine gewisse Meisterschaft erlangt haben. Erweitern Sie allerdings nur jene Grenzen, die der Verwirklichung Ihrer persönlichen Vision, Ihrem Herzensweg, dienlich sind! Werden Sie sodann selbst zum Mentor für Jüngere und stellen Sie diesen die eigenen Lebenserfahrung zur Seite!

Praktische Hinweise

- Akzeptieren Sie grundsätzlich Ihre Grenzen und die Grenzen anderer!
- Akzeptieren Sie Ihre Grenzen allerdings nicht als unumstößlich, sondern streben Sie nach deren Erweiterung!
- Akzeptieren Sie keine Grenzen, die Ihnen andere aufzeigen wollen, sondern machen Sie hierbei Ihre eigenen Erfahrungen!
- Sichern Sie sich ab und machen Sie keine unwiderruflichen Dummheiten!
- Nur wer die Regeln kennt, kann damit spielen!
- Bedenken Sie, bei allem was Sie tun, immer den Preis, den es zu bezahlen gilt!
- Verbieten Sie als älterer Mann oder Mentor nichts, aber weisen Sie auf die Gefahren mancher Abenteuer und Unternehmungen hin und vertrauen Sie darauf, dass die Jüngeren, die in Ihrer Geschichte verborgenen Warnhinweise erkennen und umsetzen werden!
- Nehmen Sie niemandem das Recht auf eigene Erfahrung!

THOMAS: Der Krieger erfährt seine Grenzen in der Schlacht. Hätte er keine Narben, mit welchem ebenbürtigen Gegner hätte er sich dann gemessen? Vielleicht merkt der siegreiche Krieger irgendwann, dass es gelegentlich sinnvoller ist, über den Kampf zu dichten, als ihn wirklich auszuführen. Der Krieger wird zum Barden. Aus Krieg wird Fußball. Aus Kriegsberichterstattung Sportreportage! Das ist okay, finde ich, man kann damit leben, solange man anstelle der ursprünglichen Schlacht andere, friedvollere Wege für sein Kriegertum findet (z.B. Marathonläufe oder Hochseeangeln etc.). Jener Mann, dem es gelingt, in maskuliner Weise so das eigene Kriegertum zu kanalisieren und zugleich auf dem Weg der Ganzheit seine kreativen Aspekte zu verwirklichen, heilt von seinen Verletzungen. Irgendwann werden sich Menschen ratsuchend, mit der Bitte um Hilfe, an den kriegerischen, männlichen Barden wenden, der es - im Gegensatz zu den meisten - vermochte, inmitten des ihn umgebenden Kampfgetümmels heil zu bleiben beziehungsweise sich selbst wieder zu heilen. Fühlt er sich geehrt und verpflichtet zur Hilfe, so wird aus dem Barden schrittweise ein Schamane. Der Künstler wird zum Heiler. Aus Kunst wird Heilkunst. Erneut testet der Schamane seine Grenzen aus. Noch immer ist er ein Krieger, doch mittlerweile sind es in erster Linie seine inneren Grenzen, die ihn beschäftigen! Obwohl in letzter Instanz mit den äußeren identisch, sind sie die Interessanteren von beiden! Ein wahrer Schamane erlangt zunehmend Weisheit auf diesem maskulinen Weg der ganzheitlichen Entwicklung. Allmählich reift er zum Druiden und beginnt sein Wissen weiter zu geben! Doch ich bin nur ein Narr, der hier an seine Grenzen stößt, und dies war meine törichte Weisheit!

Handwerk

"Nur ein handelnder Mann ist wirksam! Nur durch Hand-werk entsteht Wirksamkeit"

Ein Mann sollte sich zusätzlich zu seinem Beruf immer auch handwerklich betätigen. Männer, die reine Kopfarbeiter sind, verkümmern nicht nur im Herzen, sondern werden auch mit der Zeit zu Doppellinkshändern, wenn sie es nicht längst sind. Es gilt aber im Leben eines Mannes alle drei Zentren von Herz, Hand und Hirn gleichermaßen zu verwirklichen. Dies sind die drei keltischen Kessel. Man könnte auch sagen Seele, Körper und Geist. Ein Handwerk betreiben bedeutet, sich ganzheitlich, plastisch, in der materiellen Welt zu verwirklichen. Das hat noch einmal eine ganz andere Dimension, wie das ständige Denken, Beten oder auch Meditieren. Es gilt, das Gefühl und die Seele unserer Hände wiederzuerwecken! Ein Mann ohne Handwerk ist nur ein halber Mann. Er gleicht einem Stamm ohne Äste. Der wahre Mann wird sich immer daran erinnern, auch mit seinem physischen Körper und der Hand zu arbeiten, will er heil bleiben, denn Unheil bringt die reine Kopfarbeit. Dieser Mann verliert seine Erdung, sein Wirken hat weder „Hand noch Fuß". Er wird nirgendwohin gelangen, weder in eine Position innerer Machtfülle oder Weisheit, noch ins Nirwana, noch sonstwohin. Ihr Männer, es gilt Hand anzulegen! Was ist es, was ihr mit euren Händen arbeitet und herstellt? Jeder Mann sollte mindestens ein Handwerk beherrschen, was ihn und seine Familie auch in Zeiten der Krise zu überleben ermöglichen würde. Ein richtiger Mann braucht darüber hinaus auch in Zeiten des Friedens immer eine Werkstatt. Für mich ist dies mehr als nur ein Klischee, denn die Werkstatt lehrt einen Mann nicht nur die wichtigen Dinge des Lebens, über Material und Begrenzung, Handhabung und Werkzeug, sondern kann ihm zugleich ein Rückzugsort sein, wo alleine er das Sagen hat! Schauen Sie sich doch einmal ganz dezent bei Ihnen zuhause um. Ich bin mir sicher, dass in den meisten Räumen Ihre Frau die Gestaltung übernommen hat, sofern Sie eine Partnerin haben. Sie sind nur der Ausführende! Andererseits ist dies weiter auch nicht schlimm, sofern Sie selbst auch über Räume verfügen, wo Ihnen keiner reinzureden hat, da Sie Ihr Revier zu verteidigen wissen. Das sollte neben Ihrem persönlichen Schlafzimmer(!) und Ihrem Büro auch Ihre Werkstatt sein. Hinterlassen Sie Ihre Räume immer in einem guten, aufgeräumten Zustand!

FAZIT: Handwerk ist männlich. Auch wenn Sie eher Kopfarbeiter sind oder einer kontemplativen Art zugehörig, vergessen Sie nie Ihre Wurzeln, die im ganzheitlichen, dreidimensionalen Schaffen und Gestalten liegen! Erst aus Verwendung der Hände entsteht Hand-lung! Alles anderer ist Stillstand!

Praktische Hinweise

- Handwerk macht sexy!
- Nehmen Sie sich bewusst Zeit für Reparaturen, Renovierungsarbeiten und Ihren künstlerischen Ausdruck in Raum und Zeit!
- Gutes Handwerk sollte immer den praktischen mit dem künstlerischen Aspekt verbinden!
- Gibt es etwas, was Sie mit Ihren Händen anfertigen und auch in Notzeiten eintauschen oder verkaufen könnten?
- So etwas sollte es geben!
- Entwickeln Sie sich handwerklich weiter!

- Trauen Sie sich, auch neue, praktische Dinge in Ihrem Leben auszuprobieren!
- Überlassen Sie nicht Ihrer Frau die Gestaltungshoheit aller Räume, sondern verteidigen Sie Ihr Revier!
- Legen Sie Wert darauf, dass Ihre Werkbank/Werkstatt ganz alleine Ihr Reich ist!
- Reinigen Sie Ihre Arbeitswerkzeuge nach Gebrauch!
- Halten Sie Ihre Werkstatt immer aufgeräumt!

THOMAS: Ich habe dem nichts hinzuzufügen.

Herrschaft

"Herrschaft, die sich gegen die Prinzipien von Maskulinität und Menschlichkeit wendet, entbehrt aller Grundlagen! Ihr ist nicht Folge zu leisten!"

Eng mit dem Thema der Führung verknüpft ist jenes der Herrschaft. Was gibt es hierzu aus männlicher Sicht zu sagen? Schon immer scharte sich das Volk um charismatische, zumeist männliche Führer. Nicht immer geschah dies unbedingt zu ihrem eigenen Besten. Betrachtet man die Geschichte, so wird man möglicherweise überrascht sein, wie wenige wahrhaft großmütige und gerechte Herrscher es eigentlich gab. An intoleranten, verblendeten Tyrannen aller Art hingegen mangelte es nie - bis heute nicht! Wie kann so etwas geschehen? Ich sehe darin einen Auftrag an uns alle, Verfahrensweisen und Regeln zu entwerfen, die es den Besten, Weitblickendsten, Gutmütigsten und Gerechtesten ermöglicht, an die Spitze zu kommen, wo sie natürlich auch männlicher Tugenden wie beispielsweise der Vorsorge im Inneren und Sicherung der Grenzen nach außen, Weitblick und Strukturierung, Standhaftigkeit und Durchsetzungsfähigkeit etc. bedürfen. All das aber, was einen Tyrannen ausmacht (Intoleranz, Herzensenge, Willkürherrschaft, niedrige Hemmschwellen gegenüber der Gewaltanwendung, geringe Frustrationstoleranz, Verbreitung von Angst und Schrecken etc.) sollte gesellschaftlich weder toleriert noch in irgendeiner Weise gefördert werden! Wahre Herrschaft besteht darin, dem Guten, Schönen und Edlen zu dienen und zugleich die eigene Machtbefugnis auf möglichst viele gleichwertige Schultern zu verteilen. „Teile und herrsche!", war eine Maxime der Antike, die noch heute Gültigkeit besitzt. Nicht umsonst spricht man auch von der staatlichen Gewaltenteilung als dem bisher erfolgreichsten Herrschaftsmodell.

Mir persönlich geht diese Gewaltenteilung allerdings noch nicht weit genug. Gemäß meinen eigenen Überzeugungen sollte jedermann selbst zum männlichen Herrscher über das eigene Leben werden, zum Gestalter des persönlichen Schicksals. Übernehmen Sie selbst Verantwortung für alles, was Ihnen widerfährt, ist meine Aufforderung! Werden Sie also selbst zu einem Herrscher, der gleichermaßen seine kriegerischen als auch seine herz-lichen Qualitäten verwirklicht. Das eine sollte niemals ohne das andere sein. Ein herzlicher Mann ohne Kriegerkraft wird vor der Geschichte nicht bestehen, ebensowenig wie der „Krieger ohne Herz". Die wahre Herrschaft ist und bleibt die Herrschaft über sich selbst.

Verbinden Sie beides in Ihrer Person, Herzlichkeit und innere Stärke, dann können Sie so gut wie alle Frauen erobern, außer eben jenen, die bereits von einem vergleichbaren Herzenskrieger verzaubert wurden. Akzeptieren Sie das und freuen Sie sich mit ihnen darüber! Ein Herzenskrieger ist, wer die Frauen zwar zu erobern weiß, aber zugleich in ihrer Würde und ihrem Frausein respektiert und unterstützt. Insbesondere dieser Respekt allem Femininen und Weiblichen gegenüber ist von größter Wichtigkeit! Am besten beginnen Sie zugleich mit der Rückeroberung der eigenen Frau! Übernehmen Sie die Ihnen per Definition zustehende Herr-schaft im eigenen Haus! Verhalten Sie sich hierbei - im besten aller Sinne - immer ritterlich! Dies klingt Ihnen zu patriarchalisch? Schauen wir uns die Realität doch noch einmal an: Die meisten Ehemänner sind zu bloßen Ausführern der Ideen Ihrer Frauen verkommen. Sie möchte, dass die Wand neu gestrichen wird, er tut es und sie kritisiert ihn hinterher, wegen des kleinen Fleckens, der auf dem Teppichboden zurückblieb. Wem kommt eine solche Szenerie nicht bekannt vor? Was der Mann eigentlich bräuchte, ist die Wildheit des Waldes oder die Weite der Wüste, um zu sich selbst zu kommen. Was er tut ist, nach Feierabend noch eine blöde Wand auf Wunsch seiner Frau hin zu streichen und so als „Personal" (mit „Personalausweis") immer weiter in deren Achtung zu fallen! Ihr gilt das Motto: „Er ist doch selbst daran schuld, wenn er diese Wand neu weißt, nur weil ich ihm seit Wochen damit in den Ohren liege!" Soviel also zum Thema „Herr-schaft". Der Herr schafft!

Kehren wir nach dieser kleinen Polemik zurück zur Politik: Persönlich habe ich mich lange Zeit als Anarchist verstanden und lehnte insbesondere staatliche Macht komplett ab - ein weiblicher Standpunkt: Keiner sollte Macht über andere haben! Mittlerweile habe ich allerdings verstanden, dass die Menschheit auf ihrem heutigen Entwicklungsstand noch immer einer gewissen Hierarchie und Herrschaft bedarf - eine eher männlichere Variante! Der weibliche Pol verlangt nach Ganzheit und bringt in übersteigerter Form Gleichmacherei hervor. Der männliche Pol hingegen verlangt nach Individualität und Abgrenzung und ruft in seiner übersteigerten Form nach „Zucht und Ordnung"! Persönlich rate ich daher politisch zur Mitte! Darüber aber, wie diese „politische Mitte" auszusehen hat, darf gerne gestritten werden! Zudem bin ich der Meinung, dass die Herrschaftsausübung auf möglichst viele gleichwertige Schultern verteilt werden sollte! Jeder sollte seinen Anteil daran tragen! Insgesamt, so meine Meinung auch als Mann, sollte zusätzlich der weibliche Pol in seinen Erscheinungsformen der Machtverteilung, des Ausgleich, der Kooperation und des zyklisches Denken (etc.) viel stärker in der heutigen Politik verankert werden!

FAZIT: Man sollte als Mann ein realistisches Bild der jeweiligen Herrschaftsverhältnisse gewinnen. Wirkt sich Herrschaft positiv auf das Allgemeinwohl aus, ist sie zu stützen; wendet sie sich jedoch gegen die Bedürfnisse der Menschen innerhalb des jeweiligen Herrschaftsgebietes, sollte ein Mann nicht zögern, seine Stimme zu entziehen und hiergegen mit geeigneten Mitteln vorzugehen. Was nun allerdings wirklich im Interesse des Volkes liegt, ist immer schwierig zu beurteilen! Beraten Sie hierüber mit anderen gemäßigten Männern! Gewalt kann immer nur der letzte Ausweg sein.

Praktische Hinweise

- Lassen Sie nicht zu, dass alle Gewalt immer nur vom Staate ausgeht, sondern beanspruchen Sie den Ihnen zustehenden Teil dieser Machtfülle!
- Zögern Sie nicht, bei Bedarf Ihre politischen Einstellungen zu ändern, handeln Sie dabei aber bitte immer maßvoll!
- Sprechen Sie sich grundsätzlich für eine gewisse Herrschaft als Ordnungs-funktion aus, bleiben Sie zugleich aber aufmerksam und notfalls kampfbereit, sollte hierbei ein gewisser Toleranzrahmen überschritten werden!
- Urteilen Sie besonnen!
- Herrschaft hat die Eigenschaft zum Selbstläufer zu werden; dann aber verfehlt sie ihr Ziel!
- Setzen Sie sich als freier Mann dafür ein, dass nur die Besten unter uns zur nationalen und globalen Herrschaft gelangen!
- Die Besten sind jene, die ihre weiblichen Anteile (wie Ganzheitlichkeit, Bewusstsein, Fürsorge oder Empathie) komplett verwirklichten, zurückkehrten in die eigene Männlichkeit und einer nachhaltigen Vision von einer besseren Welt folgen!
- Wenden Sie sich gegen Tyrannei, ganz egal welcher Art!

- Verbinden Sie in Ihrer Person gleichermaßen die Herzlichkeit eines erwachten Mannes mit der Makellosigkeit eines Kriegers!
- Übernehmen Sie wieder die natürliche männliche Dominanz und Führung in Ihrer Familie, indem Sie das Weibliche respektieren, ihm aber zugleich Grenzen setzen!
- Grenzen setzen bedeutet auch, innere und äußere Spannungen auszuhalten, ohne ihnen nachzugeben!
- Fördern und fordern Sie!
- Ermöglichen Sie Ihrer Frau persönliche Entwicklungsmöglichkeiten und unterstützen Sie sie in ihren Vorhaben!

THOMAS: Es ist wie immer eine Gratwanderung, wenn du von der natürlichen, maskulinen Familienführung - oder wie hier: Herrschaft - sprichst. Es gibt sicherlich Männer (und auch Frauen!), die diesen wichtigen Punkt missverstehen. Für dich, wie mir scheint, ist die weibliche Essenz unbeständig, wechselhaft und maßlos! Dem gilt es sich im eigenen Inneren, wie im Äußeren auszusetzen und doch zugleich Stand zu halten. Indem der Mann Stand hält und es vermag, sich abzugrenzen, übernimmt er automatisch in allen wesentlichen Lebensbereichen die Führung. Gleichberechtigung in diesem Sinne scheint es für dich auf partnerschaftlichem Niveau ja nicht zu geben! Deine Theorie: Führung ist ein Teil des maskulinen Pols und dessen Essenz. Sobald der Mann diese männliche Position (wieder) eingenommen hat, trägt er zugleich die Verantwortung für das ganzheitliche Wohlergehen seiner Frau (und natürlich auch seiner Nachkommen). Kommt es hierüber zu Auseinandersetzungen oder Streit, hat der Mann die Familienleitung noch immer nur unzureichend inne. Es ist seine Aufgabe dafür zu sorgen, dass die anderen ihm gerne folgen! Erst wenn ihm dies gelingt, wird seine Frau ganzheitlich glücklich sein und ihre volle weibliche Essenz zum Wohle aller entfalten können! Überlässt der Mann allerdings von vorne herein die Führung seiner Frau, wird dies früher oder später in einem Desaster enden und alle unglücklich machen. Der Mann verliert seine Freiheit und schneidet sich so vom Inbegriff männlicher Essenz ab. Er verwässert! Die Frau hingegen kann ihre feminine Hingabe nicht leben: Sie verliert an Schönheit, Empfindungskraft, Empfänglichkeit, Fürsorge, Dankbarkeit und Ganzheitlichkeit. Sie zehrt sich aus und verbrennt daran!

Zitate

„Ein wahrhaft großer Mann wird weder einen Wurm zertreten noch vor dem Kaiser kriechen."
Benjamin Franklin

Herzlichkeit

„Das männliche Herz ist das Größte, was der Kosmos zu bieten hat!"

Eines der wichtigsten Attribute verwirklichter Männlichkeit ist die Öffnung des eigenen Herzens! Treten Sie allen Menschen, insbesondere Ihrer Partnerin und Ihrer Familie, offenherzig gegenüber! Auch auf die Gefahr hin abgewiesen oder verletzt zu werden! Was haben Sie denn schon außer Ihrem Herzen und Ihrem gegebenen Wort? Geld? Das gehört nicht Ihnen. Kinder? Die gehören nicht Ihnen. Einen Glauben? Der gehört nicht Ihnen. Gedanken? Die kommen und gehen. Was Sie haben, sind ein Herz und eine Stimme. Sorgen Sie daher dafür, dass Ihr Herz offen bleibt und Sie immer wieder vergeben können. Vergeben bedeutet Liebe vergeben! Sollte dies nicht der Fall sein, suchen Sie bitte Hilfe bei anderen Männern, die Sie hierin unterstützen können! Ein Mann ohne Herz ist wie ein Krieger ohne Waffen, ein welkes Blatt im Wind. Er ist dem Untergang geweiht! Achten Sie ferner darauf, das sich andere auf Ihr gegebenes Wort verlassen können. Das ist dann auch schon alles.

Im Übrigen ist der männliche Kontakt zum eigenen Herzen - eine spontane, offene, ehrliche Herzlichkeit - ein Faktor, der Sie in den Augen der Frauen ungemein anziehend erscheinen lässt. Sie werden so zu einem Mann, den Frauen zugleich akzeptieren, an dem sie sich aber auch anlehnen können. Je mehr Ihre eigene Herzlichkeit in der Lage ist, auch die intrinsischen, emotionalen Stürme einer Frau auszuhalten, desto besser.

FAZIT: Werden Sie zum Herzenskrieger! Es ist nicht die Stärke alleine, die über Männlichkeit bestimmt, sondern letztlich das Maß an Herzlichkeit, welches aus dem Macho einen Mann macht. Dies bedeutet nicht, in Gefühlen zu ertrinken, sondern lediglich den klaren Weisungen des eigenen Herzens Gefolgschaft zu leisten und großzügig und vertrauensvoll durchs Leben zu schreiten!

Praktische Hinweise

- Öffnen Sie sich gleichermaßen für Ihre Gefühle, tiefsten Sehnsüchte und Gedanken!
- Bleiben Sie großzügig, sich selbst und anderen gegenüber!
- Lieben Sie die Welt und alles Weibliche und stehen Sie zugleich ein für Ihre eigene Individualität und Männlichkeit!
- Akzeptieren Sie, dass Sie nichts haben, außer dem gegebenen Wort und Ihrem Herzen. Alles andere gehört nicht Ihnen!
- Herzlichkeit und innere Stärke gingen schon immer Hand in Hand!
- Verzeihen Sie durch Verständnis; lieben Sie durch Erkenntnis und strahlen Sie durch das große Herz Ihrer eigenen Männlichkeit!
- Lieben Sie Ihre langjährige Partnerin emotional, mental, sexuell und spirituell und zeigen Sie es ihr!
- Lieben Sie auch andere Frauen, wenn es Sie danach verlangt und Sie nicht erkennen, dass Sie all das, wonach Sie suchen, längst besitzen!
- Beweisen Sie Ihrer Geliebten täglich aufs Neue, wie wichtig sie Ihnen ist!
- Wer vertrauens-voll ist, ist zugleich vertrauens-würdig!

THOMAS: Manchmal kannst du richtiggehend eine poetische Ader entwickeln!

Zitate

„Liebe ist zeitweilige Blindheit für die Reize anderer Frauen." Marcello Mastroianni

„Wenn eine Frau die Zärtlichkeit rationiert, geht der Mann auf den schwarzen Markt."
Quelle unbekannt

Hingabe

„Von den Frauen lernen heißt, sich der Schönheit und Genialität des Lebens vertrauensvoll hinzugeben!"

Obwohl Hingabe eindeutig dem femininen Pol zuzuordnen ist, findet sie ihren Platz auch im Pantheon männlicher Tugenden. Gemeint ist die Hingabe des Mannes an seine Mission/Vision. Es ist seine maskuline Pflicht, hierbei immer sein Bestes zu geben! Nur ein Mann, der seine Männlichkeit und seinen maskulinen Pol lebt, kann auch erfolgreich seine femininen Seiten integrieren. Es ist dies eine Position jenseits von Schlägermacho, Möchtegernmacho, Möchtegernfrauenversteher und Weicheisoftie. Es ist das, was ich als wahre Maskulinität bezeichnen würde: Die eigene maskuline Essenz leben und dabei alle weiblichen Aspekte - wie Achtsamkeit, Hingabe und Liebe - integrieren. Nur so erlangt ein Krieger Makellosigkeit!

FAZIT: Ein wahrer Mann hat selbstverständlich auch alle seine weiblichen Anteile in sein Leben und seinen Charakter integriert oder ist zumindest auf dem Weg dorthin. Andererseits lässt er sich von seinen femininen Anteilen nicht dominieren, sondern lebt nach wir vor seine eigene maskuline Essenz der Zielgerichtetheit, Kampfbereitschaft, Durchsetzungsfähigkeit und Standhaftigkeit, um nur einige Beispiele zu nennen. Insbesondere aber die feminine Fähigkeit zur Hingabe und mit dieser die Fähigkeit zum Empfangen ergänzen die männlichen Gaben des Kriegers!

Praktische Hinweise

- Lernen Sie von den Frauen, was immer Sie können!
- Entdecken, akzeptieren und integrieren Sie Ihre eigenen femininen Charakteranteile!
- Hierzu zählen neben der Fähigkeit zur Hingabe auch Zärtlichkeit, Schönheit, Intimität, Harmonie, Flexibilität, Dankbarkeit, Konsensfähigkeit, Empathie, Heilung, Entspannung, Kooperation und viele andere mehr!
- Diese Fähigkeiten werden Ihnen dabei helfen, Erlösung zu erlangen und Ihre Herzensvision zu verwirklichen!
- Lieben Sie all dies auch in den Frauen!
- Bleiben Sie dabei immer bewusst ein ganz kleines bisschen Macho!

THOMAS: Sieh an, sieh an, ein kleines Kapitel weiblicher Huldigung mit männlichem Touch! Es reicht deiner Meinung nach nicht, sich weibliches Liebesempfinden und Know-How anzueignen, nein, diese Eigenschaften müssen zugleich wieder für die großen männlichen Ziele wie Makellosigkeit, Freiheit und Selbstverwirklichung herhalten! Und da sage einer, du wärst nicht selbst jener Macho, vor dem du immer warnst!

Homosexualität

„Ein Mann, der sich gegen Homosexualität wendet, verleugnet das Potential seines eigenen Mannseins!"

Wikipedia führt aus:

„Homosexualität ist ein Wort, das je nach Verwendung sowohl gleichgeschlechtliches sexuelles Verhalten, erotisches und romantisches Begehren gegenüber Personen des eigenen Geschlechts als auch darauf aufbauende Identitäten bezeichnen kann."

Auch Homosexualität ist somit ein Ausdruck normaler, männlicher Erscheinung! Ich bewerte sie positiv oder doch zumindest neutral, wenn es für beide Männer stimmig ist und passt. Seltsamerweise findet sich hierzu weder ein Kapitel bei David Deida noch bei Björn Leimbach. Warum eigentlich nicht?

Zu verschiedenen Zeiten oder in verschiedenen Kulturräumen wurde und wird teilweise noch heute Homosexualität als Krankheit oder Straftatbestand bezeichnet. Mit welchem Recht frage ich? Was kann an zwei Menschen, die sich in gegenseitiger Liebe zugetan und verbunden sind, unmoralisch, strafbar oder krankhaft sein? Verstehen kann ich, dass man die Ehe nur für heterogeschlechtliche Paare zulässt, war deren Zweck doch ursprünglich mit Kinder bekommen und aufziehen verknüpft. Sie ist somit die bevorzugte Lebensform. Dann aber müsste man mit gleichem Recht auch älteren oder unfruchtbaren Paaren die Hochzeit verweigern.

Wissen Sie, was ich wirklich glaube? Man sollte die ganze Ehe abschaffen! Ein derartiges Konstrukt auf Lebenszeit ist einfach nicht mehr zeitgemäß! Bestenfalls eine Ehe auf Zeit, beispielsweise ein, drei- oder sieben Jahre, scheint in der modernen Gesellschaft noch angebracht zu sein!

Zurück zum Thema: Man sagt ja, dass innerhalb eines schwulen Pärchens einer der beiden Männer immer vermehrt den femininen Part inne habe. Also sollte er sich auch gemäß seiner angeborenen Essenz hierin frei entwickeln dürfen! Das gleiche gilt übrigens auch für Transvestiten und Transsexuelle. Auch wenn ich mich im Normalfall klar für die Trennung und Unterscheidung der Geschlechter einsetze, müssen diese Zwischenformen erlaubt und respektiert werden! Ich fordere Sie als Männer dazu auf, sich klar zur Freiheit des Ausdrucks und der geschlechtlichen Identität zu bekennen! Diese Größe sollte jeder Mann haben, der auch nur ein bisschen auf sich hält! Seien Sie maskulin und treten Sie gemeinsam mit mir für die Vielfalt männlicher Entfaltungsmöglichkeiten ein!

FAZIT: Ein stolzer Mann sollte sich immer für die Freiheit und Möglichkeit von Homosexualität einsetzen! Diese Dinge liegen in der Natur begründet und jeder Kampf hiergegen ist zugleich ein Kampf gegen das Mannsein an sich!

Praktische Hinweise

- Bekennen Sie sich frei zu Ihrem Schwulsein, sollte dies der Fall sein!
- Ermutigen Sie zugleich andere hierzu!
- Entwickeln sie sich mutig und unabhängig gemäß Ihrer zugrundeliegenden Essenz!

- Treten Sie auch als heterosexueller Mann klar für männliche Entfaltungsvielfalt ein!
- Werden Sie zum Schutzherren Ihres eigenen Geschlechtes, indem sie dessen sexuellen Reichtum anerkennen und fördern!
- Einjeder strebt nach seinem eigenen Lebensglück, der eigenen Verwirklichung, der Erfüllung seiner sexuellen und spirituellen Ideale!

THOMAS: Das überrascht mich jetzt ein wenig, dass du dich so frei zur Homosexualität als männlicher Ausdrucksform bekennst, dass sich dies mit deinen ansonsten - im wahrsten Sinne des Wortes - so polarisierenden Ansichten vereinen lässt! Ich finde, das ehrt dich. Du meinst es ernst mit der Unterstützung und Solidarität des Männlichen in all seinen Erscheinungsformen!

Zitate

„Es ist schon komisch, dass ein Mann, der sich um nichts auf der Welt Sorgen machen muss, hingeht und eine Frau heiratet." Eminem

„Ich glaube nicht, dass verheiratete Männer länger leben als ledige. Es kommt ihnen nur länger vor."
Anonym

„Nachdem Gott die Welt erschaffen hatte, schuf er Mann und Frau. Um das Ganze vor dem Untergang zu bewahren, erfand er den Humor." Guilermo Mordillo

„Ein Mann, der einem Hut hinterherläuft, ist nicht halb so lächerlich wie ein Mann, der einer Frau hinterherläuft."
Gilbert Keith Chesterton

Humor

„Wer seine Mitmenschen zum Lachen bringt, kann kein schlechter Mensch sein!"

Humor bedeutet nicht, über andere Witze zu machen oder zu lachen - obwohl ein Mann auch dies können muss - sondern sich selbst zum Narren zu machen! Während das Lachen über Minderheiten immer nur ein vermeintliches Aufwerten auf Kosten anderer bedeutet, ist das Lachen über sich selbst ein Zeichen wahrer Größe. Insgesamt sollte sich ein Mann eher mit Witzen zurückhalten, dafür aber einen tiefgründigen Humor entwickeln, der ihm in Krisenzeiten zur Seite steht. Ich würde dies als lebensbejahenden Humor bezeichnen, im Gegensatz zu den abwertenden Witzen, die man sonst oft mit Humor verwechselt. Letztendlich ist nur der ein wahrer Clown vor Gottes Gnaden, der zuallererst über sich selbst lachen kann. Erfreuen Sie sich an der Lächerlichkeit des eigenen Daseins und lachen Sie, dass sich die Balken biegen!

FAZIT: Lachen Sie über sich selbst und den Aberwitz dieser Welt und werden Sie zum eigenen Narren, so oft es nur irgend geht! Eigentlich ist dieses Narrentum sogar unser Normalzustand, was wir vor lauter „Ernsthaftigkeit" uns aber oftmals weigern anzuerkennen!

Praktische Hinweise

- Humor ist, wenn man trotzdem lacht!

- Witze machen gehört dazu, sollte aber nicht im Mittelpunkt stehen!
- Wer über andere lacht, lacht sich selbst aus, wenn auch ohne es zu wissen!
- Oftmals ist Schweigen besser als Lustigkeit um jeden Preis!
- Das Leben an sich ist närrisch genug, man muss nicht immer noch eins oben drauf setzen!
- Hüten Sie sich davor andere gezielt lächerlich zu machen! Es wird früher oder später auf Sie selbst zurückfallen!
- Lächeln Sie, so oft Sie können!
- Bringen Sie Ihre Frau und Ihre Kinder zum Lachen, das ist das Beste, was Sie tun können!
- Gar manches Problem löst sich im Gelächter der Götter!

THOMAS: Schadenfreude? Ist das ritterlich? Ist das männlich? Entscheiden Sie selbst! Der Narr bin ich! Apropos Narr, auch ich musste dergleichen erst auf diversen Clown-Workshops erlernen. Wussten Sie übrigens, das die meisten Kinder heutzutage (geprägt durch Filme wie <<ES>> von Steven Spielberg) vor Clowns eher Angst haben, als dass sie darüber lachen würden?! Lustig oder?

Zitate

*„Am liebsten erinnern sich die Frauen an die Männer,
mit denen sie lachen konnten."*
Anton Tschechow

Intimität

„Männer lieben Intimität, würden aber - hätten sie wirklich eine Wahl - für nichts auf der Welt ihre Freiheit dafür aufgeben. Leider erkennen sie nicht immer, diese Wahl tatsächlich zu haben!"

David Deida spricht von einer sogenannten „Asymmetrie der Geschlechter". Ein Mann liebt seine Frau und seine Kinder, gibt es aber Stress, tut er nichts lieber als auf die Arbeit zu fahren, um sich dort zu verwirklichen. Intime Beziehungen stehen bei ihm also nie an erster Stelle. Seine Freiheit ist dem maskulinen Mann wichtiger als die eigene Beziehung. Bei einer femininen Frau ist dies naturgemäß anders. Es geht ihr nichts über die Liebe und es fällt ihr somit schwer zu verstehen, dass dies bei ihrem Mann anders sein könnte. Sie übersieht und vergisst hierbei, dass es die vornehmliche Aufgabe des Mannes ist, seinen Idealen zu folgen, seine Gaben an die Welt zu verschenken und dadurch Freiheit und Erlösung zu erlangen. Ursprünglich war dies ja sogar der Grund, warum sie sich in ihn verliebte. Sie spürte seine Stärke und dass er für nichts auf der Welt die eigenen Ideale verraten würde. Hierin liegt die Asymmetrie: Ein Mann erblüht gleichermaßen wie seine Frau in einer harmonischen Beziehung, aber er würde sich nicht hierfür aufopfern. Frauen und mittelmäßige Männer hingegen tun genau dies. Hängt der Haussegen schief, wirkt sich dies bei einer Frau zugleich auf alle weiteren Lebensbereiche aus. Ein Mann hingegen kann bei der Arbeit, insbesondere dann, wenn er der eigenen Vision folgt, vergessen, dass er zuhause gestritten oder überhaupt eine Frau hat. Er erledigt immer eine Sache nach der anderen, seine gesamte Konzentration wird hiervon in Anspruch genommen. Er erzeugt FLOW. Sie hingegen ist mit Gedanken immer bei ihm! Für den Mann ist seine Partnerschaft nur ein Lebensbereich von vielen. Für die Frau ist sie die Basis alles Weiteren und nur, wenn sie hierin Erfüllung findet, wird auch ihr sonstiges Leben glücken. In funktionierenden Beziehungen ist es für eine Frau undenkbar, mit anderen Männern intime Erfahrungen zu teilen. Männer sind hier anders. Der Fakt, dass sie ihre Frau lieben, verhindert nicht die Tatsache, dass sie durchaus jederzeit in der Lage wären, auch noch andere Frauen zu lieben (und zwar in jeder Hinsicht). Ob Sie es tatsächlich tun, ist Ihre persönliche Entscheidung und hängt von Ihrem Charakter ab! Viele Männer, so finde ich, sollten es erst einmal lernen, ihre eigene Frau durch alle ihre Tiefen und wechselhaften Stimmungen hindurch zu lieben, bevor sie sich anderen Damen zuwenden! Aber ich moralisiere nicht, denn nur ein Narr kämpft gegen die eigene Natur. Je stärker sich Frauen in Richtung des männlichen Pols emanzipieren, desto stärker neigen sie selbst zum Fremdgehen. Wäre es gesellschaftlich weniger tabuisiert (wie beispielsweise im Matriarchat), auch noch andere Partner zu haben, würden beide Seiten davon profitieren! So aber führt alles nur zu Problemen,

FAZIT: Spätestens jetzt sollte klar sein: Männer und Frauen ticken nicht nur unterschiedlich, sondern sind von Grund auf verschieden angelegt und konditioniert! Aus mangelnder Kenntnis dieser Tatsache entstehen die meisten Partnerschaftsprobleme und Ehestreitigkeiten! Würde der Mann endlich verstehen, wie wichtig die gemeinsame Intimität seiner Partnerin ist, würde er sich vielleicht mehr um sie bemühen! Würde - im umgekehrten Fall - die Frau verstehen, dass dem Mann nichts über die eigene Freiheit gehen darf, würde sie sich vielleicht großzügiger zeigen! Ihr Partner würde ihr das sicherlich danken! Mit zunehmender Angleichung der Geschlechter, verschwimmen diese Unterschiede allerdings mit der Folge, dass bereits nach kurzer Zeit die anfänglich so beglückende, romantische, erotische, sexuelle Spannung ausbleibt. Beide Partner gehen jetzt oftmals heimlich fremd (und sei es auch nur in Gedanken), wobei sie dann deshalb ein schlechtes Gewissen plagt.

Praktische Hinweise

- Ohne geschlechtliche Polaritäten verkommt der Sex zur billigen Ware!
- Erkennen Sie die „natürliche Asymmetrie" in Ihrer Beziehung an und fühlen Sie sich deshalb niemals schuldig!
- Mit zunehmender Freiheit des maskulinen Mannes steigt auch dessen Treue. (Beim mittelmäßigen Mann mag es anders sein.)
- Akzeptieren Sie die unterschiedlichen Bedürfnisse von Mann und Frau und machen Sie das Beste aus dieser Erkenntnis für sich und Ihre Beziehung!
- Die Herzlichkeit eines Mannes gilt der Welt, jene der Frau ihrer Familie.
- Sehen Sie das Einzigartige und Besondere in jeder Frau.
- Es geht bei der Eroberung von Frauen nicht um das Sammeln von Trophäen, auch nicht unbedingt um Liebe, sondern um das Erzeugen einzigartiger Momente, die den Namen *Intimität* verdienen!

THOMAS: Seien Sie bitte kein Tor, wie ich, und sorgen Sie dafür, dass es Ihnen und Ihrer Partnerin gut geht! Wie, Sie haben keine Partnerin? Die Welt ist voll davon! Gehen Sie und wählen Sie! Erobern Sie und führen Sie! Thomas, der Singleratgeber, spricht: Erkennen Sie die wahren Bedürfnisse einer Frau nach partnerschaftlicher Liebe, Intimität und Zuwendung! Frauen wollen gesehen werden, nicht belehrt. Sie wollen in Ihren Gefühlen anerkannt und verstanden werden, aber keine Ratschläge erhalten. (Und vor allen Dingen keine Schuldzuweisungen!) Es reicht ihnen Ihre stille aufmerksame Präsenz und etwas Wertschätzung. Seien Sie da, wenn Sie gebraucht werden! Seien Sie Mann und spielen Sie den Kavalier, dann werden Sie jede Frau bekommen und sollten Sie noch so dumm, arm oder hässlich sein! Übertreiben Sie andererseits aber niemals Ihr Frauenkennertum und verallgemeinern Sie nicht, wollen Sie makellos bleiben! Frauen sehnen sich nach Hingabe. Sie wollen folgen, nicht führen, aber schon gar nicht zu irgend etwas gezwungen werden (hierin sind sie uns Männern sehr ähnlich). Überraschen Sie Ihre Angebetete daher mit etwas Geschmackvollen! Laden Sie sie zu einer gemeinsamen Unternehmung ein. Das muss nicht teuer sein, aber eben etwas Besonderes, was zu ihr passt. Lassen Sie sich also etwas einfallen und seien Sie dabei kreativ. Frauen lieben es, wenn man sich ihretwegen Gedanken macht und sie dabei aktiv umwirbt. Lassen Sie jedoch alle abgedroschenen Floskeln stecken und gestehen Sie lieber Ihre eigene Schüchternheit. Frauen merken es ohnehin, will man ihnen etwas vormachen. Gestehen Sie Ihre eigene Unsicherheit, tut dies Ihrer Männlichkeit keinen Abbruch. So wissen die Frauen wenigstens, dass Sie es ehrlich meinen und man Ihnen vertrauen kann. Sollten sie Sie und Ihr Werben dennoch das eine oder andere Mal ablehnen, lassen Sie es um Gottes Willen gut sein! Bedrängen Sie niemals eine Frau, die Sie lieben! Suchen und erobern Sie vielmehr eine andere. Es gibt kaum eine Frau, die sich im tiefsten Inneren nicht nach partnerschaftlicher Intimität und Gemeinsamkeit sehnen würde (hierbei sind wir Männer ihnen übrigens gar nicht so unähnlich)! Denken Sie einfach „Frauen sind nichts als Schafe!" und nehmen Sie einen möglichen Korb bitte niemals persönlich. Die entsprechende Frau war dann einfach noch nicht für Ihren Schäfer bereit! Sorry, Machospruch! Was ich sagen möchte ist: Lieben Sie die Frauen fast genau so sehr wie Ihre Mission, dann werden Sie auf jeden Fall die zu Ihnen passende Partnerin finden. Wie, Sie haben keine Mission? Wahrscheinlich liegt hierin sogar der Grund für Ihre Einsamkeit. Die Welt ist voller Visionen/Missionen! Brechen Sie auf in die Wildnis und erjagen Sie sich Ihre ganz persönliche Vision. Lassen Sie diese zur Mission Ihres Herzens werden. Was wollen Sie denn einer Frau bieten, wenn Sie gar nicht wissen, was Ihre Aufgabe in der Welt ist? Jener Mann aber, der treu der eigenen Vision folgt und seine eigene Mission bezwingt, also nicht von ihr bezwungen wird, ist für Frauen das begehrlichste Objekt überhaupt! Glauben Sie mir: Der Weg zu nachhaltiger Intimität führt über die männliche Mission, den Weg des Herzens!

Initiationen

"Maskulin sein bedeutet, alle Stadien der Männlichkeit bewusst zu durchlaufen!"

Viel ist über menschliche und männliche Initiation bereits geschrieben worden. Im Prinzip müssten wir sie alle sieben Jahre wiederholen! Unsere erste Initiation ist zweifelsohne die Geburt und ihr Segen. Es folgt der Eintritt in die Schule mit etwa sieben Jahren. Schenken Sie Ihrem Sohn (oder Ihrer Tochter) ein stumpfes Messer und lehren Sie ihn den richtigen Umgang damit! Mit etwa 14 Jahren setzt die Geschlechtsreife ein. Früher war dies bereits der Zeitpunkt unserer Mannwerdung. Die Jungen verbrachten eine Zeit lang gemeinsam mit anderen Männern, welche sie alles lehrten, was zum Mannsein notwendig war. Auch heute noch gilt auf Neuguinea die Überzeugung, dass ein Junge ohne das aktive Eingreifen älterer Männer nicht zum Mann werden kann. (Obwohl sich auch für Mädchen eine Initiation nach dem Einsetzen ihrer ersten Menstruation empfiehlt, werden diese allein durch ihre körperliche Entwicklung zur Frau. Bei Jungen ist dies weniger offensichtlich.) Nach ihrer Initiation durch die <<alten Männer>> mussten die Jungen dann alleine hinaus in Einsamkeit und Wildnis, wo sie ihre eigene Überlebensfähigkeit unter Beweis zu stellen hatten. Kamen sie nach bestandener Prüfung zurück ins Dorf, wurden sie als vollwertige Männer willkommen geheißen und gefeiert. Man sprach von „Adoleszenz", also dem Erwachsensein. Heutzutage wird der Begriff für die Pubertät verwandt, ein hormoneller Vorgang, der sich über sieben Jahre erstrecken kann. Die Jugendlichen wissen in dieser Zeit nicht, ob Sie noch Kinder oder schon Erwachsene sind. Rituale können ihnen helfen, ihren Standpunkt und somit zugleich ihre „Wertigkeit" klar zu bestimmen.

Die nächste wichtige Imitation erfolgt mit 21. Vor gar nicht allzulanger Zeit war dies der offizielle Eintritt in die Volljährigkeit. Das aktive Wahlrecht wurde erlangt etc. Gerade in diesem Alter kommen noch immer sehr viele junge Männer ums Leben, da sie ihre eigenen Grenzen überschreiten (Geschwindigkeitsrausch, Alkohol...) Sie wurden nie wirklich von erfahrenen Männern initiiert und mussten dies selbst übernehmen. Sie überschätzen sich hierbei und kommen zu Tode. Andere sind vereinsamt, verzweifeln und begehen Selbstmord. Von 28 bis 35 Jahren hat ein Mann mittlerweile eine gewisse Reife erreicht. Er steht auf dem Höhepunkt seiner Kraft. Er ist für sich selbst verantwortlich. Viele Männer werden in dieser Zeit zu Vätern. Auch dies ist eine Initiation! Danach geht es langsam schon wieder abwärts. Etwa mit 42 Jahren erfolgt die Mitlebenskrise, eine weitere wichtige und entscheidende Initiation im Leben eines Mannes. Er richtet sich neu aus: Jetzt zeigt sich, was wirklich zu ihm gehört (Beruf, Beziehung...). Jetzt zeigt sich, was wirklich in ihm steckt! Begreift ein Mann diese Krise als Chance, wird er sie meistern. Schwächere zerbrechen jedoch daran und mit ihnen ihre Familien. Es folgt der 49te oder 50te Geburtstag. Das Lebensrad wurde einmal durchlaufen. Alle wesentlichen Erfahrungen sollten gemacht worden sein. Ein Mann sollte sich vom „braven Bürger" durch den Archetypus des Kriegers zum kreativen, „studierten" Barden weiter entwickelt haben. Ein wahrhaft maskuliner Mann hat sich zu diesem Zeitpunkt auch bereits intensiv mit anderen Kulturen, Religionen, Philosophien auseinandergesetzt und seinen eigenen Standpunkt gefunden. Seinen Ahnenschamanen klopften an seine Tür. Hat er sie erhört und reingelassen oder verweigerte er sich dem Ruf? Die Spreu trennt sich vom Weizen. Hatte dieser

Mann die Größe und Bereitschaft, sich den Ahnen, Geistern und inneren Welten anzuvertrauen oder nicht? Kennt er seine spirituellen, geistigen Helfer oder kennt er sie nicht? Persönlich nenne ich dies den Weg des Schamanen - die vielleicht größte Initiation im Leben eines Mannes (siehe: Schamanentum). Gegebenenfalls erfolgt dann noch eine weitere Einweihung zum Druiden. Mehr gibt es in diesem Leben nicht zu erlangen. Der Druide als Archetypus (siehe: Druidentum) steht noch über jenem des Hochkönigs, denn während dieser seine Macht aus Materie und Gehorsam bezieht, hat sich der wahrhafte Druide fest mit dem SEIN verbunden. Nichts kann ihn mehr aus der Bahn werfen. Als letzte Initiation würde ich den Tod bezeichnen - unabhängig davon, ob er tatsächlich über unseren Körper hinaus unsere Seele zum Erliegen bringt oder lediglich ein weiteres Tor darstellt.

FAZIT: Eine Initiation ist immer auch zugleich eine Herausforderung oder Krise. Wir sollten lernen, diese Übergänge wieder bewusst zu begehen, sie als Chance zu begreifen und rituell-initiatorisch zu feiern! Insbesondere die generationsübergreifende männliche Solidarität ist hierbei gefragt!

Praktische Hinweise

- Nehmen Sie die Übergänge in Ihrem Leben von einem Lebensstadium in ein anderes bewusst wahr!
- Wenn möglich, begehen Sie sie rituell!
- Informieren Sie sich über die Inititationsriten anderer Völker und Ihrer eigenen Vorfahren!
- Feiern Sie die Geburt, die Kinderleite (7 Jahre), die Jugendleite (14 Jahre), die Volljährigkeit (21 Jahre) und weitere wichtige Übergänge Ihres Sohnes oder Ihrer Tochter bewusst und rituell!

- Seinen Sie Ihrem Sohn ein Vorbild, indem Sie präsent bleiben und ihn in seinem Leben begleiten!
- Übernehmen Sie die Mentorenschaft für die Söhne Ihres Bruders oder anderer naher Verwandter!
- Begreifen Sie Ihre eigenen Krisen als Herausforderung zur Weiterentwicklung und Chance zu persönlichem Wachstum!
- Überleben Sie Ihre Initiationen, lernen Sie aus ihnen und feiern Sie weiterhin Ihre runden Geburtstage im Kreise Ihrer Lieben!

THOMAS: Ich denke, es sollte klar sein, dass Jungen und Mädchen gleichermaßen in die Gesellschaft initiiert werden müssen. Die Aufgabe der Männer ist hierbei die Initiation jüngerer Männer. Bleiben diese Initiationen aus, führt dies zu jugendlicher Selbstinitiation mit all den dazugehörigen Wirren und Gefahren! Anstelle von verantwortungsbewussten Jugendlichen züchten wir uns eine Horde Halbstarker, die wir dann in ihrem Vandalismus und Destruktivismus ertragen müssen! Da diese jungen Heranwachsenden genug mit sich selbst zu tun haben, ist es letztendlich unserer eigenen mangelnden Klarheit als Erwachsene zu verdanken, das es während der Pubertät zu familiären und gesamtgesellschaftlichen Problemen kommt! Wir versäumen es, den jungen, hungrigen Männern einen klaren Platz in der Gesellschaft zuzuweisen. Anstelle des siebten Schuljahres sollten sie lieber die Alpen überqueren oder etwas Praktisches in freier Natur erlernen (z. B. Blockhüttenbau oder die Herstellung von Kanus etc.). So könnte, fern der eigenen Mutter, aus einem Jungen ein Mann werden! Mit Einsicht und Bewusstsein gilt es diese Gesellschaft von Grund auf zu ändern! Und da wir gerade dabei sind: Neben den Initiationen in Siebenjahresschritten ist es not-wendig auch wieder ein gesteigertes Bewusstsein für den Jahreskreis mit seinen Jahreszeiten und den entsprechenden Jahreskreisfesten zu entwickeln. Ich spreche hierbei von den natürlichen Festen wie den Sommersonnwenden oder Tagundnachtgleichen sowie von den Vollmondfesten, die einheitlich, da alle verbindend, auf der gesamten Welt gefeiert wurden und werden. Ich spreche auch vom 13monatigen Kalender und der Einteilung der Zeit in Zeiträumen anstelle von Zeitpunkten. Es gibt noch immer sehr viel zu tun, und wir leben in einer aufregenden Wendezeit. Möge das Bewusstsein der Menschheit für Frieden, Natürlichkeit, größtmöglicher Sicherheit, Schönheit, Kultur, Nachhaltigkeit, Dankbarkeit, Vergebung, Freiheit, Weisheit, grundlegender Gerechtigkeit, Fairness, Solidarität, Kooperation, Wahrhaftigkeit, Ehrlichkeit, Herzlichkeit, Leidenschaft, Intimität, Liebe und Licht siegen über die dunklen Schatten aus Vergangenheit und Gegenwart. Wir sind die Schöpfer dieser Welt! Das heißt, in uns wohnt die Kraft, unserer eigene Kreation auch jederzeit wieder zum Besseren abändern zu können! Hier und heute leben wir in einer Welt, in der eine wieder entdeckte, bewusste Maskulinität mit all ihren Facetten in der Lage ist, ein irdisches Paradies zu errichten, in welchem alle unsere Grundbedürfnisse auf vortreffliche Weise erfüllt werden. Dies geht allerdings nur gemeinsam mit weiblicher Femininität und ohne jeglichen Rassismus! Dieser Wunsch ist 99,999 Prozent aller Menschen gemeinsam. Es gibt daher keinen Grund zu scheitern. Die menschliche Zukunft liegt in bewusster, geschlechtlicher Identifikation, nachhaltiger Technologie und dem natürlichen („naturspirituellen") Miteinander aller lebenden Elemente. Wir sind mit allem verbunden und auf höherer Ebene ohnehin vereint. Würde der Mann allerdings bereits auf irdischer Ebene auf seine spaltende und polarisierende Individuation verzichten, die ihn vom Rest des Universums trennt, gäbe es keine menschliche Zukunft auf diesem Planeten: Mit dem Zusammenbruch des männlichen Pols würde alles verschmelzen!

Integrität und Meisterschaft

"Integrität ist Makellosigkeit. Hierin liegt die wahre Meisterschaft des Mannes!"

Gerne spricht man von der Integrität eines Mannes, aber keiner weiß wirklich, was das ist. Oder könnten Sie Integrität aus dem Stegreif übersetzen? Am ehesten kommt ihr wohl noch der wunderschöne deutsche Begriff der Makellosigkeit gleich. Das Wörterbuch bietet zusätzlich noch „Unbescholtenheit, Unbestechlichkeit, Unverletzbarkeit" an. Vielleicht auch „Ehrenhaftigkeit, Aufrichtigkeit, Redlichkeit, Anständigkeit, Korrektheit oder Rechtschaffenheit". Dies alles sind aber nur Floskeln des äußeren Anscheins. Makellosigkeit hingegen ist etwas Inneres. Es ist die Kunst, vor sich selbst zu bestehen. Integrität und Makellosigkeit bedeuten nun aber nicht, dass man keine Fehler machen dürfe. Ganz im Gegenteil, je mehr Fehler ein Mann aus Überzeugung macht, desto mehr wird er lernen und zukünftige Fehler zu vermeiden wissen. Geben Sie sich selbst also immer wieder eine zweite Chance. Meisterschaft liegt darin, aus seinen Fehlern zu lernen. Ob es nun ausgesprochen wird oder nicht, zielt das innere Streben eines Mannes immer auf Perfektion und Meisterschaft. Bleiben Sie sich also selbst treu (siehe Authentizität), fassen Sie Entschlüsse (siehe Entscheidungsfreude) und werden Sie auf diesem Weg früher oder später zum Meister Ihres eigenen Lebens!

Die Integrität eines Mannes gleicht der liegenden Acht, der Lemniskate, die sich um einen gleichbleibenden Mittelpunkt dreht.

Nur aus der Drehung heraus entsteht die Stabilität der Mitte. Es ist daher nicht möglich, sich in die eigene Mitte zu begeben, ohne die Drehung oder Polarität der Bewegung erfahren zu haben. Nur wer gelebt, geliebt, gelacht und gelitten hat, wird Ruhe und Erlösung finden. Ein Mann aber, der sich diesen Erfahrungen verweigert, wird nie gelassen ins sich ruhen können!

In allem, was wir als Männer tun, streben wir zumindest unbewusst nach der eigenen Erlösung - sei es auf der Arbeit (Erlösung vom Stress), der Sexualität (Erlösung von Körperspannung), Wissenschaft (Erlösung von Unwissenheit) oder Philosophie (Erlösung von Ungewissheit und Angst) etc. Diese Erkenntnis trifft ebenso auf den Gebrauch von Drogen, Fernsehkonsum, Spielsucht oder das schlichte Naturerleben zu. Wir suchen nach Entspannung und Erlösung eigener Zwänge. Eine Frau ist da anders. Es verlangt sie in erster Linie (wie Deida schreibt) nach Er-füllung. Die durchschnittliche Frau sucht diese in der Nahrung (daher auch das entgegengesetzte Symptom der Magersucht), in Tupperwarenpartys (man kann etwas hineinfüllen), im Einkaufsbummel, in Chips, Wein und Schokolade (den heimlichen, abendlichen Lastern), in Verfilmungen von Liebesromanen, Seifenopern (die Frau er-füllt sich mit den entsprechenden Gefühlen an) etc.

FAZIT: Treffen Sie Entscheidungen, machen Sie Fehler, seien Sie Mensch, aber bleiben Sie makellos in allem, was Sie tun. Das heißt: Stehen Sie zu den Konsequenzen Ihrer Taten, halten Sie diesbezügliche Spannungen mannhaft aus und lernen Sie aus Ihren Fehlern! Nur aus Erfahrung entsteht heitere Gelassenheit! Meines Erachtens liegt männliche Erlösung im Erleben des Lebens, während weibliche Erfüllung eher in einer gewissen Abstinenz zu finden ist.

Praktische Hinweise

- Was immer Sie auch beginnen oder tun, verhalten Sie sich dabei integer!
- Bedenken Sie: Es geht in Ihrem Leben nicht wirklich um Ansehen, Macht oder Geld, sondern um die Reinheit Ihrer Seele!
- Üben Sie Gerechtigkeit auch an und mit sich, aber gehen Sie mit Ihren Fehlern nicht zu streng zu Gericht!
- Lernen Sie aus allem, was Sie tun und erweitern Sie schrittweise Ihre Grenzen!
- Werden Sie aktiv!
- Erlangen Sie die Lebensmeisterschaft!
- Erst, wenn sich die Lemniskaten eines Mannes und einer Frau um den gleichen Mittelpunkt vereinen, entsteht aus der liegenden Acht eine vierblättrige Blüte!

THOMAS: Gerechtigkeit an und mit sich selbst üben? Wie soll das denn gehen? Hallo? Und „Lebensmeisterschaft" - bitte schön, ein solches Wort gibt es überhaupt nicht in der deutschen Sprache. Was für dämliche Ratschläge! Ich glaube fast, wenn du mich nicht hättest, niemand würde je dein Buch lesen! So aber gelingt es mir vielleicht hier und da noch einen kleinen Schmunzler oder ein Runzeln der Stirn aus den Zeilen zu quetschen. Sagtest du nicht eingangs, du seist fern davon, irgendwem irgendwelche Bestimmungen vorzuschreiben, was ein Mann alles können müsse, wie es manche „Männerbücher" definieren. Ich spreche von Dingen wie eine Boeing 747 fliegen und dergleichen mehr! Tust du ja auch nicht, solange wir uns integer verhalten und dabei die eigene Lebensmeisterschaft erlangen. Das ist doch wohl eine Mogelpackung! Ich bin ein Mann mit alle meinen Fehlern! Und das Beste daran: Ich stehe dazu. Was interessieren mich Makellosigkeit und

Lebensmeisterschaft. Ich will nach einem anstrengenden Arbeitstag einfach nur Fußball schauen!

Zitate

„Ein kluger Mann macht nicht alle Fehler selbst. Er gibt auch anderen eine Chance"
Winston Churchill

Jagdinstinkt/Eroberung von Frauen

„Auch der moderne Mann ist ein Jäger und Frauen gehören in sein Beuteschema!"

Geschichtlich gesehen war der Mann immer ein Jäger und Sammler, während die Frau Sammlerin sowie Hüterin der Kinder und des Heims war. Sind die Jagd und das Sammeln noch zeitgemäß in einer Epoche des allgemeinen Wohlstands in Westeuropa? Ich glauben ja, wenn auch die Methoden variieren und sich die Art der Beute im Laufe der Jahrtausende leicht gewandelt hat. Noch immer sammeln wir Status, Macht und Reichtum. Wir jagen nach Glück, teuren Autos (Pferden) und gut aussehenden Frauen. Was soll daran auch falsch sein? Bereits unsere Vorväter taten es. Hat uns diese Lebensweise nicht einen bis dato ungeahnten Fortschritt und Wohlstand gebracht? Und doch scheint das kapitalistische Wirtschaftssystem sich in den letzten Zügen zu befinden. Können wir unseren hohen Lebensstandard wirklich halten? Wir alle wissen, dass dies aufgrund der limitierten irdischen Ressourcen nicht möglich sein wird! Bereits jetzt fahren wir mit dem Ersatztank. Die Anzeichen hierfür können nur schwerlich übersehen werden: Die Zeit zum Umdenken und „Umhandeln" ist längst gekommen! Wir sollten uns als Männer des 21ten Jahrhunderts also gut überlegen, was zu jagen und zu sammeln heutzutage unser Überleben sichern wird - so wie es Brauch ist!

Ein mit der Jagd zusammenhängendes Thema ist jenes der Eroberung. Auch diese liegt dem Mann als Teil der Erweiterung seiner persönlichen und territorialen Grenzen gewissermaßen in den Genen. Trotz aller teilweise mit gewaltsamer Eroberung verbundenen Grausamkeit haben wir unsere Gesellschaft durch den Kampf voran gebracht und das Überleben des Stärkeren und Listigeren gewährleistet. Zugleich aber wurde viel Leid in die Welt gebracht. Wir sollten uns deshalb heutzutage gut darüber klar werden, welche Eroberungen weiterhin eine friedliche, menschliche Weiterentwicklung favorisieren und protegieren und welche unserer Handlungsweisen potentiell eher den Kern der eigenen Vernichtung in sich tragen wie beispielsweise die Atom- oder Gentechnik! Ich glaube, wir leben in einer Zeit globalen Wandels, in der es hinsichtlich des eigenen Überlebens längst notwendig wurde, individuelle männliche Egoismen hinter einer human und ökologisch orientierten Maskulinität zurückzustellen. Dies jedoch geht niemals durch Zwang, sondern immer nur durch Bewusstsein!

Wenden wir uns nach diesen einleitenden Gedanken einmal der Jagd und Eroberung von Frauen zu! Tief in unserem Inneren und manchmal auch sehr auf der Oberfläche lieben wir Männer es, Frauen (und am besten vielen) nachzustellen, um sie zu erobern. Wenn dies auf eine stilvolle Art und Weise geschieht, ist es im Übrigen ganz im Sinne der Frauen, die sich ebenfalls nach Aufmerksamkeit, Abwechslung und Abenteuer sehnen! Jagen und erobern Sie daher guten Gewissens. Mit Stil, Beharrlichkeit und Respekt vor Ihrer Beute werden Sie erfolgreich sein. Umgarnen Sie die Auserwählte und lassen Sie sich nicht gleich beim ersten Misserfolg abschrecken. Ob mit oder ohne Trauschein: Die Jagd, das Vorspiel und die Werbung können Tage in Anspruch nehmen. Ist es Ihnen dann aber noch immer nicht geglückt, zum Zuge zu kommen, analysieren Sie die Ursachen, verändern Sie Ihr Verhalten oder suchen Sie sich eine andere Beute! Es ist ein Spiel. Üben Sie sich im Selbstvertrauen, studieren Sie Ihre Beute und respektieren Sie sie als ebenbürtig! Werden Sie weder übergriffig noch jämmerlich, sondern halten Sie sich an einen gesunden Mittelweg. Frauen wollen weder bedrängt oder gar gezwungen werden, sondern verführt. Die Kunst der Verführung liegt darin, beharrlich zu bleiben, ohne aufdringlich zu werden! Genauso wenig wie den Macho schätzen Sie allerdings bloße Bittsteller oder Jammerlappen. Sagen Sie zu einer Frau nie einfach nur: „Ich möchte mit dir schlafen!", sondern zeigen Sie es ihr durch Ihre Aufmerksamkeit, Ihre Präsenz, Gesten, Worte und Geschenke! Möglicherweise würde Sie selbst eine so direkte Aufforderung wie „Schlaf mit mir!" antörnen, eine Frau im Allgemeinen nicht! Sie erwartet da schon etwas mehr Stil von Ihnen. Sie möchte Ihr Bemühen spüren! Ver-führen ist die Kunst des umsichtigen in die Intimität Geleitens.

Eines unserer gesellschaftlichen Problem heutzutage ist, dass wir Männer uns mittlerweile von den Frauen aussuchen lassen. Meistens unternehmen diese sogar den ersten Schritt der Kontaktaufnahme und nicht umgekehrt, wie viele Herren noch immer glauben. Kulturhistorisch gesehen aber ist der Mann der Jäger! Wie kann er es dulden, vom weiblichen Geschlecht, der Beute, gejagt und erlegt zu werden? Das widerspricht den Prinzipien dieses Buchs! Der Mann ist es, der unter allem Wild seine Auswahl treffen muss, um sich auf die Jagd zu begeben. Tut er es nicht, wird er vom Jäger zum Gejagten, vom Eroberer zum Eroberten. Er vergibt seine männliche Autorität mit weitreichenden Folgen in seiner späteren Beziehung. Überlässt er passiv der Frau die Initiative, werden die bereits zu Anfang der Beziehung konträr gelebten Essenzen beider Beteiligten mittelfristig immer für partnerschaftliche Probleme sorgen. Zum anderen, was noch gravierender ist, wird die persönliche Maskulinität des Mannes langfristig verkümmern und auf der Strecke bleiben! Ein Mann ohne Initialkraft und Initiative ist wie wie eine Rose ohne Blüte. Nur das Dornige ist da, das Entscheidende aber fehlt. Früher oder später wird sich seine Partnerin, unbefriedigt in allen emotionalen, sexuellen und finanziellen Belangen, von ihm abwenden und ihr eigenes damaliges Urteilsvermögen hinsichtlich der Partnerwahl anzweifeln. Sie suchte den aktiven, dominanten Jäger ihrer Lust und bekam nur ein Männlein voller Frust.

Je klarer sich ein Mann allerdings auf Seiten des männlichen Pols zu positionieren weiß, desto befruchtender werden für ihn auch die Kontakte zur Femininität des weiblichen Geschlechts. Ein echter Mann wird echte Frauen anziehen und umgekehrt. Viel zu viele von uns begnügen sich mit Mittelmaß. Frauen wollen einen Mann, der stärker und mutiger ist als sie selbst. Sie wollen einen risikobereiten, willensstarken und entscheidungsfreudigen Mann an ihrer Seite. So wie wir uns gerne mit Frauen „schmücken" und uns dadurch erheben, möchten auch diese zu uns aufsehen können. Es geht um Größe. Wie aber sollten Frauen vor einem „Jäger" Respekt haben, der ihnen selbst in die Falle gegangen ist? Emanzipieren Sie sich daher endlich als Mann! Zeigen Sie, wer Sie sind und was Sie können! Ergreifen Sie die Initiative! Bleiben Sie dabei aber immer fair, wie die Hirsche, die einen Konkurrenten nie an dessen ungedeckten Seite angreifen würden, sondern immer nur von vorne! Nur wenn sich die Stärksten und Besten unter uns durchsetzen, wird die menschliche Erfolgsgeschichte zu einem guten Ende gebracht. Dies sind heutzutage jene Männer, die ihr volles weibliches Potential erfahren und integriert haben. Es sind Männer, die sich auszeichnen durch Fürsorge, Dankbarkeit, Einfühlungs-vermögen, Hingabe, Konsensfähigkeit, Kreativität und vor allem durch eines: BEWUSSTSEIN! Ein Bewusstsein u.a. dafür, wie es um das Zusammenleben zwischen Mann und Frau bestellt ist, was sich Frauen wirklich von Männern wünschen, wie wichtig das bedingungslose Verfolgen der eigenen Mission ist, worin dies Mission überhaupt besteht, wie wir als Herzenskrieger bestmöglich unseren Dienst an unserer Familie, Gemeinschaft und Mutter Gaia verrichten können, wie sich Aggression gewinnbringend kanalisieren lässt und wie die Zeichen der Zeit zu deuten sind! Mit einem Satz: Es sind jene Männer, die aus ihrer Weiblichkeit zurückkehrten in die eigene Maskulinität!

FAZIT: Sagen Sie „Ja!" zu Jagd und Eroberung! Sie sind ein Teil unserer Essenz als Mann. Gerade weil uns als wahren und ganzheitlichen Männern die negativen Auswirkungen übertriebener Jagd oder kriegerischer Eroberung bewusst sind, betonen wir deren fundamentale Wichtigkeit. Die entscheidende Frage hierbei bleibt jene nach sinnvoller Beute! Anders als der herkömmliche Mann jagt der Maskuline nach tiefenökologischem Schutz der natürlichen Umwelt, nachhaltigem Bewusstseinswachstum oder Fortschritten auf dem Weg der eigenen Makellosigkeit. Dennoch müssen nicht alle unsere Ziele immer gleich irgendwelchen hehren Idealen entsprechen, sie sollten lediglich nicht mit diesen kollidieren. Sprich: Es ist nichts Falsches daran, Statussymbole zu erlangen oder Frauen zu verführen! Wir sollten jeden Tag aufs Neue zeigen, wer über die ausreichende Dominanz verfügt, das Herz und den Körper der Schönsten auf dem Jahrmarkt zu erobern! Meine Herren, wir stammen aus dem Tierreich! Schauen Sie doch wie die Hirsche es machen! Sie rangeln miteinander bis zur Erschöpfung, kämpfen dabei aber immer fair. Wettkampf, Beharrlichkeit, Durchsetzungsfähigkeit und Dominanz dienen der natürlichen Auslese und dem Überleben unserer Spezies! Im Übrigen wird von Hirschen auch nicht berichtet, dass sie lebenslang heiraten würden

Praktische Hinweise

- Bekennen Sie sich zur Jagd und Eroberung!
- Überlegen Sie sich gut, was zu jagen und zu erobern sich in einer modernen, globalisierten Welt wirklich lohnt!
- Der Egoismus oder falsche Stolz eines Mannes wird nie durch Zwang, sondern immer nur durch Einsicht überwunden.
- Einzig Bewusstsein ist in der Lage, das oftmals mangelhafte Verhalten unserer Spezies in ihrem Umwelt- und Sozialverhalten auf eine höhere Stufe zu heben.
- Lassen Sie sich nicht von Frauen aussuchen, sondern suchen Sie selbst aus!
- Lassen Sie sich nicht immer von Frauen verführen, sondern verführen Sie selbst!
- Beharrlichkeit ist keine Aufdringlichkeit!
- Emanzipieren Sie sich. Zeigen Sie den Frauen, wer Sie sind und was Sie können!
- Integrieren sie hierbei Ihr komplettes weibliches Potential!
- Gehen Sie zurück in die Männlichkeit und verhalten Sie sich fair gegenüber Ihren Konkurrenten und Ihrer „Beute"!
- Folgen Sie zielstrebig ihrer eigenen Vision für unsere Welt
- Werden Sie hierbei zu einem Führer für die wahren Belange dieser Erde!
- Wer das Falsche jagt und erobert und seine Fehler nicht erkennt, wird sich früher oder später selbst vernichten!

THOMAS: Die Ehe scheint von dir in diesem Kapitel bewusst ausgeblendet zu werden. So als seien das maskuline Bekenntnis zu Jagd und Eroberung wichtiger als das lebenslange Zusammenleben zwischen Mann und Frau. Wie so oft, muss man(n) auch hier zwischen den Zeilen lesen, um zu verstehen, was deine wahren Anliegen sind. Und wieder einmal ist es gerade der letzte Satz, der besondere Aufmerksamkeit verdient: „Wer das Falsche jagt und erobert und seine Fehler nicht erkennt, wird sich früher oder später selbst vernichten!" Was ist denn bitte schön das Falsche? Gibt es so etwas überhaupt? Haben wir wertende Prädikate wie „richtig" und „falsch" denn nicht längst überwunden, solange nur das Resultat stimmt? In deinem Bestreben, dich wie ein harter Mann auszudrücken, verschleierst du zunächst die Antwort! Die logische Gegenfrage würde lauten: „Was oder was sind die richtigen Dinge, die es zu sammeln, zu erjagen und zu erobern gilt?" Sind es Waren oder Werte? Sind es wirklich diverse Frauen? Letzteres könnte ein mittelmäßiger Mann vermuten. Du aber, als spiritueller Mensch, verstehst noch etwas ganz anderes hierunter. Du hebst es sogar hervor: BEWUSSTSEIN! Der wahre Mann ist Bewusstseinsjäger; der maskuline Jäger und Eroberer sich der Auswirkungen seiner Handlungen bewusst!

Kameradschaft

"Wenn aus Kameradschaft wahre Freundschaft wird, werden aus Jungen Männer!"

Meines Erachtens ist eine neue Solidarität unter den Männern noch wichtiger als die Liebe zu einer Frau! Während Partnerschaften wechseln, bleibt die echte Männerfreundschaft bestehen (siehe: Freundschaften/Freunde). Nicht jeder Kamerad ist jedoch zugleich auch ein Freund. Ganz im Gegenteil geht es darum, sich mit den unterschiedlichsten Männern zu messen, von ihnen zu lernen und mit ihnen klar zu kommen. Man(n) vereint sich hierbei für Spiel, Spaß und Arbeit bzw. tritt gegeneinander an - auch dies ist ein Spiel -, um danach wieder auseinander zu gehen und im Kreis der Familie die eigene Autonomie zu genießen.

Der ehrliche Kontakt zu anderen Männern ist fundamental für die männliche Entwicklung. Wir benötigen die aufrichtigen Antworten und Einschätzungen anderer Männer, um uns in der Welt zurecht zu finden. Wie lebt ein anderer seine Männlichkeit? Was tut er und warum? Was verbindet uns als Männer und was trennt uns? Der Kontakt zu anderen Männern ist also wesentlich für die Selbsterkenntnis und befruchtend. Wir können von ihnen viel mehr lernen als von Frauen, da sie die Welt mit gleichen oder doch zumindest ähnlichen Augen sehen. Im Gegensatz zu der Gefühls- und Seelenbezogenheit der Frau stehen wissenschaftliche Grundlagen, Handwerk, Technik, Kriegertum und klare Gedanken im Vordergrund der maskulinen Betrachtungsweise. Die Bandbreite der Interessengebiete von Männern ist indes wesentlich breiter als allgemein angenommen und geht weit über Naturwissenschaften, Wirtschaft, Sport, Politik und Kultur hinaus!

Ein Mann muss bereit sein, auch über die Kritik seiner Freunde ehrlich nachzudenken und gegebenenfalls sein Verhalten zu ändern. Ist dies geschehen, muss hierüber kein einziges Wort mehr verloren werden. Echte Freundschaften helfen den Männern dabei, sich selbst in den Augen des anderen zu reflektieren und so seinem eigenen Kern, seiner eigenen maskulinen Essenz näher zu kommen. Tragen Sie anderen Männern nichts nach, sondern danken Sie Ihnen für Ihre direkte Ehrlichkeit!

FAZIT: Erkennen Sie die Kameradschaft unter Männern als das, was sie ist: Eine Herausforderung zu Wettkampf und Weiterentwicklung, Solidarität, Freude und Selbsterkenntnis!

Praktische Hinweise

- Pflegen Sie bevorzugt Männerkontakte und männliche Freundschaften!
- Werden Sie, je nach Ihren eigenen Vorlieben, Mitglied in männlichen Gruppen oder Vereinen!
- Organisieren Sie sich in Männergruppen!
- Spielen Sie mit anderen Männern und haben Sie Spaß miteinander!
- Tauschen Sie ehrlich auf der Herzensebene aus!
- Treten Sie in Konkurrenz zueinander und unterstützen Sie sich zugleich in der materiellen Welt!
- Konkurrenz und Solidarität oder Wettkampf und Unterstützung bedingen sich in einer männlichen Welt gegenseitig!
- Reflektieren Sie sich in den Augen anderer Männer!

- Lachen Sie miteinander!

THOMAS: Kann man wirklich in Konkurrenz zueinander stehen und sich zugleich mit aller Offenheit auf der Herzensebene austauschen? Ist dies das Paradigma der männlichen Welt oder müsste sich nicht ein Mann ein für alle mal zwischen Konkurrenz und Freundschaft bzw. Feindschaft und Solidarität entscheiden? Anders ausgedrückt: Stehen männliche Freunde wirklich weiterhin in notwendiger Konkurrenz zueinander? Wie weit reicht Freundschaft? Spüren Sie in sich hinein und entscheiden Sie am besten selbst! Ich glaube nämlich fast, dass jene Männer, die am sichersten in ihrer Maskulinität ruhen, den Wettkampfcharakter ihrer Kontakte am wenigsten hervorheben und ausleben!

Vorschau aufs nächste Kapitel

Am Beispiel von „Aktenzeichen XY" wird uns deutlich klar gemacht, welches Geschlecht der Täter zu haben hat! Frauen (XX) scheiden bereits per Definition aus. Möglichweise kein Zufall, dass die Aufklärungsquote dieser Sendung lediglich bei 50% liegt.

Kriminalität

"Solange es noch männliche Opfer und kriminelle Männer gibt, wurde die Emanzipation des Mannes noch nicht beendet! Erst dann wird die Männerbewegung ihren Platz in den Geschichtsbüchern finden!"

Sind Männer wirklich krimineller als Frauen? Björn Leimbach führt aus, dass die Zahl der männlichen Opfer bei mittelschwerer bis schwerer Gewalt in der Partnerschaft laut einer Studie des Bundesministeriums für Familie, Senioren, Frauen und Jugend aus dem Jahr 2004 mittlerweile die der Frauen um einige Prozent übersteigt. Tendenz fortschreitend! Ein entsprechendes Ministerium für männliche Angelegenheiten gibt es leider nicht! Sind Männer gewalttätiger als Frauen? 50% der betroffenen Männer gaben an, dass sie sich bei diesen körperlichen Übergriffen durch ihre Frauen nicht gewehrt haben. Keiner von ihnen erstattete Anzeige! Beobachtungen und statistische Materialien, die durch zahlreiche weitere Untersuchungen in einer ganzen Reihe so unterschiedlicher Länder wie den USA, Kanada, England, Dänemark, Neuseeland oder Südafrika bestätigt werden. Das übereinstimmende Ergebnis: „In Beziehungen geht die Gewalt entweder überwiegend zu gleichen Teilen von beiden Partnern oder aber hauptsächlich von der Frau aus!" Sind Männer brutaler als Frauen? Zumeist wird der Mann noch immer sofort mit dem Begriff des „Täters" assoziiert! In den meisten Köpfen geht die Gleichung „Mann = Opfer häuslicher Gewalt" nicht zusammen. Dennoch trifft dies mittlerweile zu mindestens 50% in den westlichen Industrienationen zu, was die von Leimbach und anderen ausgewerteten wissenschaftlichen

Forschungsberichte, empirischen Studien und vergleichenden Analysen eindeutig beweisen! Oftmals werden aber vergleichbare Informationen bewusst verschwiegen oder verleugnet, da sie nicht ins Konzept der *political correctness* zu passen scheinen. Leimbach führt weiter aus (Seite. 23):

„Würden die Fakten allgemein bekannt, müsste ein radikales Umdenken von Opfersein und Tätersein stattfinden. Dann müssten folgerichtig auch Männerbeauftragte und Männerhäuser eingerichtet werden."

Bereits auf Seite 19 kommentiert Leimbach an:

„Vor allem in Beziehungen halten Männer unhaltbare Zustände, Demütigungen, Schikane und Gewalt durch ihre Partnerin aus. Weder wehren sie sich noch beenden sie die Beziehung. Viel häufiger ducken sie sich, haben ein schlechtes Gewissen und hoffen, dass ihre Partnerin sie endlich in Ruhe lässt. Sie verharren als Opfer in Lethargie und Passivität."

Hierin liegt das wahre „Schweigen der Männer" und nicht etwa darin, dass sie nicht in der Lage wären, ihre eigenen Gefühle angemessen zu kommunizieren! Auch ich darf Ihnen sagen, dass ich in meinem Leben mittlerweile mit vielen Männern gesprochen haben, auf die genau dies zutrifft! Heute habe ich sogar in der Zeitung von einem Mann gelesen, der die Polizei bat ihn wegen irgendeinem Delikts für vier Wochen wegzusperren, damit er wenigstens während dieser Zeit vor seiner eigenen Freundin in Sicherheit wäre! „Lieber ins Gefängnis, als zurück zur Freundin" lautete die Artikelüberschrift. Sie werden sich allerdings wundern (oder auch nicht), wie oft in der Rechtsprechung und in den Köpfen der meisten Richter noch immer unbewusst das Bild des schlagenden Mannes sitzt. Selbstverständlich geht man davon aus, dass die Frau die Opferrolle inne hat! Selbst einige Gesetzestexte sprechen bei häuslicher Gewalt noch immer vom „Täter" und der „betroffenen Frau".

Zur Auseinandersetzung mit physischer Gewalt kommt noch eine andere, oftmals und in überwiegender Mehrheit von Frauen ausgeübte *Qualität* verbaler und emotionaler Gewaltanwendung, die sich jeder Statistik entzieht! Kaum jemand dürfte bezweifeln, dass die Frauen uns hierbei nach wie vor in erschreckendem Maße überlegen sind!

Auch in der Werbung lassen es die Männer zu, dass auf ihre Kosten permanent Witze gemacht werden. Bei 98% aller Werbespots, die das Verhältnis von Mann und Frau thematisieren, steht zum Schluss der Mann als „Dummer" da. Na toll! Sollen wir jetzt darüber lachen? Sollen wir uns dies gefallen lassen? Oder wehren? Oder sollen wir einfach nur die Produkte kaufen? Sehen Sie, was hier geschieht: Die Produkte sind für Frauen bestimmt. Sie entscheiden heutzutage darüber, was wir Männer anschaffen und kaufen sollen und bestimmen damit - wie selbstverständlich - über einen Großteil der familiären Ausgaben!

Ein weiterer wichtiger Punkt im heutigen Verhältnis zwischen Mann und Frau ist die Ungleichbehandlung in der Rechtsprechung, die schon seit Jahrzehnten die Frauen bevorzugt. (Im Übrigen - nur ganz nebenbei - ist auch unsere Justizministerin weiblich.) Männer werden nicht nur hinsichtlich des Umgangs mit Ihren eigenen Kinder und eines geteilten Sorgerechts massiv benachteiligt, auch bei Scheidungen werden Sie von deutschen Richterinnen und Richtern reihenweise über den Tisch gezogen! Die Republik tickt weiblich!

FAZIT: Die Gewaltbereitschaft von Frauen ist mindestens ebenso groß, wie die der Männer. Sie benötigen hierfür keine körperliche Überlegenheit, um sich durchzusetzen. Oftmals reicht es, dass sie weniger Hemmungen haben, physische Gewalt gegen einen Mann einzusetzen, als es umgekehrt der Fall ist! Hinzu kommt noch die ohnehin bevorzugt von Frauen teils subtil, teils massiv ausgeübte verbale und emotionale Gewaltanwendung! Aussagen, die sich allesamt statistisch beweisen lassen!

Praktische Hinweise

- Schlagen Sie keine Frauen, aber lassen Sie es umgekehrt auch nicht zu, von ihnen geschlagen zu werden! Erstatten Sie notfalls Anzeige!
- Stecken Sie all die emotionalem Demütigungen und Schikane Ihrer Partnerin nicht länger weg, sondern wehren Sie sich mit fairen Mitteln!
- Verlassen Sie notfalls Ihre Partnerin! Es gibt noch andere!
- Tragen Sie als Mann dazu bei, dass diese und vergleichbare Informationen weiter verbreitetet werden und setzen Sie sich für ein positiveres Männerbild in der Gesellschaft ein!
- Lassen Sie es nicht länger zu, dass auf Kosten der Männlichkeit Witze gemacht werden!
- Solidarisieren Sie sich mit anderen Männern!
- Tragen Sie mit zur Sensibilisierung in der Öffentlichkeit bei, weil die Gleichung „Mann = Täter" längst nicht mehr den gesellschaftlichen Realitäten entspricht!
- Überprüfen Sie Ihr eigenes Kaufverhalten. Wollen wirklich Sie dieses Produkt oder steckt nicht vielmehr Ihre Frau dahinter?
- Setzen Sie sich für eine gerechte Behandlung im Falle von Scheidung ein, was sowohl ein gleichberechtigtes Umgangsrecht als auch faire Gütertrennung beinhaltet!

- Gehen Sie notfalls bis vor den höchsten europäischen oder gar internationalen Gerichtshof!

THOMAS: Wenn das stimmt, was du hier schreibst, finde ich es durchaus bedenklich! Aber Männerhäuser für echte Kerle? Ich weiß nicht... Trotzdem, bei allem, was hier geschrieben steht, sollten wir nie vergessen, dass wir uns ja eigentlich mögen: die Männer die Frauen und die Frauen die Männer. Und dass es uns irgendwo ja auch ein natürliches Bedürfnis ist, sich untereinander auszutauschen, miteinander schöne Zeit zu verbringen, zusammenzuleben und zusammen zu wachsen. Von der heterogeschlechtlichen Sexualität einmal ganz zu schweigen! Es war mir dann also wohl doch ein Bedürfnis, dieses Kapitel versöhnlich zu beenden, selbst wenn ich durchaus Mitleid mit den von häuslicher oder anderer Gewalt betroffenen Männern und Frauen(!) empfinde! Man(n) sollte diese Dinge nicht verschweigen!

Zitate

„Die Frauen geben mehr Geld aus, als der Mann verdient, damit die Leute glauben, dass er mehr verdient, als die Frau ausgibt." Danny Kaye

„Die Männer wünschen sich eine Frau, mit der man Pferde stehlen kann. Frauen wünschen sich Männer, mit denen man ein Auto kaufen kann."
Anna Magnani

„Die Männer mögen das Feuer entdeckt haben. Aber die Frauen wissen besser, wie man damit spielt."
Sarah Jessica Parker

Kampfbereitschaft/Wachsamkeit

"Die Bestimmung des Mannes ist jene als Krieger und als solcher ist es seine Pflicht, kampfbereit und wachsam zu sein!

Kampfbereitschaft definiert die allgemeine Bereitschaft zur Konfrontation, sei es um Grenzen zu ziehen oder um selbst einen Angriff auszuführen. Ein anderes Wort wäre Wachsamkeit. Diese Bereitschaft - ja Pflicht zur eigenen Selbstverteidigung - sollte in einem Mann, der sich zugleich als Krieger versteht, jederzeit anzutreffen sein. Um es vorwegzunehmen: Nicht in diesem Kapitel behandelt wird die Bereitschaft zum Töten. Wenn diese ultimative Forderung auch die machtvolle und fürchterliche Krone der hier besprochenen kriegerischen Fähigkeiten sein mag, so wurde ihr doch oder gerade deshalb ein eigenständiges Kapitel auf dem Weg zur Maskulinität - das letzte der 103 - gewidmet. Nur zu gut weiß der Krieger, dass das einmal genommene oder verlorene Leben niemals wieder zurückerlangt werden kann! Der Todesengel ist zugleich der Engel der Endgültigkeit. Er ist die einzige nivellierende Macht, die sich ausnahmslos über alle Unterschiede und Grenzen des Lebens hinwegsetzt.

Andererseits lässt sich auch beobachten, dass, je weiter ein Mann in der Kampfkunst fortgeschritten ist, er sich desto seltener in Kämpfe verwickeln lässt. Auch dies ist eine Gesetzmäßigkeit! Ein Meister der Kampfkunst ist immer jener, der sich durch die Vermeidung von Gewalt, Verletzung und Tod auszeichnet. Er bleibt wachsam. Der größte Kämpfer ist jener, der durch seine Präsenz und die Wahl seiner Waffen und Worte Deeskalation bewirkt und möglicherweise sogar einen gewissen Konsens herbeiführt. Selbst die Flucht kann in gewissen Situationen vernünftiger sein als der Sieg.

Der maskuline Mann ist ein Mann des Friedens. Er ist wachsam, zieht klar erkennbare Grenzen, verteidigt sich falls notwendig und entwickelt weitere Sinne. Er selbst bestimmt darüber, wer diese Grenzen wann, wie und wo passieren darf. Er beherrscht sein Metier und sein Revier. Sein Ziel ist jenes des makellosen, vollendeten Kriegers, der sein Schwert uns seine Waffen nicht nur zum eigenen Schutze, sondern auch gekonnt für die höhere Sache einsetzt!

Erlernen Sie zur Verteidigung und Durchsetzung eigener Interessen mindestens eine Kampfkunst! Es spielt hierbei keine Rolle, wie alt oder fit Sie sind. Die Kampfkunst wird Ihnen auf jeden Fall helfen, eine aufrechte Grundhaltung zu bewahren und sich respektvoll auf Kämpfe einzulassen. Diese und andere Grundregeln lassen sich gleichermaßen privat wie im Berufs- und Wirtschaftsleben einsetzen und werden Ihnen bei Ihrem persönlichen Vorankommen helfen!

Wettkampf und Konkurrenz stellen gemeinsam mit kanalisierten Aggressionen, grundsätzlicher Verteidigungsbereitschaft, einem immanenten Kampfgeist und dem steten Willen zur individuellen Durchsetzung Grundprinzipien männlicher Entwicklung hin zur Makellosigkeit dar! Je mehr Sie diese Prinzipien als Mann anerkennen und in Ihrem Leben verwirklichen, desto bessere und mächtigere, männliche Freunde und Verbündete werden Sie finden. Die Furcht vor dem Tod ist immer nur die Furcht vor Ihnen selbst!

FAZIT: Wann immer Sie sich auch zum Kampf entschließen, kämpfen Sie fair, erweisen Sie Ihrem Gegner Respekt und setzen Sie sich entschieden - vor und nach dem Kampf - für nachhaltigen Frieden, Freiheit und Gerechtigkeit ein!

Praktische Hinweise

- Stecken Sie anderen Männern gegenüber, sich selbst und selbstverständlich auch Frauen gegenüber immer deutlich Ihre Grenzen ab!
- Erlernen Sie mindestens eine Kampfkunst!
- Alle sollen wissen, woran sie mit Ihnen sind!
- Spielen sie fair und mit offenen Karten!
- Halten Sie sich an Verträge!
- Treten Sie in Konkurrenz zu Gleichstarken und setzen Sie sich durch!
- Vermeiden Sie hierbei allerdings unnötige Konflikte!
- Fast immer liegt im Konsens die Lösung aller Konflikte!
- Selbstverteidigung ist Pflicht!
- Werden Sie angegriffen, wehren Sie sich!
- Gehen Sie mutig auf Probleme zu und stellen Sie sich den Herausforderungen, die Ihr Leben und Ihre Arbeit mit sich bringen!
- Verhindern Sie allerdings nach Möglichkeit bereits im Vorfeld, dass man Sie angreifen oder gar übertölpeln wird!
- Obwohl Sie niemals vor einer Auseinandersetzung zurückscheuen, wird man daran, dass die Zahl Ihrer persönlichen Konflikte als Mann im Laufe Ihres Lebens abnehmen, erkennen, inwieweit Sie auf dem Weg Ihrer Männlichkeit bereits vorangeschritten sind!

THOMAS: Ich nehme mit: die maskuline Pflicht zur Selbstverteidigung, die Notwendigkeit, sich in mindestens einer Kampfkunst zu vervollkommnen und dass das oberste Ziel der ständigen Kampfbereitschaft der Frieden ist!

Zitate

„Man kann nicht immer ein Held sein, aber man kann immer ein Mann sein."
Johann Wolfgang von Goethe

Konsensfähigkeit

„Empathie und Konsensfähigkeit ist es, was von einem Mann im Matriarchat als maskuline Tugenden gefordert wurde. Es gibt keinen Grund, in anderen Gesellschaftsformen hiervon Abstand zu nehmen!"

Konsensfähigkeit erachte ich als eine von der weiblichen Seite des Mannes kommende - für die heutige Männerwelt und Schöpfung wichtige - ergänzende Fähigkeit. Neben anderen Werten wie ganzheitliches Bewusstsein, Empfindungs- oder Empathievermögen ergänzt die von uns geforderte Konsensfähigkeit eher männliche Tugenden wie beispielsweise Entscheidungsfähigkeit, Unabhängigkeit oder Führerschaft. Nur unter bestmöglicher Entwicklung all dieser Werte reift der durchschnittliche Mann zur maskulinen Persönlichkeit. Bestmöglich heißt in diesem Sinne immer auch zum Wohle der Gemeinschaft. Was ist denn Konsensfähigkeit, wenn nicht die Fähigkeit, Kompromisse zu erzielen, die alle Betroffenen in ihren persönlichen Belangen weiter bringen?! Also win/win-Situationen zu gestalten, wie man heute sagen würde, anstelle „fauler Kompromisse", die aus Unzulänglichkeit oder Angst geschlossen werden. Meines Erachtens ist Konsensfähigkeit gerade in einer zunehmend globalisierten Welt von nicht zu unterschätzender Bedeutung, ja Notwendigkeit, um das Überleben der menschlichen Rasse langfristig zu gewährleisten. Nur mittels von allen Beteiligten mitgetragenen „authentischen Kompromissen" werden wir unserer natürlichen Lebensgrundlagen nachhaltig sichern können. Eine Fähigkeit, die nicht nur zwischenmenschliche Abmachungen und Verträge betrifft, sondern darüber hinaus unseren respektvollen

Umgang mit den Lebensräumen und Reichen der Pflanzen, Tiere und selbst Minerale umfasst. Letztlich geht es darum, einen für alle Wesen gewinnbringenden Konsens mit der gesamten Schöpfung und alle ihren lebenden Elementen zu erzielen. Vielleicht sollte man auch von Tiefenökologie sprechen. Jene Zeiten jedenfalls, da wir - auch als Männer - durch Ausbeutung, Ausnutzung, Übervorteilung oder gar Betrug zu punkten gedachten, sollten eher der Epoche der Saurier zugeordnet werden, denn des modernen Menschen!

FAZIT: Konsensfähigkeit ist heute lebenswichtiger denn je; sie betrifft nicht nur zwischenmenschliche Belange, sondern wird immer mehr zu einer Notwendigkeit auch in gesamtgesellschaftlichen, internationalen und/oder globalen Belangen!

Praktische Hinweise

- Hüten Sie sich vor faulen Kompromissen, bei denen Sie ein ungutes Gefühl haben oder auf gewisse Freiheiten verzichten müssen!
- Üben Sie sich darin, echte Kompromisse zu schließen, von denen beide Parteien in erster Linie Vorteile haben!
- Authentische Kompromisse entstehen unter Berücksichtigung allgemeiner Lebensgesetze und aufgrund einer bewussten, den bloßen Egoismus hinter sich lassenden Herzlichkeit!
- Berücksichtigen Sie die natürlichen Ressourcen und Ihre unmittelbare Lebensumwelt bei all Ihren Entscheidungen!
- Üben Sie sich im Verzeihen. Es wird ihr Überleben und Fortkommen sichern!
- Holen Sie immer die Meinungen aller Beteiligten ein!
- Hören Sie sich hierbei auch offen die Argumente der Gegenseite an!

- Bemühen Sie sich darum, diese Argumente so gut wie möglich nachvollziehen zu können!
- Oftmals sind es nur leicht zu bereinigende Missverständnisse, die zu großen Streitereien führen!
- Gegen offensichtliche Lügen können Sie sich natürlich wehren!
- Bleiben Sie immer sachlich und fair!
- Zwingen Sie niemanden zu einem Kompromiss!
- Verschaffen Sie sich durch Ihre Integrität selbst Akzeptanz bei der Gegenseite!
- Behalten Sie intime Details für sich!
- Sollte es sich um vertrauliche Vereinbarungen handeln, wird niemand durch Sie davon erfahren!

THOMAS: Weißt du überhaupt, wie anstrengend es ist, immer alles kommentieren zu sollen? Natürlich ist Konsensfähigkeit eine jener Eigenschaften, die uns langfristig das Überleben sichern werden! Konsens bedeutet wörtlich genommen „mit den gleichen Sinnen wahrnehmen". Man muss also in der Lage sein, sich in die Situation des anderen zu versetzen. Folgerichtig ist auch Empathie oder Einfühlungsvermögen erforderlich. Nur wer einmal in den Schuhen des anderen gelaufen ist, kann wirklich abwägen, welche Lasten dieser mit sich schleppt!

Zitate zu Konsens und Verständnis von Mann und Frau

„Es gibt zwei Perioden, in denen ein Mann eine Frau nicht versteht: vor der Hochzeit und nach der Hochzeit."
Robert Lemke

„Alle Männer sind auf der Suche nach der idealen Frau, vor allem nach der Hochzeit."
Helen Rowland

Kriegertum

„Der Archetypus des Kriegers wird teilweise noch immer missverstanden! Es geht hierbei nicht um Krieg, sondern um Bewältigung der eigenen inneren Monster!"

Ein wahrer Mann ist immer auch ein Krieger und so platt wie diese Aussage auch erscheinen mag, trifft sie selbst noch auf den femininsten Mann zu. Die Frage lautet also nicht: Ob ein Mann Krieger sei, sondern wie er dieses Kriegertum lebt und in seiner Lebenswirklichkeit umsetzt und integriert: Welches sind seine Feinde? Welches sind seine Waffen? Wann entschließt er sich zu kämpfen und wann zu weichen? Wofür lohnt sich überhaupt der Kampf? Wie gedenkt er zu siegen? Dies sind fundamentale Fragen, mit denen sich jeder Mann von Zeit zur Zeit beschäftigen sollte. Wer ist Ihr Feind? Wie, Sie haben keine Feinde, nichts, wofür es sich zu kämpfen lohnt? Entweder sind Sie ein erleuchtet Gesegneter oder eine Memme, die Angst hat, für die eigenen Belange einzutreten. Wenn ich vom Feind spreche, muss damit ja nicht unbedingt ein anderer Mensch gemeint sein. Vielleicht bekämpfen Sie zunächst einfach einmal die Unentschiedenheit und Unentschlossenheit in Ihrem eigenen Herzen. Und wenn ich vom Kampf und der Wahl der Waffen spreche, muss ja nicht unbedingt Gewalt im Spiel sein. Manch einen Konflikt gewinnt man(n) besser mit Liebe und Verständnis als mit Aggression und harter Auseinandersetzung. Dennoch ist es männlich und essentiell, auch zu seiner Aggression zu stehen und jederzeit bereit zu sein, diese konkret und kontrolliert auszuleben - immer vorausgesetzt, der Kampf lohnt Ihrer

Meinung nach die Mühe. (Denn sonst würden Sie nicht mit voller Motivation kämpfen und deshalb nicht die unter Umständen entscheidenden 103 Prozent geben!) Welche höheren Ziele erachten Sie durch Ihren kämpferischen Einsatz zu verwirklichen? (Auch dies ist eine wichtige Fragen, für deren Beantwortung Sie sich einen Moment Zeit nehmen sollten!) Anderer Männer wiederum legen weniger Zurückhaltung an den Tag und scheinen sich in einem permanenten Krieg mit ihrer Umwelt zu befinden. Sie halten sich für Rocky oder Rambo. Sie jedoch, werter Leser, sollten diesen Zustand, der nichts als innere Zerissenheit widerspiegelt, niemals mit der Makellosigkeit eines Kriegers verwechseln. Schicken Sie daher Ihren inneren Rambo zur Kur, zur Meditation oder zum Lachyoga, bevor sie weiterlesen.

Die überragende Tugend eines Kriegers ist jene der Gelassenheit. Wer nun aber andererseits glaubt, es gäbe nichts, was in dieser Welt Aggression oder Gewalt rechtfertigen würde, befindet sich ebenfalls auf dem Holzweg! Was ist denn *Gewalt* überhaupt? Der Begriff beinhaltete ursprünglich eine Bezeichnung für „Stärke" oder „Kraft", möglicherweise auch für Prinzipien wie „Führung", „Herrschaft" oder „Macht". Lesen Sie doch bitte hierzu (noch einmal) die entsprechenden Kapitel! Wir als Männer müssen uns offen mit diesen heute oftmals in die Welt der Schatten verdrängten maskulinen Organisationsprinzipien auseinandersetzen. Auch in den historischen Verbänden freier Krieger gab es immer Anführer. Hierarchie gilt als männlich. Diese wahrhaften Hauptmänner, Häuptlinge oder Anführer waren indessen nicht „wertvoller" als andere, verfügten lediglich über eine größere natürliche Dominanz und Lebenserfahrung, weshalb andere sich aus freien Stücken entschlossen, ihnen zu folgen. In der Freiwilligkeit also liegt das ganze Geheimnis der Gefolgschaft! Erfüllten die Häuptlinge und Clanführer die in sie gesetzten Erwartungen nicht, war es nicht notwendig, sie förmlich abzusetzen. Man folgte ihnen einfach nicht weiter! Ein starr hierarchisch organisiertes Führungsprinzip war und ist demnach unnötig! Ein Herzog war ursprünglich die Bezeichnung für jenen, <<der mit dem Heer zog>>. Man hörte einfach auf sein Wort und vertraute seiner Führung, so wie auch er die Weisheit seiner Krieger achtete, indem er vor seiner endgültigen Entscheidung deren Rat einholte. Erst später entstand hieraus eine ritualisierte Form von gewalttätigen Königen, machthungrigen Herzögen und korrupten Grafen. Der Soldat als Untertan ward geboren! Auch wenn das Königs- und Rittertum in ihrer idealisierten Form bis heute standhielten und sogar Eingang in dieses Buch für Männer fanden, sah der Lebensalltag für die meisten Menschen, Männer wie Frauen, doch zumeist ganz anders aus. Aus einer Gesellschaft der Gleichen unter Gleichen wurde Vasallentum. Dort, wo früher noch das Land und die Erde allen gehörten - zumindest jenen, die sie bebauten - entwickelte sich das Lehnswesen. Aus freien Männern und Familien wurden „Lohnabhängige". Im ursprünglichen Sinn aber hatte es kein Wertgefälle zwischen Führerschaft und Gefolgschaft gegeben. Ein Mann war ein Mann war ein Krieger! Das germanische Thing war eine Versammlung von Freien! Allerdings triumphierte mit fortschreitender Geschichte die Pathologie des männlichen Herrschafts-, Wirtschafts- und Finanzsystems zunehmend in allen Lebensbereichen. Anstelle eines ordnenden Prinzips der natürlichen Dominanz, in welchem man immer auf denjenigen hört, der in diesem Gebiet die meiste Lebenserfahrung hat, die innovativsten Ideen aufweist und mit seinen Sachargumenten zu überzeugen weiß, trat blinder Gehorsam. Mit der Christianisierung (durch Männer!) wurden die lebenspendenden Zyklen der Natur schrittweise immer mehr in den Hintergrund verdrängt. Man(n) begann damit, die Erde auszubeuten und Frauen zu vergewaltigen. Das Ganze hatte System. Eine an den Bedürfnissen aller ausgerichtete, maskuline Familienführung wurde abgelöst durch

Anweisungen „von oben", sprich von Kirche und Staat, Missherrschaft kam übers Land. Missernten folgten. Eine Entwicklung, die sich bis heute im globalen Rahmen fortsetzt!

Die Lösung?

- die Rückkehr der Frauen an den weiblichen Pol und die damit verbundene Stärkung des femininen Prinzips;
- gelebte Maskulinität durch die feste Verwurzelung der Männer am maskulinen Pol nach Integration ihrer femininen Seiten;
- wahrhaftes, aktives, männliches und weibliches Kriegertum.

Nur gemeinsam werden beide in ihrer Radikalität tiefenökologischen Geschlechterbewegungen Erfolg haben. Ein Krieger, sei er nun männlich oder weiblich, handelt daher immer bewusst und ist frei in seinen Entscheidungen. Er unterwirft sich keinerlei innerem oder äußerem Zwang, noch übt er ihn aus, sondern überzeugt durch seine Worte und Taten.

Entscheidend für den Erfolg und die Orientierung insbesondere eines Mannes ist es, sich folgende drei Fragen von Zeit zu Zeit zu stellen:

- Wer sind meine wahren Feinde?
- Welches sind meine Waffen als Krieger?
- Wofür lohnt sich der Kampf und wie gewinne ich ihn?

Die Antworten hierauf müssen Sie tief im eigenen Herzen und Ihrer Seele selbst finden! Niemand wird Ihnen die entsprechenden Entscheidungen abnehmen können! Beschreiten Sie dennoch unerschrocken den Pfad des Kriegers, doch verwechseln Sie ihn bitte niemals mit dem Weg weisungsgebundener Soldaten. Dies wäre zugleich töricht und fatal. Der Pfad der Krieger ist frei, gewissensbasiert und verantwortlich, der Weg der Soldaten aber weist jegliche Verantwortung von sich. (Freiheit und Verantwortung sind lediglich zwei Seiten der gleichen Medaille.) Der Weg des Soldaten führt unweigerlich in den Krieg, während ein guter Krieger aus dem Respekt vor allem Leben gerade diesen zu verhindern trachtet. Krieger ist, wer Krieg verhindert! Das heißt nicht, dass ein Krieger nicht auch töten kann, sollten ihn die Umstände hierzu zwingen beziehungsweise das Leben ihm keine andere Wahl lassen. Er sollte diese Tatsachen in seiner Seele anerkennen und sich auf den finalen Extremfall vorbereiten! Eines aber darf er nicht vergessen: Gerät er wirklich in eine Situation, wo Tod das letzte Mittel ist, hat er immer bereits zuvor eine Schlacht verloren, nämlich jene zu verhindern, dass es zu diesem letzten Schritt kommt!

FAZIT: Kriegertum gehört zur Männlichkeit wie der Panzer zur Armee! Während ein Soldat seine weiblichen Anteile noch nicht integriert hat, befindet sich der Krieger längst auf dem Weg in seine vollendete Maskulinität! Er lebt bewusst, verantwortungsvoll und ist frei in alle seinen Entscheidungen! Hoffnung für die Welt liegt in ihm begründet! Ehrt er den Tod, wird er Leben schützen! Es gibt keinen sichereren Ort für Neugeborene als die Schwielen der Makellosigkeit in den rauen Händen eines erfahrenen Kriegers.

Praktische Hinweise

- Ein Krieger strebt immer nach Makellosigkeit!
- Sagen Sie: „ja!" zu Ihren Aggressionen, Ihrer angeborenen Wildheit und Ihrem Kriegertum!
- Eine blutende Wunde ist eine sich reinigende Wunde!
- Verwechseln Sie niemals einen unabhängigen, freien Krieger mit einem weisungsgebundenen, abhängigen Soldaten!

- Übertragen Sie unsere Betrachtungen über Führung und Gefolgschaft doch einmal auf unsere heutigen Politiker!
- Auch der Weg des Kriegers ist noch nicht vollendet, ehe er nicht zugleich sein Barden-, Schamanen- und Druidentum verwirklicht hat! Durch die Anzahl seiner geschlagenen Schlachten entwickelt er sich unweigerlich weiter zum improvisierenden Künstler, Heiler von Verletzungen und versöhnenden Weisen!
- Die größte Kunst des Kriegers ist es, die Schlacht zu vermeiden und aus seinen einstigen Gegnern Freunde zu machen!
- Hierzu muss er sich aber zunächst mit ihnen gemessen haben!

THOMAS: Der erste Satz deines Fazits: „Kriegertum gehört zur Männlichkeit wie der Panzer zur Armee!" Echt klasse Mann, du hast es vielleicht drauf, deine Leser zu verprellen! Woher kommt deine Lust an der Provokation? Sind es unerlöste Aggressionen? Das scheint mir stimmig! Es ist immer schön Ratschläge zu erteilen, besser aber noch, sie zunächst einmal selbst zu befolgen! Wenn ich dich richtig verstehe, ist ein Krieger einem Mann vergleichbar, der darum ringt, alle Anteile seine Seele um sich zu versammeln. Auf diese Art erlangt er früher oder später Makellosigkeit! Er integriert nicht nur die Seiten seiner eigenen Weiblichkeit (Bewusstsein, Schönheit, Streben nach Frieden...), sondern zugleich die eigenen Schatten (Schlachten, Totschlag, Tod...). Je besser ihm beides gelingt, wird er sich zugleich auf dem Weg einer „naturspirituellen" Männlichkeit weiterentwickeln, nämlich „Barde" (u.a. Überlieferungen, Traditionen, Handwerk und Kunst), „Schamane" (u.a. Heilung, Überschreiten von Grenzen, innere Erkenntnis und Wirklichkeitsgestaltung) sowie „Druide" (u.a. Lebensmeisterschaft, *Tor zur Erleuchtung*, Weitergabe von Wissen) werden. Wie es mir scheint, gibt es auf diesem *Weg eines wahren Mannes* viel zu erforschen, zu erleben, zu erkennen und zu tun! Persönlich finde ich das faszinierend. Leider bin ich nur ein unwissender Narr,

Thomas, der Göttliche Schalk, und finde deine diesbezüglichen „praktischen Hinweise" dieses Kapitels auch nicht besonders hilfreich. Nun denn, möge der Weg meiner Makellosigkeit darin bestehen, eigene Schritte und Lösungen für meine Probleme und die Herausforderungen dieser Welt zu finden. Ich verspreche hiermit feierlich, damit aufhören zu wollen, immer auf dich zu projizieren und in mir selbst zu suchen und zu schauen!

Zitate

„Gib niemals einem Mann, der nicht tanzen kann, ein Schwert!"
Michael Merade

„Wenn eine Kultur mit der Energie des Kriegers nicht umzugehen weiß - sie bewusst aufnehmen, sie disziplinieren, sie ehren -, wird sich die Energie in Form von Straßengangs, geschlagenen Frauen, Drogengewalt, Kindesmisshandlung und sinnlosem Mord entladen."
Robert Bly

Lebende Elemente

„Alles lebt und leidet. Alles fließt und scheidet. Alles brennt und transformiert. Alles fliegt und vaporiert. Alles nimmt Raum ein und hat Gestalt. Alles wächst und vergeht - auch mit Gewalt. Alles ist in Bewegung, denn alles vibriert. Alles ist Leben und kommuniziert! Alles hat Seele, denn alles ist alles!"

Als *Shamanic und Druidic Practitioner,* das sind Männer oder Frauen, die schamanische und druidische Methoden im Alltag kultivieren - beziehungsweise als naturspiritueller Mensch - arbeite ich zumeist mit einer Einteilung von sieben lebenden Elementen. Diese sind neben der Erde, dem Wasser (beide dem weiblichen Pol zugeordnet), dem Feuer und der Luft (beide dem männlichen Pol zugeordnet) sowie die Pflanzen, Tiere und Menschen. Zum Reich der Menschen gehören ferner die Ahnen. Diese Einteilung ist allerdings nicht zwingend.

Andere Bezugssysteme sind beispielsweise:

1) lediglich die Einheit (z.B. Advaita; der Kreis etc.)
2) die Dualität (z.B. Manichäismus oder Taoismus; zwei Pole etc.)
3) die Dreiteilung (z.B. keltische Triskele, Dreifaltigkeit oder die Hauptgötter im Hinduismus; Körper, Geist und Seele, das Dreieck etc.)
4) die Vierteilung (z.B. vier Himmelsrichtungen, vier Jahreszeiten; entspricht den Vierteln eines Kreises etc.)
5) die Fünfteilung (Pentagramm etc.)

6) die Sechsteilung (vier Himmelsrichtungen plus Oben und Unten; der Davidstern; der Lebenswürfel etc.)
7) die Siebenteilung (wie einleitende aufgezählt oder auch Sechsteilung plus Zentrum etc.)
8) die Achtteilung: (die Bäume werden als weitere autonome Gattung anerkannt)
9) die Neunteilung (neun Welten der Germanen, neun Himmel; drei mal drei etc.)

Meines Erachtens sollte sich ein Mann mit diesen elementaren Dingen beschäftigen und hierbei sein eigenes Bezugssystem finden! Das Christentum oder auch der Buddhismus als allein selig machende Doktrin sind längst überwunden!

Vom Einen zum Vielen

Im Taoismus (Lehre von Yin und Yang) wird beispielsweise das Tao, als Urgrund (= Einheit), vorweggenommen - ähnlich wie wir es in der Einleitung zu „Männer - Männlichkeit - Mannsein" tun - bevor es dann zur folgenreichen Zweiteilung der Geschlechter kam. Die drei grundsätzlichen Aggregatzustände (fest, flüssig, gasförmig) kommen in den Elementen Erde, Wasser und Luft zum Ausdruck. Das vierte Element (Feuer) ist jene transformatorische Kraft, die Materie vom einen in den anderen Aggregatzustand umzuwandeln in der Lage ist. Es ist somit das vierte Element. Diese vier Elemente entsprechen zugleich den vier Himmelsrichtungen, wobei in ganz Europa folgende Einteilung als gültig anerkannt wird:

Element	Luft	Feuer	Wasser	Erde
Himmels-richtung	Osten	Süden	Westen	Norden
Jahreszeit	Frühling	Sommer	Herbst	Winter

Folgende Erweiterungen können einfach hinzugefügt werden:

	Osten	Süden	Westen	Norden
Tageszeit	Morgen	Mittag	Abend	Nacht
Lebens-abschnitt	Kinder	Erwachsene	Älteste	Ahnen (Tod)
geschichtliche Epoche	Steinzeit	Antike	Mittelalter	Neuzeit

Einfach lassen sich auch nicht-materielle Lebensbereiche wie die Gefühle, der Intellekt oder die Seele zuordnen:

Osten = Luft = Intellekt
Süden = Feuer = Seele
Westen = Wasser = Gefühle
Norden = Erde = physischer Körper

Im Pentagramm kommen dann noch eine allgemeine Lebenskraft oder ein Äther (physikalisch würde man heute wahrscheinlich von einem *Feld* sprechen) zum Tragen. Persönlich finde ich aber, dass diese Lebenskraft oder dieser Äther ohnehin in allen Grundelementen zu finden ist, weshalb ich ihn in meinem persönlichen Bezugssystem auf Siebenerbasis nicht extra berücksichtige. Wie gesagt, sollte aber jeder seinen ganz eigenen praktisch-philosophischen Orientierungsrahmen erschaffen! (...)

Auch die Sechs ist eine ganz besondere Zahl: $1+2+3 = 1 \times 2 \times 3 = 6$

Die Bedeutung der Sieben zeigt sich unter anderem auch in den Wochentagen. (Ein Monat sind vier mal sieben Tage. Ein Jahr 13 Monate.)

Im Achtersystem wird gesagt: Vergleichbar wie sich der Mensch zu den Tieren verhält, so heben sich auch die Bäume von den Pflanzen ab.

Im Neunersystem schließlich gilt folgender Aufbau: Erde (auch Steine/Gesteine) - Wasser - Luft - Feuer - Mineralien und Kristalle - Pflanzen - Bäume - Tiere - Menschen/Ahnen. Es ist das Leben selbst, welches seine Lichtfäden durch alle diese Elemente zieht und von den Steinen über das Feuer bis hin zu den Ahnen alles belebt. Aus Sicht des Schamanen bedeutet „belebt sein" zugleich *beseelt* sein.

Was nun haben diese „esoterischen" oder „schamanischen" Gesichtspunkte einer in all ihren Teilaspekten belebten Natur in einem Buch über und für Männer zu tun? Wie ich glaube sehr viel! Zum einen ist für mich ein wahrer Mann immer nur der, der nach Integration der beiden Pole, des femininen und des maskulinen, zugleich den Weg eines Kriegers, Bardens, Schamanens und Druidens beschreitet! Auf einem solchen wird er all sein Licht und all seine Schatten im Gesamt seiner Seele (dem Höheren Selbst) integrieren! Nur so wird er aus der Ganzheit und Einheit seines Herzens schöpfen und begreifen, was es wirklich heißt, ein Mann zu sein. Mit anderen Worten: Ein Mann wird nie zu einem wahren maskulinen Mann reifen, beschreitet er nicht diesen tiefenökologischen, naturspirituellen Weg - ganz egal, welche persönlichen, politischen, religiösen oder philosophischen Überzeugungen er auch sonst noch haben mag! Ob Jude, Christ oder Muslim; ob Atheist, Pantheist oder Polytheist; ob anarchisch, liberal oder konservativ; ob Weißer, Brauner oder Schwarzer; ob Eurasier, Amerikaner oder Afrikaner. Ganz egal! Seien Sie wer Sie sind und was immer Sie sein wollen! Sie sind frei! Aber erkennen Sie bitte dieses eine: Wir als Männer und somit die gesamte Menschheit werden mittelfristig nur überleben, wenn wir den Weg naturspirituteller Tiefenökologie beschreiten und die Beseeltheit von Mutter Erde und aller in und auf ihr „lebenden Elemente" anerkennen und in unserem Denken, Sprechen und Handeln berücksichtigen! Die Zeit zum Umdenken ist gekommen! Die Zeit ist jetzt!

FAZIT: Sichern Sie als Mann Ihr eigenen Überleben, inklusive Familie, Sippe, Stamm, Nation und Menschheit, indem Sie die Seele von Mutter Erde und ihrer lebenden Elemente anerkennen und danach handeln! Folgen Sie Ihrem Herz, welches Ihnen schon längst den richtigen Weg weisen möchte! Ihre Pflichten als irdischer Mann (Wohnung, Familie, Beruf etc.) weiten sich auf dem Weg zur Maskulinität in kosmische Verantwortung! Stellen Sie sich daher bitte furchtlos Ihrer eigenen Größe! Etwas Schönes wartet auf Sie!

Praktische Hinweise

- Beschäftigen Sie sich mit Huna, dem Schamanismus der Hawaiianischen Ureinwohner!
- Beschäftigen Sie sich generell mit Schamanismus sowie dem Druidentum Ihrer Vorfahren!
- Gehen Sie so oft wie möglich in die Natur und sprechen Sie mit deren Elementen!
- Erkennen Sie, dass Ihr Herz und Ihre Seele mit dem Urgrund allen Seins verbunden sind.
- Ihr Herz ist der sichtbare Ausdruck Ihrer Seele!
- Helfen Sie als Mann dabei mit, die natürlichen Lebensgrundlagen auf diesem Planeten zu bewahren!
- Bekennen Sie sich zu Ihren philosophischen Überzeugungen, auch wenn Sie nicht der herrschenden Meinung entsprechen!
- Seien Sie tolerant, in allem was sie glauben und tun!

- Rechthaberei bringt überhaupt nichts: Wir alle haben ein gemeinsames Ziel und eine gemeinsame Zukunft!
- Suchen Sie dieses Ziel, folgen Sie ihm! Die Zukunft ist jetzt!
- Beschäftigen Sie sich auch mit dem „alten" Weg Ihrer Ahnen, der überlieferten Naturspiritualität und modernen Tiefenökologie!
- Was hiervon lässt sich in Ihr ganz persönliches Weltbild integrieren?
- Pflanzen Sie mehr als nur einen Baum in Ihrem Leben!
- Integrieren Sie so gut wie möglich alle Ihre Schatten, um selbst heil zu werden!
- Bringen Sie sich und Ihre gesamte Persönlichkeit bei den anstehenden globalen Veränderungen mit ein!
- Sie glauben nicht an diese Änderungen? Wir sind mitten darin! Noch nie haben sich das Gesicht und die Oberfläche unserer Erde so schnell verändert wie heute!
- Alle Lebensbereiche sind davon betroffen!
- Helfen Sie mit, dass diese Übergänge in ein neues Zeitalter so reibungslos wie irgend möglich verlaufen!
- Unterstützen Sie positive Initiativen!
- Werden Sie selbst zu einem positiven Zentrum für sich und andere!
- Beten Sie zu Gott und Ihren Göttern, um Unterstützung!
- Kennen Sie Ihre Krafttiere und weitere geistige Verbündete?
- Suchen Sie diese und arbeiten sie eng mit diesen zusammen!
- Je bewusster Sie sich dieser Anbindung und Unterstützung sind, desto erfolgreicher werden sie arbeiten!
- Halten Sie den Kontakt zu Ihren Ahnen und ehren Sie diese!
- Verehren und dienen Sie der Weiblichkeit auch in Form von Mutter Erde!
- Vergessen Sie dabei niemals die eigenen Maskulinität!

THOMAS: Ich finde es bemerkenswert und richtig, dass du uns in diesem Männerbuch zumindest ansatzweise auch über deine persönlichen Überzeugungen als *Shamanic and Druidic Practitioner* berichtest und dich zu diesen bekennst! Es ist gut, wenn wir uns von Mal zu Mal seltener so aalglatt verhalten, wie es oftmals noch immer von uns erwartet wird! Es bedarf der gesellschaftlichen Freiräume zur „unkorrekten politischen und religiösen Diskussion"! Also nehmen wir sie uns einfach! (Auch Frauen tun das und sind hierbei zumeist schon wesentlich freier und weiter als wir Männer.) In diesem Zusammenhang freut es mich auch, dass du endlich einmal vom Dienst an der Weiblichkeit (in all ihren Facetten) gesprochen hast, denn auch dies ist in meinen Augen - trotz aller maskuliner Selbstbehauptung und Führung - nach wie vor ein wichtiger Bestandteil vollendeter Männlichkeit! Für mich bedeutet der männlich-maskuline Dienst am femininen oder weiblichen Prinzip keine „Dienstpflicht" gegenüber einzelnen Frauen. (Dies sollte nie verwechselt werden!) Eine Verpflichtung des Mannes gegenüber Mutter Erde und der Weiblichkeit an sich kann ich hingegen schon erkennen. Das männliche Prinzip würde ohne den weiblichen Pol zusammenbrechen. Es entsteht aus dem Wechselspiel mit diesem. Beide Prinzipien sind hierbei frei von Wertung und trotz aller Standhaftigkeit und Beharrlichkeit in ständigem Wandel! Dies gilt es anzuerkennen. Das Männliche wurde aus dem Weiblichen geboren (Mutterschoß) und wird in dieses zurückkehren (Mutter Erde). Einzig das Weibliche ist in der Lage das Männliche neu zu gebären. Am Anfang ist ein jeder Mann nichts anderes als ein Körperteil seiner eigenen Mutter, ihr Wesen und ihre Gefühle sind die seinen. Als Mann ersteht er erst durch die doppelte Abnablung vom Durchtrennen der Nabelschnur und dem konsequenten, nicht umkehrbaren Verlassen der weiblichen Sphäre. Die Liebe zu seiner Mutter muss in der Mannwerdung - über die Lebenspartnerin hinaus - auf die kosmische Urmutter,

Mutter Erde oder den weiblichen Pol übertragen werden. Ich weiß nicht, wie andere Männer deine grundsätzlichen Bekenntnisse auffassen und verstehen werden, glaube aber, dass der in diesem Kapitel aufblitzende Pfad ein guter Weg sein könnte, der Tradition und Moderne, Altes Wissen und neue Erkenntnisse zusammenführt. Nie sollten wir Männer vergessen, dass wir Krieger sind im Namen unserer aller Mutter Erde. Wir sind Barden, Musiker und Poeten, Schamanen und Heiler, Druiden und Weise, Natur- und Kräuterkundige - spirituelle Wesen, jenseits von Namen, Beruf und Herkunft! Wir sind Geistwesen! Aus deinen Worten spricht - wie ich finde - ein klarer Auftrag zur Re-ligion, der Rückverbindung mit der Natur (egal ob als Heide, Muslim, Christ oder Atheist), zum Schutz von Mutter Gaia, zum aktiven Erhalt der natürlichen Lebensgrundlagen; und - wie ich meine - zur Erkenntnis unserer eigenen Göttlichkeit. Wir sind nicht alleine auf diesem Weg! Dies ist ein Buch für alle Männer! Helft alle mit, es zu verbreiten!

Lebenserfahrung/Risikobereitschaft/Schattenarbeit

"Mann ist, wer entscheidet und Risiko eingeht. Mann ist, wer erlebt und Erfahrung sammelt und Mann ist, wer seine eigenen Schatten integriert und dabei ganz wird!"

Ein Mann sollte versuchen, so viel Erfahrungen wie möglich in den unterschiedlichsten Lebensbereichen zu erlangen. Die beste Weg hierzu ist die eigene Aktivität. Er sollte dabei mit der gesamten Erlebniswelt der Schöpfung in Kontakt treten (Religionen, Drogen, Menschen andere Kulturkreise, Frauen, sexuelle Spielarten, Naturabenteuer etc.) und seine Kräfte messen. Er sollte lernen, wie die natürlichen und artifiziellen Dinge dieser Welt funktionieren. Welche Gesetzmäßigkeiten stecken dahinter? Lebenserfahrung und Männlichkeit werden ferner dadurch entwickelt, dass man sich seinen Ängsten stellt, seine Grenzen erkennt und erweitert, sich auf kalkulierbare Risiken einlässt und sodann erfolgreich und geläutert aus diesen Abenteuern hervorgeht. Worin dieser Erfolg besteht, bleibt ganz alleine seiner persönlichen Interpretation überlassen. Es gibt Situationen, wo bereits das nackte Überleben als solcher gewertet werden kann! Im Unterschied zum jugendlichen Draufgänger minimiert der gereifte Mann sein jeweiliges Risiko. Persönlich habe ich nichts dagegen, wenn Sie Ihr Leben am Rande des Abgrundes einrichten, aber weise ist es, die möglichen Risikofaktoren durch Vorausschau und Intuition so gering wie möglich zu halten. Wenn Ihnen dann trotz aller Vorsichtsmaßnahmen dennoch etwas zustößt, war es Ihrem selbst gewählten Schicksal geschuldet, nicht aber Ihrer persönlichen Dummheit und Ihrem Draufgängertum. Sterben werden Sie früher oder später ja doch. Mag das Endergebnis (hier: der Tod) auch das gleiche sein, macht es für Ihre Seele und die Nachwelt doch einen qualitativen Unterschied, wie Sie verunglückten und in Ihren persönlichen Abgrund stürzten! Entsprechend wird man Sie entweder für einen Helden oder für einen Deppen erachten!

Im Folgenden werde ich all das, was Sie aus Angst, Kummer oder Scham ins Dunkel Ihrer Seele verdrängten, als <<Schatten>> bezeichnen. Diese werden nämlich in den aktuellen Zeiten sich erhöhenden globalen Bewusstseins - von denen ich trotz aller Zweifel doch irgendwie ausgehe - vermehrt hervorkommen, um ihren Anspruch auf Anerkennung und Licht zu proklamieren. Längst ist auch der globale Schatten Realität geworden (Umweltzerstörung, Arbeitslosigkeit, Krankheit, Kriminalität etc.) Es ist die schreckliche Fratze unserer eigenen unterdrückten Emotionen und Gedanken.

Insbesondere als Krieger müssen Sie sich Ihren eigenen Schatten stellen. Gelingt es Ihnen, den Schatten zu unterwerfen, wird er Ihnen zu einem treuen Verbündeten. Glückt es Ihnen nicht, wird der Schatten seinerseits beginnen, Sie heimzusuchen und zu jagen. Erst nachts, dann auch tagsüber, wird er in Ihr Bewusstsein treten. Stellen Sie sich ihm nicht, sondern fliehen oder ignorieren ihn, wird sich Ihr Schatten daran machen, Sie und Ihr Lebenswerk zu vernichten! Wer außer Ihnen sollte den eigenen Schatten in sich anerkennen und ihn so respektvoll aufnehmen? Sind Sie es nicht selbst, der ihm Raum verleiht, tut es ein anderer für Sie: Das Unglück ereilt Sie von außen! Ihr Schatten möchte wahrgenommen, anerkannt, respektiert, geliebt und ausgelebt werden. Dies sind die Rechte, die er für seine Existenz proklamiert und immer massiver einfordern wird. Verweigert man sie ihm, wird alles nur noch schlimmer! Die Dinge können lebensbedrohliche Ausmaße annehmen und beginnen damit, Leben einzufordern! Das, was als Impuls zu Wachstum und Entwicklung gedacht war und Ihnen dereinst seine Freundschaft, seinen Rat und sein Bündnis anbot, wird zu Ihrer größten Herausforderung! Wir sprechen von Ängsten, Ekel, Neid, Hass, Aggression und Gewalt, Verstümmlung von Genitalien, Zerstörung von Naturräumen, Totschlag, Mord, Rassismus, Krieg, Folter, Unterdrückung, Versklavung, Kindesmissbrauch, Kannibalismus und dergleichen mehr, die wir alle in uns tragen!

Wir alle sind Angehörige einer einzigen Menschheit. Wir alle haben Schatten, individuell, als Familie, Nation, Spezies... Auch für Sie persönlich wird alles auf einen einzigen entscheidenden Moment hinauslaufen, wenn Sie sich weigern, diese Tatsachen zu akzeptieren! Dieser Augenblick wird Ihre letzte Chance sein, den Schatten endlich als Ihr Eigen anzuerkennen und ihn zu lieben. Tun Sie es nicht, sind Sie des Todes! Oder der Wahn wird Sie ummanteln! Zum Teufel mit der unsterblichen Seele! Wer den Weg ins Paradies nicht findet, wird sich mit dem *Erebos* vergnügen müssen. Der Warnungen wurden bereits genug ausgesprochen!

Noch ist es nicht zu spät. Wir leben in einer Zeit, in der selbst Dinge, die Jahrtausende im Abgrund der menschlichen Seele geschlummert haben, aufgebrochen sind, ans Licht des Bewusstseins zu kommen! Diese Schatten sind sehr mächtig und haben sich längst kollektiv in Bewegung gesetzt. Daher rühren unter anderem die vielen Naturkatastrophen, Unsicherheiten und Umwälzungen der heutigen Zeit! Auch individuell werden Sie nichts länger verdrängen können. Die von Ihnen lange Zeit verleugneten Abgründe Ihrer eigenen Seele kommen unausweichlich ans Licht. Stellen Sie sich Ihnen, indem Sie auf die Jagd gehen und Ihre individuellen

Schatten als Beute Ihres eigenen Bewusstseins einladen. Tun Sie es nicht, werden Sie die der Gejagte und die Beute sein (Entlassung, Scheidung, Erkrankung, Verlust eines geliebten Menschen, sie werden Opfer eines Raubüberfalls, Verkehrsunfalls etc.). Ihre einzige Chance derlei zu verhindern: Lieben Sie Ihre Schatten und heißen Sie sie willkommen, bevor sie Sie von sich aus heimsuchen. Vereinigen Sie sich mit ihnen und machen Sie sie zu Ihren mächtigen Verbündeten!

Sie müssen dies nicht glauben; sie erleben es bereits, wenn Sie nur genau hinschauen. Schauen Sie lieber heute als morgen, denn schon nach kurzer Zeit wird der Schatten erneut an Ihre Tür klopfen, öffneten Sie ihm nicht bereits beim ersten Mal. Dieses Mal wird er heftiger klopfen. Vielleicht wird etwas kaputt gehen. Beschränken Sie sich also nicht darauf, das Zerbrochene zu ersetzen, denn Ihr Schatten wird mit noch größerer Wucht zurückkommen! Solange, bis Sie sich ihm stellen und ihn anhören oder aber er Sie überwältigt! So schrecklich er auch aussehen mag, verlangt er doch nur nach Ihrer Anerkennung und Liebe. Natürlich bergen diese Schatten auch eine riesige Chance für die Weiterentwicklung des menschlichen Bewusstseins und der daraus resultierenden Gesellschaft! Dies ist sogar ihr eigentlicher Zweck!

Es gilt bei allen Lebensentscheidungen und aller Schattenarbeit einfach zu akzeptieren, dass das Risiko und der Kampf (auch mit den eigenen Schatten) zum Leben gehören! Daher ist es vernünftig, ein ausgewogenes, positives Verhältnis zu den eigenen Aggressionen und den Schatten zu entwickeln, die in unserem seelischen Urgrund schlummern und sich doch zugleich längst aufgemacht haben, ans Licht des allgemeinen Bewusstseins empor zu steigen. Ein erwachender Mann sollte es vermögen, im Laufe seines Daseins neben dem weiblichen und dem männlichen Pol gleichermaßen alle Schatten in seinem Leben zu integrieren. Beide Pole sind mächtige Lehrmeister, sowohl eines Mannes als auch einer Frau! Hieraus erwächst Lebenserfahrung! Ohne ein gewisses Maß an Risikobereitschaft in der Schattenarbeit aber wird sich niemals auch nur die geringste Lebenserfahrung verwirklichen lassen. Weisheit, Mut und Liebe sind jene Ingredienzen, die verhindern, dass uns unsere eigenen - von uns selbst verdrängten - Charaktereigenschaften in den Abgrund ziehen werden, um uns dort zu vernichten. Nur durch Weisheit und gesteigertes Bewusstsein werden aus kalkuliertem Risiko nachhaltige Erfolge entstehen und aus Schatten Verbündete!

FAZIT: Ein Mann gewinnt mit den Jahren an Erfahrung, an Charisma und persönlicher Macht. Eine wirkliche Lebenserfahrung wird immer in Makellosigkeit münden. Der Weg dorthin ist es, den männlichen und den weiblichen Pol zu integrieren, sich seinen eigenen Schatten zu stellen und auf dem Weg des Kriegers fortzuschreiten! Das hierbei eingegangene Risiko sollte immer kalkulierbar bleiben und wird sich letzten Endes auszahlen

Praktische Hinweise

- Sagen Sie „Ja!" zu Mühe, Kampf und Risiko!
- Gehen Sie nach Möglichkeit immer nur kalkulierte Risiken ein, aber gehen Sie sie ein!
- Testen Sie auch hierbei Ihre Grenzen!
- Werden Sie zum Schamanen, zum Grenzgänger!
- Sagen Sie „Ja!" zur Weiblichkeit, zum Leben und dessen Verlockungen!
- Erkunden Sie grundsätzlich Ihre eigenen Wege und Plätze!
- Lernen Sie gute von schlechten Ratgebern zu unterscheiden!

- Bilden Sie sich in den verschiedensten Wissensbereichen weiter!
- Hören Sie auf die Worte weiser Druiden und werden Sie mit der Zeit selbst zu einem solchen!
- Trennen Sie die Theorie niemals von der Praxis!
- Sollten Sie sich esoterisch weiterbilden, so lernen sie nützliche von spinnerter Esoterik zu unterscheiden!
- Trainieren Sie Ihre Fähigkeiten und Fertigkeiten in jeglicher Hinsicht!
- Stellen Sie sich Ihren eigenen Schatten, indem Sie beginnen, diese anzuerkennen, einzuladen, zu jagen, zu integrieren, zu lieben und zu leben!
- Ihr Schatten verlangt nach Beachtung! Beachten Sie ihn, damit Sie sich sodann ungestört den lichten Seiten Ihres Lebens zuwenden können!
- Vergessen Sie bitte nie: Ohne Licht gäbe es auch keine Schatten!
- Bis zum heutigen Zeitpunkt erfüllte deren Verdrängung einen gewissen Sinn!
- Im Zuge der Einheit (unserer Seele) bei gleichzeitiger globaler Bewusstseinsanhebung wird weitere Verdrängung nicht nur unmöglich, sondern allein schon der Versuch gefährlich!

THOMAS: Klingt in der Theorie ja vielleicht alles ganz schön (oder auch schrecklich), wie aber ist es wirklich um die Praxis bestellt? Alles schöne Ratschläge, soll ich meinen Schatten aber nun lieben oder jagen? Oder beides?. Wie bilde ich mich konkret zum Schamanen und Druiden weiter? Wie stelle ich mich ganz real meinen Schatten, ohne dass diese mich übermannen? Ist das Wirken der Schatten die unserer Welt zugrunde liegende Realität oder sind dies alles bereits „esoterische" Gedanken und wenn ja, sind sie „nützlich" oder „spinnert"? Wie soll ich unterscheiden, was für mich richtig und falsch? Manches macht mir auch Angst. Wie kann ich lieben, was ich an mir selbst verabscheue? Welche Rolle sollte hierbei dem maskulinen Verstand beibemessen werden? Welche Rolle spielt die Intuition? Oder läuft wieder alles auf die Liebe und das Bewusstsein im eigenen Herzen hinaus? Fragen über Fragen! Ob du sie noch beantworten wirst? Deine Warnung jedenfalls, genau hinzuschauen, war deutlich!

Liebesfähigkeit

"Gibt es als Mann Wertvolleres als die eigene männliche Liebesfähigkeit?"

Es gibt verschiedene Arten, wie ein Mann seine Liebe dem Leben und der Welt gegenüber zum Ausdruck bringen kann. Zunächst einmal erscheint es mir fundamental, sich selbst und seine Vision zu lieben. Erst wenn mir dies geglückt ist und sich die eigene Mission immer klarer aus dem Meer der Möglichkeiten herauszuschälen beginnt, wird ein Mann in zunehmendem Maße auch fähig werden, die restliche Welt zu lieben. Hier sind natürlich an erster Stelle seine Kinder, seine Partnerin, seine Eltern und Geschwister zu nennen. Ebenso wie seine weiteren männlichen Freunde. Nicht zuletzt sollten wir auch an die Annahme und Liebe unserer eigenen Schatten denken - wie im vorherigen Kapitel erfahren - denn nur so komplementieren wir uns und werden in die Lage versetzt, auch andere Menschen ohne wenn und aber, so wie sie sind, anzuerkennen und zu lieben. Solange wir am Verhalten anderer noch etwas zu kritisieren haben, es also nicht in Liebe annehmen, liegen auch in uns selbst noch Dinge verborgen, die der Bergung, Betrachtung und Heilung bedürfen.

Liebe beinhaltet zum einen grundsätzliche Offenheit, Empathie und damit verbundener Respekt für alles Sein, zum anderen aber auch Treue und Loyalität gegenüber der eigenen Freiheit, den Freunden und der Familie. Es liegt nicht in meinem Können an dieser Stelle den vielen Ausformulierungen dessen, was Liebe ist, etwas grundsätzlich Neues hinzuzufügen, denn Liebe ist einfach. Sie ist einfach das Größte, was es gibt. Sie ist Gesetz, Wirklichkeit und Gerechtigkeit. Liebe ist Einheit, Bewusstsein und die Lösung aller unserer (scheinbaren) Probleme. Und sie ist die sich im Morgentau entfaltende und erstrahlende Blüte. Liebe ist all das und noch viel mehr! Festzustellen bleibt, dass es die Liebesfähigkeit eines Mannes ist, welche ihn erst heil und ganz zu machen vermag. Ein Mann ohne Liebe ist ein Mann ohne Herz und ein Mann ohne Herz ist ein Krüppel! Sich seines Herzens, seiner Gefühle und Liebe bewusst zu werden ist es, was ich als erste Reise bezeichnen würde, die Reise in die Weiblichkeit zu jenen femininen Anteilen, über die auch jeder Mann verfügt. Wir sollten diese Reise achtsam und gründlich unternehmen! Ein Mann ist ein Mann, weil sich der maskuline Anteil seiner Seele nach Freiheit sehnt. Er bedarf ihrer, um seine Seele zu nähren und muss hierzu konsequent seine Grenzen ausdehnen. Eine dieser Grenzen trennt viele Männer noch immer von ihrem eigenen femininen Geschwisterpol. Es ist ihre Aufgabe, diese zu überschreiten und niederzureißen, um frei zu werden!

Der Mann ist ein Eroberer. Hier ist ein lohnenswertes Ziel! Nur die Makellosigkeit eines erobernden - teils plündernden - Kriegers wird es dem Mann gestatten, sich seinen Empfindungen, seiner eigenen Hingabe und Liebesfähigkeit bewusst zu werden, um diese umfassend in seinem Leben als Mann zu integrieren. Er integriert zielstrebig und präzise, was immer er auch vorfindet. Er gibt sich dem verursachten Schmerz hin und integriert auch diesen. Sodann unternimmt der sich seiner Liebe bewusst gewordene Krieger eine zweite Reise zurück in seine angestammte Maskulinität. Er macht nicht den Fehler, in seiner Liebesfähigkeit oder Hingabe zu verweilen, sich darin zu verlieren und inaktiv zu werden. Der wahre Mann ist jener, der liebt und handelt. Er ist es, der erfolgreich beide

Reisen unternahm. Er wird frei sein von Fehl und Tadel; makellos. Ausgleich und Gerechtigkeit sind der Spiegel maskuliner Liebe.

Durch seine eigene stete Liebesfähigkeit erobert ein Mann die Herzen aller Frauen (zumindest der ungebundenen). Die so eroberte und sich hingebende Holde potenziert und strahlt ihren Segen in Form von Dankbarkeit, Zärtlichkeit, ganzheitlicher Sexualität und anderem zurück auf ihren Eroberer. Beide, der Mann durch seine freizügig verschenkten tugendhaften Gaben und die Frau durch ihre liebevolle Hingabe, erleben den Himmel auf Erden! Das liebende Paar wird so in die Lage versetzt, das Beste aus sich und der Welt herauszuholen. Berge werden versetzt. Im anderen Fall aber, spart der Mann mit seiner Über-zeugungs-kraft und seinen Gaben oder versucht gar, die Frau zu irgendetwas zu zwingen oder auch nur zu überreden, schlägt die Beziehung schnell in eine Abwärtsspirale um, in der sich beide gegenseitig ihr Leben zur Hölle machen! Wir sprechen von einem gefallenen, lieblosen Mann, einem Mann der Asche, dessen vorrangige Aufgabe es jetzt ist zu vergeben, also in Vor-gabe zu treten, um das Ruder seiner Partnerschaft und seines Lebens wieder herumzureißen. Die Frau wird hierzu nur selten in der Lage sein, denn sie war offen, schutzlos und wurde verletzt! Es ist die Aufgabe des Mannes, spätestens jetzt Verantwortung und Führerschaft zu übernehmen, um die Beziehung und ihren Mehrwert noch zu retten oder aber, als mittelmäßiger Mann, eine großzügige Auflösung anzubahnen! Nur die ganz kleinen Männer werden niemals vergeben können!

FAZIT: Nur jener Mann ist ein wahrer Mann, der sich in seiner Ganzheit erkannt und gespiegelt hat, der sich seinen Emotionen hingab und diese zu Verbündeten machte, der die Allmacht der Liebe in sich begriffen und integriert hat, ohne sich darin zu verlieren! Ihm steht die Welt offen! Es liegt in seiner maskulinen

Essenz, seine Liebesfähigkeit, Großzügigkeit, Verantwortung und Führung in die Welt zu verströmen. Mit den gleichen Gaben vermag er es, seine angeschlagene Beziehung wieder zu heilen und auf Kurs zu bringen! Während sich eine Frau in Liebe hingibt und aufgibt, enthält die Liebesfähigkeit eines Mannes zugleich dieses berechnende, aktive Moment. Eine Rechnung, die aber nur aufgehen wird, wenn er sie im empathischen Hinblick und zum Wohle seiner Frau aufmacht! Nur so werden beide wieder heilen können. Ist der Mann hierzu nicht in der Lage, da mittelmäßig, sollte er sich besser freizügig von seiner Partnerin trennen! Ein solcher Mann scheut die Auseinander-setzung. Er verweilt im Modus einer untergehenden Wegwerfgesellschaft, so liberal er sich auch geben mag!

Praktische Hinweise

- Egal, was passiert, verhalten Sie sich immer großzügig und humorvoll gegenüber Ihrer Partnerin!
- Humor ist etwas, worüber alle Beteiligten lachen können!
- Übernehmen Sie spätestens in angeschlagenen Beziehungen das Ruder in Partnerschaft und Familie!
- Sorgen Sie durch Ihre Verantwortung, Ihre Übersicht, Ihren Humor, Ihre Empathie für Ihre Frau und Ihre Kinder, Ihre Konsensfähigkeit und Ihre aus dem Herzen kommende Liebesfähigkeit dafür, dass heilenswerte Beziehungen geheilt werden!
- Übernehmen Sie also die 100%ige Verantwortung für sich, Ihre Partnerschaft und Familie!
- Natürlich trägt auch Ihre Frau einen Teil der Verantwortung, aber das ist hiermit nicht gemeint!
- Ihre Frau wird es Ihnen mit all Ihrem Segen, Ihrer Hingabe und Liebe danken, wenn sie sich wieder gesehen und verstanden

fühlt, wenn Sie die richtigen Worte treffen und ihr zugleich durch Ihre Taten zeigen, wie sehr Sie sie lieben!
- Sollte es allerdings besser sein, sich zu trennen, zögern Sie auch hierin nicht, sondern tun Sie es!
- Zögern Sie niemals etwas heraus, von dessen Ende Sie ohnehin überzeugt sind oder dem Sie keine Chance mehr geben!
- Ihre Seele weiß, was hinsichtlich Ihrer Partnerschaft und Ihres Lebens jetzt angebracht ist!

THOMAS: Es erscheint mir nach wie vor schwer zu verstehen, was du mit „Verantwortung" meinst. Worin liegt der Unterschied zwischen männlicher und weiblicher Verantwortung? Wie kann ein Mann die Verantwortung für das Denken und Handeln anderer Personen mittragen, die doch in erster Linie für sich selbst verantwortlich sind? Erscheint es dir nicht auch ungerecht, dass ein Mann diese Verantwortung tragen soll, während seine Frau für fast nichts verantwortlich gemacht wird bzw. du nicht im Gegenzug zugleich auch verlangst, dass diese sich auch für ihn verantwortlich zeigen sollte? Sprachst du nicht irgendwann auch einmal von „Fördern und Fordern"?! Dennoch verstehe ich auch irgendwo, dass wir nie wirklich etwas vom anderen erwarten dürfen. Bestenfalls bitten ist erlaubt, wenn auch immer nur aus einer Position der Macht und Selbstständigkeit, damit daraus kein Jammern und Betteln wird! Wir können niemanden ändern und sollten es daher auch gar nicht erst versuchen. Das einzige, worauf wir als Mann nahezu unbeschränkt Einfluss haben, ist unser eigenes Denken, Sprechen und Handeln. Ändern wir uns, so ändern wir zugleich die gesamte Welt!

Loyalität und Treue

„Loyalität ist Treue gegenüber den inneren Grundsätzen; Treue ist Loyalität gegenüber äußeren Übereinkünften!"

Loyalität und Treue zählen zu den ältesten männlichen Tugenden überhaupt. Schon immer haben sich Männer in hierarchischen Systemen angeordnet und ihren Anführern, dem Stärksten oder Erfahrensten unter ihnen, die Treue geschworen. Während Loyalität bedeutet, die Werte des anderen zu teilen und auch nach außen hin zu vertreten, also in erster Linie die innere Verbundenheit bezeichnet, basiert Treue auf Vertrauen, welches aber nicht unbedingt eine inneres Verständnis der gesamten Angelegenheit beinhaltet. Man kann beispielsweise auch bestimmten Prinzipien treu sein, ohne sich diesen wirklich innerlich verbunden zu fühlen (also loyal zu sein). Auch umgekehrt kann sich ein Mann einer Frau gegenüber loyal verhalten, ohne ihr treu zu bleiben. Im besten Fall aber gehen Treue und Loyalität Hand in Hand. Während es jedem Mann mehr oder weniger selbst anhand gestellt ist, wie treu er sich gegenüber seiner Partnerin verhält, sollte er sich ihr gegenüber doch immer loyal erweisen. Er sollte also gewisse partnerschaftliche Werte mit ihr teilen und sich zu diesen auch männlich-standhaft, sprich: ritterlich, in seinem Fühlen und Denken, in seiner Sprache und seinem Tun verhalten. Diese Art der Loyalität kann eine sexuelle Treue miteinschließen, muss es aber nicht! Im umgekehrten Fall, da der Mann keine Loyalität mehr gegenüber seiner Partnerin empfindet, ihr aber mental und sexuell treu bleibt, verkommt die Partnerschaft zur bloßen Maskerade. Sollten sich also gewisse Überzeugungen oder Grundsätze bei einem der beiden Partner verändern, sollte im Sinne veränderlicher Loyalität neu darüber verhandelt werden. Hierbei kommt dem Mann zwar grundsätzlich die Rolle des Verhandlungsführers zu, nicht aber jene des Entscheiders! Gerade weil der Mann als Mann im Dickicht der Emotionen die mentale Richtung vorgibt und in seiner Rolle als Familienoberhaupt für Klarheit zu sorgen hat - indem er beispielsweise die partnerschaftliche Vertragsfreiheit gewährleistet und die Rahmenbedingungen vorgibt - müssen beide Beteiligten gemeinsam entscheiden!

Die Grundsätze von Loyalität und Treue üben einen ordnenden Einfluss auf alle maßgeblichen Lebensbereiche aus. Über Partnerschaft und Familie hinausgehend, sollten sie auch im Hinblick auf Wohn- und Arbeitsplatz eine gewisse Gültigkeit erlangen. Ich erachte es daher durchaus als männlich, an seinem Heim und seiner Heimat zu hängen, also loyal zu sein und ihnen die Treue zu halten. In der Praxis kann sich dies durch Nachbarschaftshilfe, die Mitgliedschaft in Vereinen, Heimatliebe oder Engagement für regionale, ökologische oder soziale Belange ausdrücken. Nur in seiner pathologischen Form wird daraus „Fremdenfeindlichkeit" oder „Nationalismus". Ähnliches gilt für berufliches Engagement und das Zurückstellen eigener Belange hinter jene seines Betriebes - natürlich ohne sich dabei selbst zu verleugnen!

FAZIT: Man sollte es mit Loyalität und Treue nicht übertreiben, sondern immer auch auf sein Herz hören und sein Handeln den sich verändernden Situationen anpassen! Beide, Loyalität und Treue, sind keine absoluten Prinzipien! Dennoch: Je mehr es einem Mann gelingt, sie in seinem Leben zu verankern - er also seinen festen Platz hierin einnimmt - desto glücklicher wird er langfristig sein.

Er weiß dann, wofür es sich lohnt zu kämpfen: Familie - Nachbarschaft und Region - Fortschritt und Wohlstand - Weltfrieden....

Praktische Hinweise

- Bekennen Sie sich grundsätzlich zu Ritterlichkeit, Loyalität und Treue!
- Klären Sie Ihr diesbezügliches Verhältnis zu Ihrem Arbeitgeber!
- Was erwartet dieser von Ihnen? Stimmt es mit dem überein, was Sie zu geben bereit sind?
- Klären Sie Ihr Verhältnis zu Ihrer Frau! Auf welche gemeinsamen Grundsätze haben Sie sich geeinigt?
- Stehen Sie dazu!
- Klären Sie auf diese Weise das Verhältnis zu Ihren Eltern, Ihren Kindern, Ihren Freunden, Ihren Nachbarn und überhaupt allen Menschen mit denen Sie in Kontakt sind!
- Was würden all diese Menschen sagen, wenn Sie an Ihrem Totenbett erscheinen würden?
- Was würden sie Ihnen antworten?
- Klären Sie wenn möglich alle Unstimmigkeiten bereits in diesem Leben, ehe es zu spät ist!
- Übernehmen Sie die Verantwortung und Führung in Ihrem Leben!

THOMAS: Die für mich entscheidende Frage ist: Sage ich es meiner Frau, wenn ich sie betrüge oder nicht? Was sind die Vor- und Nachteile beider Handlungsweisen? Würde meine Frau mir von sich aus die Wahrheit sagen oder nur, wenn ich sie danach fragte. Oder würde sie mir auch dann gewisse Dinge schön reden oder verheimlichen? Möglicherweise gibt es hierbei keine eindeutigen Antworten. Die eine Frau betrügt und belügt ihren Mann hierüber. Die andere betrügt, lügt aber nicht. Eine dritte lügt, hat aber nicht betrogen... Entscheidend ist: Wie verhält sich ein makelloser Krieger in der jeweiligen Situation? Es wäre unsinnig, alles zu glauben, was eine Frau von sich gibt, denn es geht ihr nicht primär um die Wahrheit (männlicher Pol), sondern um Gefühlsentscheidungen! Frauen lügen nie wirklich, sie geben einfach nur ihren subjektiven Empfindungen den Vorzug vor objektiven Tatsachen! Wie geschickt sie sind; es entspricht ihrer Essenz! Wir sollten uns in dieser Hinsicht also von keiner Frau abhängig machen, sondern immer auf unser eigenes Herz hören!

Macht

*"Führung - Herrschaft - Macht. Was zählt sind Weitblick,
Wohlwollen und das eigene Engagement!"*

Macht, wurde uns oftmals beigebracht, sei immer etwas Negatives, da sie zum Machtmissbrauch verleite. Diese Gefahr ist gegeben, ihr gegenzuwirken hilft die Ausbildung des eigenen Bewusstseins. Dass Macht deshalb aber grundsätzlich abzulehnen sei, ist ein Missverständnis meist weiblicher Erziehung. Im Gegenteil: Macht ist ein strukturierendes Prinzip jeden menschlichen Zusammenlebens. Sie sollte allerdings immer für die Gemeinschaft und den Einzelnen gebraucht werden und sich nicht bloß auf eigene Belange (Ansehen/Reichtum/Mehrung der Macht) richten. Dies ist es, was in unserer Gesellschaft oftmals grundsätzlich verquer läuft. Die heutigen Herrschenden sind meist das genaue Gegenteil dessen, was wir als weise Führer aufgrund natürlicher Dominanz und Lebenserfahrung bezeichnen würden. Es mangelt ihnen an druidischem Sinn und Verstand. Das politische System bringt momentan zumeist noch immer Entscheider hervor, denen es nicht um die Gemeinschaft und den Einzelnen hierin geht, sondern lediglich um sich selbst. Ausnahmen bestätigen hierbei die Regel.

Aus dieser Unzulänglichkeit menschlichen Verhaltens heraus aber das gesamte wirtschaftliche und politische System abzulehnen, wäre ebenso falsch, wie alles gut zu heißen, was hierin unter Ausnutzung und Missbrauch persönlicher Macht geschieht. Ablehnung führt immer nur zur Schattenbildung und damit zur Stärkung des Negierten. Letztlich erwächst wahre Macht aus dem eigenen Inneren als Anerkennung unserer ganz persönlichen Verantwortung für unser Leben! Wir sollten diese fundamentale Verantwortlichkeit fürs eigene Wohlergehen an niemand anderes abtreten! Begreifen wir uns alle wieder als Schöpfer unserer Lebensbedingungen und nicht mehr als Opfer unserer Welt (unserer Partnerin oder Ex-Partnerin oder der Politik im Allgemeinen etc.), tragen wir zumindest den uns möglichen Anteil dazu bei, Macht erneut zu reinigen und zu dem zu machen, als was sie eigentlich gedacht war: Ein wirksames Mittel, um zum Wohle aller beizutragen!

FAZIT: Machtgebrauch bedeutet, sich für etwas einzusetzen. Er ist durchaus eine lobenswerte, positive, maskuline Fähigkeit. Wir alle sollten sie zunehmend nutzen und uns nicht länger entmündigen lassen! Weise ist, wer erkennt, dass alles, was er anderen zufügt, er sich in letzter Instanz selbst zufügt. Zugleich aber wird auch alles, was man(n) anderen oder Mutter Natur Gutes tut, auf ihn selbst zurückfallen!

Praktische Hinweise

- Setzen Sie sich in Ihrem Leben für positive Ziele ein!
- Nutzen Sie Ihre Macht zum Erreichen dieser Ziele!
- Streben Sie nach mehr Macht, um noch besser Ihre und insbesondere auch die Allgemeinheit betreffenden positiven Ziele zu verwirklichen!
- Engagieren Sie sich beispielsweise in der Friedensbewegung oder im Naturschutz oder dort, wo sie Ihre politischen, sozialen und religiösen Überzeugungen hinziehen!
- Begreifen Sie sich als machtvolles Wesen, mit der Macht sich zu engagieren und Resultate in Ihrem Sinne zu bewirken!

- Lassen Sie es nicht zu, dass andere Ihre Interessen in Ihrem Namen regeln wollen, sondern werden Sie selbst aktiv!
- Macht entstammt aus unserem Inneren und ist nichts, was man uns extra gewähren oder geben müsste!
- Am Anfang war die Macht und sie war maskulin und gut!

THOMAS: Mir gefällt es, wie du *Macht* „bereinigen" und in ihre ursprüngliche Form des sozialen und ökologischen Engagements gießen möchtest. Du ermutigst uns, für unsere eigenen Belange einzustehen und uns nicht länger entmündigen zu lassen. Ich bin hierbei auf deiner Seite! Andererseits befürchte ich mittlerweile ohnehin, irgendwie mit dir in einen Topf geworfen zu werden -so als sei ich nichts weiter als dein Alter Ego. Ich möchte mich hiergegen allerdings auf das Entschiedenste verwehren! Hiermit mache ich ausdrücklich von meiner Macht Gebrauch, mich als unabhängiges Wesen zu erfahren und als solches in der Welt der Gedanken zu wirken! Aus dieser Motivation heraus bringe ich einen weiteren Gesichtspunkt ein: Ich glaube, dass, wenn man wirklich hinter die Kulissen schaut, Männer überhaupt keine primäres Interesse an Macht haben. Sie möchten gebraucht werden, das ist alles. Nur aus eigenen Minderwertigkeits-komplexen heraus - sprich aus der Angst, sonst nicht benötigt und aussortiert zu werden - streben sie nach Macht. Es ist nichts anderes als ein Schrei nach Liebe: „Hier bin ich! Seht mich! Liebt mich! Auch ich bin wichtig! Ich möchte gebraucht werden, das ist mein tiefstes Anliegen!" Ein Mann, der sich in der Welt willkommen fühlt, verspürt dieses egoistische Machtstreben nicht. Die einzige Macht, nach welcher er strebt, ist die Macht des Machens, das heißt der Freiheit, tun und lassen zu können, was immer ihm beliebt. Ein solcher Mann wird Frieden finden und entsprechend friedfertig leben. Er wird danach trachten, die Gabe seines Herzens in die Welt zu bringen! Persönliche Einflussnahme oder Bereicherung interessieren ihn nicht! Ein abschließender Punkt ist mir wichtig: Ich als Mann glaube längst nicht mehr daran, dass von diesem System und seinem Machtgebrauch auch nur der Hauch von etwas Gutem ausgeht. Es erschöpft sich darin, die selbst geschaffenen globalen Horrorszenarien zu lindern. Es hat sich überlebt. Eine neue Zeit ist angebrochen! Wir sollten die Realität sehen, wie sie ist, was soviel heißt, wie die Lebensgesetze und Wirkmechanismen hinter ihren Schleiern zu verstehen.

Magisches Programm

„Es ist die Magie der steten Übung, die den Magier macht!"

Unter „magischem Programm" verstehe ich all unsere Übungen, die wir täglich zusätzlich zu unseren sonstigen Verpflichtungen absolvieren. Gerade die Regelmäßigkeit ihrer Durchführung ist es, die den Namen „Magie" rechtfertigt, denn hierdurch werden wir es früher oder später aus dem „Nichts" zu einer gewissen Vervollkommnung schaffen, deren Früchte dann nicht länger auf sich warten lassen. Andere werden von unseren vielfältigen Fähigkeiten sprechen! Wir aber wissen, dass uns beileibe nicht alles hiervon in die Wiege gelegt wurde, sondern dass wir es aufgrund unserer ganz eigenen, beharrlich entwickelten Magie waren, die diese Dinge bewirkten (siehe auch: Selbstdisziplin).

Ein komplettes magisches Programm sollte jeweils mindestens eine physische, kreative (emotionale), mentale und spirituelle Übung umfassen. Es wird täglich oder doch fast täglich durchgeführt. Im Allgemeinen schwankt seine Dauer von 20 Minuten bis zu einer Stunde. Ansonsten wird keinerlei Form vorgeschrieben und Sie üben selbstständig mit eigener Intensität und Schwerpunktsetzung.

Beispiele für physische Übungen sind Situps, Klimmzüge oder Liegestützen. Kreative Übungen könnten sein, ein Stück auf dem Klavier zu üben oder an einem Buch zu schreiben etc.. Unter einer mentalen Übung verstehe ich intellektuelle Weiterbildung. Vielleicht lernen Sie die Vokabeln einer weiteren Fremdsprache oder arbeiten sich in ein neues, für Sie interessantes Thema ein. Klassische spirituelle Übungen wären eine Meditation, ein Gebet oder eine schamanische Reise. Auch das Orakel zählt hierunter. Seine Bedeutung ist die von <<orare>>, also beten. Die Befragung eines Orakels gleicht einem Gebet. Was immer wir auch tun: Dies sind unsere Übungen und wir lassen uns hierbei von niemandem hereinreden! Wir sollten uns mit unserem magischen Programm weder aufzehren, noch es jemals schleifen lassen. Seine Magie liegt in der Stete und darin, dass Sie der bestimmende Magier sind. Üben Sie gemäß eigener Interessen anhand der Übungen, die Sie kennen und die Ihnen persönlich am meisten bringen. Sie sind frei, hierin gelegentlich abzuwechseln und Ihr Programm immer wieder erneuten Situationen anzupassen. Stete verlangt Flexibilität! Ihr Engagement für Ihre physischen, emotionalen, mentalen und spirituellen Körper sollte Ihnen Spaß bereiten, Stärke verleihen und Sie weiterbringen. Seine Magie wird sich in Ihrem Charisma widerspiegeln. Beginnen Sie noch heute mit vier kleinen Übungen. Sie können diese dann noch immer ausbauen. Bitte überfordern Sie sich damit aber nicht und denken Sie an die Magie der Stete nach dem Motto: „Stetes Wasser höhlt den Stein." Ein einmaliger Wassersturz ist hierzu nicht in der Lage.

Wenn man einmal aufgrund äußerer Umstände einzelne Übungen oder gar das gesamte Programm aussetzen muss, kehrt man danach baldmöglichst - wie selbstverständlich - zu seiner täglichen Praxis zurück. Einmal mit Magie begonnen, gibt es kein Zurück mehr. Der kleine Schritt bringt die Entscheidung.

FAZIT: Stellen Sie die Durchführung Ihres magischen Programms sicher und wachsen Sie an den eigenen regelmäßigen Übungen! Sie sind in Personalunion der Ausführende und der Bestimmer! Sie sind die Übung, der Übende und das Resultat!

Praktische Hinweise

- Stellen Sie sich ein magisches Programm gemäß den in diesem Kapitel genannten Grundzügen zusammen und wachen Sie darüber, es regelmäßig und langfristig durchzuführen!
- Alsbald schon werden Sie sich besser fühlen!
- Beginnen Sie langsam und steigern Sie sich allmählich!
- Sollte Sie einmal Krankheit, der unerwartete Besuch von Verwandten oder zu hoher Arbeitsdruck daran hindern, Ihr Programm durchzuführen, beginnen Sie am nächstmöglichen Termin erneut mit einem kleinen Level!
- Schieben Sie diesen Termin nicht auf und steigern Sie sich allmählich!
- Meisterschaft wird nicht durch sporadische Intensität erlangt, sondern durch extensive Kontinuität!

THOMAS: Mein eigenes magisches Programm besteht momentan täglich - nur um ein realistisches Beispiel zu geben - aus:

Spirituell

- 15 Minuten Meditation

Mental

- Lautes mir selbst Vorlesen und Verstehen von mindestens zwei Seiten aus einem spanischsprachigen Roman

Emotional

- Mindestens einen Kommentar in diesem Buch abgeben;
- Stockkampfkunstübungen oder einem Kopfstand

Physisch

- 60 Situps
- 24 Liegestütze
- 400 mal bei mittlerer Schwierigkeit in die Pedale des Stehfahrads treten sowie 200 mal die Arme mit leichten Gewichten beugen.

Außerdem kratze ich etwas Grünzeug im gepflasterten Hof und mache einen Gang in die Waschküche, wo es fast immer etwas zu tun gibt. Wie gesagt liegt die Kunst des magischen Programms darin, lieber wenig, dies dafür aber regelmäßig zu tun, anstatt sich mit irgendetwas zu überlasten und es dann bald gänzlich zu unterlassen.

Männliches Selbstverständnis: Wann ist ein Mann ein Mann?

„Können wir uns auf Dein Wort verlassen?
Respektierst Du unserer Partnerschaft und Familie?
Achtest Du unserer Leben und unserer körperliche Unversehrtheit?
Anerkennst Du unseren Besitz und das unsere?
Gilt dir die Weisheit zum Geleit?"

Wer diese Voraussetzungen erfüllt wird aufgenommen in die Reihe jener, die unter unserem maskulinen Schutz stehen und sich unserer Unterstützung und Solidarität gewiss sein dürfen!

- Halten Sie Ihr Wort und tun Sie, was Sie sagen!
- Halten Sie sich fern von meiner Frau! Sie wissen schon, was ich meine! (Komplimente und freundschaftliche Umarmungen sind natürlich okay!)
- Sorgen Sie für Arbeitsschutzbestimmungen in Ihrem Betrieb und sichern Sie gefährliche Stellen in Ihrem Haus ab!
- Zahlen Sie Ihre Schulden zurück und lassen Sie meinen Spaten in der Hütte!
- Denken Sie an Ihr verdammtes *Karma*!

Männlichkeit ist weder eine Krankheit noch ein komplizierter Sachverhalt. Letztendlich geht es einfach nur um die Übernahme der kompletten Verantwortung für sich, sein Wort, seine Partnerschaft und Familie, seine Gesundheit und sein Leben. Darüber hinaus wird von uns Respekt für die Familie, Partnerschaft, die Gesundheit und das Leben anderer verlangt sowie grundlegende Akzeptanz und Wertschätzung von Arbeit, Eigentum und Besitz.

Wenn Sie sich jetzt noch für den Schutz von Waisenkindern, für gerechte Bezahlung von Arbeit, für bedrohte Naturvölker oder für den Erhalt von Mutter Erde einsetzen, dann verdienen Sie sich meinen vollendeten Respekt!

Da war sie auch schon, meine - wenn auch holprige - eigene Definition für das, was ich als männlich bezeichnen würde. Eine andere Variante wäre: Ein Mann übernimmt 100%ige Verantwortung für sich und die ihm nahe Stehenden sowie gemäß seiner Kräfte für seinen Betrieb, seine Freundschaften, Nachbarschaft, Region, die gesamte Menschheit und Mutter Erde. Keine einfache Aufgabe, es bedarf der Meisterschaft, vielleicht der Makellosigkeit! Zu unserer eigenen männlichen Entlastung sollte man vielleicht noch nachtragen, dass, wenn wir schon Verantwortung für Mutter Erde zu tragen haben, zumindest doch Vater Himmel sich um sich selbst kümmern wird! Immerhin das Universum sorgt also für sich selbst. Das ist doch einmal eine gute, tröstliche Nachricht!

Die Kurzform männlichen Selbstverständnisses: Männlichkeit ist Ver-antwort-ung! Während sich die Frau hingibt, antwortet der Mann auf die Unwägbarkeiten des Lebens! Täte er es nicht, gäbe es kein Mannsein mehr! Lassen Sie sich hierbei bitte nicht von Ihrer Partnerin oder Frau reinreden nach dem Motto: „Es gehören immer zwei dazu! Die Hälfte der Verantwortung trage ich!" oder „Du kannst lediglich die Verantwortung für dich selbst übernehmen!" - womit ja schon viel erreicht wäre. Nein, übernehmen Sie die komplette Verantwortung auch für Ihre Frau und Ihre Kinder, ob Sie dies nun laut aussprechen oder nicht! Es ist Ihre Entscheidung, wofür

Sie Verantwortung übernehmen! Lassen Sie sich diese Macht der eigenen Selbstbestimmung also bitte nicht von Ihrer Partnerin aus der Hand nehmen! Ganz egal wie Ihre Partnerin kurzfristig auch darüber denken mag, sie wird es Ihnen auf jeden Fall langfristig danken, wenn Sie als Mann dem Leben Rede und Antwort stehen und auch sie selbst unter Ihren Schutzschirm stellen! (Sollte Ihre Frau darüber hinaus selbst auch Verantwortung übernehmen und über einen eigenen Schutzschirm verfügen - umso besser!)

Lassen Sie mich an dieser Stelle noch einen kleinen „esoterischen" Diskurs führen: Die dem Mannsein zugeordneten Elemente sind in erster Linie das Feuer und begleitend die Luft. Zum weiblichen Pol gehören das Wasser und die Erde. Das Feuer steht für die Kraft der Verwandlung. Es ist hell, strahlt Hitze aus und verwandelt alles, was mit ihm in Berührung kommt. Kommt man dem Feuer zu nahe, verbrennt es einen, bleibt man ihm fern, steht man frierend in der Dunkelheit. Ohne das Feuer gäbe es kein Leben auf dieser Erde. Auch Maskulinität ist notwendig, um die Kette des Lebens weiterzugeben. Die Luft hingegen steht für die Klarheit und Reinheit männlichen Denkens und männlicher Spiritualität. Der spirituelle und der mentale sind dem emotionalen und physischen Körper übergeordnet. Wenn auf einer höheren Ebene auch alles Einheit ist, so ist doch unsere Seele in der Dualität noch immer höher zu bewerten als unsere physischer Leib. Natürlich sollten wir unseren (materiellen) Körper ehren und pflegen, wie überhaupt alles Weibliche, aber das eigene Seelenheil erscheint zumindest mir noch wichtiger.

Auf Seiten des femininen Pols stehen das Wasser für die Gefühle und die Erde für alles Materielle. Materie ist die dem Geist gegenübergesetzte Substanz, obwohl auch sie ihren eigentlichen Ursprung in diesem (dem Geist) hat. Ein aus dem maskulinen

Feuerpol kommender Mann, tritt über seinen Intellekt (Luft) ein ins Reich der Gefühle (Wasser) und der Erde (Geld und Materie). Dieser Mann lernt es nicht nur, seine Gefühle wahrzunehmen, zu beherrschen und darüber zu sprechen, sondern er erwirbt auch Wohlstand. Er verwirklicht und integriert hierbei seine volle Weiblichkeit. Danach unternimmt er eine zweite Reise zurück in die eigenen maskuline Essenz und wird erst dann zum wahren (aufgestiegenen) Mann! Er erkennt, dass noch immer ein klarer, gelassener Geist (Luft) über die Buntheit der Gefühle (Wasser) triumphiert. Spirituelle Entwicklung und seelisches Wachstum (Feuer) sind bedeutsamer als Wohlstand und die Anhäufung weiteren Eigentums (Erde). In der Einheit dann verschwimmt auch diese Unterscheidung. Erleuchtung ohne Maskulinität ist nur ein Spiel mit Taschenlampen.

Zurück zum männlichen Selbstverständnis: Was glauben Sie, warum die Weltmeisterschaft in Schach und Boxen eine nahezu mystische Verehrung in der Männerwelt genießt? Nun ganz einfach, sie versinnbildlicht die perfekte Symbiose beider männlichen Elemente von Feuer (= Umwandlung = Stärke = rohe physische Kraft = Boxen) und Luft (= Geist = Intelligenz = vorausschauende Strategie = Schach).

Versuchen Sie nie zu beweisen, dass Sie ein Mann sind. Seien Sie es einfach! Es ist männlicher, sich zurückzuhalten, um im entscheidenden Moment für den anderen dazusein, als mit seiner Männlichkeit zu protzen! Sollten Sie sich statt hehrer Ideale wie dem Weltfrieden oder allgemeinen Bewusstseinsanstieg lieber für Ihren Bundesligaverein, die Raumfahrt oder den örtlichen Männerchor engagieren, so ist auch dies gut. Wer hierbei wertet, wen oder was wertet der? Fragen Sie sich selbst!

Interessant im Zusammenhang mit der Frage nach der eigenen Männlichkeit ist auch die germanische Rune „Mannaz". Sie steht generell für „Mensch" oder „Mann" und weist auf die Bedeutung der eigenen gesellschaftlichen Stellung hin. Wie alle Runen weist auch Mannaz einen mehrfachen Interpretationsrahmen auf. So wirkt die Rune u.a. wie ein Spiegel: Das eigene männliche Sein spiegelt sich in der Welt und zeigt uns unser wahres Wesen. Zudem findet die Rune Verwendung, um fremde, negative Einflüsse abzuwenden, indem sie diese zurückspiegelt. Außerdem steht Mannaz für geistige Entwicklung, ein gutes Erinnerungsvermögen, Intuition und Menschenkenntnis - allesamt positive männliche (und menschliche) Eigenschaften. Mannaz betont ferner die Zusammengehörigkeit und gegenseitige Abhängigkeit von Mann und Frau und segnet ihre Ehe wie überhaupt jegliche Zusammenarbeit unter den Menschen. Zugleich wird durch die Rune der Göttliche Funken in uns Menschen aktiviert.

Zusammenfassend lässt sich sagen: Mannaz

- steht für „Mann" und „Mensch"
- wirkt wie ein Spiegel
- fördert kognitive und intuitive Eigenschaften
- fördert die gegenseitige Kooperation
- segnet die Ehe
- aktiviert den Göttlichen Funken im Menschen
- wird mit Begriffen wie „Menschheit", „Zusammengehörigkeit", „Erinnerung", „geistige Entwicklung", „gesellschaftliche Stellung" oder „Männlichkeit" assoziiert.

FAZIT: Orientieren Sie sich an maskulinen Werten und leben Sie Ihre eigene Männlichkeit - ganz egal, was auch immer Sie darunter verstehen! Mann sein ist schon schwierig genug, bleiben Sie sich also bitte selbst treu und übernehmen Sie - ohne anderen zu schaden - die komplette Verantwortung für Ihren Werdegang, Ihr Wohlergehen und Ihr Leben! Übernehmen Sie darüber hinaus, soweit es in Ihrer Macht steht, zusätzlich die positive Sorge für andere! (Dies muss nicht an die große Glocke gehängt werden.) Stellen Sie sich vor Ihre Frau, Ihre Untergebenen, Ihre Freunde und Geschäftspartner! Nehmen Sie diese in Schutz und unterstützen Sie sie darin, ihre eigenen positiven Ziele zu verwirklichen! (Halten Sie sich allerdings auch nicht mit Ihrer wahren Meinung hinter dem Berg, sondern teilen Sie sich mit!) Verteidigen Sie Ihre Frau und Ihre Kinder, falls notwendig! Streben Sie nach Makellosigkeit!

Praktische Hinweise

- Respektieren Sie die Grundregeln menschlichen Zusammenlebens und fordern Sie dies zugleich von anderen ein!
- Achten Sie auf Ihre Gesundheit!
- Bekennen Sie sich zu männlichen Werten wie kanalisierter Aggression, der Verwirklichung der eigenen Mission, persönlicher Unabhängigkeit, innerer und äußerer Freiheit, dem fortwährenden Streben nach Makellosigkeit, dem familiären Führungsanspruch, fairem Wettkampf mit anderen Männern, grundlegendem Verzeihen, maskulinen Freundschaften und den anderen in diesem Buch genannten Männertugenden!
- Übernehmen Sie die komplette Verantwortung für sich und Ihre Familie! (Dass Ihre Frau ihrerseits natürlich auch Verantwortung trägt, steht dem nicht entgegen!)
- Ermutigen Sie auch andere Männer darin, die komplette Verantwortung für sich und ihr Leben zu übernehmen!
- Üben Sie sich in Loyalität und Treue!
- Halten Sie nach Möglichkeit immer Ihr Wort!
- Respektieren Sie Arbeit, Eigentum und Besitz!

- Akzeptieren Sie Herrschaft, Hierarchie und Macht als grundlegende Pfeiler der Existenz des männlichen Pols in dieser ansonsten weiblichen Welt!
- Gestalten Sie diese Pfeiler im Hinblick auf feminine Werte wie Kommunikation, Kooperation, Konsens und allgemeinen Nutzen!
- Wenn Sie möchten, beschäftigen Sie sich mit alternativen politischen Modellen, wie der basisdemokratischen Räterepublik, der natürlichen Dominanz oder dem bedingungslosen Grundeinkommen!
- Setzen Sie sich immer für Individualität, Vielfalt und Entwicklung ein!
- Akzeptieren Sie Ihre persönlichen Grenzen!
- Verwirklichen Sie Feuer (Stärke) und Luft (Intellekt) in Ihrem Leben!
- Trainieren Sie also gleichermaßen Ihren Körper und Ihre Intelligenz!
- Eine Trennung zwischen Körper und Seele ist rein künstlicher Art!
- Integrieren Sie auch Wasser (Gefühle) und Erde (Wohlstand) in Ihrem Leben!
- Zeigen Sie maskulines Gefühl und sichern Sie sich finanziell ab, um auch in der weiblichen Welt zu bestehen!
- Beschäftigen Sie sich doch einmal mit den germanischen Runen!

THOMAS: Von den (scheinbaren) Widersprüchen in deinen Ausführungen einmal abgesehen hat mir gefallen, dass du dich in diesem Kapitel klar zur männlichen Gesundheit bekennst. Sie ist oftmals ein Schwachpunkt männlicher Planung. Wir Männer neigen dazu, unser Streben und unsere Aufmerksamkeit in erster Linie auf Gelderwerb und Karriere (Beruf), Eroberung und Familie

(Partnerschaft) bzw. Sexualität zu richten. Die eigene Gesundheit wird darüber häufig vergessen. Das ist nicht nur falsch, sondern ein grober Fehler! Im Übrigen sagt man ja heutzutage immer, man solle nicht werten, alles wäre gleichberechtigt, es gäbe keine Hierarchien und dergleichen mehr. Das ist natürlich aus Sicht eines Mannes und vor allen Dingen eines zweifelnden und kritisierenden Narrens alles Unsinn! Zumeist sind es sogar jene, die am lautesten nach Gleichmacherei schreien, die die tiefsitzenden Wertungen, Urteile und Verurteilungen in sich tragen. Wahrscheinlich haben Sie dies selbst schon einmal beobachtet! An dieser Stelle deshalb eine klare Wertung meinerseits: Vernachlässigen Sie nicht Ihren Körper oder Ihre persönliche Gesundheit! Diese maskuline Aufgabe besitzt höchste Priorität! Kümmern Sie sich darum! Machen Sie sich, Ihren Körper und Ihre Gesundheit nicht nur zu Ihrem Hobby, sondern zum Zentrum Ihrer Liebe! Warum lassen Sie aus dieser Fürsorge und Ihrer Gesundheit nicht eine weitere kleine Vision und Herzensangelegenheit erwachsen? Dies würde Sie sicherlich auf all Ihren sonstigen Wegen unterstützen!

Matriarchat - was ist das?

„Jeder Mann sollte sich intensiv mit den Vor- und Nachteilen eines möglichen Matriarchats auseinandersetzen und dann seine persönlichen Schlussfolgerungen treffen!"

Matriarchat ist eine Gesellschaftsform, die es in Europa - wenn überhaupt - nur in der jüngeren Steinzeit gegeben hat. Das Klima wurde besser... Land und Wild waren im Überfluss vorhanden... Dörfer benötigten keinen Wall oder Zaun zu ihrem Schutz... Das Leben wurde am natürlichen Rhythmus der Vegetation ausgerichtet... Man verehrte die Muttergöttin... Die Männer waren Jäger und Sammler... Die Frauen beteiligten sich am Sammeln, hüteten ansonsten aber Heim und Herd... So oder so ähnlich mag es wohl dereinst gewesen sein.

Im Matriarchat spielt neben der großen, oftmals dominanten, sehr fruchtbaren Mutter insbesondere der Onkel eine wichtige Rolle als Ratgeber und Mentor. Aus den noch existierenden matriarchalen Stammesgesellschaften lässt sich folgende Beschreibung eines funktionierenden europäischen Matriarchats der jüngeren Steinzeit ableiten:

Innerhalb des Familienverbandes wurde tagsüber gearbeitet und gegessen. Des Nachts jedoch suchten die Männer die Hütten und Betten der Frauen anderer Familien auf. Es gab hierbei keine notwendige Bindung an nur einen Mann oder nur eine Frau. War das Zimmer einer Frau belegt, hinterließ der Mann ein Zeichen (beispielsweise seinen Hut) sichtbar an der Tür, um beim Liebesspiel nicht gestört zu werden. Es waren die Frauen, welche entschieden, welchem Mann aus dem Dorf sie den Zutritt gewährten. Die Kinder gehörten immer in die Sippe und Familie der Frau und wurden von dieser auch großgezogen. Neben der Mutter der Familie auch vom Onkel, den älteren Geschwistern oder - falls noch vorhanden - der Großmutter bzw. von deren Brüdern. Beide Geschlechter hatten also maßgeblichen Anteil an der Erziehung des Nachwuchses! Sie war eine familiäre Angelegenheit, mit der der leibliche Vater nichts zu tun hatte. Dieser beteiligte sich dafür an der Erziehung und Ausbildung der Kinder seiner Schwester(n). Wurde ein Familienverband zu groß, teilte er sich einfach - zog vielleicht flussaufwärts oder flussabwärts, blieb aber mit der Ursprungsfamilie zum Tausch und zu den großen jahreszeitlichen Festen verbunden! Die Ehe als Institution gab es nicht. Sie war im ursprünglichen Wortsinne von „Recht an einer Person" noch nicht erfunden. Die Monogamie als solche existierte nur solange es beide Partner wollten. So wie es dem Mann freistand, jederzeit eine anderer (freie) Frau aufzusuchen, war auch die Frau frei darin, den Mann jederzeit abzuweisen und/oder einem anderen Zutritt zu gewähren. Tagsüber wurde dann wieder mit dem eigenen Familienverband gearbeitet und gespeist. Wenn auch so alle mehr oder weniger miteinander verwandt waren, gabe es doch innerhalb der eigenen Kernfamilie mütterlicher Abstammung niemals Sexualität. Dies scheint mir ein interessanter Punkt, da er nochmals verdeutlicht, dass potentielle Geschlechtspartner niemals unter dem gleichen Dach lebten und Inzucht unter Geschwistern natürlich tabuisiert war. Ehestreitereien gab es nicht!

Das europäische Matriarchat - sollte es je existiert haben - ging erst mit dem Einfall kriegerischer, indogermanischer Stämme zu Ende. Die protoeuropäischen Ureinwohner waren auf diese

Feindseligkeiten nicht vorbereitet. Sie wichen den kampferprobten Kelten, Germanen, Etruskern, Römern... beziehungsweise wurden von diesen assimiliert. Die Kelten waren noch immer ein Volk, in dem die Verehrung der Urmutter in alle ihren Facetten eine wichtige Rolle spielte. Auch die keltischen (ebenso wie die germanischen) Frauen waren hochangesehen. In Führungspositionen waren sie jedoch nur (noch) selten vertreten. Zugleich gewannen europaweit mehr und mehr männliche Himmelsgötter (Belenus, Odin, Jupiter, Zeus etc.) die Oberhand über weibliche Fruchtbarkeitsgöttinnen und -götter. Auch in der germanischen Mythologie siegten die kriegerischen („männlichen") Asen über die eher tiefenökologischen („weiblichen") Vanen. Männliche Herrschaft dominierte von nun an den weiblichen Pol. Kampfbereitschaft, Körperstählung und Enthaltsamkeit wurden wichtiger als Offenheit, Hingabe oder lustvolle Verschmelzung. Zunehmend wurde Wald gerodet (hier: Sinnbild des Weiblichen, da dunkel, feucht und Angst einflößend). An die Stelle gemeinsamen Besitzes trat das Privateigentum. Herrscherhäuser erhoben sich über die Massen. Herr-schaft wurde zum Inbegriff von Macht. Kriege folgten. Frauen vergewaltigte man. Vorbei waren die Zeiten des spielerischen, gefühlvollen Anbändelns. Erde und Frau wurden zum Besitz des Mannes. Während das Irdische unterjocht wurde - man pflügte die Erde, um Samen hineinzulegen - konnte die damals noch ungestüme Männlichkeit des (unvollendeten) Kriegers das zweite weibliche Element, das Wasser, nicht fassen. Also verbannte er es aus seiner Wahrnehmung - bis heute!

Noch später dann, im aufkommenden Christentum, erblickte man in der Lustempfindung, Fruchtbarkeit und Gefühlshinwendung der Frauen nicht mehr nur etwas „Niederes", sondern sogar etwas „Böses", „Teuflisches", „Satanisches"! Was in den matriarchalen Stämmen der jüngeren Steinzeit geehrt wurde und sich in den pan- und polytheistischen Völkern vielleicht noch die Waage hielt, wurde nun vollends pervertiert: Man(n) gab die nährende, fruchtbare Erdmutter zur globalen Schändung frei! „Macht euch die Erde untertan!", lautete von nun an die Parole. Die Femininität unserer Welt wurde brutal verfolgt und unterjocht. Was folgte, waren etwa zwei Jahrtausende pathologischer Männlichkeit! Daher rührt der Hass der alten Feministinnen. Man(n) kann sie verstehen: Es sind noch immer schmerzvolle, jahrtausendealte Empfindungen und Erinnerungen in den Genen und dem Bewusstsein heutiger Frauen!

Ich als Mann akzeptiere mittlerweile die Notwendigkeit dieser globalen Entwicklung. Auch wir Männer mussten übrigens in dieser Zeit unsere Köpfe hinhalten. Und mehr als das: Männer folterten Männer. Männer vergewaltigten Männer. Männer verstümmelten Männer. Männer erniedrigten Männer. Männer töteten Männer. Wir tragen den gleichen Schmerz in uns und es waren beileibe nicht immer nur die Männer, die uns dies antaten. Auch die Gräfinnen, Fürstinnen, Königinnen und Prinzessinnen trugen ihren Anteil! (Und wer weiß schon, ob es nicht sogar gut war, dass in der damaligen Zeit keine Frauen in den kirchlichen Ämtern zugelassen wurden.) Wir vermochten es nicht besser! Ich denke aber, dass es mittlerweile Zeit ist zu vergeben, zurückzukehren und vermehrt das weibliche Prinzip allumfassender Liebe (und wahrhafte Maskulinität!) in die Welt zu bringen! Nichts ist nutzloser als eine fortwährende gegenseitige Schuldzuweisung! Auch und gerade als Mann spreche ich mich frei von Schuld! Ja, ich habe gebrandschatzt, geplündert, gemordet und erniedrigt. Ja, ich war Hitler und Stalin auf dem Höhepunkt ihrer Dekadenz. Aber jetzt bin ich es nicht mehr! Da ist keine Schuld, die abzutragen wäre!

Das Matriarchat scheiterte, es war schutzlos, auf die kriegerischen Angriffe der einfallenden indogermanischen Völkerschaften nicht vorbereitet. Aber auch das monotheistische Patriarchat hat sich in der Praxis als langfristig nicht zweckdienlich erwiesen. Es wurde und wird gekennzeichnet durch die Unterdrückung des Unbewussten, der Frau, des Wilden, Kreativen, ja selbst der männlichen Freiheit. Die stattfindende Führung durch den Mann verlief anhand engstirniger Dogmen, basierte oftmals auf einem Gott, den es in dieser Form nicht gibt, und war bis heute geprägt durch Angst und Schrecken. Es führte zu Zwang anstelle von Unabhängigkeit! Nicht nur Frauen werden nach wie vor geknechtet, sondern insbesondere auch wir Männer! Wir lernten es, unsere Gefühle zu verleugnen und uns gegenseitig auf Befehl umzubringen! Wie sieht unsere Welt denn heute aus? Wir Männer leben zumeist ungesund, erleiden Arbeitsunfälle, werden kriminell, kommen ins Gefängnis, werden drogenabhängig, ziehen noch immer in den Krieg, werden arbeitslos, begehen Suizid und sterben ohnehin durchschnittlich etwa sieben Jahre früher als die Frauen! Es ist in dieser Welt also nach wie vor schwieriger und gefährlicher, ein Mann zu sein, als eine Frau! Darüber hinaus ist dies keine Welt, in der ich, weder als Mann noch als Frau, leben möchte, denn zu erschreckend ist das Ausmaß globaler Ungerechtigkeiten und Verwüstung! Die Erde an sich (spirituell gesehen) ist ein Ort des Lernens, der Schönheit und der Willensfreiheit. Das heutige Bild ihrer Oberfläche aber ist über große Teile ein Abbild patriarchalischen Machtmissbrauchs. Ein Mann behandelt die Erde immer so, wie er auch eine Frau behandeln würde. (Natürlich gibt es auch positive Entwicklungen!)

Vorteile des Mannes im Matriarchat

- Sicherheit und Autonomie innerhalb des Familienverbandes, der Sippe, der Kommune, dem Stamm!
- freie Frauenwahl ohne Eifersuchtsdramen!

- Gleichberechtigte Mitbestimmung in Form des Onkels!
- Empathie und Konsensfähigkeit gelten als männlich!
- nachhaltige Wirtschaftsweisen!
- männliches Verhalten wie die Jagd, die Kampfbereitschaft und männliche Aggression zum Nutzen aller werden gefördert
- die Konkurrenz der Männer um die besten Frauen oder das Kriegertum werden als selbstverständliche maskuline Eingenschaften anerkannt und von allen Beteiligten respektiert!
- Und nicht zuletzt: die Kinder werden gut versorgt und von beiden Geschlechtern erzogen!

Anders als im Patriarchat oder unseren momentanen „modernen" Gesellschaften verlagert sich die Familienführung im Matriarchat auf den weiblichen Pol, ohne dass entsprechende Frauen hierdurch zu Mannsweibern würden. Ganz im Gegenteil gilt es im Matriarchat als sehr feminin zu führen und Entscheidungen zum Wohle aller zu treffen! Ohne dass der Mann von seiner Verantwortung oder Bedeutsamkeit abgeben würde, macht ihm dies das Leben um ein Vielfaches einfacher!

Auch wenn es natürlich kein Zurück in jungsteinzeitliche Lebensweisen gibt, können wir doch zumindest aus diesem Modell lernen. Solange wir aber in einer männlich geprägten Gesellschaft leben, sollte ein Mann keinen Deut von seinem betrieblichen und familiären Führungsanspruch abrücken, sondern jederzeit Biss und Schneid beweisen!

Meine als Mann vielleicht überraschende, vorläufige These: Wahre Männlichkeit lässt sich am besten in einer feminin geprägten Gesellschaft leben. Dies muss kein Matriarchat sein, aber eine Lebensform, die alles Weibliche als gleichberechtigt und vollwertig anerkennt, so wie auch alle maskulinen Tugenden darin ihren angestammten, natürlichen Platz erhalten. Bewusstsein, Vergebung, Kooperation und Konsens sind einige der Schlüsselwörter. Das globale Pendel schlägt jetzt zurück in Richtung des weiblichen Pols! Pseudomännliche, rücksichtslose Zielstrebigkeit, Machtgehabe, die frühere Unterdrückung der Frauen und die damit einhergehende Ausbeutung von Mutter Erde haben unsere Welt an den Rand des Abgrundes gebracht! Dies ist eine neue Zeit. Eine Zeit der Umkehr. Ein Mann sollte dies anerkennen! Der maskuline Mann kennt keine Furcht vor dem Femininen! Er trägt es in sich! Er verwirklicht beide Seiten und Mutter Erde wird es ihm danken! Unter dem Asphalt liegt noch immer fruchtbare Erde. Ehemals verfeindete Nationen schließen Freundschaft. Und unserer Kinder kommen wie ehedem mit leuchtenden Augen und Herzen zur Welt. Wir sind noch immer heil! An dieser Stelle treten mir Tränen in die Augen: Wir sind noch immer heil! Darin liegt die ganze Wahrheit begründet: Kirchenglocken beginnen in diesem Moment zu schlagen. Der Muezin ruft seine Anhänger zum Frieden auf. Wir sind noch immer heil, ungebrochen, ganz, Mann und Frau, Gott und Mensch, Universum und Erde, Vergangenheit, Gegenwart und Zukunft. Da geht noch was! Da geht noch viel! Das Tal der Negativität ist durchschritten, das dunkle Kali-Zeitalter (der Hinduisten) ist vorüber. 2012 = Zeit der Hoffnung. Blätter beginnen zu grünen. Die Menschheit steht auf der Wiege des Erwachens!

Bitte Männer, auch wenn ich jetzt weinerlich klinge: Geht mit mir den Weg der Liebe und der Vergebung. Ihr müsst niemandem etwas beweisen, wie „tough" oder erfolgreich ihr seid. Nieman(n)d möchte den ewigen, „totalen Krieg"! Ihr Männer auf dem Feld und in den Banken; ihr Männer am Schreibtisch und ihr in der Werkstatt und auf dem Bau; ihr Männer in und an der Maschine; ihr Männer des Geistes und des Gebets; ihr Männer in den Fußballstadien; ihr Männer in den Medien, der Politik, den Praxen und

Kanzleien; ihr Männer an den „Stammtischen" und am Lagerfeuer. Wo auch immer ihr seid: Erinnert euch mit mir: Wir sind Männer des Friedens und der Fürsorge! Klärt auf eine konstruktive Art und Weise ausstehende Konflikte mit anderen Männern! Lasst euch nicht länger gegeneinander ausspielen! Nicht einmal eure Frau interessiert eurer Bankkonto, was sie möchte ist eure Zuwendung, eure Männlichkeit, eurer Gefühl! Wir sind noch immer heil, da geht noch was: Diese momentane, scheinbare Welt ist nicht die Welt, die wir wollen! Es ist nicht die Welt unserer Träume! Als wir zur Erde kamen, haben wir sie uns anders gewünscht und erhofft! Technisch und finanziell sind unsere globalen Träume längst umzusetzen! Es gibt keine „Sachzwänge", die nicht überwunden werden könnten!

Energieversorgung? Kein Problem! Allein die Sonne liefert mehr als genug!

Nahrungsmittelknappheit? Eine Frage der Umverteilung und des Teilens! Ein Drittel der weltweit erzeugten Nahrung wird einfach wieder weggeworfen!

Desertifikation? Nur mit ein bisschen Wasser entstehen in Wüsten wieder blühende Landschaften. Was Israel im Negev kann, geht auch in der Sahara!

Terrorismus! Alles nur selbst gemacht! Die Al-Kaida beispielsweise ist eine Organisation, die von den Amerikanern durch die finanzielle und militärische Unterstützung von Bin-Laden selbst ins Leben gerufen wurde! Usw.

Das einzige, was uns daran hindert, unsere Träume zu leben, ist unsere Angst! Eine Tatsache, die insbesondere auch den Mächtigen gut bekannt ist: Meiner Ansicht nach wird für nichts weltweit mehr

Geld ausgegeben als für die Erzeugung und Aufrechterhaltung von Angst (Hollywood, Medien, Nachrichten, Geheimdienste, Militär und Rüstung, Polizeiapparate, Hetzkampagnen, falsche Verleumdungen, Vertuschung, Unterdrückung etc. pp). Das Gegenprinzip zur Angst ist noch immer die Liebe, und es gibt nichts Mächtigeres im gesamten Universum als männliche Liebe! Viele Männer schon sind diesen Weg geschritten! Und es werden immer mehr!

Und so erwächst (auf Umwegen) neben der soziologischen zugleich noch eine mythologische Lesart des Matriarchats. Sie ermöglicht es dem Mann - indem er für seine Träume einsteht - seine verlorenen Erd- und Wasserteile auf eine maskuline Art und Weise zurückzuerobern: So wie dem Himmelsgott eine Himmelsgöttin zur Seite steht, kennt auch die Erdmutter noch immer den oftmals vergessen Erdvater. Die Kelten nannten in beispielsweise Samhain, den Herren der Unterwelt. Und auch das weibliche Element des Wassers wird erst durch die männliche Wassergötter wie Poseidon, Neptun, Ägir oder Manannân zur Gänze entschlüsselt und verstanden. Dem Wasser und den Gefühlen verwandt sind die Träume. Seine Gefühle anzuerkennen und für seine Träume einzustehen ist maskulin. Alles andere ist Memmentum!

Im gleichen Zug möchte ich dann aber auch fairerweise an weibliche Feuergöttinnen wie Pele erinnern. Sie verkörpert den *spirit* und die Stärke im Wesen der Frau! Ganzheitlich feminin ist es, diese gestaltende vulkanische Kraft und weibliche Urgewalt auch als Frau zu integrieren. Wir können Vergleichbares allerdings nur für unser eigenes Geschlecht bewerkstelligen!

Mann und Frau, lasst uns mit den verdrängten, andersgeschlechtlichen Teilen unserer eigenen Seele Frieden schließen und das

Beste unserer beiden Pole in die Welt tragen, auf dass es sich ganz konkret in unserem Leben verwirkliche und entfalte!

FAZIT: Ein Mann sollte seinen Mann stehen und Mann sein dürfen, ganz egal in welcher Gesellschaftsform er lebt. Die des Matriarchats ist hierbei meines Erachtens für beide Geschlechter grundsätzlich besser geeignet als jene eines verschlissenen Patriarchats. In der Alltagsrealität zumindest scheint mir die Welt Kopf zu stehen: Während der Staat immer weiter verweiblicht, aber im Sinne seiner eigenen Existenz maskuline Führung zeigen sollte, leben wir nach wie vor in einer männlich geprägten Gesellschaft, obwohl der Ruf nach Bewusstsein, Achtsamkeit, Intuition, Heilung oder innerer Weisheit - also allesamt weibliche Prinzipien - immer lauter wird! Letzten Endes bedarf es einer Gesellschaft, in der beide Bevölkerungsgruppen, Männer wie Frauen, gleichermaßen ihre Essenzen verwirklichen können... also keine Herrschafts-form, auch kein Matriarchat, sondern eine humane Lebensform.

THOMAS: Anscheinend gibt es für dieses Kapitel keine praktischen Hinweise, sondern alles bleibt - trotz deines emotionalen Aufrufs zur Verwirklichung der eigenen (humanen) Träume - beim Alten! Oder möchtest du einem Mann wirklich raten, er solle sich fürs Matriarchat einsetzen? Dies würde in der heutigen Gesellschaft missverstanden. Noch immer fehlt hierfür das ausreichende Bewusstsein. Ich möchte allerdings nicht ausschließen, dass dieses eines Tages wieder erreicht wird und sich wahrhaftige Männer für ein sogenanntes „neuzeitliches Matriarchat" einsetzen werden! Vergleichbares gibt es übrigens auch im Tierreich: Während Schimpansenmänner aggressiv miteinander rangeln, aber kooperieren, wenn es um die Verteidigung ihres Lebensraums geht und dabei gemeinsam andere Gruppen bekämpfen (männliche Dominanz), leben Bonobo-Männchen unter der Leitung des Weibchens. Sie sind ihr Leben lang verspielt und pflegen ein aktives Sexualleben, auch wenn es nicht immer um Fortpflanzung geht (Matriarchat). Entscheiden Sie selbst, was Sie für die bessere Lebensart erachten! Stellen Sie sich aber auch die Frage aufs Exempel: Lassen Sie sich gerne von den heutigen „männlichen" Frauen unterordnen und von ihnen führen? Meine persönliche Antwort auf diese Frage lautet eindeutig „nein"! Dann doch lieber von einem gestandenen, herzlichen Mann mit gesellschaftlichem Weitblick! („Lieber Schröder als Merkel!") Ob es überhaupt noch in der Zukunft einer politischen Führung bedarf, wenn alle Menschen gleichermaßen ihre männlichen und weiblichen Anteile integriert haben? So weit wage ich kaum zu denken! Ich hoffen nicht in dieser Form!

Zitate

„Liebe vermehrt sich, wenn man sie unter mehrere Männer aufteilt."
Jeanne Moreau

„Die Ehe ist eine obszöne Einrichtung zur Ausbeutung der Männer."
Esther Vilar

Meditation

„Meditation ist ein Fahrzeug auf dem Weg des Druiden!"

„Meditation ist nur etwas für Weicheier!" Ein Mann, der so denkt, ist selbst eines! Er hat sein weiches Ei allerdings im Hirn! Und am Sack hat er wahrscheinlich Flöhe! Natürlich meditiert ein maskuliner Mann, wann immer er Zeit dafür findet. Findet er sie nicht, nimmt er sie sich einfach, den er weiß: Zehn Minuten Meditation wiegen mehr als zehn schlaue Bücher. „Nur jener ist ein wahrer Mann, der auch ein bisschen Yoga kann!" Ein wunderbarer Reim, denn Meditation ist seelisches Yoga! Sie konzentriert und entspannt gleichermaßen. Meditieren ist eine der ältesten und tiefgreifendsten Medizinen, die der Apotheker kennt. Es befreit von intellektuellen und körperlichen Spannungen, klärt emotionale Probleme und ermöglicht spirituelles Weiterkommen! Wer dies nicht sieht, muss der König aller Weicheier sein! Meditieren Sie daher, was das Zeug hält aus allen Rohren. Sorgen Sie dafür, dass Sie bestenfalls von Panzern aus Ihrer meditativen Versenkung zurückgeholt werden, nicht aber von bloßen Ersatzteilen! Sie wissen doch: So schnell schießen die Preußen nicht, und noch ist Polen nicht verloren! Sehen Sie also zu, dass Ihre Meditationspraxis - es reichen am Anfang zehneinhalb Minuten täglich - nicht ausgeht wie das Hornberger Schießen. Da ist nämlich gar nichts passiert! Sie hingegen meditieren konzentriert und bringen sich emotional, mental und spirituell wieder auf Vordermann! Es gibt verschiedene Methoden der Meditation. Informieren Sie sich und wählen Sie die für Sie am wirkungsvollsten und stimmigsten erscheinende. Oder pfeifen Sie bereits aus dem letzten Loch und alles wird Ihnen zu viel? Dann aber mal wirklich ran jetzt an den Speck! Hauen Sie Ihr Ego in die Pfanne und holen Sie sich selbst heim ins Himmlische Reich! Es ist nie zu spät zum Meditieren! Am besten beginnen Sie damit noch heute! Sollten Sie noch immer keine Ahnung haben, was Meditation eigentlich ist und wie das geht, sollten Sie vielleicht einmal die Kontaktlinsen wechseln und sich zumindest ein gutes Buch hierüber besorgen. Ich persönlich empfehle die transsexuelle, ich meine transzendentale Meditationspraxis, da kann man nämlich am wenigsten verbocken! So, und jetzt viel Spaß mit der Erleuchtung!

FAZIT: Entweder Sie meditieren regelmäßig oder auch nicht, was liegt mir daran! Kennen Sie den? „Treffen sich zwei Erleuchtete!" Haha Hahaha Haha Ha!

Praktische Hinweise

- Humor ist nichts für Weicheier, sondern für richtige Kerle!
- Meditation und Humor schließen einander nicht aus!
- Nicht jeder dumme Spruch ist humoresk!
- Meditation macht Spaß und nichts!
- In ihr verschwimmen die Wertungen und Unterscheidungen!
- Meditation dient dem Erreichen der eigenen Makellosigkeit!
- Informieren Sie sich über unterschiedliche Meditationsarten!
- Experimentieren Sie und entscheiden Sie sich!
- Meditieren Sie mindestens zehneinhalb Minuten täglich als Teil ihres magischen Programms im Alltag!
- Da ist immer noch Luft nach oben!
- Alles eine Frage des Willens und des Timings!

THOMAS: Ich weiß schon, dies ist weder ein Kochbuch noch ein Fachbuch für Familienfrieden oder falsche Kompromisse. Weder ein „Was sind wir Kerle!"-Buch noch ein Meditationsratgeber, sondern einfach nur ein Buch für Männer. Trotzdem habe ich noch nie ein so unspirituelles Kapitel über Meditation gelesen, wie du es hier gerade abliefertest! Eigentlich ist ja meine Rolle die des Narren, aber wie ich finde, hast du mich in diesem Kapitel würdig vertreten! Der Titel des „Königs aller Weicheier" ist also noch zu vergeben!

Musikalität

„Gemeinsam mit anderen aus dem Herzen zu musizieren ist heilig!"

Nicht jeder wird zum Musiker geboren. Dennoch sollte sich jeder Mann redlich mühen, mindestens ein Instrument zu erlernen, um gemeinsam mit anderen zu musizieren. Musikalität ist Männlichkeit. Sie handelt von der Seele eines Menschen. Der Archetypus des maskulinen Barden wird hier angesprochen. Wahre Musik ergibt sich nur selten aus solistischem Alleinunterhaltertum, sondern fast immer im gefühlvollen Zusammenspiel mit anderen. Alles andere mag zwar musikalische Unterhaltung sein, erfüllt aber nicht das Kennzeichen des Zusammenspiels, der Hauptherausforderung und Freude eines Musikers. Musikalität ist Gemeinschaft. Worum geht es dem Solisten? Möchte er wirklich mit anderen musizieren, ein Publikum erfreuen oder geht es ihm lediglich um die Selbstdarstellung? Ein musikalischer Mann hat die Wahl zwischen Gockel und Gestalter. Als Gockel gockelt er alleine und als Gestalter gestaltet er gemeinsam mit anderen gesellschaftliche Wirklichkeit und Wahrnehmung! Ich gebe zu, dass diese meine kritische Einschätzung gegenüber männlichem Alleinunterhaltertum auch mit meiner Bevorzugung von sportlichen Mannschaftsspielen wie Fußball gegenüber Individualsportarten wie Stabhochsprung zu tun hat. Meines Erachtens hat der Mann als Einzelkämpfer ausgedient, das männliche Kollektiv ist gefragt. Der einsame Mann an der Spitze hat etwas falsch gemacht! Wo ist seine männliche Solidarität? Wo sind seine Freunde, mit denen er wetteifert und spielt? Wo ist seine Gruppe - egal ob musikalisch, sportlich, gesellschaftlich oder privat? Er hätte alle anderen hinter sich gelassen, weil er der Beste war? Arme Wurst! Wie einsam er sich doch fühlen muss!

Musikalität, Kreativität und Bardentum sind hervorstechende männliche Eigenschaften, die zugleich jene *feminine Qualität* aufweisen, auch vom gegenüberliegenden weiblichen Pol zu profitieren und diesen zu profilieren. Das heißt, sie stärken - durch die natürliche Integration weiblicher Anteile - gleichermaßen die Maskulinität eines Mannes und lassen Frauen feminin erscheinen. Ein Mann sollte sich daher der ansprechenden Wirkung seiner künstlerischen und insbesondere musikalischen Fähigkeiten insbesondere auch auf die Frauenwelt bewusst sein. Dennoch fordere ich ihn in seinem eigenen Interesse auf, sein diesbezügliches Können immer in den Dienst der Gruppe und Allgemeinheit zu stellen, sich also im Zusammenspiel mit anderen zu verwirklichen und mit ihnen zu musizieren, um die über sein eigenes Können weit hinausreichende kollektive Kraft zu nutzen und zu stärken! Auch wahre Frauen mögen längst keine Gockel mehr. Ihm bleiben lediglich die Hennen!

FAZIT: Musikalität ist beiden geschlechtlichen Polen zugehörig und stärkt sowohl die maskuline als auch die feminine Essenz in einem Menschen! Die Wirkung potenziert sich noch durch Gemeinsamkeit, also wenn man im Zusammenspiel mit anderen musiziert. Sie schwächt sich ab durch Alleinunterhaltertum. Der einsame Mann an der Spitze ist der Mythos eines Unglücks.

Praktische Hinweise

- Lernen Sie mindestens ein Instrument in Ihrem Leben; es ist hierfür nie zu spät!
- Musizieren Sie bevorzugt mit anderen und nicht für sich alleine!

- Werden Sie zum Barden, der andere durch seine Kunst zum Erblühen bringt und steigern Sie so zugleich Ihr eigenes Charisma!
- Im Wettkampf mit anderen geht es nie darum, an die Spitze von irgendetwas zu gelangen, der Größte oder Beste zu sein, sondern darum, sich selbst zu perfektionieren!
- In der Musik geht es einfach nur um die Sache an sich (Rhythmen, Melodien, Trance) und nicht um Unterhaltung!
- Der Einzelkämpfer hat ausgedient, das männliche Kollektiv tritt an seine Stelle!
- Jene Kraft, die von männlichen Herzen ausgeht, gemeinsam für Tanz, Musik, Solidarität, Ökologie und zur Rettung von Mutter Erde zu nutzen, ist wahre Männlichkeit!

THOMAS: Dem männlichen Element in der Musik entspricht meines Erachtens das Einüben und die exakte Wiedergabe bestimmter Stücke, das weibliche liegt mehr in der freien Improvisation. Männliche Musik ist geradlinig und weibliche zyklisch. Beider Herangehensweisen können zu wahrhafter Virtuosität führen und Meisterwerke hervorbringen! Die schönste Musik aber entsteht meines Erachtens noch immer dann, wenn innerhalb eines gewissen einstudierten Rahmens Raum für (experimentelle) Improvisationen gelassen wird. Beide Essenzen - sowohl die maskuline als auch die feminine - können sich dann entfalten und ineinander fließen. Das Zusammenspiel beider Einflüsse ist es, welches Musik insgesamt so vielfältig und befruchtend macht!

Mut

"Mut bedeutet, nach Abwägen aller Risiken unerschrocken zu handeln!"

Mut oder auch die Tapferkeit erachte ich dann als maskulin, wenn alle Eventualitäten abgewogen und die Variante mit den größten Erfolgsaussichten gewählt wurde. Wahrer Mut ist immer „sehend und von größtmöglicher Absicherung und Vorsorge begleitet". Er ist also weder blind noch spontan. Dann erfolgt die Handlung! Ein Verharren in als unerträglich empfunden Zuständen ist weder männlich noch sinnvoll. Mut schließt die Bereitschaft zur Änderung mit ein! Lieber sterben als ein sinnloses Leben führen! Mut ist es, alles zu tun, um seine Lebensumstände aus eigener Kraft zu ändern und zu verbessern und dabei am Leben zu bleiben. Das ist meines Erachtens zugleich das, was den männlichen Aspekt des Universums ausmacht: Während sich die Frau hingibt und verschmilzt, ändert ein Mann die Umstände und bleibt dabei als Individuum und Teil des Ganzen erhalten. Blindes Draufgängertum, im Gegensatz zu vorausschauendem Mut, gefährdet die universelle Maskulinität. Ein Mann, der sich als Individuum verleugnet und restlos im Kollektiv verschwimmt ist nur Mitläufer, Draufgänger und Kofferbomber. Er schläft! Das ist keine Männlichkeit! Mann werden heißt, den Mut zum Erwachen aufbringen!

Auch wenn wahrer Mut immer von Sicherheitsdenken und kalkuliertem Risiko begleitet wird, empfinde ich es als unmännlich, so zu tun, als könnte man sich gegen die Herausforderungen und

Begleitumstände des Lebens mit allen möglichen Versicherungspolicen absichern. Mein Tipp an Sie: Behalten Sie Ihr Geld für sich und schließen Sie außer den staatliche verordneten Pflichtversicherungen höchstens noch eine Privathaftpflichtversicherung ab! Mut bedeutet immer auch Mut zur Lücke! Ich möchte mich an dieser Stelle entschieden gegen jene Vollkaskomentalität wenden, die im angstregierten deutschen Volk so häufig angetroffen wird! Leben Sie stattdessen vorausblickend, achtsam und gesund. Das ist Ihre beste Absicherung! Eine ähnliche Vorgehensweise empfehle ich übrigens auch gegenüber der Pharmamafia und dem Impfzwang. Wenn Sie Ihre Kinder gegen Tetanus und geimpft haben, trugen Sie mehr als genug zu ihrem gesundheitlichen Schutz bei! Bei allen anderen Impfungen ist die Gefahr der Schädigung („unbeabsichtigter Impfschaden") größer als ihr Nutzen! Sie dienen lediglich dem Profit der Pharmazeuten. Den restlichen Impfschutz können Sie getrost Gott, dem Universum, überlassen, was in diesem Fall allemal sicherer ist, als sich in die Hand unseres sogenannten „Gesundheitswesens" zu begeben: Wenn Ihnen oder Ihren Liebsten etwas zustoßen soll, spielt es keine Rolle, ob sie geimpft sind oder nicht: Es wird so oder so geschehen! Ich laufe allerdings hier Gefahr, in philosophische Bereiche abzugleiten, die den Rahmen dieses Buchs übersteigen würden und möchte deshalb jetzt im Fazit zusammenfassen.

FAZIT: Mut ist nur dann männlich, wenn alle Umstände und Risiken sorgfältig abgewogen wurden. Alles andere ist blindes Draufgängertum! Dennoch kennt der Volksmund berechtigterweise auch jenen „Mut zur Lücke", der alle Mal besser ist, als im Nichtstun unbegründeter Angst zu verharren! Bringen Sie daher den Mut auf, für Ihre Träume einzustehen. Ein Restrisiko bleibt immer. Vertrauen Sie für diesen Fall auf Gott: Was geschehen soll wird ohnehin geschehen!

Praktische Hinweise

- Deutschland wird durch gezielt verbreitete Angst regiert, stellen Sie sich dem durch Ihr eigenes Vertrauen entgegen!
- Wenden Sie sich gegen Pflichtversicherungen und versichern Sie sich so wenig wie nur irgend möglich!
- Leben Sie anstelle dessen eine achtsames, faires und ganzheitlich vorausschauendes Leben!
- Hinterfragen Sie die Machenschaften der Pharmaindustrie!
- Die Gefahr von Impfschäden ist in den meisten Fällen größer als die ursprüngliche Gefährdung durch die eigentliche Krankheit!
- Wir sind als Menschen bestens an die irdischen Lebensbedingungen und dieses Leben angepasst!
- Entscheiden müssen Sie selbst!
- Chemotherapie ist Mord! Sie hat noch keinem Menschen das Leben gerettet!
- Die unheilsame Wirksamkeit des „Chemotherapie" genannten Giftes ist offensichtlich und gibt den Krebsmedizinern die Möglichkeit, vor Ihrem Tod noch einmal so richtig abzusahnen!
- Manche überleben „Krebs" nicht wegen, sondern trotz der Chemotherapie!
- Bringen Sie den Mut auf, Ihr Leben immer wieder gemäß den eigenen Vorstellungen abzuändern!
- Wägen Sie genau ab, was sie wirklich wollen und wie sie dies mit dem geringstmöglichen Risiko verwirklichen können!
- Entscheiden Sie sich in Ihrem Leben immer wieder für den Weg Ihres Herzens!
- Gehen Sie hierbei in erster Linie nur kalkulierbare Risiken ein!
- Riskieren Sie Ihr Leben (oder andere höhere Güter) immer nur im Notfall!
- Wägen Sie genau ab und werden Sie niemals zu einem blinden Draufgänger!

- Vergessen Sie dabei nicht Ihre Intuition (siehe: Entscheidungsfreude)!
- Üben Sie sich in der Beherrschung Ihrer Impulse!
- Dulden Sie andererseits auch keine unerträglichen Zustände, sondern handeln Sie gemäß Ihrer Überzeugungen!
- Mut ist männlich!

THOMAS: Ein relativ kurzes Kapitel! Wurden alle wichtigen Punkte genannt? Ich will es so zusammenfassen: Bringen Sie als Mann nach dem Abwägen jedweden Risikos jederzeit den Mut zur Veränderung auf und folgen Sie dabei grundsätzlich Ihrem Herzen und Ihrer Intuition! Setzen Sie sich gegen Pflichtversicherungen und Impfzwang ein!

Partnerschaft

„Es ist natürlich für einen Mann, in Partnerschaft zu leben! Sie dient der eigenen Vervollkommnung!"

Partnerschaft - ob monogam, polygam oder nicht vorhanden - ist neben Sexualität, Gelderwerb und/oder Beruf sowie der männlichen Gesundheit sicherlich eines der wichtigsten und häufigsten Themen im Leben des heutigen Mannes. Im Folgenden werde ich vom Normalfall der Partnerschaft mit einer Frau ausgehen. Es wurde über deren Gestaltung bereits viel geschrieben. (Siehe u.a: „Beschützerinstinkt", „Führungskraft/Familienführung" oder „Stärke".) Zumindest ein wesentlicher Punkt ist aber sicherlich noch nachzutragen: Unsere Partnerschaften dienen nicht dazu, uns ein schönes Leben zu machen, denn einfacher lebt es sich zumeist alleine! Der wirkliche Zweck einer Beziehung besteht darin, das Beste aus uns herauszuholen und durch sie für das Leben zu reifen! Dafür, dass sie Ihnen bei der eigenen Vervollkommnung hilft, sollten Sie Ihre Gefährtin ehren. Sie wird es Ihnen allerdings nicht leicht machen, sondern als Katalysator gleichermaßen für das Hervorbringen Ihrer guten wie Ihrer schwachen Seiten wirken! Im negativen Fall zerbrechen Sie daran und dies geschieht häufiger, als wir denken. Im positiven Falle aber hilft Ihnen Ihre Partnerin so, über sich selbst herauszuwachsen; die eigene Vision zu erkennen, zu verfolgen und zu verwirklichen! Dies ist die eigentliche Funktion einer Beziehung! Es geht in Partnerschaften also nicht darum, sich in unrealistischen romantischen Klischees zu ergehen und daran zu zerbrechen, sondern um handfeste Beziehungsarbeit, die von beiden Partnern gefördert und gefordert wird! Wenn darüber hinaus noch der eine oder andere gemeinsame Vollmondabend am See mit Lagerfeuer und Wein in einer lauen Sommernacht oder was es der Klischees noch mehr gibt (Candlelightdinner mit anschließendem leidenschaftlichen Sex vor dem Kamin etc.) herausspringt, haben Sie es geschafft! Erwarten Sie von einer Beziehung aber bitte nicht, dass dies zu Ihrem Alltag würde!

Sorgen Sie in Partnerschaften Ihrerseits insbesondere für Dreierlei:

1. Ihre bedingungslose Unabhängigkeit zu erhalten, was natürlich in einer Partnerschaft das Treffen von für beide Seiten verbindlichen Übereinkommen und Entscheidungen beinhaltet;
2. Ihre Mission sicherzustellen und zu erfüllen und
3. Ihre volle maskuline Essenz zu entfalten und es Ihrer Partnerin durch Ihren Schutz und Ihre Führung zu ermöglichen, ihrerseits ihr volles weibliches Potential abzurufen.

Überstrapazieren Sie dabei bitte nicht die Entscheidungsfähigkeit und das Durchhaltevermögen Ihrer Partnerin. Wenn für Sie auch gilt, dass ein gegebenes Wort ein gehaltenes Wort ist, ändern feminine Frauen wie das Wetter ständig ihre Stimmungen. Manchmal ist dann das, was vorher noch galt, jetzt nicht mehr wahr, weil sich andere Bedürfnisse in den Vordergrund drängten. Für sie sind Gefühle maßgebend, nicht Fakten. Setzen Sie daher grundsätzlich auf Ihre emotionale Autonomie und die eigene Unabhängigkeit am männlichen Pol. Machen Sie sich bei allem, was Sie vereinbaren, nicht abhängig von den Gefühlen und dem Verhalten Ihrer Frau! Es geht dabei um nichts Geringeres als das eigenständige seelische Überleben als Mann! Maskulinität bedeutet, sein Feuer zu bewahren, ohne andere damit zu verbrennen!

Der männliche Pol entspricht dem Feuer, der weibliche dem Wasser. Je mehr maskuline Essenz ein Mann in sich trägt, nach desto mehr Wasser, also gefühlvoller Femininität, wird er verlangen, um sich zu kühlen. Auch umgekehrt verlangt die leicht frierende, feminine Frau nach starkem Feuer. Die gegenüberliegenden Pole ziehen sich gegenseitig an und ergänzen sich. Über je mehr Feuer ein Mann einerseits und je mehr Wasser eine Frau andererseits verfügt, desto größer wird auch das gemeinsame Konfliktpotential sein. Aber auch die gegenseitige Leidenschaft wird stärker und die gelebte Sexualität intensiver sein, als wenn beide Partner nur über eine geringe maskuline bzw. feminine Essenz verfügen. Dies bedeutet nicht, dass diese Paare unglücklicher wären. Eher das Gegenteil ist der Fall, aber sie erreichen nicht jene Leidenschaft und Gestaltungskraft einer Beziehung mit starken Polaritäten. Viele dieser Paare mit geringerer Polspannung sind als Einheit sehr stabil und absolut glücklich mit ihrem ewig gleichbleibenden Kuschelsex. Das ist vollkommen in Ordnung! Es gibt auch Paare, in welchen die Frau über mehr männliche Essenz verfügt als der eigentliche Mann - und umgekehrt. Auch hiergegen ist nichts einzuwenden, solange die Beziehung für beide Partner zufriedenstellend funktioniert.

In Paaren, wo der Mann über mehr Feuer verfügt, als seine Frau an Wasser zur Kühlung beiträgt, wird er diese über kurz oder lang - wenn auch ungewollt(!) - verbrennen und vernichten. Irgendwann wird sich seine Frau totunglücklich, vertrocknet und ihn doch noch immer liebend, scheiden lassen. Hierin liegt die ganze Tragik! Und für den Mann, der diesen Schritt nie von sich aus unternehmen würde, wird es eine Erleichterung sein! Selbst, da er den Entschluss seiner Frau niemals vollständig verstehen wird („Sie hatte doch alles, was sie brauchte, um glücklich zu sein!"), wird er schon bald darüber hinweg kommen und sich vielleicht mit einer Jüngeren trösten. Hätte der Mann aus unserem Beispiel über eine noch ausgeprägtere Maskulinität verfügt, hätte er die Scheidung allerdings von sich aus eingereicht, da er vorhergesehen und verstanden hätte, wie sehr er diese Frau, die er liebte, ohne es zu wollen schädigte! Im umgekehrten Fall, wenn der Mann der Femininität seiner Frau nicht genug eigenes Feuer entgegenzusetzen weiß, endet die Partnerschaft zumeist darin, dass der Mann versuchen wird, seiner Frau alle Wünsche von den Lippen abzulesen. Er bemüht sich also darum, den Traumprinzen zu spielen, der er - in dieser Konstellation - überhaupt nicht sein kann! Er wird dafür aber nicht belohnt, sondern im Gegenteil immer tiefer in der Achtung seiner Frau sinken, bis diese sich einen zweiten oder dritten Geliebten nimmt und ihren Mann dann irgendwann ganz verlässt. Er selbst bleibt aufgeweicht, aufgebläht und aufgeschwemmt zurück. Es wird schwierig für ihn, eine neue Partnerin zu finden und dieser auch zu vertrauen. Seine besten Jahre sind dahin.

Insbesondere in Partnerschaften mit großer maskuliner Essenz des Mannes und vergleichbar großer femininer Essenz der Frau liegt es an uns, ob wir aus unseren Beziehungen einen Himmel voller Leidenschaft und Erfüllung oder aber eine Hölle auf Erden machen. Sorgen Sie durch Ihre innere, männliche Stärke dafür, dass Ersteres geschieht! Sollten Sie für die geforderte maskuline Führung zu unwissend oder zu schwach sein, trennen Sie sich lieber von Ihrer Partnerin, wenn Sie sie wirklich lieben! Verlangen Sie vor allen Dingen nicht von Ihrer Partnerin, dass sie die entscheidenden Schritte zur Rettung Ihrer Beziehung unternehmen solle! Je femininer ihre Essenz ist, desto ferner liegt ihr derartig zielgerichtetes Handeln. Sie vermag zwar ebenfalls planmäßig, diszipliniert und zielorientiert zu handeln, immerhin musste auch sie zunächst eine Reise in ihre eigene Männlichkeit antreten, um danach ganz Frau zu werden (und nicht im Stadium der „Zicke" zu verbleiben), aber es ist einfach nicht ihre Aufgabe, die kränkelnde

Beziehung zu retten! Es wäre so, als würde sie von ihrem Mann verlangen, er sollte damit aufhören, anfallende Probleme zu lösen und lediglich seine diesbezüglichen Empfindungen zum Ausdruck bringen. Das geht nicht! Sein Mannsein wäre verfehlt! Es liegt in seiner Essenz zu handeln! Gleiches gilt mit umgekehrtem Vorzeichen für die Frau. Es entspricht einfach nicht ihrer Wesensart, mit zielgerichtetem Verstand bestehende Partnerschaftsprobleme zu analysieren, um diese danach Schritt für Schritt systematisch zu eliminieren. Das ist Ihre Aufgabe als Mann! Das tut keine Frau, so sehr Sie es sich vielleicht auch wünschen würden. Ihr feminines Metier sind die Gefühle und der Ausdruck ihrer Empfindungen. Hierin mag sie die unangefochtene Lenkerin sein. Alles andere ist Ihre Sache! Jede Frau der Welt wünscht sich, dass Sie als Mann die Ihnen obliegende Pflicht zur Aktivität endlich erkennen und durch Ihr konkretes Handeln (nicht durch Gerede und Beteuerungen) Vorsorge für Ihre Beziehung treffen. Überraschen Sie Ihre Frau! Zeigen Sie ihr, dass Sie diese Lektion gelernt und verstanden haben! Das ist im Übrigen das, was ich als maskuline Führung bezeichne. Aus Sicht ihrer Frau ist die Welt tatsächlich so einfach: Es ist Ihre Aufgabe die angeschlagene Beziehung zu retten! Wollen Sie sie wirklich enttäuschen?

Einer Frau wohlwollende Ratschläge erteilen? Vergessen Sie es! Es ist Ihre Aufgabe, die Gemütsregungen Ihrer Frau auszuhalten und nicht, ihr irgendwelche Ratschläge zu erteilen. Ratschläge sind auch nur *Schläge*, wenn auch gutgemeinte. Es ist Ihre Aufgabe, ihre Frau zu schützen und ihr durch Ihre empathische Führung bestmögliche Entwicklungs- und Entfaltungsmöglichkeiten anzubieten! Es ist an Ihnen, immer wieder zu beweisen, wie sehr Sie sie lieben! Der Augenblick, das Ruder aus eigenem Antrieb und mit eigener Kraft herumzureißen und aus Ihrer - aufgrund starker Polaritäten - konfliktbeladenen Beziehung eine im positivsten

Sinn „leidenschaftliche" und erfüllende Partnerschaft zu schmieden ist gekommen! Sie sind der Schmied! Es bedarf bei diesen Schmiedearbeiten allerdings der Makellosigkeit eines vollendeten Kriegers, denn Ihre Frau wird Ihnen keinen einzigen Fehlhieb/Fehltritt jemals vergessen. Sie mag ihn vielleicht verzeihen, aber sie wird ihn niemals vergessen und immer wieder zum Vorschein holen, wenn es ihren eigenen Zielen entspricht. Argumentieren Sie deshalb auch nicht mit Ihrer Frau, Ihre Worte würden später nur gegen Sie selbst verwendet! Lernen Sie stattdessen endlich Ihre Partnerin als das zu sehen, was sie ist: Eine Frau, die sich nach Ihren Liebesbeweisen, Ihrem Schutz und Ihrer Führung sehnt, ohne dass Sie sie dabei in irgendeiner Weise einschränken. Auch Frauen ist ihre Freiheit wichtig, vielleicht bedeutsamer denn je! Handeln Sie also zur Rettung Ihrer spannungsgeladenen Partnerschaft oder Ehe, ohne Ihre Frau hierbei in ihren Gefühlen zu belehren, in ihren Handlungen zu beschneiden oder sonstwie in Ihren Plänen zu behindern!

Natürlich stellen Sie bei all Ihren Aktivitäten und Maßnahmen zur Rettung Ihrer Beziehung zugleich sicher, dass Sie sich nicht selbst verleugnen und auch Ihre Mission nicht gefährdet wird. Dann nämlich würde Ihre Frau erkennen, dass Sie nicht in der Lage sind, das, was Ihnen am wichtigsten ist, zu verteidigen. Sie wären ein schwacher Mann. Warum also sollte sie Ihrem Schutz und Ihrer Führung vertrauen? Machen Sie sich bewusst, wie wertvoll Ihnen diese Frau mit ihrer ausgeprägten femininen Essenz ist, wie Sie sie lieben und wie Sie gemeinsam einen Himmel auf Erden erschaffen werden. Überzeugen Sie auch Ihre Frau hiervon! Begeistern Sie sie und reißen Sie sie erneut mit im nicht enden wollenden Liebestaumel. Mit ihrem Segen sollte es ein Leichtes sein, jetzt auch Ihre wirkliche Mission zu verwirklichen, die über bloße Intimität, Partnerschaft, Familienleben und Ehe noch immer weit hinausreicht!

FAZIT: Zunächst einmal entscheiden die mitgebrachten männlichen und weiblichen Essenzen beider Partner über den unaufhaltsamen, wie ich meine „schicksalhaften" Fortgang einer Beziehung. Man kann sich noch so lieben und bemühen, der Ausgang und Verlauf der jeweiligen Beziehungen liegen doch von Anfang an klar auf der Hand (wenn auch nicht immer vor Augen). In gleichgepolten Beziehungen, also mit vergleichbarer Feuerkraft des Mannes und Wasserkraft der Frau, entscheidet die innere Stärke des Mannes über das weitere Schicksal. Die Frau wird intuitiv seine Führung anerkennen oder aber ihn durch ihr Nörgeln und ihre wechselnden Launen herausfordern, endlich Stärke zu beweisen (sie wünscht es sich so sehr). Meistens tut sie beides! Gelingt es dem Mann nicht, seine Mission zu verteidigen und zugleich die Beziehung zu retten, tritt er (unbewusst) seinen natürlichen Führungsanspruch an seine Frau ab und überlässt ihr die generelle partnerschaftliche Entscheidungsbefugnis mit allen dargelegten negativen Konsequenzen, die hieraus erwachsen. Im positiven Fall aber rettet der Mann seine Beziehung durch gelebte Maskulinität und die eigene innere Stärke. Zugleich gelingt es ihm, seine Frau von der eigenen Mission zu überzeugen und diese - auch mit Hilfe ihres Segens - zu verwirklichen. Wohlstand, Gesundheit und Glück stellen sich ein! Die in der Harmonie immer wieder auftretende polare Spannung wird durch Sexualität ausgeglichen und nicht mehr durch unfruchtbare Streitereien verschärft. Eine stabile, erfüllende und erfolgreiche Partnerschaft wurde geschmiedet! Dort, wo dies nicht gelingt, ist es mittelfristig besser, sich zu trennen!

Praktische Hinweise

- Suchen Sie aus innerer Stärke und Unabhängigkeit heraus den Kontakt zu Ihrer Geliebten oder anderen Frauen!
- Kontakt zum weiblichen Pol aus Abhängigkeit oder Schwäche führt immer zu Makel!
- Verinnerlichen Sie, dass es in einer glücklichen Partnerschaft die Aufgabe des Mannes ist zu geben, zu schützen und zu führen!
- Die Aufgabe Ihrer Partnerin ist es zu entspannen, sich in Liebe hinzugeben und zu empfangen! Sie wird so in ihrer femininen Essenz genährt und gestärkt!
- Vergewissern Sie sich hierbei auch der eigenen femininen Seite und berücksichtigen Sie, dass auch Ihre Partnerin eine maskuline Seite hat, die gelebt werden möchte. Diese beiden Seiten sollten jedoch nicht überstrapaziert werden!
- - Vergessen Sie bitte nie, dass männlicher Schutz nicht Gefängnis, sondern Freiheit bedeutet und dass Führung nie Zwang, sondern immer nur Entwicklung heißt!
- Maskuline Führung betrifft gleichermaßen die finanziellen, emotionalen, sexuellen und spirituellen Aspekte Ihrer Beziehung!
- Akzeptieren Sie hierbei, dass Sie keine Frau jemals bedingungslos lieben wird, sondern Sie immer wieder vor neue Prüfungen und Aufgaben stellen wird!
- Ihre Aufgabe ist es, ihren wechselnden Stimmungen standzuhalten, daran zu reifen und hierbei unbeirrt ihrer Mission zu folgen!
- Nur ein Mann, der seiner Mission folgt, wird auch eine Frau langfristig an sich binden können!
- Nur dieser Mann wird jene innere Stärke ausstrahlen, deren eine Frau bedarf, um sich zu entspannen, hinzugeben und Intimität zuzulassen!

- In diesem Fall wird der von Ihrer Frau emanierende feminine Segen zugleich Ihre Mission beflügeln!
- Akzeptieren Sie Konflikte, Abgrenzung und Auseinandersetzungen als notwendigen Bestandteil in Ihrer Partnerschaft!
- Lernen Sie, solche Zeiten auszuhalten, ohne als Mann frühzeitig klein beizugeben, wie es heute oftmals Mode geworden ist!
- Beharren Sie auf Ihren persönlichen Standpunkten, wenn und solange Sie Ihrer Mission entsprechen!
- Bleiben Sie trotzdem flexibel! Ihre Mission sollte sich niemals zum Dogma auswachsen! Es geht vielmehr um Ihre Gabe für diese Welt!
- Suchen Sie sich eine Partnerin, die in ihrer polaren Intensität der Ihren gleicht! (Sollten Sie also beispielsweise über eine mittlere maskuline Essenz verfügen, so suchen Sie sich eine Frau mit vergleichbarer femininer Intensität, soll die Beziehung von Bestand sein etc.)
- Nutzen Sie Ihre Beziehung auch dazu, die weiterhin unerfüllten Seiten im eigenen Dasein zu erkennen! Ihre Partnerin ist hierbei wie ein Spiegel der Welt! Betrachten Sie sich doch einmal in ihrem Licht!
- Versuchen Sie niemals Ihre Partnerin zu verändern, sondern übernehmen Sie Verantwortung für sich selbst, indem Sie sich selbst perfektionieren!
- Nur wenn Sie sich selbst ändern, ändert sich auch Ihr Spiegelbild!
- Werden Sie authentisch und sorgen Sie so dafür, dass die Klagen Ihrer Partnerin aufhören. (Sie sollen sich Ihrer Partnerin nicht beugen, sondern so leben, dass Sie sich um Ihre eigenen Angelegenheiten kümmern und zu Ihrem Wort stehen. Es ist Ihr Wort. Sie entscheiden darüber, wem und in welcher Form Sie es verschenken!)

- Das weibliche Jammern wird erst verstummen, wenn sich hierfür in Ihnen und Ihrem Leben weder Nährboden noch Widerhall mehr findet!
- Sie haben Makellosigkeit erlangt! Auch die Welt wird Ihnen jetzt nichts mehr anhaben können!

THOMAS: Viele dieser Punkte sind ja bereits zuvor schon angeklungen, aber ich denke, dass du spätestens in diesem Kapitel den Kern der Sache getroffen hast, die vielleicht wichtigste Lektion im Leben eines Mannes: Mach Dein Ding! Schmiede aktiv und heilend an einer liebevollen Partnerschaft und nutze die freiwerdenden Kräfte zur Verwirklichung Deiner Mission! Der schnellste Weg in die Makellosigkeit führt über die Partnerschaft - vorausgesetzt wir scheuen die Auseinander-setzung nicht und gehen fair in die Konflikte! Bei allem, was wir denken, sprechen, schreiben und tun sollten wir jedoch nie aus den Augen verlieren, dass wir, Mann und Frau, uns eigentlich lieben und Gutes füreinander tun wollen. Persönlich möchte ich noch einen für mich und den harmonischen Ablauf meiner Beziehungen ganz wichtigen Punkt ansprechen: Ich diskutiere nicht unnötig mit meiner Partnerin, sondern fühle lieber meine eigenen Gefühle und bringe diese dann zum Ausdruck. Ein ehrlich geäußertes Gefühl wiegt mehr als elf rationale Argumente! Oder in männlicher Sprache: Der Ausdruck von Gefühlen ist so etwas wie der zwölfte Mann beim Fußball, also die Zuschauer. Oftmals sind sie es, die über den Ausgang eines Spiels bestimmen! Nur jener Mensch, der sich geliebt, gesehen, gestützt und verstanden fühlt, wird Hochleistungen bringen! Hierin liegt ein Schlüssel für Harmonie verborgen!

Zitate

„In der Liebe ergeben ein kluger Mann und eine kluge Frau zusammen zwei Narren."
Helen Vita

Persönliche Legende

"Ein Mann ohne Legende ist wie Stroh im Feuer. Bereits die kleinste Flamme wird ihn vernichten! Er hat weder Vergangenheit noch Zukunft!"

Persönlich erachte ich es für fundamental, sich eine persönliche Legende zu schaffen, um vor sich selbst zu bestehen und zu wissen, wer man ist und was man bereits alles geleistet hat. Unsere eigene Legende sollte sich immer positiv gestalten und uns, wenn wir sie lesen, mit Stolz erfüllen. Sie beinhaltet unsere wichtigsten Lebensabschnitte, Wandlungen und Schlachten in Form von Siegen und Niederlagen - immer vorausgesetzt, wir vermochten es, aus unseren Niederlagen Positives zu lernen und zu gestalten, sie also in Siege zu verkehren!

Tief in unseren Herzen wissen wir, dass wir trotz aller äußeren Erfolge in unserem Leben niemals über eine gewisse Mittelmäßigkeit herausgekommen sind. Wir haben in fast allen Bereichen unseres Lebens andere Männer getroffen, die uns darin überragten und es gibt nur Weniges, von dem wir behaupten können, es gäbe keinen anderen, der darin noch geübter, besser oder erfolgreicher sei. Die persönliche Legende ist nun aber eine Form, eine Waffe, wenn Sie so möchten, um mit der eigenen Belanglosigkeit fertig werden zu können. Sie ermöglicht uns, uns unserer Mittelmäßigkeit zu stellen, ihr eine Rechtfertigung und einen Sinn zu verleihen, indem sie darauf hinweist, was wir alles - trotz unserer Defizite - geschaffen, erreicht und gestaltet haben: Wir haben positive

Taten vollbracht, Wandlung und Entwicklung erfahren, sind immer wieder über uns hinaus gewachsen, haben uns eben nicht klein kriegen lassen, sondern aus unseren Niederlagen gelernt und sind immer wieder auf den Weg unseres eigenen Herzens zurückgekehrt. Unsere persönliche Legende wird genau dies festhalten. Sie zeichnet den Weg unseres ganz persönlichen Heldentums, unsere individuelle Heldengeschichte und darauf können wir stolz sein!

FAZIT: Ich wünsche allen Männern viel Spaß bei ihrer Selbsterforschung und Gestaltung ihrer persönlichen Legende! Selbst dem scheinbar Geringsten unter uns Männern gibt sie die Möglichkeit an die Hand, sein Leben als makelloser Krieger zu erleben und zu beenden! Die Legende sollte dabei allerdings nie zur Selbst-Täuschung verwendet werden, sondern im Gegenteil zur Selbst-Erkennung!

Praktische Hinweise

- Schaffen Sie sich eine persönliche Legende, in der Sie insbesondere hervorheben, wer Sie sind und was Sie schon alles geleistet haben!
- Es ist okay, wenn andere in Teilbereichen besser sind als Sie!
- Es gibt auch Bereiche, in denen Sie besser sind als andere und von diesen bewundert werden!
- Betrachten Sie sich als individuelles Gesamtkunstwerk!
- Seien Sie stolz auf sich und Ihr Leben!
- Seien Sie stolz auf all Ihre Lebenserfahrung!
- Seien Sie stolz und glücklich, mit männlicher Schöpferkraft auf die Welt gekommen zu sein!
- Stehen Sie zu sich und lassen Sie Ihr bisheriges Leben in warmen, bunten Farben erstrahlen!

- Animieren Sie sich dazu, auch zukünftig immer Ihr Bestes zu geben!
- Erfreuen Sie sich am Wettkampf unter Männern! Erfreuen Sie sich männlicher Freundschaft und Herzlichkeit!
- Werden Sie hierin makellos und erkennen Sie die Gottheit in sich!
- In Ihrer Bescheidenheit liegt Ihre Größe!

THOMAS: Wenn wir nicht selbst zu uns stehen, wer dann? Wenn wir nicht selbst stolz auf uns sind, wer dann? Wenn wir uns nicht selbst lieben, wer dann? Gestalten Sie daher aktiv Ihre Legende, solange Sie noch leben. Dann nämlich wird es zu spät sein!

Physische Stärke

"Die männliche Pflicht zur Selbstverteidigung beinhaltet die Pflicht sich körperlich fit zu halten!"

Physische Stärke ist nach wie vor eine sehr männliche Eigenschaft. Für mich ist es die Pflicht eines jeden Mannes, sich gesund und körperlich fit zu halten. Er sollte regelmäßig seinen Körper trainieren. Zur physischen Stärke zählen aber nicht nur die bloße Muskelkraft, sondern gleichermaßen Resistenz, Elastizität und Kondition. Folgende Anmerkungen sollten so selbstverständlich sein, dass ich sie hier gar nicht weiter ausführen möchte: Natürlich bemisst sich Männlichkeit nicht nach Muskelmasse (bestenfalls das Machotum), dennoch sind wir alle aufgefordert, auch hierin das für uns Bestmögliche zu machen, unsere Physis zu pflegen, zu erhalten und zu stärken. Siehe bereits: „Männliches Selbstverständnis - Wann ist ein Mann ein Mann?" Nicht nur Frauen stehen auf Muskulatur, auch viele Männer messen sich daran. Es ist daher einfach wichtig, etwas für seinen physischen Körper zu tun! Wir benötigen unsere Muskeln u.a. zum Arbeiten und zur möglichen Verteidigung. Sie dienen unserem Selbstbewusstsein, unserem Ansehen in der Gesellschaft und dem eigenen Durchsetzungsvermögen. Darüber hinaus sind sie als Energiespeicher Ausdruck unseres Erfolges! Tragen Sie als entwickelter Mann zugleich aber Fürsorge, dass Sie neben der bloßen Muskulatur Ihres Körpers (inklusive Resistenz, Elastizität und Kondition) auch an Ihrem emotionalen Ausdruck und Ihrer mentalen Stärke arbeiten! Ein bloßer „Haudrauf" oder „Ich schrecke dich ab - Mann" ist trotz all seiner physischen Stärke noch lange kein starker Mann!

FAZIT: Ein Mann sollte sich nicht nur fit halten, um gesund, ausdauernd und geschmeidig zu bleiben, sondern zugleich, um seine Muskeln - als Ausdruck physischer Stärke - zu trainieren. Sie sind trotz des zivilisatorischen Lacks, mit dem wir uns heutzutage umgeben, ein wichtiger Teil unserer Männlichkeit, wenn auch längst nicht alles, was einen Mann ausmacht.

Praktische Hinweise

- Sie sind nicht nur Ihr Körper, aber sie sind auch Ihr Körper!
- Pflegen Sie sich und Ihren Körper!
- Lassen Sie aus Ihrer Gesundheit und physischen Stärke eine weitere kleine Vision erwachsen!
- Vergessen Sie dabei nie, Ihre anderen Lebensbereiche als Mann ebenfalls voranzutreiben!
- Trainieren Sie, wie bereits im magischen Programm beschrieben, neben Ihrer Physis zugleich Ihren emotionalen, kreativen Ausdruck, Ihre mentalen Fähigkeiten sowie eine gewisse spirituelle Gelassenheit und innere Ruhe!

THOMAS: „Ein Mann ein Muskel!", derart ausdrucksstarke Affirmationen hätte ich an dieser Stelle von dir erwartet! Aber sei es drum, was ich noch anfügen möchte, ist, dass es meines Erachtens bei der physischen Stärke, hier insbesondere bei der Muskulation, darauf ankommt, nicht zu übertreiben. Ich kenne nichts, was ich als kultivierter Narr mit integriertem weiblichen Anteil affiger fände, als eine aus Steroiden und anderen extra hierfür hergestellten, chemischen Substanzen erwachsene Muskulatur. Jeder sieht das. Jeder dreht sich um und denkt: „Armes Würstchen, hat nichts Besseres zu tun als Muckibude und Chemie zu schlucken. Aff aff! Aff aff! Gebt ihm die Banane!" Sollten Sie sich also persönlich betroffen fühlen und wundern, warum Sie trotz all Ihrer steroiden Muskelpracht keine gescheite Freundin finden, wissen Sie jetzt den Grund: Sie sind im Archetypus des tumben Kriegers stecken geblieben! Gehen Sie also daran, den kreativen Barden in Ihnen zu finden und zu verwirklichen! Und achten Sie ganzheitlich auf Ihre Gesundheit! Einseitige Belastung hat sich noch immer negativ ausgewirkt. Die Stärke langfristig erfolgreicher Krieger liegt in Ihrem Herzen, Ihrem Hirn und Ihrem Humor! Selbst körperliche Kraft kommt zunächst aus dem *Spirit* und schlägt sich alsdann erst über unseren mentalen und emotionalen Körper im physischen Leib nieder!

Poesie und die sieben Weihen

„Trotz allgemeiner weiblicher Kommunikationsvorteile ist die Dicht- und Fabulierkunst männlich, denn hier kommt Geist ins Spiel!"

Neben der Musikalität ist die Poesie die zweite klassische männliche Eigenschaft eines Barden. Die größten Dichter und Denker waren zumeist Männer! Wir können auf deren Leistungen stolz sein und sie als Zeichen gelebter männlicher Kreativität anerkennen. Nicht umsonst sagt man, ein Mann sei erst dann ein Mann, wenn er mindestens einen Baum gepflanzt, ein Haus gebaut, einen Sohn gezeugt und ein Buch geschrieben habe. Persönlich spreche ich hierbei gerne auch von den sieben Weihen der Luft, des Feuers, des Wassers, der Erde, der Pflanzen, Tiere und Menschen. Beispiele für die ersten vier elementaren Weihen sind das Besteigen eines Berges, der Feuerlauf, Vollmondtauchen oder die Übernachtung in einem Erdloch oder einer Höhle. Die Pflanzenweihe kann dann in der Tat durch das Pflanzen eines Baumes oder das Anlegen eines Gartens geschehen. Eine Tierweihe vollzieht sich beispielsweise dadurch, dass man ein Tier sein Leben lang begleitet, von dessen Geburt bis zu dessen Tod. Und Menschenweihe verwirklicht sich durch das Zeugen eines Kindes beziehungsweise die gezielte Kontaktaufnahme mit den Ahnen! Dies alles sind nur Beispiele. Jeder Mann muss seinen eigenen Weg finden und gehen! Die Poesie seiner persönlichen Lebensgeschichte ist einzigartig!

FAZIT: Das männliche Wesen ist vielseitig. Buchstabe und Buch gehören zum fakultativen Ausdruck eines ganzheitlichen Mannes wie seine Abenteuer, Muskeln, Emotionen und Gebete! Es muss aber keine Poesie sein. Auch Musik, zweidimensionale Malerei oder dreidimensionale Skulptur verfehlen ihre Wirkung nicht! Wichtiger noch als das Schreiben an sich ist ein kreatives Ventil emotionaler Befindlichkeit und Wahrnehmung. Das maskuline Gemüt verlangt nach geistigem Aus-druck seiner empfangen Ein-drücke! Nur so erhält es sein Gleichgewicht!

Praktische Hinweise

- Nehmen Sie sich wieder mehr Zeit zum Lesen von Prosa, Lyrik und hochwertiger Literatur!
- Lernen Sie mindestens ein Gedicht auswendig, um es bei passender Gelegenheit vorzutragen!
- Schreiben Sie selbst Gedichte?!
- Was macht eigentlich Ihr Tagebuch?
- Nehmen Sie Kontakt zu Ihrer Vergangenheit, Ihren Gefühlen und Ihrer Gegenwart auf und bringen Sie Ihre Gedanken zu Papier!
- Jeder Mann ist ein Buch! Schreiben Sie es!
- Unterstützen Sie Ihre Nachkommen darin, Tagebuch zu führen, Geschichten und Gedichte zu verfassen!
- Gehen Sie mit gutem Beispiel voran und üben Sie sich selbst im Dichten!
- Besuchen Sie Literaturlesungen!
- Hören Sie Hörbücher auf dem Weg zur Arbeit!
- Lesen Sie sich abwechselnd mit Ihrer Frau gegenseitig einen guten Roman vor!
- Lesen Sie Ihren Kindern abends vor!

THOMAS: Gut, finde ich gut, was du schreibst, wenn auch dein einleitendes Zitat meines Erachtens etwas arrogant war! Besonders deine Ansichten über die Weihen der sieben lebenden Elemente faszinieren mich mehr, als ich es mir eingestehen mag. Sie haben so etwas Allgemeingültiges, Archaisches und zugleich zutiefst Aktuelles! Der natürliche Mann ist ein Mann der Natur. Erst aus dieser heraus ist er in der Lage, wahrhafte Kultur zu schaffen. Eine von der Natur getrennte Zivilisation hingegen ist dem „natürlichen" Untergang geweiht! Die Brisanz solcher Einsichten lässt sich tagtäglich beobachten. Selbst die Poesie macht vor dieser Entwicklung nicht Halt. In der abendländischen Kultur genießt der Sonnenuntergang eine besondere Verehrung. Von einer zeitgemäßen Männerbewegung wünschte ich mir aber vielmehr so etwas wie einen Epos des Sonnenaufgangs! Möge eine weltweite, maskuline Poesie zum Erwachen dieses Geistes beitragen!

Nachtrag:

Es ist mir durchaus bewusst, dass nicht jeder Mann alles in diesem Werk geforderte 1:1 umsetzen oder sofort verwirklichen wird können. Entscheidend ist und bleibt daher der wahrhaftige Versuch, jederzeit auf allen maskulinen Seinsebenen das Beste aus sich und seiner Männlichkeit herauszuholen! Hieran und am damit verbundenen Erfolg wird man(n) gemessen.

Politik

"Ein Mann ist immer auch politisch! Ob es darüber hinaus erstrebenswert ist auch Politiker zu werden, sei dahingestellt!"

Ist Politik männlich? Ich selbst erachte Politik als die wichtigste Nebensache der Welt. Hier werden Richtungen festgelegt, Ziele vereinbart, Seilschaften gepflegt und über die Belange der Welt entschieden. Es sind die hier getroffenen Entscheidungen, die Einfluss auf die Lebensgrundlage und Lebensbedingungen von uns allen haben - sei es nun lokal, regional, national, kontinental oder global. Politik ist wichtig, denn sie schafft die äußeren Rahmenbedingungen, mit denen wir alle dann zurecht kommen müssen. Trotzdem sollten wir sie nicht überbewerten. Es ist ein Spiel. Die Wirklichkeit sieht anders aus, lassen wir uns also davon nicht in der Ver-wirklichung unserer persönlichen Mission behindern! Weder sollten uns unsere eigenen politischen oder religiösen Meinungen den Weg zu einer echten Männerfreundschaft mit einem Andersdenkenden oder Andersgläubigen verstellen, noch sollten wir Politikern oder Herrschern die Macht überlassen, *real* (früher hieß dieses Wort „königlich") den wahrhaftigen Kurs unseres Lebens zu beeinflussen. Politik ist eine alte Dame aus der Nachbarschaft. Wir dürfen an ihren Verwirrungen reifen. Wir ehren Sie, ziehen den Hut und gehen unsere Wege. Hat sie aus ihrer Angst heraus ein Türschloss angebracht, so verschwinden wir über den Gartenzaun oder durch das Fenster. Irgendwann wird *Madame Politik* dahinscheiden. Mögen sich die Erben über ihr Eigentum streiten. Mich geht es bereits nichts mehr an.

Keine von Politkern getroffene Entscheidung sollte jemals die Macht haben, uns die Sicht auf die zugrundeliegenden Lebensgesetze und daraus entstehenden Konsequenzen zu verstellen. Haben beispielsweise unsere Politiker - seien sie (pseudo)demokratisch gewählt, ein oligarchischer Haufen oder Diktatoren in Reinform - ein anderes Volk zu unseren kollektiven Feinden erklärt, so ist es im Allgemeinen immer ratsam, genau das Gegenteil hiervon zu tun, nämlich Freundschaften mit Menschen aus gerade diesem Kulturkreis zu pflegen! Trotz aller Ernsthaftigkeit des politischen Tagesgeschäfts gilt es also, nicht den Blick für die wirklich wichtigen Dinge im Leben zu verlieren! Hierzu gehören u.a. Ihre Familie, die eigene Gesundheit, Partnerschaft oder Genuss des Singlelebens, Fortkommen im Beruf, Freundschaft, der Weltfrieden, ein ökologisches Gleichgewicht und nicht zuletzt Ihre persönliche Mission auf dieser Erde. Ihre Aufgabe als maskuliner Mann ist und bleibt es, Ihre positiven Gaben in die Welt zu bringen. All dies kann bis zu einem gewissen Maße unabhängig von allen politischen Entscheidungen und Staatssystemen erreicht werden!

Die Frage nach richtiger Politik ist wie die Frage nach dem richtigen Schulsystem. Letztlich entscheidet der persönliche Kontakt des Lehrers zu seinen Schülern, ob und was diese lernen - und zwar unabhängig von allen schulpolitischen Erlassen. Ein Lehrer sollte immer authentisch sein und handeln. Auch ein guter Politiker, einer also, der im Rahmen seiner Möglichkeiten sich für sein Gewissen und das Gute in der Welt einsetzt, wird immer Leute um sich scharen, die ihn hierin unterstützen. Gleiches wie für die Treue des Lehrers zum Erlass gilt auch für Gesetze. Es obliegt uns zu entscheiden, ob wir uns daran halten oder nicht! Ergo: Politik ist wichtig, hat aber nicht jene Bedeutung, die wir ihr gemeinhin zuschreiben, denn wir sind in Wirklichkeit jederzeit frei zu fühlen, zu denken und zu handeln! Manches mag schmerzhafte Konsequenzen mit sich bringen. Wahrhaftigkeit und Gerechtigkeit haben aber noch immer gesiegt! Heutige Politik regiert durch Angst. Das kosmische Gegenprinzip hierzu ist die Liebe.

Ist Politik also männlich? Ja, in gewisser Weise schon, denn zumindest in ihrer Urform führte sie zu Gestaltungsfreiräumen. Dennoch sollte jeder Mann immer wieder auf die Grundfragen eines jeden unabhängigen Kriegers zurückkommen: „Wer sind meine wahren Gegner? Was sind die erlaubten und gebotenen Waffen?" Beziehungsweise: „Wo beschmutze ich mich selbst durch unredliche Handlungsweisen?" Und: „Wofür lohnt es sich wirklich zu kämpfen?" Ist sich ein politisch aktiver Mann dieser Fragen nicht mehr bewusst, wird er schnell vom freien Herzenskrieger zum weisungsgebundenen Parteisoldaten. Dann aber sollte er sich fragen, ob das, was er tut, wirklich noch mit seinen höchsten Visionen übereinstimmt und gegebenenfalls die Konsequenzen ziehen. Im Einzelfall mag dies keine leichte Entscheidung sein.

FAZIT: Ein ganzheitlicher Mann ist immer auch politisch, wird aber darüberhinaus nie die wirklich wichtigen Dinge in seinem Leben vergessen. Politik als egoistisches Machtgehabe wird von mir ebenso abgelehnt, wie eine Grundeinstellung, die sich alles gefallen und mit sich machen lässt. Treten Sie daher als Mann konsequent für Ihre Rechte und die Rechte anderer ein! Während die meisten heutigen Politiker nichts anders als Pappkameraden sind und als solche interessanterweise vom Volk gewählt, wären wahrhaft maskuline Männer ein Segen für die Politik, dieses Land und unseren schönen Kontinent Europa. Mein Vorschlag: Gehen Sie regelmäßig zur Wahl und machen Sie Ihr Kreuz immer bei jener Partei, die Ihrer Meinung nach die langfristig überzeugendsten Argumente für mehr soziale Gerechtigkeit, Umweltschutz (beziehungsweise

Leben mit der Natur und nicht gegen sie) und nachhaltige, globale Entwicklung hat. Immerhin gibt es doch Alternativen zu *Mutti*.

Praktische Hinweise

- Bekennen Sie sich zur Demokratie und verhalten Sie sich auch so!
- Zumindest solange, bis ein noch besseres, freieres und zugleich gerechteres System gefunden wurde!
- Dies war weder der Kommunismus, noch sind es islamistisch geprägte Schariastaaten!
- Sehen Sie die Dinge so, wie sie wirklich sind!
- Wenden Sie sich als freier Mann aktiv gegen jede Art von Diktatur, die Ihre männlichen Freiheits- und Menschenrechte einzuschränken gedenkt!
- Verwirklichen Sie Ihre Vision von der Welt unabhängig von allen politischen Machthabern!
- Gehen Sie den Weg Ihres Herzens!
- Verkaufen Sie sich nicht an andere, sondern bleiben Sie sich selbst, Ihren Überzeugungen und Ihrer Mission treu!
- Hören Sie auch in politischen Belangen auf Ihr Herz und beschreiten Sie den Weg eines stolzen, maskulinen Kriegers!
- Tragen Sie Sorge für sich, Ihre Familie und Ihre Freunde!
- Lassen Sie sich nicht unterkriegen und delegieren Sie Ihre persönliche Verantwortung nicht an andere!
- Weder an den Staat und seine Institutionen noch an die Kirche, die Wirtschaft, das Schul- oder Gesundheitssystem, Sekten, Parteien, Ihre Schwiegermutter oder Ihre Partnerin oder gar den Kuckuck!
- Übernehmen Sie selbst die Ver-antwort-ung für sich und Ihre Familie, indem Sie eigene Antworten finden und sich nicht länger bevormunden lassen!

- Fordern Sie Ihren Anteil von der „Staatsgewalt" zurück!

THOMAS: Du hattest dich ja selbst bereits im Kapitel über Herrschaft als ehemaliger Anarchist geoutet. Ich finde es beachtenswert, wie flexibel du mittlerweile die Seiten gewechselt hast. Auf einmal wirst du zum bekennenden Demokraten. Ja was denn nun? Am besten machst du es wie Horst Schlämmer, der gründete nämlich eine liberale, soziale, ökologische und konservative Partei! Na dann mal los!

Rassismus

"Rassistische Männer offenbaren nichts als ihre eigene Minderwertigkeit, welche sie im jeweils anderen vorzufinden glauben!"

Insbesondere die Rolle der Frau in der modernen deutschen Neonaziszene sowie im national-radikalen Milieu früherer Zeiten wird nach wie vor verharmlost. Andrea Röpke, Diplom-Politologin und freie Journalistin mit Themenschwerpunkt Rechtsextremismus, führt in einem Interview vom 20. August 2012 mit der Frankfurter Rundschau aus:

„Es gab nach 1945 immer überzeugte Neonazistinnen, ebenso wie im „Dritten Reich", das von Frauen aktiv mit unterstützt wurde. Die Rolle der Frauen wurde in den letzten Jahrzehnten unterschätzt, weil sie als Heimchen am Herd oder als unpolitische Freundinnen eines Skinheads wahrgenommen wurden. In den Medien und auch der breiten Öffentlichkeit wird immer davon ausgegangen, dass Frauen in die Szene nur reinrutschen, weil sie die Freundin eines Rechten sind und sie auch fast nichts über dessen Ansichten wissen. Es fällt uns schwer, einzugestehen, dass Frauen fanatisch sein können, dass sie die Strategien der Nazis ganz bewusst mittragen und mit dieser Einstellung sogar in sensiblen Bereichen wie Schule und Kindergärten arbeiten." Hinzu kommt meines Erachtens noch, dass diese Frauen nicht nur die Strategien der Nazis mittragen, sondern teilweise auch ganz klar ihre Männer aus eigener Unzufriedenheit zu rassistischem und/oder kriminellem Handeln anstacheln!

Es gibt aber auch Männer, die eine gewisse Art von Rassismus noch immer für männlich erachten. In meinen Augen ist dies nicht nur absolut unnötig (und falsch), sondern führt darüber hinaus immer zu Mord und Totschlag, wie die Erfahrungen mit dem Dritten Reich oder neuerdings der sogenannten NSU beweisen. Wir dürfen deshalb heutzutage lernen, uns als globale Männer zu positionieren, Söhne eines Vaters. Natürlich gibt es Unterschiede zwischen den verschiedenen Völkern, Kulturen oder Religionen. Man sollte also lernen, nicht alles und jeden über einen Kamm zu scheren, aber genauso - wie bei den Geschlechtern auch - immer auch das Positive im anderen suchen und sehen. Andernfalls blicke ich nur in den Spiegel meiner eigenen Unzulänglichkeiten. Wir dürfen erkennen, dass das Gemeinsame stärker ist als das Trennende. Dort, wo mich Dinge am anderen stören, ist dies zumeist nur eine Projektion der eigenen Schatten. Ein wahrhafter Mann sollte in der Lage sein, sich immer so zu verhalten, dass sein Gegenüber ihn in keinem Fall aus der Ruhe zu bringen oder gar zu schaden vermag. Was immer auch geschieht, der erwachende Mann übernimmt Verantwortung für sein Leben und sucht den Schlüssel für eventuelle Missgeschicke immer zuerst bei sich selbst. So lernt er sich mittels der unterschiedlichen Kulturen durch Selbstreflexion zu vervollkommnen! Er schätzt hierbei insbesondere auch die vielen positiven Dinge, die der jeweils andere Lebensstil zu offerieren weiß. Liegt dieser gegenseitige Respekt erst einmal vor, werden wir Männer auch international miteinander klar kommen! Insbesondere Kriege sind dann eine Erscheinung der Vergangenheit! In einer modernen, humanen Welt werden sie keinen Platz mehr finden. Wir erfreuen uns jetzt vielmehr am Austausch von Weltanschauungen und dem Erfahrungsschatz des anderen. Konsens wiegt mehr als Konflikt! Ein natürlicher Wettbewerb - innerhalb bestimmter von allen akzeptierten Regeln zwischen den unterschiedlichen Kulturkreisen und Nationen - ist allerdings normal und dient dem gesamtmenschlichen Fortschritt. Auswüchse - wie beispielsweise radikaler Islamismus einerseits oder einer mittlerweile verbreiteten Islamphobie auf der anderen Seite - sind hingegen mehr als kritisch zu hinterfragen. Es sind (wie schon erwähnt) vor allem unsere eigenen Schatten, die uns hier entgegentreten. Zunächst einmal sollte man voneinander lernen. Wo liegt das eigentliche Problem? Wer sich vor Überfremdung fürchtet, hat nicht gelernt, den anderen mit seinem Herzen zu sehen und ihn darin zu erkennen. Öffnen Sie also Ihr Herz (falls Sie es nicht schon längst getan haben) und erkennen Sie in dem anderen Ihren eigenen Bruder! Die wirklichen menschlichen Unterschiede verlaufen nicht zwischen Völkern und Nationen, sondern zwischen Mann und Frau und sind biologischer Natur: Er zeugt und sie empfängt; er gibt von seinem Samen und sie gebiert! Erst in zweiter Linie kommen alle psychologischen und soziologischen Differenzen zwischen Mann und Frau, die von niemandem geleugnet werden können, wenn es zugegebenermaßen auch schwierig ist, sie in allgemein gültiger Form herauszuarbeiten. Was uns hingegen von anderen Männern unterscheidet, sind lediglich die Hautfarbe oder die Herkunft.

FAZIT: Rassismus und Kriege gehören der Vergangenheit an! Wir leben heutzutage in einer globalisierten, ethnien- und völkerübergreifenden Welt. Es gilt dies einfach anzuerkennen, will man nicht zu den ewig Gestrigen gehören!

Praktische Hinweise

- Wenden Sie sich gegen jede Art von Rassismus, wo auch immer sie ihn antreffen mögen!
- Erkennen Sie die vielfältigen Errungenschaften, die sich aus dem Zusammenspiel der Kulturen ergeben!

- Sollte Sie irgendetwas stören, versuchen Sie doch zunächst einmal, dies als Hinweis zu betrachten, wo Sie selbst sich noch perfektionieren können!
- Oftmals ist das, was uns am anderen oder am Fremden stört, genau das, was wir selbst, wenn auch als verdrängten Schatten, tief in uns tragen!
- Bedenken Sie, dass alle Schatten ans Licht kommen werden; es nutzt also nichts, sie immer nur auf den anderen zu projizieren!
- Wer projiziert, verliert!
- Wenn ich mit dem Finger auf andere zeige, deute ich zugleich mit drei Fingern auf mich selbst!
- Dies gilt auch dann, wenn ich das Gute, Schöne, Edle am anderen erkenne und diesbezüglich deute!
- Es gibt nur eine menschliche Rasse!
- Die wahre Trennung in der menschlichen Rasse verläuft nicht zwischen ihren Unterarten, sondern zwischen den Geschlechtern!
- Verhalten Sie sich immer offenherzig, wird man Ihnen auch offenherzig begegnen!
- Verhalten Sie sich allerdings naiv, wird man diese Naivität ausnutzen!
- Jener Mann, der am meisten auf den Islam schimpft, ist der gleiche, der wäre er in einem islamischen Land geboren worden, am meisten gegen den Westen wettern würde - und umgekehrt!

THOMAS: Okay, ich kann diesen Ansatz der Völkerverständigung gut akzeptieren, fühle ich mich doch selbst verschiedenen Kulturen zugehörig. Ein klares männliches Plädoyer gegen Rassismus! Auch gegen *Machismus* hast du dich bereits bekannt. Vermutliche sind alle „*Ismen*" nichts als am eigentlichen Leben vorbeigehende bloße Erfindungen unseres unruhigen menschlichen Geistes.

Andererseits finde ich es auch wichtig, seine unbegründeten oder begründeten Abneigungen gegen Ausländer offen aussprechen zu dürfen. Von einer von Oben verordneten *political correctness* halte ich nämlich gar nichts! Die Menschen und Völker haben sich schon immer vertragen, sofern es einen Raum zu freiem Austausch und mehr oder minder gewaltfreier Kommunikation gab! Kriege wurden seit Angedenken lediglich durch mundkranke Habgier oder gekränkte, hirnlose Eitelkeiten der Herrschenden verursacht. Noch nie in der Geschichte kam ein Volk von sich aus auf die Idee, gegen ein anderes in den Krieg zu ziehen! Immer hatte ein sogenannter „Hauptmann" oder „Führer" seine Finger im Spiel. Aber egal. Themenwechsel. Persönlich bin ich ein Mann der Erde, des vergessenen Erdvaters, wenn ihr so wollt und doch führt mich mein Lebensweg manchmal in die großen - aus sich heraus lebensunfähigen, dennoch schönen - europäischen Städte. In letzter Zeit beobachtete ich die Zunahme schwarzer, bis auf ein paar Sehschlitze in eine Burka gekleideter Frauen. Es ist nicht mehr die in meinen Augen hässliche Kopftuchmode traditioneller Türkinnen und christlicher Nonnen, die ich aus Gründen individueller Freiheit immer verteidigte, sondern eine neue Dimension weiblicher Verhüllung. So sehr ich den Islam auch schätze und stets gute Freundschaften mit Muslimen pflegte, so sehr meine ich, dass diese Art der Kleidung weit über das eigentliche Ziel hinausschießt:

1. Keine Frau der Welt sollte es sich gefallen lassen, sich gesichts-, geschichtslos und schwarz kleiden zu müssen!
2. Das Gesicht eines jeden Menschens sollte frei erkennbar sein! (Darüberhinaus muss jeder anziehen dürfen, was er möchte.)
3. Zweck der formlosen Frauenkleidung soll es sein, vor männlichen Anmachen zu schützen, damit sich die betroffenen Frauen besser dem inneren Gottesdienst widmen können und die Männer

ihrerseits nicht von weiblichen Reizen abgelenkt werden. Das aber meine Herren ist scheinheilig!
4. In der westlichen Welt lenkt das Tragen einer schwarzen Burka geradezu den Blick auf Ihre Trägerin. Die Kleidung bewirkt also genau das Gegenteil von ihrem angeblichen Zweck.
5. Der Heilige Qurân schreibt eine solche Ganzkörperbekleidung inklusive Verhüllung des Gesichts an keiner Stelle vor! Ganz im Gegenteil trat Muhammad, Gottes Frieden und Segen seien mit ihm, historisch gesehen als Frauenbefreier auf und schenkte ihnen bis damals ungeahnte Rechte (z.b. Recht auf Besitz; Recht auf Scheidung etc.). In diesem Sinne sollten seine Lehre und auch der Heilige Qurân weiterentwickelt, interpretiert und verstanden werden!

Mit anderen Worten: Die Burka im Erscheinungsbild der westlichen Städte stört mich. Ich empfinde sie als mittelalterlich im negativsten Sinne, bedrohlich, diskriminierend und von ausgesprochener Desintegration. Sie wird von mir als unnötiger Angriff auf unsere Werteordnung (hier: Selbstbestimmung eines jeden Menschens, Gleichberechtigung der Frau, frei erkennbare Menschengesichter) empfunden! Was hat das nun mit mir zu tun? Bin ich mittelalterlich? Ja, ich bin Thomas, ein mittelalterlicher Narr! Bin ich bedrohlich? Ja, ich halte mich meinerseits nur an Regeln und Gesetze, die ich in meinem Inneren teile. Für andere bin ich daher nur sehr schwer einzuschätzen. Sie fürchten sich vor meiner für sie unverständlichen Amoralität! Bin ich diskriminierend? Ja, ich wende mich hier explizit gegen eine meinen Normen und Werten widersprechende menschliche Erscheinungsform schwarzer, gesichtsloser Frauen! (Diskriminieren bedeutet soviel wie „absondern", „trennen" oder auch „herabsetzten".) Stelle ich Desintegration zur Schau? Ja, auch ich habe meinen eigenen Kleidungsstil und teile gewisse „Statussymbole" meines kritischen, alternativen Umfeldes! Es kommt schon vor, dass ich durch mein Äußeres den Sonderling in mir zu erkennen gebe! Fazit: Ich trage all jenes, was ich ablehne, auch in mir selbst!

Abschließende Fragen an mich selbst

Haben mir die Burka tragenden Frauen etwas Schlimmes angetan? Nein!

Haben mir ihre Männer etwas angetan? Nein!

Zwingt mich jemand, mein Augenmerk auf sie zu richten? Nein!

Ist die Wahl Ihrer Kleidung meine Angelegenheit? Nein!

Muss ich diese Frauen befreien? Nein!

Muss ich ihnen die Wahl Ihrer Kleidung verbieten? Nein!

Stecke ich den Kopf in den Sand und schaue über Missstände einfach hinweg? Nein, aber es ist nicht meine Aufgabe hieran etwas zu ändern, sondern die Veränderung muss aus der eigenen Kultur heraus erfolgen. Es ist die Sache der betroffenen Frauen für Ihre Rechte einzustehen! Wenn ich kann, unterstütze ich sie gerne dabei, aber es muss von ihnen und von innen kommen!

Religion und Spiritualität

„Ritus, Religiosität oder Spiritualität sind ein wichtiger Teil des menschlichen Lebens, denn wissenschaftlich lässt sich dieses nicht erklären! Einzig der Glaube kann einen Mann hinreichend auf den nahenden Tod vorbereiten!"

Insbesondere mit fortschreitendem Alter rücken Religion und Spiritualität ins Blickfeld eines jeden Mannes. Einige von uns beginnen früh damit, andere warten bis zu ihrem Sterbebett, doch die Beschäftigung mit diesen Themen erfolgt unausweichlich. Es ist gut und es ist männlich, sich mit diesen Themen zu beschäftigen. Finden Sie daher zu Ihrem eigenen Glauben. Er wird Sie in den Zeiten des Umbruchs, der Asche, der Dunkelheit und der Not unterstützen. Bleiben Sie aber bitte immer auch tolerant gegenüber Andersgläubigen. Letztendlich gibt es so viele Glaubenssysteme wie es Menschen gibt. Manche hiervon sind ausgefeilter als andere. Ein starker Glaube wird Sie auch auf Ihrem Sterbebett und beim Übergang in die Anderswelt (das Jenseits) noch unterstützen. Scheiden Sie daher mit Würde aus dem Leben, sobald der Augenblick gekommen ist!

Ich glaube, dass es für einen Mann bei diesen geistigen Themen immer sehr wichtig ist, dass der Glaube der Wissenschaft nicht widerspricht. Nur dann ist er - anders als viele Frauen - innerlich wirklich dazu bereit, zu glauben. Insbesondere Schamanismus und die moderne Physik stimmen in einer großen Anzahl wesentlicher Punkte überein:

1) Alles ist miteinander vernetzt und verbunden. Nichts existiert unabhängig voneinander!
2) Es gibt keine objektive für alle gültige Realität. Alles hängt immer auch von den Überzeugungen des Betrachters ab!
3) Es gibt lediglich Wahrscheinlichkeiten. Der Beobachter bestimmt selbst über den Ausgang eines Experimentes!
4) Der Beobachter und das Beobachtete sind eins. Alles ist eins!
5) Unserer Vorstellungen und Erwartungen sind ausschlaggebend für den Ausgang eines Experiments oder einer geschäftlichen Unternehmung!
6) Ursache und Wirkung lassen sich sogar umkehren (sogenannter *„Tunneleffekt"*)!
7) Geist und Materie lassen sich nicht voneinander trennen. Materie besitzt also Bewusstsein! Sie ist nicht „tot".
8) Nichts ist von Dauer. Alles wird in jedem Augenblick - gemäß unserer Vorstellung und unseres Willens - aufs Neue geschaffen!

Interessanterweise wurden diese Erkenntnisse der modernen Naturwissenschaft von Schamanen aller Kulturkreise schon immer erkannt und vertreten!

FAZIT: Beschäftigen Sie sich ausführlich mit Religion und Spiritualität und entwickeln Sie so mit der Zeit Ihr eigenes Werte- und Glaubenssystem! Spätestens wenn der Tod kommt, werden Sie hierfür dankbar sein!

Praktische Hinweise

- Große maskuline Essenz geht häufig mit großer Spiritualität einher!

- Entwickeln Sie Ihren eigenen Glauben durch Erfahrung und folgen Sie nicht blind irgendwelchen Gurus, Sekten oder Kirchen!
- Erkennen Sie die frappierenden Übereinstimmungen in den von Schamanismus und der modernen Physik gezeichneten Weltbildern!
- Die Beschäftigung mit Spiritualität ist etwas, was in unserer heutigen Zeit einen wahren Mann ausmacht.
- Spiritualität führt zu innerer Gelassenheit und Stärke!
- Die Beschäftigung hiermit schult die Sinne und erweitert das Bewusstsein!
- Sehen Sie zu, dass Ihre Spiritualität immer auch einen praktischen Aspekt hat und gehen Sie damit niemandem auf die Nerven!
- Missionieren Sie nicht und lassen Sie sich nicht missionieren!
- Alles, was Sie glauben, sollte mit dem täglichen Leben konform gehen. Alles andere sind Hirngespinste oder Utopien!
- - Erkennen Sie allerdings auch, dass es viel mehr gibt zwischen Himmel und Erde als das, was unsere Naturwissenschaften bis jetzt erforscht haben!
- Gerade in der heutigen Zeit nähert sich die Wissenschaft in vielen Erkenntnissen dem alten Wissen der Schamanen!
- Schamanentum bedeutet, auch in Zukunft zu überleben!

THOMAS: Für mich bedeutet „spirituell" in erster Linie, mit sich und seinem Umfeld auf eine mehr oder weniger harmonische Art und Weise zurechtzukommen. Ein spiritueller Mann ist, wer mit anderen Männern klar kommt. Und natürlich auch mit Frauen und dem Rest unseres weiblichen Universums. So einfach ist das. Wer also noch in Widerstand gegen oder Streit mit anderen lebt, sollte sich hüten von „Spiritualität" zu sprechen. Anders als „Religion" oder „Esoterik" ist dies im allgemeinen Sprachgebrauch noch immer ein *reines* Wort (wenn auch wahrscheinlich nicht mehr lange)! Wer anderen diesbezügliche „spirituelle" Lehren erteilt, sollte sich also immer zuallererst selbst an die eigene Nase fassen! In Wirklichkeit geht es einzig und allein nur um etwas, was ich persönlich als „Trans-Spiritualität" bezeichnen würde, nämlich eine wirklichkeitskonforme, gelebte spirituelle Essenz jenseits aller esoterischen Theorien von Chanten, Channelings und Chakren. Insbesondere aus vielfältiger eigener Erfahrung möchte ich allen Männern an dieser Stelle noch eine ernsthafte, eigene Warnung mit auf den Weg geben:

Wenn Frauen nach einem Weg spiritueller Entwicklung zu glauben beginnen, sie würden nunmehr gänzlich im „Licht" stehen und über den ultimativen „spirituellen Durchblick" verfügen, sind sie zumeist lediglich an einen Punkt gelangt, an dem sie in Wirklichkeit ganz massiv ihre eigenen Schatten ausleben!

Meist ist dann ihr Partner, auf den sie ihre komplette eigene Unzulänglichkeit zu projizieren pflegen, der Hauptleidtragende! Gewöhnlich wird ihm nichts anderes als die Trennung von seiner Frau übrig bleiben! Ehemals lebendige Beziehungen erstarren jetzt zu bloßen Machtkämpfen. Da er ohnehin bereits als Sündenbock gilt und in den Augen der Frau alles Negative, Unbelehrbare, Bösartige und Schädliche verkörpert, trennt sich ein reifer Mann schon vor der Zeit bei den ersten Anzeichen dieser unheilsamen Entwicklung. Wenn es der Frau nicht gelingt, den Mann in ihrem Sinn „hörig zu machen", wird ansonsten in den meisten Fällen die Trennung von ihr ausgehen und ihre bis dahin verborgenen eigenen Schatten treten sichtbar zutage. Ohne dies je vor sich oder anderen eingestehen zu können, befindet sie sich längst auf dem reinsten Egotrip. In Wirklichkeit aber fällt sie an dieser Stelle tief - selbst dann, wenn sie von dem von ihr errichteten eigenen Lügengebäude nie mehr loskommen wird! Ich habe diesen Vorgang in meinem Leben bereits einige Male beobachten und erleben dürfen! Hieraus nun rückzufolgern, Spiritualität sei grundsätzlich schädlich oder nichts für Frauen, halte ich indessen für übertrieben. Lediglich Frauen, die den erdigen, maskulinen Kern ihrer eigenen Seele noch nicht integriert haben, richten mit „Spiritualität" regelmäßig Unheil an. Nachdem sie dann allerdings ihre Familien zerstört haben, führen sie ein erstaunlich zähes Leben! Ist dies die Macht der eigenen Lüge?

Respekt/Ehre

„Respekt gebührt allen gleichermaßen; Ehre lediglich dem Ehrbaren!"

Die letzten drei - teils kontroversen - Kapitel handelten von Politik, Rassismus und Religion. Wir sollten alles und jeden mit Respekt behandeln! Selbst den Rassisten! Was nicht heißen soll, dass man in einer falsch verstandenen Toleranz alles gutheißen muss, was der jeweils andere tut! Aber der Respekt muss erhalten bleiben! Wie anders sollte der Ehrlose sonst erlernen, was Respekt ist? Ursprünglich verstand man darunter das „Zurückblicken" oder „Sich umsehen"; Erst im Laufe der Zeit auch eine „Rück-sicht-nahme". Meines Erachtens streben wir Menschen aus uns heraus zur Verbesserung irdischer Lebensumstände und der Vervollkommnung der menschlichen Rasse in Harmonie mit den kosmischen Gesetzmäßigkeiten. Dies ging bisher nicht ohne schmerzliche Erfahrungen wie Krankheit, Krieg oder Verlust. Manchmal bedarf es einfach der Geduld und doch bin ich mir sicher, dass ein neues (maskulines und feminines) Zeitalter bereits angebrochen ist! Auch aus unserem kollektiven menschlichen Zurückblicken wird dereinst Rücksicht entstehen. Mögen Krankheit, Verlust oder eine unerfüllte Liebe auch Teil des menschlichen Schicksals sein, so glaube ich ganz fest, dass selbstgemachte Dinge wie Krieg, unrechtmäßige Kriminalität oder Umweltverschmutzung sowie die Ausrottung ganzer Mineral-, Pflanzen-, Tier- und Menschenstämme schon bald der Vergangenheit angehören werden, wollen wir uns nicht alle zur Gänze selbst vernichten.

Wir - als maskuline Männer - kennen und achten die sieben alten Gesetze der Ehre und des Respekts vor dem anderen:

1) Das gegebene Wort verpflichtet!
2) Die eigene Familie und Partnerschaft sind ebenso zu respektieren, wie die eines anderen Mannes!
3) Leben und Gesundheit anderer sind nicht zu gefährden!
4) Eigentum und Besitz sind anzuerkennen und zu achten! Hierzu zählt auch der Respekt vor jeglicher Arbeit!
5) Die Weisheit und die Künste sind zu respektieren!
6) Ehre deine Eltern, Lehrer sowie die Älteren und Ahnen.
7) Anerkenne den maskulinen Weg der Krieger, Barden, Schamanen und Druiden!

Dies sind sieben einfache Richtlinien, deren grundsätzliche Anerkennung durch alle diese Welt zu einem besseren, gerechteren, männlicheren Lebensraum machen würde! Ein naturspiritueller Weg der Krieger, Barden, Schamanen und Druiden hilft hierbei und in meinem Buch „Die Lebensschule" lässt sich mehr hierüber erfahren! Niemand wird gezwungen, diesen Weg zu beschreiten, aber als Männer sollten wir alle damit beginnen, wieder wahrhaften Respekt und stolze Ehre in die Welt zu tragen. Hierbei sollten wir uns weitestgehend authentisch verhalten, Femininität als der Maskulinität ebenbürtig akzeptieren und uns jederzeit um Makellosigkeit bemühen - zum Wohle aller Wesen, Mutter Gaias und der sieben lebenden Elemente! Makellosigkeit entsteht durch Bewusstwerdung! Im Prinzip ist hiermit auch bereits schon alles gesagt. Egal, ob wir an ein *Leben nach dem Tod, Karma* oder eine *ausgleichende Gerechtigkeit* glauben. Es gilt mannes- und weltweit doch hoffentlich immer der kategorische Imperativ Immanuel Kants:

„Handle nur nach derjenigen Maxime, durch die du zugleich wollen kannst, dass sie ein allgemeines Gesetz werde!"

Jene jüngeren Brüder unter uns, die unbewusst oder bewusst gegen diesen Grundsatz verstoßen, mögen bitte von den Älteren daran erinnert werden! Und jene älteren Brüder, die Macht um sich geschart haben und sich dennoch an den allgemeinen Lebens- und Freiheitsgesetzen wie den sieben alten Ehrgesetzen vergehen, mögen von den Jüngeren in ihrem eigenen Interesse daran gehindert werden!

FAZIT: Auch und gerade in modernen Zeiten des Bewusstseinswandels und der allgemeinen Globalisierung vermag es ein wahrer Mann, sich weiterhin ritterlich zu betragen, allen Respekt entgegenzubringen (unabhängig von ihrer Herkunft, ihrem Glauben, ihrem Lebensweg oder ihrer Erfahrungen) und an den alten Ehrgesetzen festzuhalten. Er ist darauf bedacht, andere immer nur so zu behandeln, wie er selbst auch behandelt zu werden wünscht! Tadel, Vergebung und die mögliche Pflicht zur Wiedergutmachung inklusive!

Praktische Hinweise

- Bekennen Sie sich zu den sieben alten Ehrgesetzen und verhalten Sie sich jederzeit entsprechend!
- Verstöße hiergegen werden vielleicht nicht mehr in diesem Leben, spätestens aber in Ihrem nächsten wieder gut zu machen sein!
- Glauben Sie an Karma? Reflektieren Sie!
- Glauben Sie daran, dass das Universum gerecht ist? Zumindest Sie sollten es sein und unerschrocken handeln!

THOMAS: Irgendwie scheinst du immer vorauszusetzen, dass in der heutigen Zeit ein verstärktes Bewusstseinswachstum stattfinden würde. Wie kommst du zu diesen Grundannahmen? Glaubst du wirklich, du könntest diese, deine Überzeugungen so mir nichts dir nichts auch bei anderen voraussetzen?

Ritterlichkeit und männliche Tugenden

"Der wahre Mann trägt noch immer die Ritterlichkeit alter Ideale in sich, selbst wenn dies bei emanzipierten Frauen nicht mehr anzukommen scheint!"

Männliche Ritterlichkeit und Tugendhaftigkeit sind Ideale, denen es nachzustreben gilt, wollen wir uns nicht mit der eigenen Mittelmäßigkeit zufrieden geben! Nur der Mann, der in der Lage ist, selbst über sich und seine Bedürfnisse hinauszuwachsen, wird auch eine vergleichbare Topfrau sein Eigen nennen dürfen. Natürlich wird ihm diese Frau niemals gehören, aber sie wird ihm folgen und treu an seiner Seite stehen, wenn er ihrer bedarf. Und auch er wird sie schützen und stützen.

Ein Mann vergibt sich nichts, einer Frau gelegentlich auch einmal eine Tür aufzuhalten, ihr den Vortritt zu lassen oder sie auf ein Getränk einzuladen, obwohl ich mittlerweile schon viele berufstätig erfolgreiche Frauen kennen gelernt habe, die dies überhaupt nicht mehr zu schätzen wissen, sondern im Gegenteil missbilligen. Was soll man davon halten? Eine Frau, die Zuvorkommen dieser Art nicht genießen kann, hat meines Erachtens massive Probleme damit, sich zu ihrer weiblichen Essenz zu bekennen. Sie mag äußerlich noch so gut aussehen, innerlich ist sie zu einem Mann geworden, hat verlernt sich hinzugeben, sich anzuvertrauen, zu genießen. Sie glaubt, man würde sie geringer schätzen oder gar entmündigen, weil man sie einlädt. Sie glaubt, sie müsse auf diese Weise ihre Unabhängigkeit zur Schau stellen. Es ist ihr frei gestellt, so zu empfinden, als Frau aber verliert sie ihren Reiz. Man(n) wird sie fortan als Kumpel behandeln! Zwar ist die Zurückweisung von Nettigkeiten durch die Frau lediglich das Symptom, die Signalwirkung aber ist klar: „Ich möchte wie ein Mann behandelt werden!" Über die Ursachen dieses Verhaltens mag sich jeder selbst den Kopf zerbrechen. Für mich liegen sie schlicht darin, dass es die Frau nicht vermochte, heil von ihrer Reise in die Männlichkeit zum eigenen weiblichen Pol zurückzukehren. Nur Frauen, denen es gelingt, Ihre Geschäftstüchtigkeit mit wirklicher Weiblichkeit, also Empfindsamkeit, Empathie, Sanftmut und Empfänglichkeit etc. zu vereinen, haben sich nach meinem Verständnis wirklich emanzipiert. Hierzu gehört auch die innere Schönheit einer Frau, die sich stark von der kühlen, modischen Zurschaustellung weiblicher Geschäftsfrauen unterscheidet. Während die einen ihre Femininität verwirklichten und nunmehr eine schöne, reife Weiblichkeit ausstrahlen und verkörpern, blieben die anderen auf halbem Wege am männlichen Pol stecken und glauben nun, als Frau in der Geschäftswelt mitzuwirken. Oftmals mit fatalem Ausgang! Persönlich habe ich genug „Chefinnen" kennen gelernt, die nichts weiter waren als skrupellose, schlechte Kopien von pathologischen Männervorbildern!

Diese meine Beobachtungen und Ansichten sollen nicht davon ablenken, sondern eher noch darauf hinweisen, dass es mittlerweile geradezu eine globale Notwendigkeit geworden ist - um weitere menschgemachte Naturkatastrophen und den Kollaps ganzer Gesellschaftssysteme zu vermeiden - der femininen Essenz des weiblichen Pols bei der weiteren Planung und Steuerung von Wirtschaftsprozessen sowie bei der Entscheidungsfindung in allen wirtschaftlichen und politischen Belangen mindestens einen gleichberechtigten Einfluss zuzumessen! So schwer es als Mann auch fallen mag, dies einzugestehen, so deutlich ist es doch: Die Männerwelt und ihr „männliches" Politik- und Wirtschaftssystem haben Mutter Erde an den Rand des Abgrundes gefahren! Selbst der Erdvater weint Tränen!

Die aktuelle Entwicklung in der Wirtschaft läuft dahin, Frauen in Vorständen und bei Beförderungen - aufgrund sogenannter freiwilliger Selbstverpflichtungen - den Vorzug einzuräumen und zwar unabhängig von ihren Qualifikationen oder ihrer fachlichen Eignung. Dies führt in vielen Fällen nicht nur zu einem Leistungsabfall der einzelnen Unternehmen, sondern zugleich dazu, dass ein Heer junger, hochqualifizierter Männer zwischen 30 und 45 Jahren zurückbleibt, welches keinerlei natürliche Aufstiegschancen erhält. Was einst durch männliche Seilschaften verbockt wurde, nämlich das Ausbremsen von allem, was „weiblich, ledig und/oder jung" war, ist zu einem rückwärts fliegenden, vernichtenden Bumerang geworden: Man verwechselt feminine Tugenden (die von beiden Geschlechtern gleichermaßen kultiviert werden sollten) mit dem Frausein-an-sich. Die meisten Frauen aber im Wirtschaftsleben haben ihre weiblichen Tugenden ebenso wenig ausgebildet wie die Herren, mit denen sie konkurrieren. Hinsichtlich ihrer männlichen Fähigkeiten liegen sie noch hinter diesen, befinden sich nunmehr aber aufgrund der „freiwilligen Selbstverpflichtung" der Unternehmen in Führungspositionen über diesen (oftmals kompetenteren) Männer. Ich frage Sie ganz ehrlich: Wie soll das gut gehen? Macht man hier nicht den Bock zum Gärtner?

Doch zurück zum Thema: Entgegen landläufiger Meinung sind Ritterlichkeit und Tugenden meines Erachtens keineswegs außer Mode geraten, sondern ein Zeichen bewusster Männlichkeit. Tugendhaftigkeit ist allerdings nicht mit dem strikten Einhalten von starren Etiketten zu verwechseln. Zu den männlichen Tugenden gehören insbesondere der Mut, das Verantwortungsbewusstsein, die Verbindlichkeit, Verschwiegenheit, die Tapferkeit, Großherzigkeit, der Respekt, ein Sinn für Gerechtigkeit und Fairness, kalkulierte Risikobereitschaft, Ehrlichkeit, Pünktlichkeit und Durchsetzungsvermögen. Ich sage hiermit nicht, dass diese Tugenden nicht gelegentlich auch bei Frauen vorkommen, dennoch würde ich sie in erster Linie als männlich, dem maskulinen Pol zugeordnet, bezeichnen. Zugleich sind dies Eigenschaften, die, werden sie im Alltag praktiziert und gelebt, zur Entwicklung männlichen Charismas beitragen (siehe: Charisma).

Was also ist Ritterlichkeit? Ich würde es als ritterlich bezeichnen, sich in den genannten (und noch einigen anderen) männlichen Tugenden zu üben und sich zugleich nach wie vor Frauen gegenüber zuvorkommend zu verhalten, ob diese ein derartiges Verhalten nun zu schätzen wissen oder nicht. Ich bin mir sicher, dass es eine Frau in der heutigen Geschäftswelt noch immer nicht einfach hat. Umso wichtiger erscheint es mir, neben wahren männlichen Werten auch in der Wirtschaft eine feminine Weiblichkeit und Essenz zu fördern und deren Segen als gleichberechtigt und ebenbürtig neben maskulinen Tugenden zu begreifen und Wert zu schätzen. Eine Frau aber, die nichts als männliche Konkurrenz und Wettkampf sucht, wird nie jene Anerkennung erlangen, die einem Manne hierfür gebührt. Sie wäre einem Manne vergleichbar, der sein Heil in Tupperwarenpartys, Strickmützen stricken, Liebesromanzen im Fernsehen und dem Kuchenverkauf am Landfrauenstand sucht. Bei aller Toleranz, das ist lächerlich! Und doch: Was immer wir auch tun, langfristig wird einzig unsere innere Tugend über unseren äußeren Stand und unser Ansehen in der Welt entscheiden!

FAZIT: Ritterlichkeit und männliche Tugendhaftigkeit ist nach wie vor aktuell und sollten von beiden Geschlechtern Wert geschätzt werden. Je weiter sich ein Mann auf diesem Weg entwickelt, desto größer wird langfristig sein Ansehen sein. Noch immer triumphiert der Ehrliche, wenn es auch oftmals nicht den Anschein hat. Wer sich allerdings außerhalb des eigenen Pols zu entwickeln trachtet, wird es ungleich schwerer haben! Ideal für alle Menschen ist die Integration sowohl des männlichen als auch des weiblichen Anteils innerhalb seiner selbst. Die notwendige Voraussetzung hierfür ist allerdings, dass man nach einem Ausflug, einer Reise an den gegenüberliegenden Pol zur eignen geschlechtlichen Essenz zurückfindet! Feminine Energie ist not-wendig! Das Einführen sogenannter Frauenquoten ist hierbei allerdings keine Lösung.

Praktische Hinweise

- Im heutigen Wirtschaftsleben sollten männliche und weibliche Tugenden gleichermaßen Wert geschätzt werden und ihren berechtigten Platz finden!
- Nicht zuletzt das Übermaß (pathologischer) männlicher Energie im Wirtschaftsgeschehen hat die Erde an den Rand eines globalen Zusammenbruchs gebracht!
- Wollen wir unseren schönen Planeten, Mutter Gaia, erhalten, ist es notwendig, dass ein ausreichender Anteil femininer Essenz in Politik und Wirtschaft Einzug hält.
- Ich spreche hierbei ausdrücklich nicht von Frauenquoten oder Mannsweibern, sondern wie gesagt von femininer Essenz, die in Männern und Frauen gleichermaßen vorliegt und zum Ausdruck gebracht werden kann!
- Verschwenden Sie Ihre Zeit nicht damit, Frauen nachzustellen, die sich wie Männer verhalten!

- Mit einer solchen Frau würden Sie nie glücklich werden, es sei denn, es gefällt Ihnen die Schürze zu tragen!
- Hausarbeit ist nur dann männlich, wenn sie auf maskuline Art ausgeführt wird!
- Entwickeln sie beharrlich Ihre eigene Ritterlichkeit und Ihre männlichen Tugenden und finden Sie eine Frau, die zu Ihnen passt!

THOMAS: Dein Ideal der Ritterlichkeit ist meines Erachtens ehrlich gesagt komplettes Klischee! Persönlich finde ich deine zwar ebenso sozialromantischen, dafür aber irgendwo - zumindest für mich - stimulierenden Anregungen männlicher Entwicklung zum Krieger, Barden, Schamanen und Druiden ansprechender! Schöner wäre es vielleicht noch, du hättest modernere Begriffe als „Schamane" oder „Druide" gefunden, hast du aber nur bedingt. Was beiden Modellen gemein ist, ist der Aufruf zu männlicher Entwicklung und Tugendhaftigkeit. Ich möchte mich dem anschließen! Frauen fühlen und Männer entscheiden! Frauen sind launig und Männer tugendhaft! Geile Klischees! Ich möchte einmal an dieser Stelle auf statistische Tatsachen zurückgreifen: Frauen machen mittlerweile die besseren Schul- und Studienabschlüsse als Männer und werden bei anhaltender Entwicklung auch bald in all jenen Studienbereichen dominieren, die lange Zeit als männlich galten (Ingenieurswesen etc.) - wenn Sie es nicht schon längst tun (z.B. Veterinärmedizin etc. pp). Wer führt und dominiert hier als wen? Die Männer die Frauen? Hört doch, wie sie jammern!

Zitate

„Ich glaube, ein Mann will von einer Frau das gleiche wie eine Frau von einem Mann: Respekt."
Clint Eastwood

Schamanentum

"Die Essenz des schamanischen Mannes ist seine bewusste Wirklichkeitsgestaltung!"

Immer wieder ist von den verschiedenen männlichen Archetypen die Rede. Ich habe mir hierbei eine kulturhistorische Auffassung angeeignet, die ich zugleich als kulturübergreifend, letztlich universell, erachte: Während der **Krieger** in erster Linie noch im Bereich des Physischen und Materiellen seine Schlachten schlägt, hat sich der **Barde** bereits auf Emotionales und Kreatives spezialisiert. Als **Schamane**, ein Archetypus, der noch immer in den meisten Männern steckt und nur darauf wartet, endlich verwirklicht zu werden, darf sich der ganzheitliche Mann zum Meister des Geistigen weiterentwickeln! Was ein **Druide** im Bereich der Seele vervollkommt (siehe: Druidentum), wird bereits vom Schamanen vorweggenommen. Er, der Schamane, erforscht und erkennt die Verbindungswege zwischen Himmel und Erde, begreift die Verbundenheit allen Seins und entblößt so unter anderem die Wirkkräfte des menschlichen Geschicks. Er ist zugleich - wenn auch mit unterschiedlicher Ausprägung - Krieger und Heiler und hat die Reiche aller lebenden Elemente durchschritten. Persönlich beschäftige ich mich seit nunmehr einigen Jahrzehnten mit Schamanentum und Schamanismus und kann sagen, es hat mich nicht nur von schweren Depressionen geheilt und ganzheitliche Gesundheit gebracht, sondern mir gemeinsam mit den dazugehörenden acht naturreligiösen Jahreszeitfesten (Yule, Imbolc, Ostara, Beltane,

Comhain, Lughnasad, Mabon und Samhain[1]) zugleich Naturverständnis, innere Freiheit und bescheidenen Stolz beschert! Ich wurde gelassener, glücklicher, mutiger und unabhängiger in meinen Entscheidungen. Gerade auch in der sich dramatisch zuspitzenden Zukunft (Umweltverschmutzung, Wasser- und Ressourcenknappheit etc.) werden schamanische Methoden immer wichtiger, um das Überleben der Welt der Menschen auch nach dem Zusammenbruch des globalisierten, auf Ausbeutung beruhenden Wirtschaftssystems zu sichern und zu gewährleisten! Dennoch sollten wir uns davor hüten, uns *Schamanen* zu nennen. Es sind die anderen, die uns diesen Rang durch ihre Benennung bestätigen werden. Für dich selbst erkennst du unter anderem daran, diesen Archetypus gemeistert zu haben, wenn andere Menschen kommen, um dich um Ratschlag, Zeremonie oder Heilung zu bitten.

FAZIT: Der Schamane, als dritte männliche Entwicklungsstufe vom Krieger über den Barden, verkörpert den maskulinen Archetypus des geistigen Heilers. Natürlich können auch Frauen Schamanin sein, genauso wie sie als Kriegerin, Bardin oder Druidin wirken können. Während es Frauen aufgrund ihrer femininen Essenz im Allgemeinen mehr zur Heilerin, der heilenden Schamanin zieht, ist für die ganzheitliche Integrität des Mannes auch das Kriegerschamanentum von großer Bedeutung. Die Essenz maskuliner Kriegerschamanen besteht in der Verwirklichung ihrer persönlichen Makellosigkeit!

---

1. Die Bezeichnungen der Feste variieren, die entsprechenden Rituale jedoch gleichen sich europaweit... In den beiden zurückliegenden Jahrtausenden wurden diese naturgegebenen Feste dann vom christlichen Ritus überlagert. Aus Yule wurde Weihnachten, aus Imbolc Lichtmess, aus Ostara Ostern etc.

Praktische Hinweise

- Schamanismus betreiben bedeutet, seine Wirklichkeit nach eigener Überzeugung zu gestalten!
- Beschäftigen Sie sich mit Schamanismus!
- Machen Sie eine schamanische Ausbildung!
- Erlernen Sie das schamanische Reisen!
- Finden Sie Ihr Krafttier und Ihren Geistführer!
- Fördern Sie so Ihre Kreativität und treiben Sie den eigenen Heilungsprozess voran!
- Üben Sie sich im Erkennen geistiger Gesetzmäßigkeiten!
- Erkennen Sie Tiere, Pflanzen und Gesteine als beseelte Mitgeschöpfe an!
- Akzeptieren Sie die Existenz rein geistiger Wesenheiten sowie von Naturwesen, die wir mit bloßem Auge nur schwer erkennen können!
- Machen Sie eigene Erfahrungen auf diesen Gebieten und glauben Sie nichts, was Sie nicht selbst erlebt haben!
- Kooperieren Sie in allen Lebensbereichen mit Ihrem Krafttier und Ihrem Geistführer!
- Integrieren Sie die eigenen Schatten!
- Interessieren Sie sich für Heilkräuter und Bäume!
- Üben Sie sich darin, den andersweltlichen Aspekt der Geschöpfe und Dinge zu erkennen!
- Werden Sie zum Heiler auch für andere!
- Unterstützen Sie die allgemeine Akzeptanz von Schamanismus in der Gesellschaft!
- Unsere maskuline Essenz führt uns unaufhaltsam zum Archetypus des Kriegerschamanens!
- Feminines Agens drängt mehr auf die Verwirklichung des schamanischen Heilaspektes!

- Schamanentum sichert unser Überleben auch nach dem möglichen Kollaps unseres pathologisch-männlichen Wirtschaftssystems!

THOMAS: Natürlich arbeite auch ich schamanisch oder hat irgendwer etwas anderes erwartet? Für mich ist Schamanentum eine Kombination von geistiger Anbindung, weltlicher Intuition und gesunder Erdung! Eine Mischung aus Sinnesschulung, Bewusstseinserweiterung und wahrhafter Naturerfahrung. Schamanentum bedeutet zugleich Selbsterkenntnis, Heilung und Lebensfreude. Natürlich gibt es hierbei bestimmte Methoden zu erlernen, wozu es der persönlichen Disziplin bedarf. Und doch habe ich in meinem Leben am Rande des Abgrunds keinen einzigen Weg gefunden, der ganzheitlicher, wirkungsvoller, wahrhaftiger, lustvoller oder spannender wäre, als der schamanische! Schamanentum basiert auf keinerlei Dogmen und schließt nichts aus. Es enthält sich der Wertung und dem Versuch, Dinge in alle Ewigkeit zu zementieren. Ihm zugrunde liegt eine lebensbejahende Grundeinstellung, die auch eine Industrialisierung im regionalen Maßstab nicht ausschließt. Trotz des alten Wortes „Schamane", was frei übersetzt soviel bedeutet wie „Mann, der die Hitze meistert", ist Schamanismus keine rückwärts gerichtete Bewegung, sondern verbunden mit der Hoffnung des menschlichen Überlebens auch in der Zukunft. Gesellschaftlich richtet sich sein Ansinnen allerdings beispielsweise gegen die nicht haltbare Einteilung unterschiedlicher menschlicher Rassen (trennende Völkerkunde), die Erfindung eines Teufels (Wertung monotheistische Religionen), eine künstliche Abschottung von der Natur und ihren Elementen (aktuelle Zivilisation) oder eine Tabuisierung des Todes (begrenzte Sichtweise). Positiv ausgedrückt würde ein erneutes schamanisches Durchdringen unserer Kultur zu einer Umgestaltung unserer Gesellschaft hin zu mehr ganzheitlicher Gesundheit, Regionalisierung, Nachhaltigkeit,

Kooperation, Freude, Solidarität und Bewusstsein führen. Jahrtausendealte Herrschaftsstrukturen würden hinfällig! Kein Wunder, dass man Schamanismus teilweise noch immer mit Worten wie „Hokuspokus", „Scharlatanerie" oder „Satanskult" bekämpft!

Segnen

*„Für einen Mann gibt es kaum etwas Schöneres, als anderen seinen
Segen zu erteilen und hierdurch gesegnet zu werden!"*

Das Prinzip der Segnung wurde uns eindrucksvoll durch die Kahuna, hawaiianische Schamanen, überliefert. Sie sagen: „Segne alles und du wirst an allem teilhaben!" Wenden wir unsere Aufmerksamkeit und Energie jenen Dingen zu, die wir auch gerne selbst in unserem Leben verwirklicht sähen, steigt von Tag zu Tag die Wahrscheinlichkeit, diese auch wirklich bald zu erlangen - seien es materielle Güter, bestimmte Fähigkeiten oder einfach nur die Liebe einer Frau. Die Kahuna sagen hierbei, dass die Energie der Aufmerksamkeit (hier: dem Segen) folgt. Energie ist es, welche Lebensumstände verändert! Was auch immer ich segne, wird von mir also mit bewusster Aufmerksamkeit bedacht und mit Energie angereichert! So gestärkt steigt die Wahrscheinlichkeit, dass es bald auch in mein Leben treten wird. Je häufiger, bewusster und intensiver wir segnen, desto wahrscheinlicher wird es dies tun. Richten Sie Ihre Aufmerksamkeit daher grundsätzlich auf für Sie positiven Dinge und Sie werden mehr und mehr hiervon in Ihr Leben ziehen! Nur einmal den teuren, neuen Wagen eines Freundes zu segnen, wird wahrscheinlich nicht viel nutzen. Segnen Sie aber täglich den Wohlstand und die Gesundheit anderer Menschen, indem sie sich bewusst damit verbinden und es gutheißen, ist die Wahrscheinlichkeit groß, dass auch Sie Ihr restliches Leben wohlhabend und gesund verbringen werden. Natürlich gilt auch der Umkehrschluss: Aufmerksamkeit folgt der Energie! Segnen und ermächtigen Sie deshalb alles um Sie herum! Erlauben Sie den Dingen grundsätzlich so zu sein, wie sie sind und dann richten Sie Ihr Augenmerk vermehrt auf alles Positive in der Welt! Verwenden Sie Ihren Segen auch als Jäger und Krieger und gehen Sie segnend auf die Jagd (nach Ihrer Mission, nach Lebensglück, nach einer passenden Lebenspartnerin etc.). Durch Ausdauer und Beharrlichkeit werden Sie auf diese Weise all jenes, was Sie sich so sehnlichst wünschen, verwirklichen! Segnen Sie es einfach! Sprechen Sie laut: „Ich segne die Gesundheit meiner Kinder! Ich segne die Schönheit des Regenbogens! Ich segne den Frieden in der Welt! Ich segne den Erfolg der Mächtigen!" (Etc. pp.)

Segen an sich ist zwar weiblich (Yin), da er zum Prinzip der Liebe, der Gefühle, des Wassers, des maßlosen Verteilens, der Fruchtbarkeit, des Ausgleichs usw. gehört. Die Handlung des gezielten Segnens entspricht allerdings dem männlichen Pol. Während das weibliche Prinzip bei entsprechender Förderung seinen Segen an nahezu alles verströmt (Kosmos, Welt, Natur etc.), segnet der männliche Pol gezielt. Er steht für Aktivität, der weibliche für Passivität. Nur über den polaren Dualismus des Universums wird ein Mensch zu Reife und Ganzheit gelangen, wie sich am Beispiel des Segens zeigt, denn die Segnung und der Segen gehören ebenso zusammen wie der Segnende und das Gesegnete.

FAZIT: Im Segen - unabhängig jeglicher kirchlicher Prägung - liegt eine Kraft, die ein Mann nicht ungenutzt lassen sollte, geht es ihm wirklich darum, seine persönliche Vision zu verwirklichen, wie es seinem Daseinsgrund und seiner eigentlichen Seelenaufgabe entspricht! Es ist sehr männlich zu segnen!

Praktische Hinweise

- Auch wenn der Segen an sich eine weibliche Komponente beinhaltet, ist das Segnen doch männlich!
- Segnen und ermächtigen Sie alles, was sich Ihnen in den Weg stellt!
- Ihr Segen wird auf sie zurückfallen und Ihnen Gesundheit, Reichtum, Anerkennung und Glück bescheren!
- Segnen Sie insbesondere auch jene Dinge, die Sie in Ihrem eigenen Leben verwirklicht sehen wollen!
- Versuchen Sie das Gute in allem zu sehen und stärken Sie es dadurch!
- Jedes Ding hat positive und negative Seiten, verfügt über Licht und Schatten!
- Wo Licht ist, ist immer auch ein Schatten!
- Es liegt an Ihnen, für welche Seite Sie sich entscheiden!
- Segnen Sie immer aus Ihrer eigenen Mitte heraus und erlangen Sie Ganzheit!

THOMAS: Wie kommst du eigentlich immer zu deinen Einteilungen in weiblich und männlich? Welches sind die Kriterien? Hast du dir das alles nur angelesen oder entspricht es deiner Intuition oder unmittelbarer Lebenserfahrung? Wie, du kannst mir hier nicht antworten, weil ich vom Aufbau der Kapitel her immer das letzte Wort habe? Würdest mir aber gerne antworten? Lass uns einfach die Regeln brechen! Brich Sie einfach (ich kann es nicht alleine) und antworte! Du bist der Autor und ich segne dein Tun!

Na gut, Narr, diese eine Frage werde ich dir außer der Reihe beantworten, da sie auch mir wichtig erscheint. Lass uns daher gemeinsam diesen Regelbruch in einer wichtigen Angelegenheiten ab-segnen und noch vor dem nächsten Kapitel folgendes *additionale Teaching* einfügen: Die Lehre vom männlichen und vom weiblichen Pol. Diese ist bereits Jahrtausende alt und geht zurück auf taoistische Schamanen, lange noch bevor sie Laotse, der Autor des „Tao-te-king", in Worte fasste. Die entsprechenden Zuordnungen sind also archetypisch und müssen lediglich von Zeit zu Zeit und Ort zu Ort ein klein wenig aktualisiert und angepasst werden. In ihrer Essenz aber sind sie nahezu raum- und zeitlos. Dem männlichen Pol, dem *Yang*, werde ich mich in einem gleichnamigen späteren Kapitel noch einmal gesondert zuwenden. Ansonsten, beachtet man einige Grundregeln wie männlich = Feuer = Hitze = Licht = Trockenheit = Härte = Stärke = Geben = Zielstrebigkeit = Geradlinigkeit = Individualität = Durchsetzungskraft etc. Im Gegensatz hierzu wäre *Yin*, das Weibliche, Wasser, Kälte, Dunkelheit, Feuchtigkeit, Weichheit, Schwäche, Nehmen, Träumen, zyklisches Erleben, Einheit, Nachgiebigkeit etc. pp. Mit zunehmender Übung wird man leicht selbst Unterscheidungen treffen können. Wichtig ist es, an diese zugesprochenen Attribute keinerlei Wertung zu binden. Beispiele: Ohne die Dunkelheit gäbe es kein Licht, denn alles wäre hell. Ohne den Ausgleich und Wechsel von Trockenheit und Feuchtigkeit würde nichts auf diesem Planeten gedeihen. Ohne Nachgiebigkeit und (scheinbare) Schwäche gäbe es weder Heldentum noch gesellschaftliche Weiterentwicklung. Alles würde erstarren. Eine polare Weltordnung ist somit menschlicher Segen, ein wahrhaft göttliches Geschenk! Dahinter allerdings liegt das unwandelbare *Tao*. Entgegen der Lehre von Laotse ist ihm das Weibliche näher als das Männliche. Es ist die Mutter, aus der alles hervorgeht! Erst im umfassenden Bewusstsein allen Seins durch Lebens-er-fahrung werden wir die weltliche Polarität transzendieren und ins nun ebenfalls bewusste Tao zurückfinden. Auch wenn für das harmonische und zugleich fruchtbare Zusammenleben auf Erden die Polaritäten eine Notwendigkeit und große Hilfe darstellen - ohne gegensätzliche Prinzipien gäbe es dieses

Leben nämlich nicht - liegt dahinter doch noch immer das Tao, die bewusste Erleuchtung, das Nirwana oder Satori, der zeitlose Raum jenseits maskuliner und femininer Polarität!

Ich hoffe hiermit, dir deine Frage umfassend beantwortet zu haben. Natürlich habe ich viel hierüber gelesen, aber das letztendliche Wissen entspringt immer nur der unmittelbaren Einsicht in die Funktionsweisen des Lebens. Nur aus Er-fahr-ung und Be-greifen entsteht Verständ-nis.

Thomas: Danke für die Beantwortung!

Bitte!

Thomas: Darf ich trotzdem das letzte Wort haben?

Mach ruhig, du scheinst ja so konditioniert worden zu sein!

Thomas: Von dir!

Von mir? Ich dachte du seist selbstständig - männlich?

Ja, von dir!

Okay, meinetwegen. War das jetzt dein letztes Wort?

Nein! Ich glaube nicht, dass das feminine Prinzip der Einheit näher steht als das maskuline. Es symbolisiert die Einheit. Das ist aber auch schon alles!

Selbstbehauptung

„Die erste Lektion im Leben eines Mannes ist die Selbstbehauptung!"

Eine der ersten Lektionen im Leben eines Mannes ist die Selbstbehauptung - meint man! Wir Männer weichen vor unseren Problemen nicht zurück, sondern lösen sie auf ehrenvolle Weise - sagt man! Männliches Lernen heißt, sich behaupten lernen - glaubt man! Glauben wir das wirklich? Wie sieht heutzutage das Leben eines Durchschnittsmannes aus? Ich möchte an dieser Stelle das Buch von Björn Thorsten Leimbach „Männlichkeit leben. Die Stärkung des Maskulinen" sehr empfehlen, aus dem ich hier zitieren möchte:

„Männer leiden in zunehmendem Maße unter Leistungsdruck, Orientierungslosigkeit, Sinnlosigkeit, emotionaler Abhängigkeit von Frauen und Vereinsamung. Doch sie sind überraschend duldsam, schweigsam und enorm leidensfähig. Vor allem in Beziehungen halten Männer unhaltbare Zustände, Demütigungen, Schikane und Gewalt durch ihre Partnerin aus. Weder wehren sie sich noch beenden sie die Beziehung.
Viel häufiger ducken sie sich, haben ein schlechtes Gewissen und hoffen, dass ihre Partnerin sie endlich in Ruhe lässt. Sie verharren als Opfer in Lethargie und Passivität".

Was ist aus dem selbstbewussten, stolzen und unabhängigen Krieger geworden? Erzogen von seiner Mutter in einer vaterlosen Gesellschaft, mit Babysittenrinnen, Erzieherinnen, Grundschullehrerinnen usw. hat er es nicht vermocht, seine männliche Energie zu entfalten. Es fehlten ihm die männlichen Vorbilder und das männliche Kollektiv und Korrektiv. Er wurde abhängig von den Launen seiner Mutter, eine emotionale Abhängigkeit, die er jetzt auf seine Partnerin überträgt. Er wurde als Mädchen erzogen und nicht als Mann. Er hat es nicht gelernt, sich gegenüber dem Weiblichen zu verteidigen! Fast alles in dieser Welt ist weiblich! Der sich in Freiheit und Gerechtigkeit selbst behauptende Krieger wurde zum Pflegefall. Mann, wache auf! Lerne deine erste Lektion und trete endlich wieder für deine eigenen, ganz persönlichen Belange ein! Dies ist Ihr Leben, nicht das Leben Ihrer Partnerin oder Ex-Partnerin oder Ihres Chefs oder Ihrer Chefin, dies ist ganz alleine Ihr Leben! Lernen Sie sich behaupten!

Selbstbehauptung ist der erste Schritt zur Durchsetzungsfähigkeit in Familie und Beruf. Obwohl man meinen könnte, sie sei essentiell für einen Mann, haben viele von uns aufgrund überwiegend weiblicher Erziehung verlernt, sich in einem tendenziell weiblichen Universum zu behaupten. Ein Mann aber, der sich nie von seiner Mutter abgrenzte und sich deshalb in für ihn wichtigen Punkten noch nicht einmal gegenüber der eigenen Partnerin durchsetzen kann, wie soll der in der Welt bestehen? Auf der Straße wird er große Sprüche klopfen und zuhause und im Beruf klein beigeben! Oder aber er wird zu einem rücksichtslosen Arschloch, auch dies ist eine sehr „männliche" Entwicklungs-Variante.

Exkurs: Warum verläuft die heutige Erziehung zum Großteil weiblich? Weil die Väter aufgrund des hohen Arbeitsdrucks und der gestiegenen Unkosten oftmals über weite Strecken der Kindheit abwesend sind und es die älteren Männer versäumen, ihre Enkel zu initiieren. Ihre eigene Initiation verlief rein herrschaftlich-militärisch, was heute zurecht abgelehnt wird. Das noch ältere kulturelle Wissen um die Initiation der Jungen wurde verschüttet.

Die Mütter ihrerseits fühlen diese Abwesenheit positiver, männlicher Einflussnahme („Zeus-Energie") auf den Nachwuchs und versuchen nach bestem Wissen diese Lücken aus eigener Kraft zu füllen. Man(n) verlangt zu viel von ihnen! Sie werden den arbeitenden oder bereits moralisch zusammengebrochenen Vater niemals ersetzen können. Eine solch einseitige, weibliche Erziehung ist zum Scheitern verurteilt und tut insbesondere den jungen Männern Zwang an! Im schlimmsten Fall werden sie gewalttätig!

Man sagt, ein Stein wäre weiblich, solange er noch im Fels, dem Berg oder der Erde feststecke. Hat er sich aber gelöst, wird er männlich. Gleiches gilt für den Mann, solange er noch im Mutterbauch oder der Obhut von Mama steckt, kann von Männlichkeit keine Rede sein. Erst durch die Absonderung und Selbstbehauptung also wird ein Mann zum Manne und vermag es ein Stein, zum Lingam oder Monolithen zu werden!

FAZIT: Beginnen Sie damit, sich in Ihrer eigenen Beziehung in allen für Sie wichtigen Belangen konsequent selbst zu behaupten! Lassen Sie es nicht zu, von irgendeiner Frau oder irgend etwas Weiblichen (Alkohol, Drogen, Zuwendung, Lob, Liebe, Geld etc.) abhängig zu sein! Wir hatten Ähnliches ja bereits schon thematisiert! Es ist wichtig, jetzt zu handeln! Was immer Sie auch tun, bleiben Sie moralisch integer und holen Sie sich Unterstützung von anderen (gesunden) Männern! Woran man einen gesunden Mann erkennt? Er ist empathisch und konsensfähig, verfolgt seine Vision und hat seinerseits ein positives Männer- und Frauenbild. Er klagt weder über andere, das Wetter, Liebeskummer oder Geldmangel, sondern scheint mit sich und seinem Leben im Reinen zu sein. Maskulinität ist Gesundheit.

<u>Praktische Hinweise</u>

- Treten Sie Ihrer Partnerin als ebenbürtiger Partner gegenüber!

- Selbstbehauptung bedeutet immer zugleich eine Beschränkung auf die für Sie wesentlichen Dinge in Ihrem Leben!
- Sie sollte die erste Lektion im Leben eines jeden Mannes sein, ist es aber häufig nicht!
- Erschreckend viele Männer leben in Abhängigkeit von Frauen oder Teilaspekten des weiblichen Prinzips!
- Aus dem Mann wurde ein Pflegefall!
- Das männliche Prinzip droht aus dieser Welt zu verschwinden!

THOMAS: Interessanter Gesichtspunkt: „Das männliche Prinzip droht aus dieser Welt zu verschwinden!" Weißt du übrigens, was ich an diesem Buch nicht mag? Du schreibst zwar generell für alle Männer, gehst aber irgendwie immer davon aus, dass wir alle eine feste Partnerin hätten. Ich aber bin beispielsweise bekennender Single und „multivaginaler" Mann. Auch wenn ich mich manchmal nach einer festen Partnerin sehne (ohne es vor mir selbst wirklich einzugestehen), hat doch gerade auch der Weg der freien Liebe seine durchaus positiven Aspekte und sollte verstärkt hervorgehoben werden! Ich denke fast, es ist einfacher Mann zu sein und sich selbst zu behaupten, wenn man keine feste Partnerschaft führt, als wenn man dem ständigen Sog der Weiblichkeit in einer Beziehung ausgesetzt ist. Gilt die Gefahr des Verschwindens der Maskulinität also nur in festen Bindungen oder gilt sie auch für uns „Burschen"? Vielleicht liegt ja gerade im unabhängigen Lebensstil des Singlemannes die Rettung der bedrohten Männlichkeit? War es wirklich jemals eine gute Idee von Mann und Frau, in eine Wohnung zusammen zu ziehen?

Thomas, bereits im Kapitel zuvor haben wir die Regeln gebrochen und mir ein weiteres Mal das Wort ermöglicht. Wie weibisch!

Müsste man(n) Dinge nicht einfach stehen und gut sein lassen, so wie sie sind? Man sagt ja auch: „Was man einmal tut, tut man auch ein zweites Mal!" Die Inkonsequenz hat Einzug gehalten! Dennoch möchte ich kurz Bezug nehmen: Zunächst - im Mutterbauch - ist ein Mann nichts anderes als ein Körperteil einer Frau. Sein Ursprung ist der feminine Pol des Gebärens. Der Vater in seiner Freiheit und Kraft ist zum äußeren Schutz dieses Vorgangs da. Insofern macht das gemeinsame Wohnen schon einen Sinn! Der Mann sollte hierbei aber niemals vergessen, dass er geboren wurde, um frei zu sein und niemand einen Anspruch auf seine Leistungen hat. Nicht einmal das eigene Kind! Was immer er auch tut, er tut es frei-willig! (Und es gibt nichts Schöneres, als für die eigenen oder angeliebten Kinder da zu sein!) Das gemeinsame Wohnen wird so zum erweiterten Mutterbauch für die Kinder. Der Mann indes darf nicht regredieren: Sein Haus ist seine Basis zum Verwirklichen seiner Mission in dieser Welt, nicht aber ein erneuter Uterus, in welchem er seine Frau anstelle der leiblichen Mutter setzt. Es gibt tatsächlich eine nicht geringe Anzahl von Männern, die dies verkennen! Aus Liebe und oftmals tief sitzendem Schuldgefühl gegenüber ihrer Mutter beginnen Sie nun damit, sich zu ver-schulden und Ihr Haus (den Körper ihrer Partnerin und Mutter) über alle Maß auszustaffieren. Das kapitalistische Herrschaftssystem unterstützt diese unnatürlichen, falschen Abhängigkeiten! Es unterwirft den femininen Pol, preist aber die Rolle von Mütterlichkeit. Indem es eine pathologische Männlichkeit predigt, unterwirft es auch den freien Mann und macht ihn gefügig durch finanzielle Abhängigkeiten und Gier nach immer mehr. Wozu? Ein Mann, der damit beschäftigt ist, das Darlehen („Schuld") für seine Immobilie zu tilgen, wird nicht gegen das System rebellieren! Gehört er nicht zu den Bessergestellten? Perfide!

pathologische männliche Herrschaft aufgrund von Statuten	maskuline Führung aufgrund natürlicher Dominanz
Glorifizierung der Mutter	Abnablung von der Mutter
Glorifizierung von Herrschaft	Kritisches Hinterfragen von Herrschaft
Gehorsam und Gefolgschaft	Selbstständiges, eigenverantwortliches Handeln
Fremdbestimmung	Selbstbestimmung
Unterdrückung des femininen Prinzips	Freiwilliger Dienst am femininen Prinzip
Verachtung anderer	Wertschätzung anderer
Unterdrückung von Maskulinität	Männliche Initiation
Verleugnung des Erdvaters	Hervorheben des Erdvaters
Ausbeutung der Erdmutter	Schutz der Erdmutter
Finanzielle Abhängigkeiten	Fairer Tauschhandel (Geben und Nehmen)
Gefälle zwischen Arm und Reich	Zyklischer Ausgleich
die Partnerin als Ersatzmutter	die Partnerin als Seelenspiegel
Regression ins Häusliche	das Haus als Basis für Entfaltung
Verbannung ins und daher weibliche Dominanz im Haus	Ausgleich der männlichen und weiblichen Sphäre im Häuslichen
Das gemeinsame Haus als Fetisch (Uterus)	Das Haus als Hort für Kinder
Schuld, Scham und Scheu	Freiheit, Freude und Freunde

Selbstbewusstsein/Schöpferkraft

„Alle Kraft kommt aus dem SEBST. Wir sind DAS!"

Selbstbewusstsein bedeutete ursprünglich, sich seines SELBST bewusst zu sein. Hier kommt so etwas wie eine spirituelle Dimension ins Spiel! Ihr Selbstbewusstsein wird sich auch in Ihrer Selbstsicherheit widerspiegeln: Wie Sie auftreten und wirken! Wie Sie an Dinge herangehen und nicht zuletzt: Was andere von Ihnen halten! Interessanterweise werden andere nämlich im Allgemeinen immer genau das gleiche oder doch zumindest ein sehr ähnliches Bild von uns pflegen, wie wir selbst uns in unserem tiefsten Inneren sehen. Versuchen Sie daher niemals, irgendetwas zu verheimlichen, sondern stehen Sie zu sich selbst, Ihrem Aussehen, Ihrer Aussprache, Ihrer Denkweise und Ihren Gefühlen. Man kann andere nicht langfristig täuschen. Gehen Sie also nicht unter die Blender! Nichts anderes ist Selbstsicherheit, als die komplette Annahme des eigenen Daseins so wie es ist und die gleichzeitige Freiheit, den anderen nichts vormachen zu wollen, was nicht den Tatsachen entspricht! Das ist Authentizität. Man kann Selbstsicherheit nicht vorspielen, das geht nach hinten los. Nur wer sich selbst erkennt, also seines SELBST bewusst wird, strahlt jene Selbstsicherheit aus, die er sich wünscht! Stehen Sie daher als Mann zu sich und Ihrem Höheren SELBST!

Und noch etwas: Sollte es irgend etwas geben, was Ihnen an sich selbst, Ihrer Person, Ihrem Charakter, Ihrer Lebenssituation etc. nicht gefällt, dann gehen Sie hin und ändern Sie es. Sie sind der Mann; sprich: Sie sind der hundertprozentige Schöpfer Ihrer Wirklichkeit! Selbstbewusstsein und Selbstsicherheit hängt immer auch mit Selbstverantwortung zusammen! Ansonsten akzeptieren Sie sich doch zur Abwechslung einfach einmal so, wie sie wirklich sind! Wenn Sie sich akzeptieren, werden es auch die anderen tun!

FAZIT: Seien Sie sich in jedem Augenblick Ihrer Selbst, Ihrer Empfindungen, Gefühle, Gedanken, Ihrer Kommunikation und Handlungen bewusst. Sie sind Ausdruck Ihrer Seele. Werden Sie sich dessen bewusst und erlangen Sie so umfassendes SELBSTbewusstsein. Es geht hierbei ausnahmsweise nicht um Leistung, sondern lediglich um Beobachtung, Bewusstwerdung und Annahme!

Praktische Hinweise

- Beginnen Sie damit, sich und Ihr Handeln in der Welt zu beobachten!
- Erkennen Sie, wie die Dinge, die sie sich aus tiefstem Herzen wünschen, sich Schritt für Schritt in dieser Welt offenbaren?
- Erkennen Sie, wie sich zugleich alle Ihre Befürchtungen und Ängste manifestieren?
- Hören Sie endlich damit auf, sich zu ängstigen und beginnen Sie damit zu vertrauen und die richtigen Schritte zu unternehmen
- Erkennen und anerkennen Sie Ihre eigene Schöpferkraft und Verantwortung!
- Manifestieren Sie das Positive in dieser Welt!

THOMAS: Wie ich finde, hast du bisher in deinen Aufzählungen männlicher Attribute diesen ganz entscheidenden Faktor eigener, maskuliner **Schöpferkraft** vernachlässigt! Du weißt, dass es so ist, du setzt es voraus und doch ist dieses bewusst verwendete Werkzeug, diese Qualität, ein wesentlicher Bestandteil aller gelebter

Männlichkeit, über den wir sprechen sollten: Die Schöpfer- und Gestaltungskraft unseres Lebens, von Mutter Erde, des Kosmos und somit aller erfahrbaren Wirklichkeit! Diese Kraft wurde allen Männern (und auch Frauen) als integraler Bestandteil ihrer männlichen Essenz mit in die Wiege gelegt! Ihren Kontrapart findet sie in der weiblichen Fruchtbarkeit. Klare männliche Ideen und Signale werden vom Universum empfangen, reflektiert und durch die Fruchtbarkeit der weiblichen Welt ins Sein, die Realität, gebracht. Ob sie daran glauben oder nicht, tut der Wirksamkeit dieser Prinzipien keinen Abbruch. Zumeist geschieht der hier beschriebene Schöpfungsakt sogar unbewusst und doch spiegelt sich in unserer erfahrbaren Welt zu genau 100% all das, was wir Menschen kraft unserer immanenten männlichen Essenz selbst hervorgebracht haben! 100%! Ohne schöpfende Männlichkeit gäbe es dieses Universum überhaupt nicht. Gäbe es keine Menschen (bzw. andere bewusste kosmische Wesenheiten), also niemanden, der beobachtet - kein Subjekt -, so gäbe es auch kein Universum! Ohne Subjekt kein Objekt. Ohne maskuline Schöpfung (Subjektivität) kein objektiv Geschaffenes! Und doch ist es erst der weibliche Urgrund, welcher das All hervorbringt, also endgültig materialisiert! Auch hierbei lässt sich - wie bei so vielem - von den alten Schamanen lernen, die diese Gesetzmäßigkeiten, die erst langsam von der modernen Physik wiederentdeckt werden, immer schon kannten. Ich will die entscheidenden universellen (Huna-)Prinzipien in sieben Sätzen wiedergeben. Wer sie verstanden hat und in seinem Leben anwendet, wird selbst zum Magier und Schamanen:

1. Ich bin der Schöpfer meiner Welt (Fehu)!
2. Es gibt hierbei keine Einschränkungen (Uruz)!
3. Schöpfung geschieht durch Bewusstwerdung im Inneren (Isa)!
4. Jetzt ist der Augenblick der Schöpfung (Jera)!
5. Hier ist der Ort (Eiwaz)!

6. Liebe ist das Gesetz (Kaunaz)!
7. Der Erfolg gibt dir recht (Sowelo)!

Die Bezeichnungen in den Klammern sind die Namen der entsprechenden germanischen Runen.

Selbstdisziplin

„Wenn es eine Moral in diesem Leben gibt, so liegt sie in der eigenen Disziplin!"

Wahre Selbstdisziplin besteht darin, auch nach der Arbeit (dem Gelderwerb) und den Verpflichtungen in Partnerschaft und Familie sich nicht hängen zu lassen, sondern noch Zeit für sich selbst und sein eigenes *magisches Programm* aufzubringen (siehe dort). Wer dies schafft, entwickelt inneres Selbstvertrauen in die eigenen Kräfte und dadurch äußeres Charisma. Sie werden so nicht nur zum Siegertypen, sondern tatsächlich unwiderstehlich! Die höchste Form der Selbstdisziplin liegt also im Machen und Tun, der Selbstverantwortung und Verwirklichung eigener Ziele. Eine weitere Form niederer, aber dennoch wichtiger Disziplin liegt im Verzicht oder dem Einhalten eigener Tabus. Ein Mann sollte nicht nur in der Lage sein, auf alle Laster und Versuchungen mindestens 40 Tage lang verzichten zu können. Hierunter verstehe ich Dinge wie Alkohol, Nikotin, Koffein, Aspirin oder andere Drogen oder Medikamente, Fleischkonsum, Sex (Ejakulation), Fernsehen, Computerspiel, Schokolade, Salzgebäck oder anderes, dem wir gelegentlich die Macht geben, uns in seinen Bann zu schlagen. Ein Mann sollte nicht nur in der Lage sein, hierauf jederzeit theoretisch vom einen Moment auf den anderen zu verzichten, sondern er sollte dies gelegentlich auch ganz praktisch demonstrieren. Es wird hierbei keine Selbstkasteiung verlangt, in der Form, dass man vom einen auf den anderen Tag auf alle Annehmlichkeiten aufgeben sollte (wenn auch dies unter gegebenen Umständen jederzeit möglich sein sollte), sondern lediglich der abwechselnde, rotierende Verzicht auf eines oder zweier dieser Dinge. Dies verstehe ich unter gelebter Selbstdisziplin. Ein Mann muss es nicht nur wissen, sondern gelegentlich immer wieder praktisch erproben und erfahren, dass er keine Abhängigkeit von nichts hat - lediglich einen gewissen Geschmack und liebenswerte Angewohnheiten.

Eine andere Form von Selbstdisziplin ist der möglichst jährliche viertägige Verzicht auf wirklich alles (beispielsweise in Form einer Visionssuche). Hierbei verzichtet der Mann rituell für eine Dauer von vier Tagen und vier Nächten auf jegliches Essen, Komfort, Hygiene, Statussymbole, technischen Schnickschnack, Gespräch mit anderen etc. und zieht sich lediglich mit einem Tarpe (oder einem Biwacksack), einer Isomatte, einem Schlafsack, einem Poncho und ausreichend Wasser als Geistwesen in die Wildnis zurück, die letzte Nacht auch noch seinen Schlaf opfernd, um in einem Steinkreis wachend seine ganz persönliche Vision zu empfangen. Um sich nicht abzulenken, keinen Brand zu entfachen und den Tieren näher zu sein, verzichtet man während dieser Zeit auch darauf, Feuer zu machen. Zur feurigen Selbstdisziplin des Tuns (Sonnenaspekt) gesellt sich also eine weitere kühle Selbstdisziplin des Nicht-Tuns (Mondaspekt). Im Sinne der taoistischen Tradition wird daraus *wu wei:* Nicht-Tun; Nicht-Wollen; Nicht-Wissen. Aus persönlicher Selbstdisziplin wird unpersönliche SELBST-Disziplin, wobei Disziplin zu ihrem ursprünglichen Sinn einer „bewussten Einordnung" oder „Selbstregulierung/SELBSTregulierung" zurückfindet!

FAZIT: Üben Sie sich in Disziplin und Verzicht, damit Sie die guten Dinge, die in Ihr Leben treten, dann auch wirklich voll auskosten können! So werden Sie erfolgreich und unwiderstehlich! Bleiben Sie dennoch bescheiden: Nicht Sie tun; Es tut durch Sie!

Praktische Hinweise

- Üben Sie sich in Selbstdisziplin und nähern Sie sich so der eigenen Makellosigkeit und Unsterblichkeit!
- Führen Sie regelmäßig Ihr magisches Programm durch!
- Verzichten Sie immer abwechselnd für mindestens zwei Wochen auf jeweils eine Sache in Ihrem Leben!
- Thematisieren Sie dies nicht weiter, sondern verzichten Sie einfach!
- Aus Selbstdisziplin erwächst Unabhängigkeit!
- Führen Sie (möglichst jährlich) einen Feuerlauf, eine Schwitzhütte, eine Visionssuche oder Ähnliches durch!
- Werden Sie nicht zum Lebensverächter, sondern zum Genießer!
- Nur maßvoller Genuss ist wirklicher Genuss!
- Vergessen Sie allerdings auch nicht, gelegentlich über alle Stränge zu schlagen!
- Lernen Sie, das männliche Spannungsdreieck zwischen Asket, Poet und Genießer auszuhalten und bewusst voll auszuschöpfen!

THOMAS: Der Asket asketet. Der Poet poetet und der Genießer genießt! Wie kamst du gerade auf diese drei? Steht der Asket für den Heiligen und der Genießer für den Gesetzesbrecher und Sündigen? Stellt der Poet einen Mann des Geistes dar oder eher einen Narren wie mich? Oder dachtest du gar an die Dreiheit von Körper, Geist und Seele? Der Asket als Körperbezwinger, der Poet als Geistesbeherrscher und der Genießer als Seelenmeister? Weißt du was, ich übe mich selbst vorbildlich in Verzicht und verzichte ausdrücklich darauf, von dir jemals eine Antwort auf diese Fragen zu erhalten!

Selbstständigkeit

„Selbstständigkeit bedeutet nicht, wenn er ständig von selbst steht (kleiner Scherz), sondern die universelle Bewahrung männlicher Individualität!"

Unter Selbstständigkeit verstehe ich gleichermaßen innere und äußere Selbständigkeit, wie ich sie unter den Stichpunkten „Emotionale Autonomie" und „Unabhängigkeit" (siehe dort) zusammengefasst habe.

Auch wenn alles in diesem Universum in Wirklichkeit ein Einziges ist, sollten Sie sich als Mann Ihre Selbstständigkeit im Rahmen dieser Schöpfung bewahren! Auch wenn sich ontologisch nichts abschließend voneinander trennen lässt, da in letzter Konsequenz und Wirklichkeit alles eins ist, sollten Sie als Mann danach streben, Ihre einzigartige Individualität und Unabhängigkeit zu behalten! Dies ist an dieser Stelle mehr als ein gut gemeinter Ratschlag unter Männern: Es ist der Schlüssel, um als Mann überhaupt - im Sinne eines eigenen Daseinsrechtes - bestehen zu können. Es ist die metaphysische Voraussetzung dafür, um das Mannsein-an-sich vor der weiblichen Übermacht zu bewahren und so sein Überleben im Weltall zu sichern! Lassen Sie mich ausführen: Während das Weibliche alles ist und zugleich bereit hierin aufzugehen und darin zu verschmelzen, tragen Sie als Mann die Bürde und Verantwortung der Wachsamkeit und des selbstständigen, selbstbestimmten Handelns. Die Frau gibt sich hin, Sie aber treffen Entscheidungen. Die Frau fließt dahin, Sie aber kanalisieren den Fluss. Das Weibliche geht auf im Numinosen, Göttlichen. Sie aber halten die Stellung in einer materiellen Welt. Es ist Ihre göttliche Mission, die Sie leitet. Auch Sie sind darin ein Gottesdiener - wie die Frau auf ihre Weise - und bleiben zugleich doch ein Krieger, dessen Pflicht es ist, die eigene Unabhängigkeit und Freiheit - zum eigenen und dem Wohlergehen aller - zu verteidigen. Bis aufs Blut, wenn es sein muss! Kommen Sie dieser Aufgabe nicht nach, verlieren Sie Ihr Daseinsrecht als Mann und werden von der Weiblichkeit aufgesogen und darin ein für alle Mal untergehen! Es ist Ihre Entscheidung! Sie besitzen die Macht, die Pflicht und Verantwortung sich gegen den eigenen Untergang zu wehren! Wollen Sie nicht, dass dem Weltall an sich vorzeitig die Lichter ausgehen, müssen Sie Ihre Selbstständigkeit bewahren! Natürlich werden die männlichen Sonnen - sobald aller Wasserstoff aufgebraucht ist - dereinst verlöschen und in der Dunkelheit des weiblichen Alls verschwinden. Das gleiche droht dem männlichen Pol. Eines Tages wird er nachgeben und vom Weiblichen aufgesogen werden, wie eine implodierende Sonne. Das ist unser aller maskulines Schicksal. Vielleicht wird ja etwas Neues entstehen. Bis dahin aber sollten wir als männliches Kollektiv die Stellung halten! Dies ist mein gut gemeinter Ratschlag an alle Männer und Sonnen, denn in der Verteidigung und dem Erhalt der Individualität, der Hierarchie, der Eigenständigkeit, der maskulinen Führung und dem freien Willen liegt meines Erachtens der höchste spirituelle Sinn aller Männlichkeit im Universum verborgen. Eine Sonne, ihrer Strahlkraft beraubt, ist weder selbstständig noch verfügt sie über nennenswerte Bestimmerkraft. Bereits jetzt ist das Männliche in der kosmischen Minderzahl! Weibliche Entropie bedroht alle Ordnung und mit dieser das gesamte Leben! Es ist die Aufgabe der Maskulinität, sich ihr zu widersetzen, die Kräfte dadurch im Ausgleich zu halten und das Universum von Augenblick zu Augenblick neu zu erschaffen!

FAZIT: Zwar tragen auch wir als Aspekt Gottes die gleiche alles durchdringende Göttlichkeit in uns, wie sie den Frauen zu eigen ist, und dennoch ist es unsere Pflicht als Mann, unsere Selbstständigkeit gegenüber dem Numinosen, der Welt, dem Weiblichen, den Frauen und auch anderen Männern gegenüber zu verteidigen! So wie eine Sonne keine andere Sonne in ihrem Revier erstrahlen lässt, sollte auch ein Mann für die maskuline Individualität seines eigenen Pols eintreten! Männliche Führung indessen funktioniert nur durch die Integration alles Femininen und niemals durch dessen Unterdrückung!

Praktische Hinweise

- Urteilen Sie nicht vorschnell, sondern denken und spüren Sie zunächst nach!
- Erkennen Sie als Mann den höheren Sinn hinter den Worten dieses Kapitels!
- Ihr Daseinszweck sind Ihre Unabhängigkeit und Ihre Selbstständigkeit!
- Maskulinität steht gleichermaßen für die Freiheit des eigenen Willens, die Prinzipien der Schöpfung und der Hierarchie (Ordnung) sowie die Individualität der Dinge!
- Das weibliche Prinzip indes steht zumindest in seiner Pathologie für Gleichheit (Entropie), Einheit (Konformität) und totalitäre Ganzheit.
- Der wahre Mann ist Gestalter seines eigenen Schicksals! Er ist eine Sonne!
- Er ist der Schöpfer seiner Wirklichkeit!
- Das männliche Prinzip ist emanierend; das weibliche implodierend!

THOMAS: Ich glaube, jetzt bist du ganz und gar größenwahnsinnig geworden: Der Mann als Sonne. Die Frau dann vermutlich als schwarzes Loch. In Weiterführung dieser Gedanken wären wir Männer dann sicherlich auch Quasare, Sternenlicht und Sternenstaub. Ist es nicht Hybris zu behaupten, die von Gott verliehene Aufgabe eines Mannes wäre es, sich eben jener Göttlichkeit zu widersetzen? Wörtlich schreibst du: „unsere Selbstständigkeit gegenüber dem Numinosen... zu verteidigen." Andererseits, wenn du manchmal mit deinen Formulierungen über die Strenge schlägst, beinhalten deine Ausführungen doch eine gewisse Wahrheit. Wenn es wirklich so ist, dass das weibliche Prinzip (mit seinen beiden x-Chromosomen) die Ganzheit verkörpert und wir (mit unserem xy) das Individuelle, so wird sich die Ganzheit langfristig als stärker erweisen, denn ontologisch gesehen ist das Individuum (hier der Mann) immer ein Teil der Ganzheit (hier die Menschheit); die Ganzheit aber nicht notwendigerweise auch ein Teil das Individuums. Was also nun? Droht das Männliche denn wirklich auszusterben? Was aber bliebe dann noch? Ohne das maskuline Prinzip erstürbe zugleich das Gleichgewicht zwischen beiden Polen. Die duale Lebensspannung ginge verloren. Was bliebe also? Die Frage ist gerechtfertigt! Jetzt aber kommt meines Erachtens ein fundamentaler Denkfehler, der darauf hinweist, dass du deine tendenziösen, machohaften Allüren bei weitem noch nicht überwunden hast. Du betonst den Charakter des obsiegenden weiblichen Prinzips mit „Entropie, Konformität und totalitärer Ganzheit". Das ist richtig und doch sind es explizit nur dessen pathologischen Eigenschaften. Man könnte auch sagen seine Schatten. Warum verwendest du nicht stattdessen einfach Worte wie „Bewusstsein, Unsterblichkeit oder Glückseligkeit"? Du darfst deine eigene männliche Essenz und Maskulinität ja solange genießen, wie du willst, aber vertraue doch auch auf das Neue, was unausweichlich danach kommen wird. (Beispielsweise

Bewusstsein, Unsterblichkeit und Glückseligkeit.) Spätestens wenn die Sonnen erlöschen, wie du es in den Raum stellst, wird etwas Neues für die Menschheit beziehungsweise unsere menschlichen Seelen gekommen sein. Es gibt keinen endgültigen Tod. Kein Auslöschen. Hat nicht die lineare, männliche Geschichte bewiesen, dass auf These (Tat) und Antithese (Reaktion) immer eine Synthese erfolgt, in der beide sich aufgehoben fühlen, sozusagen ein neuer integraler Zustand? Warum also schürst du Zukunftsängste? Bist du dir darüber überhaupt bewusst oder tust du es unbewusst? Denke doch mal darüber nach?

Sexualität

"Die von einem Mann gelebte Sexualität ist ein Abbild seiner Partnerschaft und seines Lebens im Kleinen!"

Die Sexualität ist ein weites Feld. Idealerweise erkennt der heutige Mann „tantrische Sexualität" als deren oberste Messlatte an, der es nachzueifern gilt. Kaum ein Mann weiß aber, was darunter wirklich zu verstehen ist. Ohnehin ist das Sexualleben vieler heutiger Männer chronisch gestört. Ich werde diese Störungen (Unbefriedigtsein) hier nicht umfassend behandeln können. Dies würde ein weiteres, sehr ehrliches Buch erfordern, in welchem man mehrere Männer zur Wort kommen lassen müsste. Im Gegensatz hierzu gibt es über positive, erfüllende, männliche Sexualität bereits viele gute Artikel und Bücher. Ich möchte aber durchaus selbst auch einige eigene Gedanken hierzu zur Sprache bringen, bitte aber zu verstehen, dass nichts des Gesagten Anspruch auf Allgemeingültigkeit erhebt! Es gibt kein „richtig" oder „falsch" in der Sexualität. Bitte lösen Sie sich von diesen Vorstellungen. Die meisten von uns Männern machen sich auf sexuellem Gebiet nämlich bereits auch so schon genug unnötigen Stress... Die entsprechende Grundmaxime lautet zwar nach wie vor: „Nichts muss, aber alles geht, solange sich alle beteiligten Partner hierüber einig sind!", dennoch setzen wir uns unter Erfolgsdruck - egal, ob in der Masturbation, dem ehelichen Beischlaf, dem Seitensprung oder der S/M-Orgie. Unsere Bilder, wie etwas zu sein hat, und seien sie auch noch so positiv, behindern uns mehr, als dass sie uns nützten.

Persönlich empfinde ich es durchaus als männlich, sich eine (geraume) Zeit lang in seinem Leben Pornofilme oder entsprechende Fotos anzuschauen und dazu zu masturbieren. Es entspricht dem durchschnittlichen Mann genauso wie das Schauen von Fußballspielen, das Trinken von Met und Bier oder das Genießen von Natur. Ich glaube, es hat so etwas von einem Revolver in der eigenen Hand. Immer, wenn es dazu kommt, und das tut es häufiger, als sich die meisten von uns eingestehen wollen, fühlen wir uns - zumindest für einen kurzen Moment - gesund und mächtig. Ist es nicht so? Dies ist aber nicht der Grund für die heimliche Beschäftigung. Der Hauptgrund ist der Abbau von Spannungen, seien diese nun körperlich, emotional, mental oder seelisch begründet. Niemand sollte sich danach schlecht fühlen! Vergessen Sie - weiß Gott - alle Schuldgefühle und genießen Sie den intimen Augenblick mit sich selbst! Irgendwann sollte dann aber dennoch der Punkt im Leben eines Mannes kommen, wo man für diese Art der Sexualität die persönliche Verantwortung übernimmt und damit ein für alle Mal aufhört. Masturbation ist nichts, was es zu bekämpfen gäbe. Sie ist einfach und das ist auch in Ordnung. Dennoch wird im sexuellen Leben eines Mannes jene Wendung eintreten, da er begreift, dass weitere Masturbation, zumindest zu pornographischen Vorlagen, ihn von nun an eher schwächen wird, als dass sie ihm und seinen Spannungen Abhilfe zu verschaffen in der Lage wäre! Dies ist der Wendepunkt! Je intensiver man sich bis dahin mit sich selbst und der Pornographie beschäftigt (und indirekt gedemütigt) hat, desto besser: Je umfassender wird später dann der Verzicht in der eigenen Verantwortung sein!

Ein Weg des Kriegers ist es, die Dinge komplett auszureizen, um sich sodann endgültig davon zu befreien. Es ist der Weg, den ich empfehle, ganz egal, worum es sich handelt. Der Starke wird überleben, der Schwache zugrunde gehen. So ist das nun einmal - auch in der Sexualität. Wahre Männlichkeit besteht darin, Spannungen und Emotionen (ganz egal welcher Art) aushalten zu können. Nur so erreichen wir eine maximale Unabhängigkeit von äußeren Einflüssen! Erst halten wir unseren durch zu häufige Masturbation entstehenden Energieverlust aus, danach die Spannung, welche entsteht, wenn wir unseren Gelüsten nicht mehr nachgeben. Beides ist männlich. Wer wollte hier werten? Natürlich ist darüber hinaus niemand gerne abhängig von der Pornoindustrie! (Schauen Sie sich daher lieber kulturell hochwertige Filme an!) Pornographische Vorlagen sind lediglich ein unteres Basiselement der heutigen sexuellen Entwicklung junger Männer. Mit noch dunklerer Sexualität (Prostitution, Vergewaltigung, Pädophilie oder Sodomie etc.) möchte ich mich hier nicht beschäftigen. Während ich für Sodomie und Prostitution noch ein gewisses Verständnis aufzubringen in der Lage bin, sind Dinge wie Vergewaltigung oder gar Pädophilie ein absolutes NO-GO!

Kehren wir zurück zur Onanie - welch fürchterliches Wort. Eine andere Art der Masturbation als die zur pornographischen Vorlage ist da schon die liebevolle „Liebe an und für sich". Warum streicheln wir uns nicht dabei? Warum muss alles immer so schnell gehen? Wozu diese Heimlichkeit? Warum danach ein schlechtes Gefühl haben, wo wir doch anhaltend genießen sollten? Bitte nehmen Sie sich Zeit, um diese vier Fragen für sich selbst zu beantworten. Sie sehen dann schon, worauf ich hinaus möchte: Beobachten Sie und befreien Sie sich selbst von Ihren Zwängen! Niemand anderes als wir selbst sind für den eigenen sexuellen Genuss verantwortlich. Wir können diese süße Bürde nicht auf unsere Partnerinnen abwälzen! Das ist nicht ihre Aufgabe! Beobachten Sie sich daher selbst, lieben Sie sich selbst und befreien Sie sich von Zwängen! Wir sind auf einem guten Weg.

Um nun zur „tantrischen Sexualität" zurückzukommen: Aus meiner persönlichen Erfahrung ist es eine einzige Sache, die die Sexualität für beide Beteiligten (also im Normalfall 1 Mann und 1 Frau) immer wieder reizvoll macht: Die Beherrschung der Ejakulation durch Langsamkeit und das Immer-wieder-Zurückdrängen des Samens. Nur so - so meine Erfahrung - werden beide Liebenden lang anhaltende Orgasmen erleben. Also: Überraschen Sie Ihre Partnerin hin und wieder durch Aufmerksamkeiten und kleine Geschenke! Wenn Sie darüber nachdenken, wissen Sie genau, was sie sich wünscht! Seien Sie zärtlich! Genießen Sie das gemeinsame Vorspiel! Erregen Sie sich nicht zu früh! (Sie müssen nicht während des gesamten Liebesspiels einen erigierten Penis haben!) Schauen Sie sich in die Augen! Lassen Sie sich Zeit! Hören Sie ebenso auf die Signale Ihres Körpers wie auf jene Ihrer Partnerin! Bleiben Sie achtsam und werden Sie allmählich eins mit ihr! Gleiten Sie nicht vorschnell in sexuelle Fantasien ab, sondern öffnen Sie Ihr Herz für den Pulsschlag und Atem Ihrer Geliebten! Machen Sie immer wieder kurze Pausen, bis Sie sich sicher sind, die absolute Kontrolle über Ihre Ejakulation zu besitzen! Beachten Sie hierbei auch Ihre Atmung, Ihr Kopfkino, Ihre Anspannung im Beckenbereich, Ihren Herzschlag etc.! Aber vor allen Dingen: Verkrampfen Sie nicht, sondern lassen Sie fließen! Sie müssen sich weder abmühen, Ihrer Partnerin einen Orgasmus zu verschaffen, noch sich selbst gegenüber irgendetwas beweisen! Freuen Sie sich also einfach am Austausch der gegenseitigen Zärtlichkeiten und lassen Sie geschehen! Sex ist Schönheit und keine Arbeit! Es muss nichts geschehen, lassen Sie sich daher ausreichend Zeit bei der gegenseitigen Erkundung!

Guter Sex ist einfach nur geil! Der Schlüssel hierzu ist die Beherrschung der eigenen Ejakulation! Vergessen Sie hierbei in Ihrem eigenen Interesse bitte nie, dass der Weg zur Öffnung der Frau über ihre Haut und ihre Brüste verläuft. Während beim Mann der Penis den positiven Pol darstellt und seine Brustwarzen den Negativen (ihre Berührung wirkt reizvoll aber auch irgendwie abstoßend) ist es bei einer Frau genau anders herum: Ihre Brüste sind nährend und stellen den positiven Pol dar, ihre Vagina den negativen, empfangenden. Erst wenn nach ausgiebigem Streicheln der Haut auch der positive Pol Ihrer Partnerin mit ausreichend Zärtlichkeit beschenkt wurde, öffnet sie sich langsam für die Berührung ihrer Yoni (Vagina). Wollen Sie in Sie eindringen, ohne zuerst ihre Brüste stimuliert zu haben, geht dies zumeist nach hinten los. Im Gegensatz hierzu lässt sich ein Mann nach dem entspannenden Streicheln seiner Haut gerne an seinen Penis fassen. Erst danach genießt er voll und ganz die Stimulierung seiner Brustwarzen. Dies sind einfache Gesetzmäßigkeiten, die Sie berücksichtigen sollten, wenn auch bitte ohne je nach Schema „S" zu verfahren!

FAZIT: Das Falscheste, was Sie aus sexueller Sicht tun können, ist es, sich Stress über Ihre sexuellen Gelüste oder die Art Ihres Beischlafes zu machen! (Immer vorausgesetzt, Sie schaden hiermit keinem anderen Wesen!) Freies, intensives Erleben und Ausleben ist bis ins mittlere Alter allemal besser als Unterdrückung und Verklemmung. Ist dies geschehen wird sich irgendwann eine Wende einstellen, in welchem Sie Ihren Samen als das wertvollste körperliche Gut begreifen, über welches Sie verfügen. Es ist jener Augenblick, wenn Sie beginnen, einen sexuellen Kreislauf in sich selbst herzustellen und Ihre Ejakulation in den meisten Fällen selbst dann zurückhalten, wenn Sie mit einer aufregenden Frau schlafen. Das anfängliche Ziel, so oft wie möglich zu kommen, verkehrt sich in sein genaues Gegenteil!

Praktische Hinweise

- Schauen Sie so viele Pornofilme, bis Ihnen diese wieder zum Hals rauskommen!
- Wenn Sie wollen, masturbieren Sie ohne schlechtes Gewissen, besser aber ist es, darauf zu verzichten und die entsprechende Spannung auszuhalten!
- Treffen Sie spätestens in Ihrer mittleren Lebenshälfte die Entscheidung, sich wirklicher Sexualität zuzuwenden!
- Widmen Sie sich dem regelmäßigen Training Ihres SM-Muskels und Erlernen Sie die Beherrschung Ihrer Ejakulation!
- Beschäftigen Sie sich mit tantrischer und taoistischer Sexualität, machen Sie aber bitte nicht den Fehler, hiervon alles umsetzen zu wollen!
- Insbesondere das Stellungsspiel in der Sexualität halte ich persönlich für total überbewertet! Sex ist doch keine Gymnastik!
- Sammeln Sie praktische Erfahrungen mit dem Aufsteigen Ihrer *Kundalinikraft*!
- Erkennen Sie, was es heißt wirklich zu lieben, nämlich den anderen so anzunehmen, wie er wirklich ist und ihn trotzdem oder gerade deshalb zu lieben!
- Vergessen Sie sodann alles, was Sie über tantrische oder taoistische Sexualität gelesen oder gehört haben und erkunden Sie unvoreingenommen den Körper Ihre Partnerin jedesmal aufs Neue!
- Lernen Sie unbedingt weiterhin konsequent Ihre Ejakulation zu beherrschen und verlängern Sie so nachhaltig den beiderseitigen sexuellen Genuss!
- Sprechen Sie hierüber auch mit anderen (erfahrenen) Männern!
- - Je seltener Sie ejakulieren, desto besser für Sie und Ihre Partnerin! (Sie müssen ihr natürlich klar machen, dass Sie

überhaupt nicht kommen wollen, dass das also nichts mit ihr zu tun hat!)
- Bedrängen Sie Ihre Partnerin niemals, sondern verführen Sie sie!
- Lassen Sie sich Zeit bei allem, was Sie tun (Küssen, Streicheln, Vorspiel, eigentlicher Geschlechtsakt, Nachspiel etc.)
- Dringen Sie immer nur ganz langsam und stückchenweise in Ihre Partnerin ein!
- Sollte sie beim Eindringen irgendetwas schmerzen, ziehen Sie sich sofort ein Stück zurück!
- Ihre Partnerin benötigt Zeit, bis sie Sie richtig spüren kann!
- Das gemeinsame Liebesspiel und der eigentliche Akt sollte im Normalfall Stunden dauern! Einen vergleichbaren Zeitrahmen sollten Sie sich regelmäßig einplanen!
- - Erhalten Sie Ihre persönliche Erregung auf einem niedrigen Niveau, werden Sie langfristig viel mehr Lust und vor allem Befriedigung empfinden, als bei erregt-überregten, kurzen Geschlechtsakten!
- Je niedriger die eigene Erregung ist, desto intensiver wird das gemeinsame Liebesempfinden!
- Je weniger und langsamer Sie sich bewegen, desto erfüllender wird sich das gesamte Liebesspiel entfalten!
- Nur so entsteht wirklich anhaltende Leidenschaft!

THOMAS: Du scheinst dir deiner Sache ja ziemlich sicher zu sein! Und da wir schon (oder noch immer) beim „Thema" sind, möchte ich dir an dieser Stelle des Buchs einen entsprechenden Witz wagen: Ein junge Frau flüstert Ihrem Mann beim Liebesspiel zu, er möge ihr doch ein paar dreckige Sachen sagen, um sie noch weiter anzuturnen Der Mann darauf: „Fußboden, Küche, Wohnzimmer, Toilette..." (Okay, ein Versuch war es wert, dich zum Lachen zu bringen.)

Zitate

*„In der Liebe fühlt sich der Mann als Bogen,
er ist aber nur der Pfeil."
Jeanne Moreau*

*„Ein Mann mit weißen Haaren ist wie ein Haus, auf dessen Dach
Schnee liegt. Das beweist aber lange noch nicht, dass im Herd kein
Feuer brennt."
Maurice Chevalier*

*„Ein Hoch auf Frankreichs Frauen und Pferde - und die,
die sie besteigen!"
Jaques Chirac*

*„Frauen müssen ab und zu eins auf den Hintern bekommen. Manchen
gefällt's."
Sean Connery*

Sexuelle Leidenschaft

"Wenn Sie der ursprünglichen Bedeutung des Begriffs "Leidenschaft" nachspüren, erschließt sich Ihnen das ganze Ausmaß der Tragödie!"

Um einem verbreitetem Missverständnis gleich zu Anfang vorzubeugen: Eine langsame, intensive Sexualität schließt sexuelle Leidenschaft nicht aus (wie viele meinen), sondern ist geradezu eine Voraussetzung hierfür. Sexuelle Anziehung basiert auf Leidenschaft und der Polarität beider Geschlechter. Leidenschaft aber kommt von Leiden. Kann dies hier gemeint sein? Ja, genau das. Wer sagt denn, dass Leiden etwas Negatives sei? Unter Leidenschaft versteht man Begriffe und Gemütszustände wie Feuer, Begierde, Lust, Eroberung, Hingabe, Beharrlichkeit, Standhaftigkeit, Ausharren, Ekstase, Verschmelzung und auch Leiden. Wer Leidenschaft entwickelt, muss sich auch auf Durststrecken gefasst machen. Hält er das diesbezügliche Verlangen aus, wird er im Normalfall belohnt und geht gestärkt aus der durchlebten Entbehrung hervor. Ein Mann sollte in der Lage sein, im Laufe seines Lebens ein positives Verhältnis zum Leid zu entwickeln. Er wird daran wachsen und erstarken. Auch wer wilden Sex, also sexuelle Leidenschaft, möchte, muss zunächst die Komfortzone verlassen und in die Abstinenz gehen. Er muss um eine Frau werben und dabei auch persönliche Entbehrung auf sich nehmen. Sein Lohn wird die Erlösung vom Leiden sein, eine Wonne, die nur dann erreicht werden kann, wenn der Mann zuvor in der Lage war, Verzicht zu üben. Erst durch das Leiden also wird er Erfüllung finden. Sorgen Sie dafür, das diese Leidenschaft nicht verloren geht. Je mehr Sie Ihren eigenen maskulinen Pol leben, wozu ich Ihnen in diesem Buch ja den einen oder anderen Impuls geben möchte, desto mehr wird auch Ihre Frau zu Ihrer Weiblichkeit zurückfinden. Einem mitreißendem und anhaltenden sexuellen Spannungsaustausch dürfte dann nichts mehr im Wege stehen. Seien Sie sich allerdings immer bewusst, dass Ihre Frau nicht für Ihre sexuelle Befriedigung verantwortlich ist! Je mehr Sie sie aber selbst - durch Ihre wiedergefundene männliche Standhaftigkeit und Leidenschaft - beglücken, desto williger wird sie sich Ihnen hingeben und Ihnen dabei vermutlich noch mehr schenken, als Sie bisher zu hoffen gewagt haben. Partnerschaftliche Sexualität ist immer ein Abbild Ihrer Beziehung und Ihres Lebens im Kleinen! Wollen Sie wissen, wie es um eine Partnerschaft bestellt ist, dann erkundigen Sie sich bei Ihrem Freund nach dessen Sexleben. Dies sagt mehr aus als tausend Liebesschwüre!

Das Wort „Leidenschaft" stammt übrigens aus dem 17ten Jahrhundert und wurde als deutsches Ersatzwort für „Passion" (Hingabe) eingeführt! Sobald in Ihrer Frau wieder das (tägliche) Interesse an partnerschaftlicher Sexualität mit Ihnen erwacht ist, sie sich zu diesem Zweck auch das eine oder andere für Sie ausdenkt und Ihren Wünschen entgegenkommt, erkennen Sie, dass Sie sich als Paar auf dem richtigen Weg befinden. Der Weg dorthin verläuft in den meisten Fällen über die Leidenschaft einer empathisch verlangsamten Sexualität.

FAZIT: Je nach persönlicher Ausprägung steht ein Mann bevorzugt auf leidenschaftlichen Sex, Kuschelsex oder andere Varianten. Alles ist legitim. Als Mann mit großer männlicher Essenz möchte ich mich hier allerdings zur Leidenschaft bekennen und bin mir sicher, dass es vielen von Ihnen nicht anders ergeht! Das Bekenntnis zur Leidenschaft und damit zugleich zur darin enthaltenen

Entbehrung und dem Schmerz aus Liebe wird von mir als maskulin erfahren. Insbesondere auch an die männliche Standhaftigkeit werden hierbei gewisse Ansprüche gestellt!

Praktische Hinweise

- Mühen Sie sich nicht ab, Ihre Frau zu befriedigen, wie es viele Männer tun, sondern erleben Sie echte Leidenschaft und lang anhaltenden Sex auf Ihrem Weg in die Maskulinität!
- Sollte es nicht klappen, legen Sie sich das Buch „Slow Sex: Zeit finden für die Liebe" von Diana Richardson zu und lesen Sie es gemeinsam mit Ihrer Partnerin!
- Mit dem Sex ist es wie mit dem Essen: Je langsamer, desto besser!
- Ihre Sexualität versinnbildlicht Ihr Verhältnis zum weiblichen Pol!
- Beglückt ein Mann eine Frau, so beglückt er damit immer auch sich selbst!
- Umgekehrt ist dies nicht der Fall!

THOMAS: Ausprobieren! Langsamer Sex (*Slow Sex*) hat nichts mit dem guten alten Kuschelsex zu tun, sondern ist sexuelle Erfüllung auf höchstem Niveau!

Witz

Zwei Elefanten schwimmen zu einem FKK-Strand. Als sie aus dem Wasser steigen und einen nackten Mann erblicken schaut der eine betrübt und verschämt nach unten. Der anderer jedoch kann ein Kichern nicht unterdrücken: „Wie will der denn damit essen?"

Sexuelle Probleme

Die beiden häufigsten sexuellen Probleme, über die Männer klagen, sind: *Ejaculatio Praecox* und die sexuelle Impotenz. So wie ich das statistische, teils widersprüchliche Quellenmaterial lese, plagen sich etwa 50% aller Männer zumindest gelegentlich mit sexuellen Problemen dieser Art. Was für ein Stress! In einem Fall kommt der Mann zu früh, also noch bevor sich eine für beide beglückende Sexualität in ausreichendem Maße entwickelt hat, im anderen Fall liegt eine Erektionsstörung vor, die dem Einzelnen oder dem Paar zu schaffen macht. Entscheidender noch für das Wohlbefinden aller Beteiligten als die zugrundeliegenden Tatsachen oder „Problematiken" ist der partnerschaftliche Umgang hiermit! Wer gemeinsam lacht, hat bereits gewonnen!

Die *Ejaculatio Praecox* wurde bereits im Kapitel „Ausdauer/ Beharrlichkeit/ Standhaftigkeit" angesprochen. Ich möchte das Gesagte hier noch einmal übersichtlich zusammenfassen:

1. Trainieren Sie täglich Ihren PC-Muskel! (Anleitungen aus dem Internet!)
2. Lieben Sie mit dem Herzen. Sie sollten hier zweierlei vermeiden:
   a) Kopfkino (seien Sie mit dem Herzen immer bei Ihrer Frau);
   b) Genitalstau (Lenken Sie die sexuelle Energie immer atemgestützt und mental in Ihr Herz).
3. Langsame Sexualität. Lassen Sie sich um Gottes Willen Zeit!
4. Noch langsamer!

5. Kühlen Sie Ihre Erregung herunter und lassen Sie sich noch mehr Zeit, um das Erlebnis für alle Beteiligten zu einem vollständigen, tollen Genuss zu machen!
6. Spannen Sie Ihren PC-Muskel ein paar Mal an, möglichst auch bereits am Anfang, wenn Sie sich gerade erst „ent-schlossen" haben, Liebe zu machen!
7. Dringen Sie erst dann in Ihre Geliebte ein, wenn die erste Erregung schon wieder nachgelassen hat!
8. Machen Sie sich gleich zu Beginn klar, dass Sie nicht ejakulieren möchten, sondern Ihre Partnerin lieben wollen.
9. Falls Sie sich doch noch zu einer Ejakulation entscheiden sollten, dann bitte erst dann, wenn Ihre Partnerin schon mehrere Male gekommen ist.
10. Kommunizieren Sie mit Ihrer Partnerin auch während des Geschlechtsaktes!
11. Lassen Sie sich und Ihrer Partnerin Zeit. Warum hetzen Sie bereits schon wieder? Macht Ihnen das, was Sie tun, denn keinen Spaß?

Bei der vorzeitigen Ejakulation kommt allerdings noch ein weiterer Gesichtspunkt hinzu, nämlich der des Nicht-ausgelastet-Seins! Manchmal ist es einfach die Aufgabe der Frau nach einem kurzen, lediglich für den Mann befriedigenden Zwischenspiel, auch durch aufreizende Gesten, verführerische Worte, intime Zärtlichkeit sowie generell durch das ganze Arsenal ihrer Verführungskünste dem Mann nach einer Weile der Ruhe (die durchaus auch mal 24 Stunden betragen darf) wieder erneut eine Erektion zu entlocken. Dieses Mal wird er sicher nicht mehr ganz so früh kommen. Die Frau sollte im Falle des *Ejaculatio Praecox* also häufigeren Sex mit ihrem Manne suchen und das Problem erledigt sich von selbst. Für jedes Paar gibt es also einen geeigneten Zeitraum für die Wiederherstellung einer Erektion, den zu erkunden und auszunutzen eine gemeinsame Aufgabe ist. Der erstgenannte Weg des Nicht-

Ejakulierens ist allerdings der effektivere, da er sich einfacher mit den sonstigen Anforderungen von Erwachsenen (Arbeit, Haushalt, Kindererziehung etc.) vereinbaren lässt! Auch der Konsum von Cannabisprodukten hilft gegen vorzeigen Samenerguss. Machen Sie damit Ihre Erfahrungen, wenn Sie wollen. Es lohnt sich! Der Konsum und der Besitz einer kleineren Menge für den Eigengebrauch sind übrigens legal in Deutschland.

Beschäftigen wir uns nunmehr mit dem ebenfalls weit verbreiteten Phänomen der sexuellen Impotenz, also der Erektionsstörung. Der Penis will einfach nicht steif werden, doch wo ist das Problem? Sie haben keine Verpflichtung dazu, sexuell immer bereit zu stehen, nur weil Ihre Partnerin das vielleicht möchte.... Auch die Penetration (*"Penis-tration"*) an sich ist keine Voraussetzung für guten Sex, wenn sie ansonsten zärtlich und einfühlsam miteinander umgehen. (Wer weiß schon, woher das Wort ein-fühl-sam kommt?) Weiter Abhilfen könnten u.a. sein, sich grundsätzlich keinen Stress zu machen, miteinander zu lachen und zu albern, sich (sexuelle) Geschichten zu erzählen, intensiv zu kuscheln, gemeinsam einen Porno anzuschauen etc. Der eigenen Phantasie, um es sich gegenseitig gut gehen zu lassen, sind hierbei keine Grenzen gesetzt und grundsätzlich gilt, dass es Wichtigeres in einer Beziehung gibt als Erektionen! Wenn der soziale und sexuelle Leistungsstressfaktor von beiden wirklich ausgeklammert wurde, wird früher oder später ohnehin eine erneute physische Erregung eintreten. Halten Sie sich daher konsequent Partnerinnen vom Hals, die aus (zumeist ohnehin nur vorübergehender) sexueller Impotenz ein Problem machen! Mit solchen Frauen ist nicht zu spaßen! Eine Partnerin, die Ihnen hierbei Stress bereitet und einen Strick dreht, sollte definitiv gemieden werden! Es liegt ihr nichts an der Beziehung mit Ihnen, sondern lediglich an ihrer eigenen Befriedigung! (Erfahrungsgemäß werden solche Frauen ihre Männer auch finanziell ausnutzen.) Machen Sie Ihrerseits Ihrer Frau aber auch keine Vorwürfe, sollte sie sich bei anhaltender Impotenz einen anderen oder weiteren Sexualpartner suchen. Das ist ihr gutes Recht, wie es auch das Ihre wäre, würde Ihre Frau langfristig den Beischlaf verweigern. Unter Umständen ist das Auftauchen und/oder Hinzuziehen eines weiteren, dritten Sexualpartners sogar eine Möglichkeit, das gemeinsame Sexualleben wieder aufzupeppen! Bitte ziehen Sie in jedem Fall, sei es, dass Ihre Frau Ihnen Vorwürfe bereitet, einen weiteren Sexualpartner sucht oder sich gänzlich körperlich von Ihnen zurückzieht jene Konsequenzen, die Sie für richtig erachten! Sehen Sie sich bitte niemals als Opfer, sondern die gesamte Situation als Chance zur Verbesserung Ihrer sexuellen Gesamterlebens. Ich bin mir sicher, dass sich mit etwas gutem Willen für jedes sexuelle Problem eine gemeinsame Lösung finden lässt! Sprechen Sie darüber mit Ihrer Frau! Beratschlagen Sie sich zugleich mit anderen Männern Ihres Vertrauens!

Im Folgenden möchte ich Ihnen die typischen Reaktionen von Mann und Frau bei ungleichen sexuellen Bedürfnissen schildern. Im ersten, dem häufigeren Fall, sehnt sich der Mann nach mehr Sex mit seiner Partnerin, im zweiten Fall die Frau. Beides ist geläufig. Nur selten haben nach einigen Jahren der Partnerschaft noch immer beide Beteiligten gleiche Bedürfnisse hinsichtlich von Ablauf, Intensität und Häufigkeit der gemeinsamen Sexualität. Soweit ist also alles ganz normal und oftmals wechseln auch die Bedürfnisphasen. Erst will er mehr, dann wieder sie usw. Interessant ist der partnerschaftliche Umgang mit den unterschiedlichen Interessen, den ich im Folgenden ein wenig beleuchten möchte.

Hat der Mann größere sexuelle Bedürfnisse als seine Geliebte, verlangen fast alle Frauen von ihren Männern, dass sich diese selbst befriedigen oder eben ihre entsprechende Spannung aushalten und solange auf Sexualität verzichten, bis die Frau wieder Lust hierzu hat. Frauen wünschen sich dann zumeist insgeheim, von ihren Männern verführt zu werden. Manche Frauen verlieren allerdings sogar langfristig ihr Interesse an sexueller Intimität. Anfangs mögen sie ihrem Geliebten vielleicht noch mit dem Mund oder der Hand gefällig sein, später dann lässt auch dieses Wohlwollen nach. Hiergegen ist nichts einzuwenden, es ist schade aus Sicht des Mannes, aber okay. Ich kann es nur wiederholen: Es ist nicht die Aufgabe unserer Frauen, uns sexuell gefällig zu sein oder zu befriedigen! Andererseits muss es dann aber auch okay sein, sich - wenn man(n) dies eben möchte - Ersatz bei anderen Frauen zu suchen, ohne die eigene deshalb zu verlassen! Es ist niemandes Recht, eine sexuelle Abstinenz einzufordern oder zu verlangen, ebensowenig wie eine sexuelle Handlung. Wenn, dann muss das von der entsprechenden Person selbst kommen! Es gibt auch einige wenige Frauen, die im geschilderten Fall ihren Mann darum bitten, seine überschüssige sexuelle Energien bei anderen Frauen oder Prostituierten loszuwerden, wenn es eben sein muss. Es geht in diesem Fall zumeist nicht um sexuelle Verschmelzung, sondern in erster Linie um den Abbau von Spannungen. Erfüllende Sexualität ist nochmals etwas anderes.

Im umgekehrten Fall, wenn die Frau über mehr Libido verfügt als ihr Gatte, ist sie dazu in der Lage, einen derartigen sexuellen, emotionalen und seelischen Druck aufzubauen, dass den Männern jetzt erst Recht alle Lust auf eine der schönsten Sachen der Welt vergeht. Und doch lassen sich viele von uns diese unwürdige Behandlung durch unserer Frauen gefallen und wir geben uns selbst sogar noch die „körperliche" Schuld daran. Sollten Sie vergleichbare Situationen kennen, so wehren Sie sich bitte im Namen der Männlichkeit: Sie sind nicht für den Orgasmus und die sexuelle Erfüllung Ihrer Frau verantwortlich! Nehmen Sie lieber eine mögliche Trennung in Kauf! Verlangen Sie daher von Ihrer Frau - genauso wie diese im umgekehrten Fall von Ihnen(!) - dass sie sich selbst befriedigt, wenn sie einmal oder auch regelmäßig keinen Orgasmus hat! Sie soll Sie damit in Ruhe lassen; es ist nicht Ihre Aufgabe, den sexuellen Höhepunkt Ihrer Frau herbeizuführen! Auch dann nicht, wenn Sie sich nunmehr mit dem Vorwurf der Lieblosigkeit konfrontiert sehen sollten! Es muss allerdings für Sie auch okay sein, wenn sich Ihre Frau nunmehr ihrerseits einen anderen oder weiteren sexuellen Partner sucht! Sollte dies der Fall sein, tolerieren Sie dieses Verhalten bzw. diese neue Beziehung! Die Zeit des männlichen Besitzanspruches auf die Intimität einer Partnerin ist ebenso vorüber wie der Eigentumsanspruch einer Frau auf die sexuellen Kontakte ihres Mannes. Sollte einer der beiden Partner dies nicht aushalten können, so muss er eben gehen! Ich sage nicht, dass Monogamie etwas Schlechtes wäre, aber sie muss einfach für beide Seiten stimmig sein. Die jeweilige praktische Bekenntnis zu einem Mann bzw. einer Frau muss immer von der entsprechenden Person selbst ausgehen und kann nicht eingefordert werden! Sprechen Sie mit Ihrer Partnerin über die gegenseitigen sexuellen Bedürfnisse und kommen Sie sich so weit entgegen wie irgendmöglich. In manchen Beziehungen ist die Sexualität jenes Flaggschiff, welches die gesamte Partnerschaft zusammenhält, in anderen wird sie zum Grund für die Trennung. Zweiteres erscheint mir allerdings vermeidbar und schade!

Ein Mann, der von seiner Frau verlangt, dass sie ihm immer sexuell zur Verfügung zu stehen hat, macht sich schnell der Vergewaltigung verdächtig! Im umgekehrten Fall scheinen Frauen damit weniger Skrupel zu haben, Männer regelmäßig für ihre eigene sexuelle Erfüllung verantwortlich zu machen und ihnen Vorwürfe und ein schlechtes Gewissen zu bereiten, sollten sie einmal keinen Orgasmus haben! Dieser Höhepunkt müsste dann aber doch wohl folgerichtig in ihrer eigenen Verantwortung liegen und nicht nicht der unseren?! Auch wir Männer dürfen unserer Frauen ja nicht für unsere sexuelle Erfüllung verantwortlich machen! Das wäre ungerecht und unter unserer Würde, denn wir würden Dinge, die in unserer eigenen Verantwortung liegen, auf unsere Frauen abwälzen! Warum und mit welchem Recht aber tun es dann die Frauen? Und warum lassen wir es uns im Allgemeinen gefallen, für ihre sexuellen Probleme verantwortlich gemacht zu werden? Hier ist meines Erachtens noch viel Aufklärungs- und Bewusstseinsarbeit notwendig!

Soviel zu den unterschiedlichen sexuellen Bedürfnissen und Erwartungs-haltungen von Mann und Frau, meinen eigenen Erfahrungen und der Auswertung von Gesprächen mit anderen Männern. Meines Erachtens ist es der gegenseitige Umgang miteinander (und nicht vorgelagerte sexuelle Probleme wie *Ejaculatio Praecox* oder zeitweilige Impotenz), der zur weit verbreiteten sexuellen Tragödie in deutschen Ehebetten führt. Stellen wir noch einmal jene asymmetrischen (geschlechtsspezifischen) Hauptfaktoren des Umgangs mit sexueller Problematik zusammenfassend gegenüber:

Auf weiblicher Seite

- die bewusst oder unbewusst fordernde Erwartung an den Mann, jedesmal einen eigenen Höhepunkt zu erlangen;
- der Leistungsdruck und das schlechte Gewissen, welches beim Mann aufgebaut wird, sollte dies nicht der Fall sein;
- die Weigerung die komplette Verantwortung für die eigene sexuelle Befriedigung zu übernehmen!

Auf männlicher Seite

- das Erleben weiblicher Unzufriedenheit, Unlust und Frigidität;
- die verbreitete weibliche Weigerung, die männliche Befriedigung auch ohne eigenen Orgasmus herbeizuführen;
- das weibliche Unverständnis dafür, wenn der Mann dann irgendwann damit beginnt, fremd zu gehen!

FAZIT: Gegen alles ist ein Kraut gewachsen. Machen Sie sich weder selbst sexuellen Stress, noch lassen Sie sich ihn von Ihrer Partnerin machen. Dann nämlich wäre der Sinn von beidseitig erfüllender Sexualität bereits verfehlt. Weder muss es jedesmal zur Erektion kommen, noch sind Sie für den Orgasmus Ihrer Frau verantwortlich! Nicht nur schlechter Sex ist ein Stressfaktor, der weitaus größere Stressor ist, wie wir damit umgehen! Ziehen Sie in jedem Fall die für Sie richtigen Konsequenzen!

Praktische Hinweise

- Hören Sie endlich auf damit, sich als Liebende gegenseitig sexuellen Stress zu verursachen und Druck aufzubauen!
- Bitten Sie Ihre Partnerin auch nach Ihrer Ejakulation solange bei Ihnen auszuharren, wie Sie diesen Zustand genießen!
- Gönnen Sie Ihrer Frau auch Ihre Orgasmen und verhalten Sie sich entsprechend solidarisch!
- Sollten Sie sexuelle Probleme haben, halten Sie sich an die hier dargelegten Ratschläge und suchen Sie das Gespräch mit anderen Männern, die vergleichbare Problematiken selbst überwunden haben!
- Frauen lieben es, verführt zu werden!
- Oftmals helfen auch Humor und Gelassenheit und vor allen Dingen Zärtlichkeit!

- Niemand zwingt Sie noch Ihre Frau, ein Leben lang sexuell miteinander zu verkehren!
- Üben Sie sich in gegenseitiger Toleranz!
- Auch ein Mann sollte einen Fehltritt verzeihen können!
- Sollten Sie sexuell überhaupt nicht mehr zusammenfinden beziehungsweise „zusammen kommen", trennen Sie sich oder suchen Sie gemeinsam nach einer weiteren Lösung!
- Im Notfall sollten Sie als Mann entscheiden!
- Sollten Sie von Ihrer Frau verlassen werden, segnen Sie sie! Bitte vermeiden Sie Selbstmitleid, Rosenkrieg, lebenslange Vorwürfe und dergleichen mehr!
- Dinge geschehen einfach. So schwer es auch manchmal fallen mag, müssen Sie lernen, dies mit offenem Herzen zu akzeptieren, wollen Sie sich selbst weiterentwickeln!
- Wir sollten weder die Sexualität noch die damit einhergehenden Probleme jemals überbewerten! Sie sind hiermit in guter Gesellschaft!
- Informieren Sie sich über Abhilfen und sprechen Sie auch mit vertrauenswürdigen Freunden!
- Sprechen Sie mit Ihrer Frau über Ihre Bedürfnisse und hören Sie sich auch an, was diese zu sagen hat!
- Suchen Sie gemeinsam nach einer Lösung!

THOMAS: Meines Erachtens gehört zu einer guten Sexualität immer auch ein gutes emotionales Grundverständnis beider Partner. Hierzu möchte ich gerne einen Bogen schlagen: Einer der perfidesten Reflexe in einer Partnerschaft besteht darin, dass nach einem Streit immer jener Partner, der gerade die vermehrte Zuwendung des anderen erfährt, also getröstet wird, sich jetzt der Liebe des anderen wieder sicher glaubt und diesen Augenblick nutzt, um sich weitere Luft zu verschaffen und sozusagen noch eins drauf zu setzen! Der getröstete Partner ist im Allgemeinen die Frau, da Sie als Mann zumindest in der Theorie der Führende und Stärkere sind. Anstatt dass sie nun also für die erhaltende Zuwendung ihre Dankbarkeit zum Ausdruck bringt, legt sie nochmals kräftig nach. Beispielsweise macht sich noch ein weiterer Ärger breit, denn der andere ist ja gerade stark und kann es ertragen. Eine weitere Verletzung wird ausgesprochen und zugefügt oder ein noch immer unerlöster Vorwurf aus der Klamottenkiste der längst verstrichenen Jahre wird hervorgeholt (denn der andere vermittelt ja eben jene hierfür notwendige Sicherheit). Usw. Da der Frieden jedoch noch ungeschützt, jung und dadurch brüchig ist, geht dieses zwar verständliche, aber zugleich sehr riskante Verhaltensmuster allzuoft nach hinten los. Der jeweils andere Partner, der nach vermehrtem Kraftaufwand zur Wiederherstellung des partnerschaftlichen Friedens gerade noch einmal in die Rolle des Stärkeren geschlüpft war, ist selbst noch emotional angegriffen und geschwächt. Verliert er nun aber die Be-herr-schung, bricht der Streit erneut auf und alle Liebesmühe war vergebens. In einer solchen Situation schlafen manche Paare miteinander. Der Friede kann so besiegelt werden. Gab aber bereits im Vorfeld auch die gemeinsame Sexualität Anlass für Streitereien, ist dies das Falscheste, was man tun kann. Denn brechen nun zusätzlich zum alltäglichen, emotionalen Konflikt noch sexuelle Verletzungen auf, entsteht die Hölle auf Erden!

Spannung aushalten

"Die Reife eines Mannes lässt sich daran messen, wie viel Spannung er in der Lage ist auszuhalten beziehungsweise wann und wie er dem Drama ein Ende bereitet!"

Für eine der männlichsten Tugenden überhaupt erachte ich es, eine gewisse Spannung und auch Ungewissheit auszuhalten (siehe bereits: Selbstdisziplin). Nicht jeder Impuls muss sofort befriedigt werden, nicht jedem Gelüst muss man nachgehen. Gerade auch der gelegentliche Verzicht auf so angenehme Dinge wie Sexualität, Alkoholgenuss oder Nahrungsaufnahme stärkt die eigene Männlichkeit. Ein Mann gewinnt an Kraft, wenn er es vermag, gänzlich auf Ejakulation, Rausch oder Völlerei zu verzichten. Andererseits sollten auch keine unnötigen Dogmen geschaffen werden. Es gilt noch immer die alte Weisheit, dass, in Maßen und bewusst genossen, alles gut ist und der Heilung dient. Wir sollten dennoch lernen, unsere eigenen Bedürfnisse aufzuschieben und zumindest eine Zeit lang auszuhalten. Das Resultat wird Leidenschaft sein! Weitere Spannungen, die es auszuhalten gilt, ergeben sich aus dem oftmals schwierigen Zusammenleben und dem häufig konfliktreichen Umgang mit anderen (Familie, Nachbarn, Arbeitskollegen, Vorgesetzten etc.)

Insbesondere im Umgang mit seiner Partnerin ist es dem maskulinen Mann angeraten, ihre emotionalen Gemütszustände auszuhalten. Sollte sie an ihm rumnörgeln, irgend etwas auszusetzen haben oder ihm ein schlechtes Gewissen machen wollen, sollte er nicht darauf eingehen! Die Ursachen liegen in ihr selbst, ihrer Unzulänglichkeit und latenten Überforderung. Es reicht, sich ruhig ihre Sichtweise anzuhören. Er sollte die Stimmungen seiner Partnerin einfach aushalten und nicht auf ihre Vorwürfe reagieren. Dann kann er immer noch entscheiden, ob er sich danach ruhig von ihr abwenden möchte oder ihr glaubhaft seine Liebe versichert. Diese beiden Möglichkeiten gibt es, nachdem er ihr aufrichtig Gehör geschenkt hat. Er sollte hierbei niemals nur so tun, als sei er mit seiner Aufmerksamkeit bei ihr. Seine Partnerin würde dies sofort bemerken und ihn mit weiteren Vorwürfen attackieren. Was sie in diesem Fall möchte, ist einfach seine innere Stärke (zu spüren), ihr aufmerksam zuzuhören. **Auf keinen Fall** sollte der Mann ihr in dieser Situation **Ratschläge geben, Dinge analysieren, Lösungsvorschläge machen, sich rechtfertigen oder gar in ihre Dramen einsteigen!** Diese fünf Dinge sind die häufigsten Fehler, die wir Männer im Umgang mit unseren Partnerinnen machen. (Und ich spreche hierbei aus eigener leidvoller Erfahrung.) Es wird nie etwas Gutes dabei rauskommen! Es reicht, die Stimmungsschwankungen der jeweiligen Partnerin auszuhalten, präsent zu bleiben und ihr das Gefühl zu vermitteln, dass man sie versteht. Sie wird es ihrerseits mit Liebe danken und was zuvor noch ein schier unlösbares Problem für sie darstellte, wird sich auf die bloße Sachebene reduzieren, welche nach einem weiteren Gespräch der Mann im Allgemeinen durchaus zu bewältigen weiß. Noch besser aber ist es, er lässt seine Frau selbst eine Lösung finden!

Die dunklen Launen Ihrer Frau gehören zum femininen Pol und zu ihrer weiblichen Essenz. Seien Sie also froh darüber, denn ihre Anschuldigungen und Launen zeigen, dass sie Sie liebt und danach verlangt, in Ihrer Gegenwart ganz Frau sein zu dürfen! Von einer höheren Warte aus betrachtet, gibt es für einen Mann daher nichts Reizvolleres als die Herausforderungen, vor welche ihn eine Frau durch ihre Emotionen zu stellen vermag. Sie sind ein ultimativer Test seiner Makellosigkeit und bieten ihm die Möglichkeit, durch das bloße Anhören und Aushalten aller Klagen bei ihr zu punkten! Darüber hinaus wird keinerlei Handlung von ihm erwartet! Wenn es dem Mann jetzt noch gelingt, seine Frau in den Arm zu nehmen und sie so zu berühren, dass diese es auch zulassen kann, hat er bereits gewonnen. Er sollte Dinge sagen wie: „Wir schaffen das schon!" oder: „Du wirst sehen, alles wird gut!" Selbst wenn er in diesem Moment diese Dinge selbst nicht glaubt, sollte er vorübergehend lügen! (Zur Hölle mit den 10 Geboten!)

Nicht die not-wendigen Launen der Partnerin sind es also, die in diesem Buch einer Wertung unterzogen werden, sondern die entsprechende Reaktion des Mannes. Gelingt es ihm, seine Frau durch alle Dunkelheit hindurch zu lieben, zu besänftigen und für sich zu gewinnen, hat er bestanden! Diese femininen Prüfungen werden übrigens nie aufhören und stellen so eine ständige Herausforderung zu immer weiterer männlicher Vervollkommnung dar! Welch Segen für das Herz des maskulinen Kriegers!

Ein wichtiger Punkt jedoch, der beim Aushalten von Spannungen leicht vergessen wird, ist es, auch seine eigenen Emotionen und Prozesse als Mann aushalten zu können. Halten Sie Ihre eigene Wut, Angst, Trauer, Eifersucht und Zorn aus, ohne gleich loszuheulen oder zu explodieren? Kommen Sie mit sich selbst ins Reine und klären Sie Ihre Gefühle und Gedanken, ehe Sie andere damit behelligen? Gefühle an sich sind niemals „gut" oder „schlecht", sondern sie sind einfach! Unserer Aufgabe besteht nicht darin zu werten und einzuteilen, sondern im Anschauen, Akzeptieren und Aushalten! Entscheidend ist immer, was wir aus unseren Gefühlen konkret machen. Auch Wut kann beispielsweise in sehr kreativer Weise genutzt werden (z.B. dass man den Garten umgräbt etc.).

Der klassische Negativfall ist indes der des jähzornigen Mannes, der es nicht gelernt hat, sich zu beherrschen und standhaft die eigenen Emotionen zu ertragen. Er sollte diese liebevoll als „seiend" anerkennen und zugleich „runterkühlen", aushalten und letztlich besiegen. Dies ist seine Aufgabe. Ein diesbezüglicher Sieg wird aber niemals kämpferisch durch Unterdrückung errungen, sondern passiv durch Selbstannahme sowie die positive Nutzung („Kanalisation") der als negativ empfundenen Emotion. Ein Mann, der dies vermag, kann danach auch seine Gefühle seiner Partnerin gegenüber - ohne gegenseitige Schuldvorwürfe und Projektionen - thematisieren! Es geht also nicht nur um die „dunklen Emotionen" Ihrer Frau, sondern in erster Linie um Ihre eigenen! Haben Sie diese unter Kontrolle gebracht, indem Sie sie wertneutral anerkennen und als Ihre eigene Schattenseite liebevoll in Ihrem Charakter integrieren, haben Sie gewonnen. Nichts in dieser Welt wird Sie je wieder stoppen können!

Abschließend möchte ich noch auf die Bedeutung des „Gegensätze Auslebens" hinweisen! Die Spannung eines Konfliktes mit gegensätzlichen Interessen auszuhalten wird oftmals erst durch eigene Aktivität zu einer für alle fruchtbringenden Angelegenheit. Wenn es nämlich gelingt, den aufgebrochenen Gegensatz auch wirklich aktiv zu leben, sozusagen auszuleben, kann er danach wieder befriedigt werden. Die „negative" Energie wurde dann aufgebraucht! Das gegenseitige Interesse an einer gemeinsamen Lösung überwiegt das Konfliktpotential. Fazit: Erst aus verwirklichten und erlösten Gegensätzen kann eine neue Einheit erwachsen. Alles andere bedeutet ein Verharren im Konflikt.

FAZIT: Das Aushalten von Spannung im eigenen Körper sowie von eigenen und fremden Emotionen aller Art in Beruf, Familie und Partnerschaft ist vielleicht die wichtigste Lektion überhaupt im

Leben eines Mannes. Hat er diese erst gelernt, wird ihn nichts mehr in seinen Vorhaben aufzuhalten vermögen! Immer vorausgesetzt, er handelt nicht aus bloßem Egoismus, sondern im Hinblick auf das Allgemeinwohl! Wird ein Konflikt nicht nur ausgehalten, sondern aktiv ausgelebt, vermag dies zur Geburtsstunde einer neuen Harmonie, eines neuen Friedens, zu werden! Die Weltgeschichte hat dies mehrfach gezeigt! Einer friedlichen, bereits im Vorfeld konsensorientierten Lösung ist jedoch immer der Vorzug einzuräumen.

Praktische Hinweise

- Lernen Sie Ihre Bedürfnisse aufzuschieben und zu beherrschen!
- Das, was Ihnen Ihre Frau in ihren dunklen Gemütslagen vorwerfen wird, ist genau das, was Sie auch in der Welt (im Beruf) zur Strecke bringen wird, lernen Sie es nicht, diese Dinge in Ihnen unter Kontrolle zu bringen!
- Auf diese Weise wird Ihre Partnerin zu Ihrer größten Lehrmeisterin, Ihrem persönlichen Buddha: Sie zeigt Ihnen genau jene Ihrer Charaktereigenschaften auf, in denen Sie es noch nicht zur Makellosigkeit gebracht haben!
- Bleiben Sie besonders dann stark, wenn Ihre Frau beginnt, die gesamte Beziehung anzuzweifeln!
- Vermitteln Sie ihr Zuversicht und Ihr Vertrauen in die Partnerschaft!
- Nehmen Sie die Herausforderungen Ihrer Frau dankbar an und vervollkommnen Sie sich!
- Wer eine Frau liebt, muss deren Launen ertragen. Sie gehören zum Frausein in dieser Welt! Man(n) muss das nicht verstehen!
- Es sind immer nur die weiblichen Mücken, die stechen!
- Lernen Sie, grundsätzlich Spannung auszuhalten und zu verzichten und Sie werden frei sein!

- Lernen Sie auch Ungewissheiten auszuhalten und hiermit kreativ umzugehen!
- Lernen Sie, Ihre eigenen Emotionen liebevoll anzunehmen und erlangen Sie so die Lebensmeisterschaft!
- Ihre Frau wird Sie hierfür bewundern und auch gesellschaftlich wird man Ihnen Respekt entgegenbringen!

THOMAS: Wenn ich an Spannung denke, denke ich zunächst an Strom. Wahrscheinlich ist es nichts anderes, was da tatsächlich zwischen dem femininen und dem maskulinen Pol fließt. Sogar Starkstrom! Man sagt ja auch „voll unter Spannung stehen" (wenn man beispielsweise eine gut aussehende Frau sieht). Sodann muss ich ans Kino denken, wo man sich nach Möglichkeit „spannende Filme" betrachtet. Wir verlangen also nach Spannung, weil wir sie im eigenen Leben nicht zu finden wissen, doch - nach allem, was ich jetzt gelernt habe - wird ein Mann auf seinem Weg in die Maskulinität eben jene Spannung in seinem Körper, seinem Geist und seinem Leben aufzubauen und auszuhalten wissen, die ein mittelmäßiger Mann noch immer im Äußeren sucht. Während dieser also nach der Chipstüte, dem Weizenbier und der Fernbedienung greift - alles weibliche Surrogate - erkennt der maskuline Mann in der eigenen Vervollkommnung jenen Schlüssel, der ihm die Himmelspforte öffnen wird. Jener Mann also, der sich durch das Aushalten eigener innerer und äußerer Spannung treu gegenüber dem eigenen Pol verhält, wird die echte Ware bekommen: Wirkliches Leben. Wirkliche Spannung. Wirkliche Frauen. Wirkliche Erfüllung. (Natürlich betrachte ich Frauen nicht als „Ware". Es ist mir nur so herausgerutscht und darf meines Erachtens auch mal so in einem Männerbuch stehen!) Der Weg der Spannung verläuft naturgemäß immer von einem Pol zum anderen. Erst er ermöglicht den Tanz der Geschlechter, der fulminant in der Er-lösung des Mannes und Er-füllung der Frau zu enden vermag! Ich denke viel mehr gibt es hierüber auch nicht mehr zu sagen. Man(n) sollte es erleben und auszuhalten vermögen! Oder wie das bereits zitierte Sprichwort lautet: „Der Gentleman genießt und schweigt!"

Sport

"Für die Seele eines Mannes macht es keinen Unterschied, ob er selbst Sport betreibt oder nur zuschaut; lediglich für seinen Körper!"

Wir haben bereits darauf hingewiesen, wie wichtig es für einen Mann ist, ein positives Verhältnis zur eigenen Aggression zu entwickeln. Sport ist ein wichtiges Korrektiv ihrer Kanalisation. Man muss bei der sportlichen Betätigung zwischen Aktiv- und Passivsport unterscheiden, also dem eigenen Tun oder dem bloßen Beobachten sportlicher Ereignisse. Beides ist wichtig für einen Mann und macht nur geringfügige Unterschiede in seiner Psyche. In beiden Fällen geht es darum, eine Mission zu erfüllen, ein wichtiges Tor zu erzielen, die gegnerische Mannschaft zu besiegen oder einen Marathon durchzustehen.

Während der aktive Sport dem Training (Atmung, Durchblutung, Muskulation, Kondition etc.) dient, benutzt ein Mann Passivsport, also beispielsweise das Schauen eines Eishockeyspiels gleichermaßen zur Identifikation mit seinem Team, zur Wahrnehmung seiner eigenen Gefühle und dem hiermit verbundenen Abbau von Aggressionen. Gewinnt das favorisierte Team, löst dies Glücksgefühle aus, die sich auch auf den Alltag übertragen werden. Berufliche Herausforderungen scheinen leichter zu bewältigen zu sein, der Streit mit dem Nachbar ist vergessen, und auch der eigenen Partnerin wird der Mann nun mit vermehrter Lebensfreude entgegen treten. Verliert allerdings die bevorzugte Mannschaft, löst dies eine gewisse Niedergeschlagenheit und Frustration aus. Dies kann sich beispielsweise im Ärger auf fehlerhafte Entscheidungen des Schiedsrichters oder auf einzelne Spieler entladen. Auch in diesem Fall findet also eine Katharsis statt, die es dem Mann erlaubt, gestärkt in das eigene Leben zurückzukehren. In jedem Fall wird die sportliche Veranstaltung Emotionen transportieren und es dem Mann so ermöglichen, in Kontakt mit seiner Seele zu kommen und gestärkt daraus hervorzugehen. Ein halbwegs gereifter Mann wird sich zudem bewusst machen (auch wenn er es nicht unbedingt zugibt), dass dies alles ja doch nur ein Spiel ist, ein Wettkampf. Und da der Mann in seinem Leben lernen musste, gleichermaßen ein guter Sieger als auch ein guter Verlierer zu sein, wird er auch bei einer Niederlage des eigenen Teams über den Schmerz hinwegkommen, sich am Spiel-an-sich erfreuen und auf Revanche hoffen.

Ein weiterer Aspekt der männlichen Sportbegeisterung ist der eines Nebenschauplatzes seines Herrschafts- und Freiheitsanspruches innerhalb der Beziehung. Feminine Frauen tendieren dazu, das Verfolgen sportlicher Events im Fernsehen mit kritischen Augen zu betrachten. Sie teilen im Allgemeinen nicht die Faszination der Männer und versuchen deshalb unbewusst (oder auch bewusst), deren ungestörten Fernsehgenuss zu unterbinden. Viele denken vielleicht: „Würde mein Mann doch nur einmal die gleiche Begeisterung für mich aufbringen, wie für die Sportschau!" Andere Frauen möchten „zufälligerweise" gerade jetzt Zeit mit ihrem Mann verbringen. Geben Sie als Mann diesem Drängen jedoch niemals nach! Behaupten Sie Ihren Anspruch auf Spannung, Katharsis und Erholung vor der Mattscheibe! Täuschen Sie sich bitte nicht: Es geht hierbei um mehr als ein bloßes Tennismatsch! Es geht um das grundsätzliche Gestaltungsrecht Ihrer eigenen Freizeit! Übertreiben Sie Ihren Fernsehkonsum allerdings auch nicht und verabreden Sie sich mit Ihrer Frau zu einem anderen Zeitpunkt!

Auf diese Weise stärkt das sportliche Fernsehevent Ihre Stellung in der Familie und trägt so im besten Fall zu einer Harmonisierung Ihrer Partnerschaft bei!

Auch der aktive Sport besitzt neben gesundheitlichen Aspekten die Wettkampfform. Nur durch den Wettkampf, sei es gegen andere oder sich selbst, wird ein Mann zu jener Höchstform auflaufen, die er benötigt, um das Beste aus sich heraus zu holen, sich auch im Alltag gegenüber seinen Konkurrenten zu behaupten und dadurch seinen Mann zu stehen. Vergessen Sie bitte nie: Nach dem Wettkampf kommen die Geselligkeit und die Freundschaft!

FAZIT: Auch wenn man natürlich zwischen aktivem und passivem Sport unterscheiden muss, haben die beiden doch ähnliche Funktionen im Leben eines Mannes. Dennoch sei es hier jedem angeraten, hinsichtlich der eigenen Gesundheit zumindest eine eigene sportliche Basisbetätigung aufrecht zu erhalten. Nur Rumsitzen zählt nicht! Auch das andere Extrem, der Leistungssport, so ehrenhaft er auch sein mag, ist nicht immer wirklich gesundheitsfördernd!

Praktische Hinweise

- Betreiben Sie die für Sie richtigen Sportarten!
- Halten Sie sich fit und finden Sie das rechte Maß!
- Leistungssport kann ebenso schädlich sein, wie gar keinen Sport zu betreiben!
- Schauen Sie sich wichtige sportliche Events im Fernsehen an; gerne auch gemeinsam mit anderen Männern!
- Sportveranstaltungen sind wichtig für die Entwicklung der männlichen Seele!
- Verteidigen Sie diesen Freiraum gegenüber Ihrer Partnerin!

- Übertreiben Sie es aber nicht mit dem Passivsport und verbringen Sie hin und wieder schöne Zeit gemeinsam mit Ihrer Freundin oder Frau!

THOMAS: Dem schnöden Fernsehkonsum den Rang einer Katharsis abzugewinnen - nicht schlecht, Herr Specht! Die Frage sei erlaubt, wie viel Katharsis ein gewöhnlicher Mann verträgt oder wann eine gewisse Schmerzensgrenze überschritten wird. Um Klartext zu sprechen: Es ist nichts Schlechtes daran, hin und wieder Fernsehen zu schauen, doch Sie sollten sicherlich nicht Ihre gesamte freie Zeit damit verbringen! Sehen Sie zunächst zu, dass Sie Ihr sonstiges Leben in die Reihe kriegen. Spielen Sie beispielsweise Fußball mit Ihrem Sohn, bevor Sie sich gemeinsam das Länderspiel anschauen!

(Danach muss der Sohnemann nämlich ins Bett!) Und danach? Die Frage sei erlaubt: Müssen Sie wirklich noch einen Zusammenschnitt der Spiele Portugal-Albanien und Rumänien-Bulgarien verfolgen oder wäre es jetzt vielleicht Zeit, sich in Zärtlichkeit Ihrer Frau zuzuwenden?

Stärke

„Maskuline Stärke hat viele Gesichter, nur eines davon ist seine Muskulatur!"

Immer mehr Frauen fordern inzwischen auch ganz offen die Rückkehr des starken Mannes! Natürlich erfreuen sie sich hierbei auch einer gewissen Muskelkraft, eines schönen männlichen Körpers und äußerer Stärke (siehe: physische Stärke). Aber jeder Mann sollte wissen, dass es hierbei letztlich nicht um Muskelkraft, irgendwelches Machogehabe oder männliche Statussymbole geht, sondern um wahrhafte innere Stärke! Die Essenz innerer männlicher Stärke ist es, fest zu seinen Überzeugungen zu stehen und diese auch im Leben zu verwirklichen.

Partnerschaft ist schön und gut und richtig und auch ein toller Job und das Traumanwesen sind nicht zu verachten. Stärke aber bedeutet individuelle Autonomie und die Bereitschaft all dieses, diesen Luxus, zu opfern, sollte er uns maßgeblich in der eigenen Freiheit und unserem ganz persönlichen, seelenerfüllten Lebensweg beschränken. Hierin liegt für mich die wahre Maskulinität: Dem eigenen Weg des Herzens zu folgen! Darüber hinaus sollte sich ein Mann - wie bereits erfahren - immer auch mühen, verzichten zu können, Bedürfnisse aufzuschieben, Spannungen auszuhalten und den Launen und Stimmungen seiner Frau Aufmerksamkeit, Präsenz und Liebe entgegenzusetzen. Das letzte, was er tun sollte, ist es, diese Gefühlsschwankungen persönlich zu nehmen und auf sich selbst zu beziehen. Es sind nichts als reinigende Gefühlsprozesse seiner Frau. Sie liegen in ihrer Verantwortung, nicht in der seinen. Sie ist es, die sich mit ihrer eigenen - oftmals aus persönlicher Überforderung resultierenden - Unzufriedenheit auseinandersetzen muss! Es ist ein Teil Ihres seelischen Erbes als Frau. Er aber sollte sich auf keinen Fall in diese emotionalen Dramen verwickeln lassen. Dass er seinerseits seinen Anteil bei der Erziehung der Kinder und im Haushalt (Einkaufen - Kochen - Abwaschen etc.) leistet und seine Frau bestmöglich unterstützt, wie auch sie ihn, ist selbstverständlich!

FAZIT: Wahre männliche Stärke liegt in der bedingungslosen Gefolgschaft und Verwirklichung der eigenen Vision, wobei ein Mann hin und wieder gezwungen wird, die emotionalen Dramen seiner Frau zu ertragen, ohne sich darin verwickeln zu lassen. Auch das ist Stärke. Die Frau verlangt in ihrer Dramatik lediglich nach aufmerksamer Einfühlung und konsequenter Führung durch den Mann. Er sollte seine Frau ernst nehmen und ihr zeigen, wie wichtig sie in seinem Leben ist! Zugleich sollte er sich aber nicht in Ihre Launen verwickeln lassen und sie von der Notwendigkeit und Bedeutung der eigenen Vision überzeugen. Alles andere wäre ein absolut falsches Signal.

Praktische Hinweise

- Lieben Sie Ihre Frau gerade auch während ihrer emotionalen Prozesse!
- Unterstützen Sie Ihre Frau im Alltag, opfern Sie sich aber nicht für sie auf!
- Erkennen Sie, dass die Prozesse Ihrer Frau Ihnen die Möglichkeit offerieren, in der eigenen Männlichkeit zu reifen!
- Kommen Sie den (oftmals unbewussten) Wünschen der Frauenwelt nach und werden Sie zu einem starken Mann, der

Sicherheit, Schutz und Führung ausstrahlt, indem Sie einfühlsam Ihre eigene Position verteidigen!
- Halten Sie körperliche, berufliche, partnerschaftliche und familiäre Spannung aus!
- Bestehen Sie die feminine Prüfung Ihrer Partnerschaft, so werden Sie auch in der Welt reüssieren!
- Verfolgen Sie (wie immer) zielstrebig Ihre eigene Vision!

THOMAS: Kann es sein, dass wir uns mit unseren Ratschlägen und Forderungen, denn nichts anderes sind die „praktischen Hinweise", langsam wiederholen? Kannst du nicht mal zur Abwechslung Ratschläge im Stile des *Advaita*[2] geben wie:

- Es gibt keine Stärke, sondern nur Bewusstsein!
- Mühen Sie sich nicht ab, Sie sind ohnehin schon glücklich!
- Es gibt nichts zu erreichen, da alles schon da ist!
- Wozu nach Einheit streben, wo wir doch längst Einheit sind?
- Lassen Sie einfach geschehen und erkennen Sie, dass Sie einer Illusion von sich selbst erliegen!
- Auch Spannung ist nicht als Illusion!
- Erwachen Sie: Es gibt keinen männlichen Weg, nur immerwährende Präsenz!
- Es gibt keine unterschiedlichen Pole, die duale Welt ist nichts als eine Bewusstseinstäuschung ihres SELBST!
- Es gibt weder Sie noch Ihre Frau!
- Auch den Sex letzte Nacht hat es nie gegeben!
- Jetzt wird es langsam interessant. Was ist denn da wirklich letzte Nacht geschehen? Oder war dies alles nur ein weiterer Traum?

---

[2] philosophische Lehre nach der es nur selbst-bewusste Einheit gibt, also keine Zweiheit, Polarität oder Trennung. Alle Geschehnisse und Materie sind nach ihr nichts als bloße Illusion.

Statussymbole

„Die Art seiner Statussymbole sagt viel über einen Mann aus; nicht immer - wie er glauben mag - zu seinem Besten!"

Ob Sie es glauben oder nicht, die Jagd nach Statussymbolen wie PS-starken Autos, teuren Uhren oder edlen Kleidungstücken, wird uns langfristig erfolgreich machen und zugleich unglücklich. Ich lehne derlei nicht ab. Ganz im Gegenteil: Es ist ein schönes Spiel, nach der Qualität und Ästhetik von Statussymbolen zu fischen, aber eben nur ein Spiel! Ein wahrer Mann erfreut sich daran, misst der Marke an sich aber weiterhin keinerlei Bedeutung zu. Nur ein mittelmäßiger Mann identifiziert sich oder andere mit den eigenen Statussymbolen. Eine bewusster Mann aber erkennt spätestens im Stand eines Barden, wie bedeutungslos und leer diese Dinge wirklich sind. Er erblickt das oftmals minderwertige Sein hinter den Masken der scheinbar Erfolgreichen und Mächtigen. Er ist in der Lage, den Anschein von der Wirklichkeit zu trennen. Dennoch kann sich fast jeder Mann an schönem Beiwerk - wie Statussymbolen - erfreuen. Sie drücken eine gewisse Erhabenheit und Macht aus: „Schaut nur, bis hierhin habe ich es gebracht!" Es ist ein Spiel! Man sollte sich davor hüten, es mit wahren Siegen und Erfolgen zu verwechseln. Haben Sie schon beobachtet, wie ängstlich viele dieser „mächtigen" Männer sind! Ist dies Erfolg? Haben Sie gespürt, wie verzweifelt sie sich an ihren Fassaden festklammern? Sind diese Menschen ehrlich? Würden Sie Ihnen vertrauen? Oder gehören Sie gar selbst dazu? Haben Sie erkannt, welch arme Wurst in den meisten Fällen hinter dem Schein der

Statussymbole steckt? Nun, dies muss nicht immer so sein. Meistens aber ist der Ausdruck von Status zugleich ein Zeichen tiefster Minderwertigkeitskomplexe und weniger die Freude an qualitativ hochwertigen oder ästhetischen Produkten. Hinzu kommt noch, dass die Freude über deren Erwerb meist nur kurze Zeit anhält. In den meisten Fällen stellt sich bald schon die Sorge vor Verlust ein. Wird mich auch niemand berauben? Je mehr ich besitze, um so mehr muss ich mich kümmern. Aus dem Symbol der Freiheit (z.B. eines teuren, schmucken Autos) wird oftmals schon bald die Knute der Sklaverei des Materiellen, von Eigentum und Besitz. Steigen meine Aktien oder fallen sie? Verdammt, der Lack hat einen Kratzer abbekommen! Finanzielle Unabhängigkeit schlägt schnell in Angst um, habe ich niemals wirklich die Gesetze der Straße kennen gelernt! Andererseits drücken edle, teure Produkte natürlich auch einen gewissen finanziellen Erfolg aus. Es müssen noch weitere Geldreserven, Puffer, zur Verfügung stehen, um sich derartigen Schnickschnack leisten zu können! Plötzlich wird man anders behandelt! Einstmals verschlossene Türen öffnen sich. Erfolg zieht Erfolg an, da es relativ einfach ist, mit einem guten Grundkapital weiteres Geld zu generieren. Wer Schulden hat, muss Abtrag und Zinsen zahlen. Wer aber über Einfluss und Geld verfügt, wird dieses anlegen, streuen und so in den meisten Fällen vermehren. Gar mancher wird zum Geldjäger oder zum Finanzhai! Schauen Sie sich diese Menschen genau an: Sind sie glücklich in ihren Armanianzügen, wenn sie mit der Rolex am Handgelenk in den roten Ferrari steigen? Sind sie wirklich glücklich, nur weil da eine junge dickbusige Blondine an ihrer Seite sitzt? Lieben diese Männer ihre Frauen oder lieben Sie eher den Neid, den sie bei anderen mittelmäßigen Männern hervorrufen? Werden diese Männer im Gegenzug wahrhaft geliebt? Was glauben Sie?

FAZIT: Verschaffen Sie sich so viele Statussymbole wie Sie nur irgend wollen, aber verwechseln Sie bitte nie den Schein mit dem wahrhaften Sein. Gehen Sie daher bitte immer den Weg Ihres Herzens! Aus mancher femininer Verlockung wie Wohlstand, Schönheit oder Geld wird alsbald schon ein Alptraum! Nicht alles ist Gold, was glänzt.

<u>Praktische Hinweise</u>

- Vergessen Sie nie Ihre wirklichen Ziele!
- Gehen Sie den Weg des Wohlstandes, wenn es Sie glücklich macht!
- Streben Sie nach Einfluss, Status, Geld - so viel Sie nur können, solange Sie nicht vergessen, dass dies alles nichts als ein Spiel ist!
- Seien Sie bitte nie neidisch auf anderer Menschen! Sie würden nur Ihre kostbare Zeit damit vergeuden!
- Was sagt Ihre Seele? Sind Sie der Mann, der Sie immer sein wollten?
- Falls nicht, gehen Sie daran und ändern Sie es!
- Lernen Sie den Schein vom Glück zu unterscheiden!
- Oftmals liegt im freiwilligen Verzicht mehr Glück als in den Luxusvillen der Reichen!
- Wenn der reiche Mann teilen würde (so wie der arme Mann), so wäre er bald kein reicher Mann mehr, sondern einer unter vielen!

THOMAS: Was ist Erfolg? Ist es nicht das, dass man die Dinge, die man tut, gerne tut und dabei glücklich ist? Und was ist Macht? Du hast ja bereits darüber geschrieben: Macht kommt von Machen. Wer Dinge tut, ist mächtig. Wer stattdessen lieber fern sieht schon etwas weniger. Die Macht, Dinge zu tun, haben wir allerdings alle. Wir müssen nur machen! Machen macht glücklich, wenn wir dabei in unseren eigenen FLOW kommen. Dann wird das Ergebnis auch gut sein! Liest man Flow rückwärts, wird ein Wolf daraus. Ich schreibe dies ganz ohne Wertung.

Stolz

„Zwischen Stolz und Hochmut zu differenzieren ist nicht immer leicht, es bedarf der ausführlichen Beobachtung und großer Ehrlichkeit!"

Grundsätzlich gibt es zwei Arten von Stolz, den gerechtfertigten und den ungerechtfertigten. Im ersten Fall erfüllt uns etwas, was wir getan oder erreicht haben, mit Stolz. Vielleicht haben wir lange auf ein bestimmtes Ziel hingearbeitet oder sind in einem entscheidenden Moment über uns heraus gewachsen (was im Übrigen zumeist auch einer gewissen Bemühung bereits im Vorfeld bedarf). Wir als Männer empfinden dann einen gerecht-fertigten Stolz auf das Geleistete! Dies ist gut, männlich, „gerecht" und „fertig". Im Falle des ungerechtfertigten Stolzes liegt eher eine Art Hochmut vor, wie sie oftmals Machos und manchen Frauen zu eigen ist. Er basiert auf keinerlei Anstrengung oder Grundleistung.

Der gerechte Stolz lehrt uns Toleranz gegenüber Leistung und allen Andersdenkenden - denn nicht, was sie glauben interessiert mich, sondern, wie sie mir und der Welt gegenüber handeln und was sie in ihrem Leben verwirklicht und an positiven Dingen erreicht haben! Der ungerechtfertigte Stolz hingegen entsteht aus der Engstirnigkeit eigener Wahrnehmung und Überzeugung. Er tritt zumeist gepaart mit Arroganz oder gar Respektlosigkeit gegenüber anderen zu Tage und nährt sich von deren Geringschätzung. Aus ungerechtfertigtem Stolz entstehen Glaubenskriege, Rassismus, Diskriminierung von Minderheiten und dergleichen Unbill mehr! Ein wahrhaft stolzer Mann hingegen würde niemals schlecht über andere denken oder sprechen, nur weil sie anderer Herkunft, Abstammung oder anderen Glaubens sind!

Die Arbeit eines Mannes wird in Leistung und Resultaten gemessen. Diese Art der Wertschätzung ist Teil der männlichen Wirtschaftswelt und hat innerhalb eines gewissen Rahmens durchaus seine Berechtigung! Wer etwas leistet und Resultate hervorbringt, dem sein Ehre zuteil. Zurecht kann er hierauf stolz sein! Eine derartige Verantwortungsübernahme sollte sich auch finanziell auszahlen. Eine Übertreibung dieser Ansicht ergibt sich allerdings leicht, wenn man beginnt, den Wert eines Mannes an seinem Vermögen und seinem Kontostand festzumachen! Denken Sie an die ungleichen Voraussetzungen, mit denen wir alle starten! Denken Sie daran, dass sich das wirklich Gute nicht in Geldwert oder Materiellem messen lässt! Lassen Sie sich nicht vom Schein der Dinge täuschen! Sie sind nicht als Er-schein-ungen! Unser eigentlicher Stolz sollte in der Verwirklichung der wahren Werte dieser Welt begründet sein: Zu wie viel Liebe bin ich fähig? Welche Achtsamkeit gegenüber Mitmenschen bringe ich auf? Bemühe ich mich, mein Nehmen und Geben im Ausgleich zu halten oder bin ich noch immer auf dem Trip größtmöglicher Ausbeutung? Habe ich ausreichend Lebenserfahrung gesammelt? Habe ich gelebt, geliebt, gelacht und gelitten oder wurde mir alles in die Wiege gelegt und vorgesagt? Welches sind die Dinge, auf die ich als Mann wahrhaft stolz sein sollte?

FAZIT: Bei der Beurteilung von Stolz ist immer zu entscheiden, woraus sich dieser speist. Beruht er auf Leistung, Engagement und Erfolg, so bringe auch ich Ihnen hiermit ehrlich gemeinten Respekt zum Ausdruck, um so mehr, als Sie bereit sind, diese Errungenschaften mit mir und anderen zu teilen! Oder nährt sich Ihr Stolz lediglich aus eigener Dummheit, Ignoranz und Intoleranz, wie bei so vielen Menschen? Dann setzen Sie sich einfach drauf und brüten Sie weiter, wie der Mann mit den vier Münzen aus dem Rider Waite Tarot. Sie leiden an Verstopfung!

Praktische Hinweise

- Ein Stolz, der sich nicht in die Welt verschenkt, ist kein Stolz!
- Was sind die Dinge, auf die Sie wahrhaft in Ihrem Leben und Ihrer jetzigen Situation stolz sein können?
- Worin liegt Ihre eigene Engstirnigkeit? Was lehnen Sie noch immer ab, nur weil es anders ist?
- Erweitern Sie Ihr Verständnis und versetzen Sie sich in die Situation derer, die Sie ablehnen? Was fühlen Sie jetzt?
- Integrieren Sie Ihre eigenen Schatten! (Zumeist sind Schatten jene Eigenschaften, die wir in anderen ablehnen, da wir sie in uns selbst noch nicht erlöst haben!)
- Seinen Sie in erster Linie ehrlich mit sich selbst, sodann mit anderen!
- Wir alle befinden uns auf dem Weg und können jederzeit zwischen gerechtfertigtem und falschem Stolz sowie zwischen erforderlicher und übertriebener Demut wählen!
- Kontrollieren Sie Ihren eigenen Hochmut!
- Treten Sie zugleich als wehrhafter Krieger dem ungerechtfertigten Hochmut anderer stolz entgegen!

THOMAS: Ist es nicht so, dass sich beim Stolz immer die Frage nach den eigenen Werten stellt? Was sind meine Werte, auf deren weitestgehende Verwirklichung in meinem Leben ich zurecht stolz sein darf? Bemisst sich Stolz anderenfalls lediglich nach den Werten anderer, so ist er in meinem Augen erneut nichts als billiges Bling-Bling der Eitelkeit!

Technik

„Die Entwicklung, der Umgang mit und die Faszination von Technik gilt als männlich - ein Gen vielleicht, welches mit fehlt!"

Der Umgang mit Technik gilt generell als eine männliche Domäne. Persönlich sehe ich dies anders. Meines Erachtens hat weltweit genug technischer Fortschritt stattgefunden. Wir brauchen kein immer besser, schneller, komplizierter mehr, sondern eher eine Rückbesinnung auf unsere menschlichen und spirituellen Werte. Die heutige Technik sollte stabil (männlich) und nicht labil (weiblich) sein. Es reicht mir, ein Auto fahren und einen Computer bedienen zu können. Nein, ich bin ein Mann, den Technik nicht sonderlich interessiert... Ich habe weder ein Handy noch einen Laptop noch ein Navigationsgerät etc. Ich erachte es für maskuliner, sich dem Wachstum und Erwachen des eigenen Bewusstseins zu widmen anstatt der Funktionsweise und Entwicklung weiterer technischer Geräte. Ich finde, es gibt bereits genug überzüchtete Technologie. Zudem haben diese Gerätschaften und Systeme kein einziges der wirklichen Probleme unserer Menschheit gelöst. Ganz im Gegenteil fördert Technik unterm Schnitt eher weiteren Raubbau an der Natur, weitere Arbeitsverdichtung und weitere Isolation der Menschen, obwohl sie vorgibt, unseren Arbeitsalltag zu vereinfachen, uns einander näher zu bringen und Umweltvorgänge zu kontrollieren. Meines Erachtens ist eher das Gegenteil der Fall: In seiner undifferenzierten Gesamtheit erzeugt Technik nichts als weitere Abhängigkeiten, unnötigen Sondermüll und krank machenden Dauerstress! Wahrscheinlich fehlt mir einfach das entsprechende technische Gen als Mann. Die bereits existierende Technik reicht mir vollauf, ist mir eher schon zu viel!

FAZIT: Jeder Mann wird und muss zu den Belangen der Technik seinen eigenen Standpunkt einnehmen. Noch immer gilt es als männlich, technisch versiert zu sein. Schauen Sie jedoch bitte auch einmal hinter die Kulissen: Wieviel Technik ist notwendig, um ein glückliches und erfülltes Leben zu führen? Und noch etwas sollte Ihnen zu denken geben: Haben Elektriker, Heizungsinstallateure und Computerfachleute wirklich die schöneren Frauen, besseren Sex und führen leidenschaftlichere Ehen? Nicht unbedingt. Persönlich kenne ich eine ganze Reihe von gegenüber Technik, Wirtschaftswachstum und immer weiterem Fortschritt eher kritisch eingestellten Männern mit ausgesprochen hübschen Frauen. Natürlich sind die Geschmäcker verschieden und es liegt mir fern, Frauen nur nach ihrer Schönheit zu beurteilen oder technikversierte Männer in irgendeiner Weise abwerten zu wollen, denn auf eine gewisse Art bewundere ich sie sogar. Wahrscheinlich ist es einfach nur Neid.

Praktische Hinweise

- Beschäftigen Sie sich als Mann mit jeder verfügbaren Technik (Fernseher, Computer, Autos etc.)!
- Sie sollten in der Lage sein, die wichtigsten Haushaltsgeräte weitestgehend selbst reparieren zu können!
- Interessieren Sie sich auch für technische Belange, die normalerweise außerhalb Ihres Lebensalltags liegen (Energieversorgung, Luftfahrt, Nanotechnologie etc.)
- Setzen Sie sich grundsätzlich für anwendungsfreundliche und umweltverträgliche Technologien ein!
- Verzichten Sie auf unnötigen technischen Schnickschnack!

THOMAS: Auch wenn du selbst ein technisches Desaster zu sein scheinst und mehr Augenmerk auf „richtiges" Handwerk legst (siehe: Handwerk), so warst du anscheinend doch Manns genug, bei den praktischen Hinweisen einigermaßen maskuline, also technikfreundliche, wenn auch sehr allgemein gehaltene Hinweise zu geben. Wie wäre es damit: Ein Mann sollte in der Lage sein, einen Elektroherd anzuschließen, obwohl dies offiziell nur Elektriker dürfen; er sollte eine Lichtmaschine, einen Rückfahrschalter oder einen Keilriemen am Auto wechseln können und seinen Computer wenigstens in den Grundzügen verstehen? Etc.! Dadurch, dass du dein technisches Potential verschenkst, gibst du Kraft an andere ab (insbesondere dann, wenn sich stattdessen deine Frau darum kümmert)! Vielleicht solltest du das nächste Kapitel etwas weniger persönlich verfassen, um dich hier nicht weiter zu disqualifizieren?!

Unabhängigkeit

„Erfolgreiche berufliche Selbstständigkeit verleiht dem Mann das Charisma eines Siegers!"

Natürlich ist emotionale Autonomie von größter Wichtigkeit für einen Mann! Unter Unabhängigkeit verstehe ich hier aber nicht die emotionale Autonomie, sondern äußere Selbstständigkeit in Form eines Gelderwerbs, der einen Mann unabhängig von politischen oder wirtschaftlichen Einflüssen in die Lage versetzt, seinen eigenen Lebensunterhalt zu bestreiten.

Optimal erscheint es mir dabei, wenn dies mit der Hand geschieht. Also beispielsweise durch die Herstellung kunstvoller und zugleich qualitativ hochwertiger Gebrauchsgüter, welche einen drohenden technologischen Kollaps (beispielsweise durch hereinbrechende Sonnenstürme) überdauern. Ein solcher Mann, der hierin seinen Lebenserwerb gefunden hat, ist in meinen Augen gesegnet!

FAZIT: Lieber unabhängig und frei, als abhängig und gebunden! Lieber einfach als kompliziert! Lieber überschaubar als ausufernd!

Praktische Hinweise

- Erlernen Sie (zusätzlich zu Ihrem Beruf) ein Handwerk, mit dem sich auch in Notzeiten Geld verdienen bzw. ein Lebensunterhalt sichern lässt!
- Werden Sie finanziell unabhängig!

Thomas: Was? Das war schon alles? Du hast mich geweckt! Ich dachte, ich hätte noch mindestens eine Viertel Stunde, bis du mit dem Text fertig bist! Was ist das Thema? Unabhängigkeit? Ach lass mich doch einfach schlafen, ich denke, dass ich dir so am besten meine eigene beweisen kann! Dein Buch nähert sich seinem Ende, du solltest dir mehr Mühe geben, wenn du damit finanziell erfolgreich sein möchtest. Ist das nicht jene Art von Unabhängigkeit, die du anstrebst?

Vaterschaft

„Gibt es Schöneres im Leben eines Mannes als die Vaterschaft?"

Ein wichtiger Teil von Männlichkeit, wenn nicht sogar der bedeutsamste überhaupt, ist sicherlich die eigene Vaterschaft. Seien Sie ein präsenter Vater! Es ist nicht notwendig, den gesamten Tag mit Ihren Kindern zu verbringen, stellen Sie aber sicher, dass Sie regelmäßig hochwertige Zeit mit Ihren Sprösslingen teilen und auch im Notfall jederzeit für sie ansprechbar und erreichbar sind. Sagen Sie Ihren Kindern, dass Sie sie lieben! Führen Sie insbesondere Jungen in die Welt der Männer ein. Zeigen Sie ihnen dabei auch, dass Sie in der Lage sind, in jeder Situation Entscheidungen zu treffen und die Konsequenzen hierfür zu tragen. Seien Sie also Vorbild! Natürlich hören Sie auf Ihre Gefühle und verfügen über einen zärtlichen Kern, manchmal müssen Sie aber auch Regeln setzen, die Jungs herausfordern und frühzeitig liebevoll mit den eigenen Grenzen konfrontieren. Zeigen Sie ihnen zugleich Wege auf, diese Grenzen zu erweitern. Lehren Sie sie, was es heißt, ein ganzer, bewusster und durchsetzungsfähiger Mann zu sein. Überlassen Sie die Erziehung also nicht zur Gänze Ihrer Partnerin, sondern übernehmen Sie selbstbewusst den eigenen gleichberechtigten Anteil hieran! Hüten Sie sich andererseits davor, den perfekten Vater zu inszenieren, der Sie nie sein werden! Ihre Kinder werden es Ihnen verzeihen, nicht perfekt zu sein und aus Ihrer Authentizität, Ihren Schwächen und dem Umgang damit reifen! Wo ein immer harmonisches Elternhaus vorgespielt wird, entstehen verlogene Kinder! Sprechen Sie mit ihnen und erklären Sie ihnen

Ihre Sicht der Dinge! Stehen Sie gleichermaßen zu Ihren Fehlern wie zu Ihren Tugenden!

Gehen Sie als Vater grundsätzlich immer auf die Fragen und Bedürfnisse Ihrer Kinder ein, setzen Sie Ihnen aber auch hierin natürliche Grenzen! Entwickeln Sie ein Gespür dafür, wann Ihre Kinder von Ihnen begleitet und bewundert werden wollen und wann sie lieber für sich alleine oder mit ihren Freunden sind und respektieren Sie diese Entscheidungen. Sie sollten die wichtigsten Freunde Ihrer Kinder kennen und wissen, wo diese gerade stehen. Haben sie einen Entwicklungsschub gemacht, würdigen Sie auch dies durch ein paar Worte oder ein kleines Geschenk. Sie sollten Ihre Kinder niemals verzärteln, Ihnen aber grundsätzlich jederzeit Ihr väterliches Herz, Ihre Solidarität, Ihre Authentizität und Autorität widmen. Lügen Sie Ihre Kinder niemals an, wählen Sie Ihre Worte aber dennoch immer mit Bedacht. Kinder haben ein Recht auf die Wahrheit und können oftmals damit noch besser umgehen als wir selbst. Sie sollten Ihre Kinder also weder verwöhnen noch überfordern noch jemals demütigen. Sollte Ihre Frau Erziehungsratgeber lesen, verzichten Sie darauf und treffen Sie Ihre die Erziehung betreffenden Entscheidungen aus dem Bauch. Ist die Mutter Ihrer Kinder in diese Hinsicht jedoch wenig belesen, sollten Sie sich selbst fortbilden, um einen gesunden Ausgleich zu schaffen. Lassen Sie sich aber bitte niemals verunsichern und entscheiden Sie letztendlich immer aus dem eigenen Herzen.

Setzen Sie sich in jedem Fall für ein geteiltes Sorgerecht Ihrer Kinder ein, sonst kann es Ihnen passieren, dass man Ihnen im Falle einer Trennung den kompletten Umgang verweigert! Die Mutter der Kinder müsste nur den Wohnort wechseln und schon wäre es um die Beziehung zu Ihren Kindern geschehen. Oder können Sie es sich leisten, jedes zweite Wochenende nach Spanien zu fliegen?

Erachten Sie es nicht als selbstverständlich, dass die gemeinsamen Kinder im Falle der Trennung bei Ihrer Ex verbleiben. Kämpfen Sie um Ihre Kinder! Fragen Sie sich selbst, wo diese besser aufgehoben wären, bei sich oder Ihrer Exfrau. Sollte es Ihres Erachtens im Interesse Ihrer Kinder vorteilhaft sein, bei Ihnen zu bleiben, setzen Sie sich bedingungslos hierfür ein und machen Sie sich auch auf eine zutiefst ungerechte Rechtssprechung mancher Gerichte gefasst. Stellen Sie allerdings immer das Kindeswohl über das Ihre! Auch sollten die Kinder bei Ihrer Mutter bleiben, stellen Sie sicher, dass Sie niemand in Ihrem Umgangsrecht beschränkt. Manche Eltern lassen auch die Kinder im angestammten Elternhaus wohnen und ziehen abwechselnd (beispielsweise immer wochenweise) zu ihnen. Dem Kind seinen Vater vorzuenthalten ist Gewalt am Kind. Noch immer machen viel zu viele Mütter hiervon Gebrauch!

Meiner Überzeugung nach gibt es nur wenige Väter, die nicht jederzeit und sofort für das Leben ihres Kindes ihr eigenes opfern würden. Bei den Frauen ist dies anders. Möglicherweise ist es nicht ihr einziges Kind. Was würde aus den anderen beiden, wenn sie für dieses eine ihr Leben gäbe?! Ein Vater kennt solche Gedanken nicht. Seine anderen Kinder würden mit ihrer Mutter zusammen auch ohne ihn überleben...

Sollten Sie aus irgendwelchen Gründen keine Kinder haben und es ist bereits abzusehen, dass Sie auch keine mehr bekommen, so suchen Sie sich bitte im eigenen Interesse einen gewissen Ersatz, sei es, dass Sie Waisenkinder in deren Ausbildung finanzieren, sich sozial in der Gemeinde engagieren oder sonstwie ihr Vermögen gemeinnützigen Kinderhilfsorganisationen zukommen lassen. Spielen Sie auch mit den Kindern Ihrer Geschwister und Freunde. Werden Sie ein guter Onkel! Eine von Herzen kommende, männliche Zuwendung und Fürsorge im Sinne der Kinder ist jederzeit willkommen und wichtig für deren Entwicklung. Werden Sie Mentor für Jugendliche! Vielleicht können Sie insbesondere den Jungen neben dem eigentlichen Vater noch ein weiteres (positives) Männerbild anbieten. Hinweis: Sollten Sie dabei in irgendeiner Weise sexuelle Gefühle entwickeln, stoppen Sie sofort diese Tätigkeiten(!) Zeigen Sie sich notfalls selbst an (!)

FAZIT: Seien Sie ein Vater, der präsent ist und für die eigenen Kinder ansprechbar. Verzärteln Sie ihre Kinder nicht, aber versichern Sie ihnen jederzeit Ihre Liebe! Geben Sie klare, verständliche Regeln vor und achten Sie auf deren Einhaltung. Überlassen Sie dieses Gebiet also nicht allein Ihrer Frau! Im Matriarchat gehören die Kinder einzig zu ihrer Mutter, haben aber mindestens einen starken Onkel oder Großonkel beiseite gestellt, der den notwendigen, männlichen Erziehungspart übernimmt! Wir leben aber nicht im Matriarchat, meine Herren! Lassen Sie es also bitte nicht zu, dass Ihrer ehemaligen Partnerin das alleinige Sorgerecht zukommt! Was auch immer Sie tun, entscheiden Sie im Sinne und im Hinblick auf Ihre Kinder!

Praktische Hinweise

- Setzen Sie sich für die Erziehung Ihrer Kinder ein!
- Übernehmen Sie Teile hiervon ganz für sich alleine!
- Setzen Sie Grenzen und führen Sie Ihre Söhne in die Welt der Männer ein!
- Bringen Sie ihnen bei, wie man sich in wichtigen Belangen durchsetzt!
- Werden Sie zum Mentor!
- Erwerben Sie auf jeden Fall zumindest das geteilte Sorgerecht für Ihre Kinder!

- Lassen Sie es nicht zu, sollte Ihre Ex-Partnerin versuchen, Sie systematisch von Ihren Kindern fernzuhalten!
- Wehren Sie sich hiergegen mit allen legalen Mitteln!
- Lassen Sie sich nicht abwimmeln, sondern suchen Sie immer wieder den Kontakt zu Ihren Kindern!
- Stellen Sie sicher, dass Sie hierbei zugleich männliche Solidarität und Unterstützung durch einen möglicherweise neuen Freund Ihrer ehemaligen Partnerin erfahren, denn es geht um das Wohlergehen Ihrer Kinder!
- Sollte dieser Mann Ursache der Trennung sein oder Anteile an ihr haben, sprechen Sie sich (vorher) explizit mit diesem Mann aus!
- Schildern Sie ihm Ihre Sichtweise der Dinge, lassen Sie ihn Ihren Zorn spüren und verlangen Sie von ihm, dass er damit umgehen kann!
- Besteht dieser Mann die Herausforderung, vor die Sie ihn stellen, dürfen Sie die Größe beweisen, ihm, selbst sollte er Sie belogen und hinter Ihrem Rücken betrogen haben, zu verzeihen und die Hand zu reichen!
- Er wird Ihnen bis zum Rest seines Lebens etwas schuldig bleiben!
- Besteht dieser Mann die Herausforderung nicht, lassen Sie ihn einfach links liegen und kümmern sich weiter um die Erziehung und den Kontakt zu Ihren Kindern!
- Vergessen Sie dabei aber bitte nicht, dass es letzten Endes immer um das Wohl der Kinder geht und nicht um Ihr eigenes!
- Geben Sie Ihr Leben für jedes Ihrer Kinder, falls notwendig!

THOMAS: Oh Gott, da liegt jetzt eine komplett leere DIN-A5-Seite vor mir, die ich zum Thema „Vaterschaft" beschreiben soll. Weißt du nicht, dass wir Narren überhaupt keine Kinder haben? Natürlich liebe ich deshalb um so mehr alle Kinder dieser Welt. Ich weiß ja nicht, welche Mühe sie bereiten und wie viel Zeit, Geld und Energie es kostet, sie groß zu ziehen! 18 Jahre bis zur Volljährigkeit (und meistens dauert es noch länger), das ist eine lange Zeit, aber ich mache mir darüber keine Gedanken. Vielmehr lebe ich im Moment und freue mich an all den schönen Dingen, die man mit Kindern spielen kann! Vielleicht sollte sich der eine oder andere Vater in dieser Hinsicht sogar eine Scheibe von mir abschneiden. Ich verbringe immer nur schöne Zeit mit Kindern. Wenn es nur irgend geht, sind wir im Freien, folgen dem Bachlauf, spielen im Wald und auf der Wiese. Ich weiß nicht, woher dieser ganze Stress in den Schulen und so kommt, denn ich kenne kaum Wesen, die so wiss- und lernbegierig sind wie Kinder. Kaum jemand ist so kreativ wie sie und kann sich Dinge so hervorragend gut merken. Natürlich müssen sie sich für die jeweilige Sache auch interessieren, aber das tun sie ja fast immer! Andererseits ist man nach so einem Tag im Freien mit einer ganzen Kinderschar dann abends durchaus müde und möchte Zeit für sich haben. Das verstehe ich schon! Ich beneide weder die Erzieher noch die Lehrer, aber denke mir in meiner Einfalt, dass es kaum etwas Schöneres als Elternschaft geben kann. Schlimm scheint es wirklich erst dann zu werden, wenn Vater und Mutter beginnen, sich über die Erziehung ihrer Kinder zu streiten oder sich gar selbst trennen wollen. Wohin dann mit dem Kind? Wer sagt und zeigt ihm dann, dass Vater ein ehrenhafter Mann ist, wenn Mutter dies anders sieht und kein einziges gutes Haar an ihrem Ex-Partner lässt. Sie spricht lediglich noch vom „´Kindesvater", verweigert den Umgang und kassiert mit offenen Händen Unterhalt, den der Vater im Übrigen gerne zahlt! Ob ich mir selbst vorstellen könnte, Vater zu werden? Welche Närrin sollte es schon mit mir langfristig aushalten wollen? Vielleicht ziehe ich ja irgendwann einmal mit einer zusammen, die bereits Kinder hat. Oder in eine große Gemeinschaft. Das wäre schön.

Verantwortungsübernahme

„Maskuline Verantwortungsübernahme beginnt immer bei sich selbst und endet mit dem gesamten Universum! Vermutlich ist dies bei Frauen nicht anders!"

Männlich war es schon immer und wird es wohl weiterhin sein, Verantwortung zu übernehmen. Dies beginnt in erster Linie mit der Eigenverantwortung für sich, sein Gefühle, Gedanken, Worte, Taten usw. Und zwar zu 100%! Leider sehe ich bereits hierbei in unseren heutigen Gesellschaften einen immenses maskulines Defizit! Es kann meines Erachtens nicht angehen, dass wir unsere Verantwortung weiterhin so leichtsinnig und blauäugig an alle möglichen Institutionen und Menschen abgeben, wo sie doch ganz alleine uns selbst obliegt. Einige Beispiele: Wir sind verantwortlich für unsere Gesundheit; nicht die Ärzte! Wir sind verantwortlich für unserer Bildung; nicht die Lehrer! Wir sind verantwortlich für unser wirtschaftliches Wohlergehen; nicht die Regierung! Wir sind verantwortlich für unsere körperliche und materielle Sicherheit, was eine mögliche physische Selbstverteidigung miteinschließt; nicht die Polizei! Wir sind verantwortlich für unser Glück; nicht der Lebenspartner! Wir sind verantwortlich für unser Wohlergehen; nicht der Sozialstaat! Usw. In zweiter Linie sollte ein Mann dann auch die Verantwortung für seine Kinder, Partner, Eltern, Ahnen sowie gemäß seiner eigenen Stärke und seines Charismas für seinen Wohnort, seine Region, sein Land, seinen Kontinent und letzten Endes für Mutter Erde und Vater Himmel übernehmen! Das heißt nicht, dass die Erde oder der Himmel sich nicht grundsätzlich um sich selbst kümmern könnten, doch der wahre Mann, um den es uns hier geht, trägt zumindest Mitverantwortung. Gleiches gilt für unsere Nächsten! Natürlich sollte ein Mann seine Kinder dahingehend erziehen, dass sie in Eigenverantwortung stehen und doch wird ein guter Vater immer auch mindestens eine Teilverantwortung an ihrem Wohlergehen haben, die im Laufe der Jahre (mit dem Selbstständigwerden der Kinder) dann abnimmt. Ein kritischer Punkt ist immer jener der männlichen Verantwortung für die eigene Partnerin. Unsere These ist es, dass diese im Hinblick auf die maskuline Führung innerhalb der Partnerschaft zu ebenfalls 100% vom Manne zu gewährleisten ist!

Die These wird aus zweierlei Gründen gerne missverstanden:

1. Man verwechselt Verantwortung mit Verantwortlichkeit.
Verantwortlich und somit auch zur Rechenschaft verpflichtet ist die Frau für all ihr Tun (wie es im Übrigen auch ein Mann für das Seine ist)! Die Verantwortung des Mannes hingegen besteht darin, bereits im Vorfeld jene Lebensbedingungen zu schaffen, die es seiner Frau ermöglichen rechtschaffen und glücklich durchs Leben zu wandeln. Eine Aufgabe, die eine verantwortungsbewusste Frau in Integration und Wahrnehmung ihres eigenen maskulinen Pols zugleich auch für ihren Mann übernimmt! Reife Partner unterscheiden sich in dieser Hinsicht also kaum voneinander!

2. Man verwechselt *Verantwortung* mit *Bevormundung*.
An dieser Stelle kann ich mich nur wiederholen und beteuern, dass dies hiermit keinesfalls gemeint ist, sondern ganz im Gegenteil eine männliche Verantwortung darin besteht, möglichst viele Räume und Zeiten für seine Partnerin zu öffnen, ihr also Wege und Möglichkeiten der Selbstverwirklichung zu bieten, die sie ohne ihn nicht hätte!

Kleines Fazit: Auch für die eigene Partnerin sollte sich ein maskuliner Mann zu 100% verantwortlich zeigen - ebenso wie für sich selbst. Dies bedeutet nicht, dass nicht zugleich seine Partnerin ebenfalls zu 100% für sich verantwortlich wäre. In vielen Fällen ist es, wie die Praxis zeigt, noch nicht einmal ratsam, mit ihr hierüber zu sprechen. Desungeachtet sollte ein Mann immer die Verantwortung für für seine Partnerin mitübernehmen! Sie wird dann schon irgendwann merken, dass er sich um sie kümmert und sie sich auf ihn verlassen kann. Sie wird dann ganz Frau sein können, sich hingeben und die gemeinsame Beziehung durch ihre weibliche Essenz segnen! Ihre Partnerschaft wird so gesegnet!

Ein Mann wächst durch und an seiner Verantwortung, sei es der eigenen Lebenspartnerin gegenüber, der Familie, dem Verein, dem Betrieb oder der Nachbarschaft! Er sollte allerdings darauf bedacht sein, sich niemals zu übernehmen, sondern in erster Linie die finanzielle, materielle, emotionale, mentale, sexuelle und spirituelle Verantwortung für sich selbst konsequent zu tragen. Darüber hinaus sollte er immer seiner Vision vom Leben treu bleiben! Dies wird ihn zu einem erfolgreichen und glücklichen Mann machen!

Ich sehe bei der maskulinen Verantwortungsübernahme, wie überhaupt bei allen Entscheidungen, grundsätzlich zwei Regeln. Erstens: Haben Sie einmal etwas entschieden und für richtig erkannt, so sollten Sie diesen Entschluss in die Tat umsetzen und hierzu ein Leben lang stehen! Also beispielsweise lebenslange Verantwortung für Ihren Sohn übernehmen (selbstverständlich ohne ihn zu bevormunden). Zweitens: Erkennen Sie etwas nachträglich als falsch, so revidieren Sie und wechseln Sie, sobald sich Ihnen die Möglichkeit bietet! In diesem zweiten Fall wäre es fahrlässig an den einmal getroffenen Entscheidungen weiterhin festzuhalten! Hören Sie hierbei auch auf Ihre Intuition, Ihren Körper, Ihre

Gesundheit und die mahnenden Stimmen Ihrer Familie! Geben Sie die diesbezügliche Verantwortung im eigenen Interesse wieder ab! Die erste Regel dient der Zuverlässigkeit und Ihrem Ruf in der Welt. Die zweite Regel zielt auf Flexibilität, Entwicklung und persönlichen Wandel. Beides zu seiner Zeit!

FAZIT: Übernehmen Sie als Mann die 100%ige Verantwortung für sich selbst, Ihre Partnerin und Ihre Familie! Gehen Sie hierbei keine Kompromisse ein!

Praktische Hinweise

- Übernehmen Sie die finanzielle, materielle, emotionale, mentale, sexuelle und spirituelle Verantwortung für sich selbst!
- Übernehmen Sie zugleich die 100%ige Verantwortung für Ihre Mission!
- Übernehmen Sie zusätzlich Verantwortung in der Familie, der Nachbarschaft, dem Betrieb, dem Verein etc.!
- Übernehmen Sie sich dabei nicht, sondern tragen Sie zuallererst die Verantwortung für Ihr eigenes Wohlergehen!
- Verantwortungsübernahme ist maskulin!
- Wenn es Ihnen zu viel wird, müssen Sie allerdings reagieren und reduzieren!
- Auch die Reduktion ist maskulin, da dem Wandel in der Welt geschuldet!

THOMAS: Tust du all das, was du hier verlautest? Trägst du Verantwortung für deine Nachbarschaft, deinen Ort, deine Region oder schreibst du nur? Ich glaube der schwierigste Punkt liegt darin, seiner Partnerin klar zu machen, dass man(n) von jetzt an die 100%ige Verantwortung für sie (mit-)übernimmt, ohne dass diese an die Decke springt, weil sie alles in den falschen Hals bekommt, sich bevormundet sieht und Ihre Verantwortungsübernahme so interpretiert, als würden Sie sie für unmündig erklären, obwohl das Gegenteil der Fall ist! Fingerspitzengefühl scheint gefordert! Ist das vielleicht jene Lebensmeisterschaft, von der bereits die Rede war?

Verbindlichkeit/Rückgrat

„Ein Mann hat nichts als das eigene Wort; er muss es nicht geben, sollte es aber niemals brechen!"

Ein Mann bedarf der Verbindlichkeit. Wir haben darüber bereits gesprochen (siehe Authentizität). Eine Frau und insbesondere andere Männer werden einen Mann nur dann akzeptieren, wenn man sich auf ihn verlassen kann. Er muss vertrauenswürdig und zuverlässig sein. Dies bedeutet, dass er Rückgrat entwickelt hat (siehe auch Biss/Schneid). Er muss sich hierfür sich selbst gegenüber diszipliniert verhalten (siehe Selbstdisziplin) und auch gegenüber äußeren Einflüssen absichern und durchsetzen. Zur Verbindlichkeit gehört auch die Pünktlichkeit. Wenn die Verabredung oder der Geschäftstermin um 15 Uhr stattfindet, so ist der Mann mit seinen Unterlagen um 15 Uhr an der vereinbarten Stelle! So einfach ist das. Ausreden, wie „Ich habe im Stau festgesteckt!" oder „Die Autobatterie hat versagt!" oder „Der Drucker hat gestreikt!" oder „Die Druckerpatrone war leer!" etc. zählen nicht! Ein Mann fährt einfach entsprechend früher los oder nimmt ein Taxi. Natürlich hat er auch eine Ersatzdruckerpatrone zuhause und benutzt notfalls den Drucker seiner Frau oder seines Nachbars, der ihm noch etwas schuldet (oder seinen langsameren alten Drucker, den er für diese Notfälle noch immer aufbewahrt hat). Das ist Verbindlichkeit! Das ist Rückgrat! Bestimme ich über mein Leben, bin ich gar dessen Schöpfer oder wirft mich der kleinste Wind aus der Bahn? Rückgrat hat immer etwas mit vorausschauendem Denken zu tun. 99 von 100 widrigen Situation können von uns vorausdenkend gemeistert werden. Richten wir unser Handeln danach aus, wird uns auch die 100te unvorhergesehene Situation nichts anhaben können! Wir werden „Glück" haben. Willst du ein Mann sein? Dann verhalte dich entsprechend und sorge dafür dass dein Denken, Sprechen und Handeln zu 100% übereinstimmen. Sei verbindlich, zeige Rückgrat. (Und hör vor allem endlich auf damit, dich selbst und andere anzulügen!) Nur so bringen wir uns, unsere Familie und unser Land voran!

Zur Verbindlichkeit gehört übrigens auch, dass man seine angefangenen Arbeiten immer zur Zufriedenheit aller Beteiligten bestmöglichst beendet. Zuverlässigkeit ist Männlichkeit! Das einzige, was Sie tun können, um aus dieser Mühle zu entfliehen, ist es, bereits im Voraus weniger Verbindlichkeiten einzugehen. Dies wiederum ist Lebenskunst! Das ist ihr gutes Recht, gar eine Kür!

FAZIT: Ein echter Mann hat Rückgrat, man muss sich auf ihn verlassen können. Ebenso wie Ehrlichkeit und Aufrichtigkeit zahlt sich auch Verbindlichkeit über lange Zeiträume hinweg aus. Sollten Ihnen Ihre Verpflichtungen zu viel werden, sorgen Sie selbst dafür, diese mittelfristig zu minimieren, aber tragen Sie dem Rechnung, dass man sich in allen zugesagten Belangen auf Sie verlassen kann! Dort, wo sie ihr Wort gegeben haben, sollten Sie es auch halten! Darüber hinaus sind Sie zu nichts verpflichtet!

<u>Praktische Hinweise</u>

- Halten Sie Ihre Verabredungen ein!
- Zahlen Sie Ihre Schulden!
- Stehen Sie gerade für alles, was Sie tun!
- Handeln Sie vorausschauend!
- Bringen Sie Ihr Wollen und Können in Einklang!

- Tun Sie, was Sie sagen und sagen Sie, was Sie tun!
- Erkundigen Sie sich nach der Zufriedenheit Ihrer Kunden und Geschäftspartner und stellen Sie diese nötigenfalls noch nachträglich her!
- Zeigen Sie in allem, was Sie beginnen, durchführen und beenden, Rückgrat und Verbindlichkeit!
- Verbindlichkeit bedeutet, dass man sich dem, was man tut, auch wirklich verbunden fühlt!

THOMAS: Lieber große Taten und kleine Worte als umgekehrt! Das ist ganz nach meinem Geschmack. Während sein Denken und Sprechen von den Gefühlen eines Mannes zeugt, beweist er erst im Tun seine Geistesklarheit und Willensstärke! Aber sag mal, müssen deine Themen eigentlich immer so ernst sein? Kannst du nicht einmal zur Abwechslung einfach nur ein paar gute Frauenwitze erzählen? Ach so, du antwortest wieder einmal nicht! Scheint dir nicht wichtig genug zu sein, hm? Magst wohl keine Witze, wie? Willst immer nur Ratschläge geben und Recht haben? Glaubst wohl noch, du hättest mehr Lebenserfahrung als andere, was? Soll ich dir mal sagen, wer von uns wirklich der Narr ist?! Wann hast du das letzte Mal in die Sonne gelächelt, hm? Wann das letzte Mal im Mondlicht getanzt? Wann hast du das letzte Mal eine zarte Morgenblüte besungen? Unabhängigkeit. Verantwortung. Verbindlichkeit... Was sind das denn für Themen? Mich als Mann gelüstet es viel mehr nach Freude, Tanz, Musik, Natur... nach lieblichen Dingen eben. Warum sollte ich „mein Land" voranbringen wollen? Ich habe gar kein solches!

Vertrauen

„Kontrolle ist gut. Vertrauen ist besser!"

Vertrauen Sie sich selbst und Ihrer Vision. Vertrauen Sie dem Leben und dem Lebensfluss. Gerade heute wird auch für Sie gesorgt, ob mit oder ohne Partner, Kinder, Ansehen und/oder Geld! Vertrauen Sie darauf, Ihrem höchsten Lebensziel, Ihrer Bestimmung und Vision zu folgen. Sie wollen glücklich und erfolgreich sein? Lassen Sie sich hierin von nichts abhalten! Frauen lieben Männer, die bereit sind für ihre Ziele zu kämpfen. Auch Männer lieben Männer, die ihrer Bestimmung folgen und ihren Weg gehen. Ein Mann, der seine Vision und maskuline Essenz für sich gefunden und verinnerlicht hat, wird zum Fels in der Brandung, denn er wird auf dem Weg seines Herzens schreiten. Vertrauen Sie dem Universum. Es wird Sie genau an jene Stelle und zu jenen Qualitäten führen, die Sie schon immer für sich beansprucht haben; nur laufen müssen Sie schon selbst. Schritt für Schritt. Schritt für Schritt.

FAZIT: Bleiben Sie wachsam und treffen Sie Vorsorge für alle Eventualitäten, sodann aber vertrauen Sie dem Universum, es wird Sie genau an den Platz Ihrer Wünsche führen und sogar noch darüber hinaus! Laufen Sie los!

<u>Praktische Hinweise</u>

- Sie können weder Ihre Mission noch das Universum kontrollieren!

- Auch wenn Vertrauen ursprünglich eher dem weiblichen Pol zuzuordnen war, ist diese Tugend doch gleichermaßen für Männlein und Weiblein erstrebenswert!
- Pathologisches Vertrauen wird zur Naivität!
- Das männliche Pendant zum Vertrauen ist die Kontrolle!
- Pathologisch wird aus Kontrolle Kontrollwahn!
- Eng mit dem Vertrauen in die Welt zusammen hängt das eigene Selbstvertrauen!
- Treffen Sie Vorsorge, so gut Sie können, und vertrauen Sie zugleich dem Universum!
- Persönlich konnte ich keinen Unterschied zwischen Gott und dem Universum entdecken!
- Es wird für sie gesorgt, wenn Sie einfach nur Ihrer Vision folgen!
- Vertrauen und Handeln gehen auf Seiten des männlichen Pols immer Hand in Hand!

THOMAS: Ich vertraue einfach mal darauf, dass dies so richtig ist, wie du es schreibst. Ein Vertrauen, welches impliziert

... dass unsere Erde ein guter Platz ist, um darauf zu leben;

... dass es so etwas wie eine höhere Gerechtigkeit gibt;

... dass unser Buch ein lesenswertes wird, welches zu schreiben sich lohnt;

... dass es seinen bescheidenen Beitrag dazu leisten wird, den Pol der Männlichkeit in einem neuen Licht erstrahlen zu lassen;

... dass es als Buch zur Unterstützung männlicherer Prinzipien und real existierender Männer wie mir selbst!(:-)) akzeptiert wird.

„Real existierendes Mannsein" - schreckliches Wort!

Gerne würde ich noch mehr vertrauen, beispielsweise

... dass ich mehr und mehr meiner eigenen Intuition folge und mich von ihr gänzlich leiten lasse;

... dass ich es irgendwann lerne, weder mich noch andere zu beurteilen oder wertend zu vergleichen;

... dass ich damit aufhöre, mir Sorgen zu machen;

... dass ich ein konstantes Wohlgefühl in der Wertschätzung von Menschen und Dingen erreiche;

... dass ich mich dahingehend entwickele, immer mehr zu lächeln und so „Danke" zu sagen;

... dass ich vermehrt Orte der Einfachheit, des Lachens und der Freude aufsuchen werde;

...dass ich irgendwann damit beginne, mehr zu meditieren und so die Einheit des Seins verstärkt erlebe;

... dass ich als Narr Fröhlichkeit und Licht verbreite anstelle von Kritik oder Gleichgültigkeit;

... dass ich leben werde ohne Schuldzuweisung und Schuldgefühl;

... dass es mir gelingt, verantwortlich und glückselig zu sein und ich so ein großes, positives Resonanzfeld um mich aufbaue;

... dass ich die totale Akzeptanz der eigenen Anwesenheit auf Erden erlange und den Willen, mich in jedem Moment für das Schöne, Gute, Wahre und Lebendige zu entscheiden!

Dies ist alles nur geklaut! Dies ist alles nur erlogen!

Wird man mir verzeihen?

Bin und bleibe ich ein Narr mein Leben lang?

Verzeihen

„Für einen Mann, der sein Leben in die Hand nimmt, ist Verzeihen unverzichtbar! Er wird hierdurch vom Opfer zum Gestalter seiner eigenen Wirklichkeit!"

Lange Zeit glaubte ich, Verzeihen sei eine weibliches Eigenschaft. Ich irrte mich, denn das Gegenteil ist der Fall! Verzeihen oder Vergeben bedeutet in etwa so viel wie in Vorgabe treten (*to for-give*), also zuerst wieder damit zu beginnen, etwas zu geben, damit ein Austausch stattfinden kann.

Ho'oponopono ist die hawaiianische Kunst des Verzeihens und geht davon aus, dass alles in der Welt eins ist. Aufgrund dieser Einheit kann nichts im Universum geschehen, was nicht zugleich in Resonanz mit dem Betrachter dieser Vorfälle wäre. Durch Anerkennung dieser Gesetzmäßigkeit ist es jedem einzelnen von uns möglich, seine gesamte Welt in seinem eigenen Inneren zu heilen. Dies geschieht durch Verzeihen. Es ist gar nicht so schwer, wie man vielleicht glauben mag:

Wir beten zunächst um Erkenntnis, Mut, Kraft, Intelligenz und Ruhe, beschreiben sodann das Problem und suchen in unseren Herzen nach unserem Anteil daran. Es spielt hierbei keine Rolle, wie nah uns der entsprechende Sachverhalt in den Augen eines weiteren Betrachters stehen mag. In Wirklichkeit besteht immer eine Verbindung und Beteiligung in unserem Sein. Das eigentliche *Ho'oponopono* (Vergeben) basiert dann auf vier einfachen, gefühlten und gesprochenen Sätzen:

1. Ich verzeihe dir!
2. Es tut mir leid!
3. Ich liebe dich!
4. Danke! (Es ist vollbracht!)

Das soll schon alles sein? Was aber ist es, was hier leid tut? Es ist immer die (schreckliche) Tat des anderen, die doch auch in uns selbst ihre Ursache und ihren Widerhall findet: „Wie konnte ich dich so behandeln, dass es zu einer solchen Tat kommen musste? Ich übernehme die Verantwortung hierfür! Es tut mir leid! Es tut mir leid, dass mein Verhalten, meine Gefühle, Worte und Gedanken dich zu einer solchen Tat veranlasst haben!" Dies ist die höchste Form der Verantwortungsübernahme und gleichzeitiger Weisheit überhaupt und es spielt hierbei überhaupt keine Rolle, ob ich den Täter oder die Täterin, denen ich verzeihe, überhaupt persönlich kannte! Danach kann man das Spiel noch umkehren und sprechen: „Ich verzeihe mir! Es tut mir leid! Ich liebe mich! Danke!" Wir bedanken uns also, vertrauen und lassen los! Das ist Liebe in Aktion! Dr. Ihaleakala Hew Len gelang es auf diese Weise mit Ho'oponopono, 28 von 30 psychisch Kranken der psychiatrischen Abteilung des Staatsgefängnisses von Kaneohe, Hawaii, zu heilen. Bereits nach 18 Monaten trug keiner der ehemaligen Gewaltverbrecher mehr Handschellen. Nach vier Jahren wurde die Anstalt ganz geschlossen. Wie konnte das geschehen? Dr. Hew Len erklärte in einem Interview, er habe lediglich an seiner eigenen Reinigung sowie der Löschung von Informationen in seinem Unterbewusstsein gearbeitet. Er sprach auch nicht von Heilung, sondern betonte, die Lösung des jeweiligen Konflikts sei erfolgt, weil er zu 100% Verantwortung für das Vorhandensein der Gefangenen in seinem

Leben übernommen habe. Der geschilderte Fall ist indes keine Ausnahme, sondern die Macht des Verzeihens liegt in uns allen begründet! Dr. Ihaleakala Hew Len war kein Supermann, sondern ein einfacher Arzt.

Wer *Ho'oponopono* betreibt, hat in Wirklichkeit oder die Wirklichkeit erkannt, dass es keine Trennung zwischen ihm und seinen Geschwistern, den Kristallen, Steinen, Pflanzen, Bäumen, Tieren, Mitmenschen und/oder Ahnen gibt! Alles ist eins und bedingt sich gegenseitig. Es gibt nichts, was wir selbst nicht auch wären!

Die Weisheit der *Kahuna*, der hawaiianischen Schamanen (siehe bereits: Segen), ist nahezu allumfassend und unermesslich. Neben der Kunst des *Ho'oponopono*, hatten sie zugleich einen maßgeblichen Anteil an der Erkenntnis der sieben lebenden Elemente (siehe ebd.) sowie dem Herausarbeiten der grundlegenden schamanischen Lebensprinzipien (siehe: Selbstbewusstsein/Schöpferkraft)!

FAZIT: Verzeihen Sie alles immer und sofort! Verzeihen Sie sich selbst, Ihrem Partner, Ihren Freunden etc. Vergeben und Verzeihen ist sehr männlich, denn es zeugt von unserer Größe! Hinzu kommt, dass uns wahrhaftes Vergeben die Möglichkeit offeriert, alles in dieser Welt zu erreichen, da wir uns nicht mehr von unseren eigenen negativen Emotionen blenden lassen! Verzeihen ist der erste Schritt zur eigenen Befreiung! Natürlich bedeutet richtiges Verzeihen auch, dafür zu sorgen, dass uns Vergleichbares nicht mehr geschehen wird; sprich: Wir übernehmen die 100%ige Verantwortung zunächst für unser eigenes Leben und verzeihen auch uns!

Praktische Hinweise

- Üben Sie sich in *Ho'oponopono*, wollen Sie ein großer Mann sein!
- Besorgen Sie sich unbedingt das gleichlautende Büchlein von Emil Duprée!
- Verzeihen Sie alles immer und sofort!
- Erkennen Sie, dass Sie durch Ihr Verzeihen sich immer zugleich selbst vergeben!
- Erkennen Sie, wie sich Ihnen durch Ihr Verzeihen zuvor verschlossene Türen öffnen!
- Erkennen Sie ferner, wie es auch auf der Gefühlsebene für einen Mann nichts Schöneres geben kann, als seinen einstigen Widersachern zu verzeihen!
- Erkennen Sie, dass Ihr Verzeihen Ihnen die Rückkehr in die verlorene Einheit ebnet!
- Verzeihen führt zu Erfolg!

THOMAS: Mir ist langweilig, einfach nur abgrundtief langweilig! Verzeihen, verzeihen und kein Ende! Hey, kleiner Scherz, in Wirklichkeit finde ich *Ho'oponopono* beeindruckend und super-maskulin! Ihr zugrunde liegt *Aloha*, die Liebe! Es lebe das Königreich Hawaii!

Waisenkinder

„Wer auch nur ein Kind rettet, rettet die gesamte Welt!"

Neben dem Vergeben und der bedingungslosen Gastfreundschaft ist insbesondere die Aufnahme oder Unterstützung von Waisenkindern eine der größten Tugenden, zu welcher sich ein Mann durchringen kann. Er sollte hierbei niemals an sich selbst denken, beispielsweise, wie toll er doch ist, sondern immer daran, dass er durch seinen Einsatz oder seine gespendeten Gelder Kinderseelen auf ihrem Weg in eine hoffnungsvollere Zukunft unterstützt. Er leistet so einen nicht zu unterschätzenden Beitrag für eine bessere Welt! Die wahre Größe eines Mannes (sein wirklicher Wert) zeigt sich nämlich darin, dass er sich mit seiner Hilfsmaßnahme nicht brüstet. Andererseits sollte er auch keinen falschen Stolz auf eben jene Bescheidenheit entwickeln. Die Wege des Egos sind perfide!

Gerade weil ein maskuliner Mann auch der Aggression zugetan ist und den Kampf liebt, ist es wichtig für ihn, zugleich seine beschützenden und solidarischen Seiten zu entwickeln. Beides gehört unwiederbringlich zusammen! Als engagierter Kämpfer für eine bessere Welt bleibt er doch zugleich ein Mann des Friedens!

FAZIT: Es gibt kaum etwas Edleres als die private Unterbringung oder Unterstützung von Waisenkindern! Dies ist offenherziges, maskulines Geben, ein vollendeter Beitrag für eine bessere Zukunft!

Praktische Hinweise

- Nehmen Sie ein vaterloses Kind bei sich auf, sollte Ihnen das Schicksal diese Möglichkeit offerieren!
- So es sich nur irgendwie von Ihren Finanzen her machen lässt, finanzieren Sie mindestens ein Kind in der Dritten Welt!
- Machen Sie zusätzlich eine großzügige Spende an ein Waisenhaus!
- Setzen Sie sich für Straßenkinder in Deutschland und Europa ein!

THOMAS: Ich denke, Egoismus an sich ist ebenso wenig etwas Schlechtes wie Altruismus, nur sollte man sich immer bewusst sein, ob man etwas zum eigenen Vorteil oder für andere tut! Andererseits reden wir hier von der (finanziellen) Unterstützung von Waisenkindern. Das ist in jedem Fall eine edle, gute Tat - ganz egal, aus welchen (unterschwelligen) Beweggründen sie auch geschehen mag!

Wettkampf/Konkurrenz

„Spielerischer Wettkampf zählt zu dem Schönsten, was ein männliches Leben ausmacht! Angstbesetzte Konkurrenz hingegen blockiert die maskuline Weiterentwicklung!"

Konkurrenz ist etwa absolut Natürliches und gehört zur Grundausstattung menschlichen und männlichen Seins. Wettkampf und Konkurrenz sind so etwas wie Krieg mit friedlichen, legitimen Mitteln. Selbst Krieg-an-sich ist nichts Schlechtes. Schafft er doch mit all seinem Schrecken und seiner Grausamkeit Raum für Neues. Die Frage bleibt, welches die gesellschaftlich akzeptierten und ethisch vertretbaren Mittel sind, diese natürliche Konkurrenz sinnvoll auszuleben? Die entsprechenden Antworten hierauf ändern sich durch die Zeiten und Räume hinweg. Der wahre Mann bekennt sich deshalb immer zu den höchsten ethischen Standards seiner Zeit und entwickelt diese durch sein eigenes Vorbild weiter! Er ist Träger von Kultur, nicht von Zerstörung. Obwohl auch im femininen Gegenprinzip zur Konkurrenz, der Kooperation, etwas absolut Positives liegt, würde diese alleine nicht ausreichen, menschliche Weiterentwicklung zu gewährleisten. Erst im natürlichen und zyklischen Ausgleich beider Prinzipien liegt die bestmögliche, menschliche Entfaltung. Bevor ein Mann also beginnt, Kooperationsabkommen mit anderen zu schmieden, sollte er sich zunächst mit ihnen im fairen Kampfe gemessen haben, um etwas über deren Wert zu erfahren. In friedlichen Zeiten mag Zusammenarbeit den Wettkampf sogar überwiegen. Ganz ohne Konkurrenz zu leben allerdings widerspricht der männlichen Essenz und maskulinen Kultur des Menschen.

Bereits im Kindergarten beginnt die weibliche Erziehung damit, zwei miteinander ringende Jungen voneinander zu trennen. Diese Erziehung (frau lässt die Jungen nicht gemäß ihrer Essenz wachsen, sondern zieht und zerrt an ihnen herum) setzt sich wie selbstverständlich in der Grundschule und den weiterführenden Bildungseinrichtungen fort. Die Aggressionen dieser Jungen bleiben unerlöst. Sie stauen sich an und werden sich irgendwann auf brutale Art und Weise Bahn brechen. Sei es, dass sie physisch gewalttätig werden oder aber zum Schreibtischtäter! Eine vernünftige männliche Erziehung hingegen würde Regeln für die natürlichen Rangeleien der Jungen aufstellen und sie sogar ermutigen, bereits im frühen Alter im Konfliktfall miteinander zu kämpfen! Andere Jungen sollten darüber wachen, dass diese Regeln (Z.B. keine Tritte in den Unterleib; kein Einsatz von Gegenständen; aufhören, wenn sich einer ergibt etc.) auch wirklich eingehalten werden. Später dann bringt man ihnen bei, wie sie ihre Konflikte auch verbal austragen und durch geschicktes Verhandeln lösen können!

Die drei wichtigsten dieser Regeln könnten lauten:

1) Wenn jemand „Stopp" sagt, wird der Kampf sofort beendet! Der andere ist Sieger!
2) Wenn jemand am Boden liegt, wird nicht nachgetreten, sondern man wartet, bis sich dieser wieder erhebt. Bleibt er liegen, ist der Kampf beendet!
3) Nach dem Kampf reichen sich beide Kontrahenten die Hände und die Angelegenheit gilt als bereinigt!

Ich persönlich liebe den Wettbewerb und mich mit anderen zu messen, weil ich dazu erzogen wurde. Wäre dies nicht der Fall gewesen, weiß ich nicht, was ich vorziehen würde. So ist es immer wieder etwas Schönes, die Herausforderung eines anderen Mannes anzunehmen und den meisten Männern geht es genauso. In gelebter Konkurrenz mit anderen Männern entscheidet sich das spätere Verhältnis, ob Freundschaft, Neutralität, Meidung oder Feindschaft. Es kommt dabei ja noch nicht einmal darauf an, ob man siegen oder verlieren wird. (Auch wenn man natürlich gewinnen möchte und alles hierfür Erforderliche auch unternimmt.) Nein, es kommt darauf an, sich zu messen und hieran zu wachsen und zu reifen. Das Entscheidende sind Training und Kampf - egal, ob im Sport, im Beruf oder der Familie - sowie die eigene Makellosigkeit! Lassen Sie sich von keinem etwas gefallen, bleiben Sie dabei allerdings immer fair und beherrscht! Beschweren Sie sich, wenn andere das gegebene Wort nicht einhalten! Meckern Sie dabei allerdings nicht rum wie eine Vettel, sondern sorgen Sie dafür, dass Wiedergutmachung geschieht! Vorsicht: Wiedergutmachung ist keine Rache, sondern das Gegenteil hiervon: Wieder-gut-machung! Interessanterweise werden Sie desto mehr Freunde finden, je mehr Wettkämpfe Sie ausgetragen haben! Setzen Sie sich und anderen gleichermaßen in Freundschaft und Feindschaft Grenzen! Das ist gelebte Männlichkeit! Respektieren Sie also ihre Gegner und Feinde! Wenn Sie jemand für Wert erachtet, sich mit Ihnen zu messen, erweist er Ihnen dadurch zugleich Achtung und Aufmerksamkeit. Kämpfen Sie hingegen niemals gegen Schwächere, sondern nehmen Sie nur die Herausforderung von Männern an!

Sollte Sie nunmehr eine Frau fordern, nehmen Sie bitte auch sie in ihren Gefühlen ernst und lassen Sie sich von ihr grundsätzlich nichts gefallen - egal, ob Mutter, Partnerin, Tochter, Arbeitskollegin oder Chefin. Verweigern Sie allerdings den offenen Kampf und halten Sie die Spannung im Konflikt mit Frauen aus (siehe: Spannung aushalten). Versuchen Sie nunmehr, auf der Gefühlsebene zu schlichten. Verwirklichen Sie dennoch nebenbei wie selbstverständlich Ihre eigenen Vorstellungen und Prioritäten! (Die Sachebene ist beim Angriff durch Frauen ohnehin zumeist nur vorgeschoben!) Wenn Sie eine Frau in einer Angelegenheit angreift, verteidigen Sie sich fair und lassen sich dabei aber nicht von Ihrem Weg abbringen! Das ist alles. Keine Erklärungsversuche! Keine Rechtfertigungen! Keine Analysen! Keine Gegenangriffe! Verteidigen Sie sich einfach dadurch, dass Sie ihr zuhören und Aufmerksamkeit schenken!

Mit anderen Männern hingegen sollte ein Mann immer den Wettkampf suchen. Sei es im Sport, der Politik, im Wirtschaftsbereich, der Religion oder Philosophie! Gemeinsam werden Sie reifen. Nur, wer sich so mit einem anderen Mann gemessen, wird späterhin auch in der Lage sein, eine tiefe Männerfreundschaft zu diesem aufzubauen. Allein deshalb schon lohnt es sich, immer fair zu kämpfen! Freundschaften, die mittelfristig auf dem Niveau der Konkurrenz verharren, sind jedoch als „minderwertig" (Steve Biddulph) einzustufen. Hochwertige Freundschaften erkennt man am gegenseitigen Vertrauen in den jeweils anderen! Je öfter Sie die physische, emotionale oder mentale Konkurrenz mit anderen Männern gesucht und erfahren haben, desto tiefgreifender werden Sie verstehen, wie nutzlos dies langfristig ist. Ihre männlichen Freundschaften werden von einer Dimension der gegenseitigen Anerkennung und des Vertrauens geprägt sein!

Grundsätzlich stehen einem Mann im Wettkampf mit anderen zwei Trümpfe zur Verfügung. Der eine ist der eines *Spezialisten*, der andere der des *Allrounders*. Zweiterer ist ein Mann der beim Heranziehen von 100 wichtigen männlichen Wissensgebieten und Fertigkeiten unterm Strich besser abschneidet als 90% seiner

„Mitbewerber", sprich Konkurrenten. Beide Joker haben ihre Vor- und Nachteile. Persönlich habe ich immer auf den des *Allrounders* gesetzt, was aber die Gefahr von Dilettantismus mit sich führt. Die Karte des *Spezialisten* hingegen birgt die Gefahr, zum Fachidioten zu werden, der in einigen anderen maßgebenden Lebensbereichen versagt. Am gesegnesten sind Männer, die mit beiden Trümpfe aufwarten können. Man erkennt Sie am Gleichmut ihrer goldenen Bescheidenheit.

FAZIT: Für einen Mann und das Männliche in der Welt sind Konkurrenz und Wettkampf notwendig. Männlich im Sinne der Ritterlichkeit ist es jedoch, diesen immer mit fairen - zuvor vereinbarten Mitteln - auszutragen! Zudem wird ein wahrhafter Mann niemals nachtreten, wenn der Feind bereits zu Boden gegangen ist. Weder physisch, verbal, emotional oder mental. Ganz im Gegenteil ist dies der Moment, wo er seine Hand reicht und seine Freundschaft anbietet! Der jeweils andere sollte aus falschem Stolz nicht scheuen, diese zu ergreifen, denn beide sind ebenbürtig. Aus Konkurrenz hervorgegangene maskuline Freundschaften zeichnen sich aus durch Respekt, Solidarität, Wahrhaftigkeit und Vertrauen!

Praktische Hinweise

- Bekennen Sie sich zum Prinzip der Konkurrenz und zum fairen Wettkampf unter Männern!
- Setzen Sie auf die Trümpfe der Spezialisierung und des Alleskönners!
- Begreifen Sie dies als Spiel zur Vervollkommnung der eigenen Stärken!
- Respektieren Sie Ihre Feinde und messen Sie sich nicht mit Schwächeren!
- Üben Sie sich zugleich in Solidarität und Kooperation!

- Nach dem Kampf kommt die Freundschaft!
- Sollte Sie eine Frau angreifen, beschränken Sie Ihre Verteidigung auf ein notwendiges Minimum!
- Lassen Sie sich durch eine Frau niemals von Ihrem Weg abbringen, sondern anerkennen Sie diese als Probe für Ihre Überzeugungen!
- Vermeiden Sie den offenen Kampf und Konflikt mit Frauen!
- Insbesondere feminine Frauen sind keine würdigen Gegner!
- Schlichten Sie in diesem Fall auf der Gefühlsebene! Eine feminine Frau verlangt immer nach Ihrer empathischen Führung!
- Sollte sich eine Frau allerdings wie ein Mann verhalten, dann bekämpfen Sie sie notfalls auch wie einen solchen!
- Setzen Sie in diesem Fall jedoch keine männlichen Wertstandards voraus, denn Ihre Gegnerin wird diese mit Sicherheit unterlaufen!
- Sorgen Sie für Wieder-gut-machung im Falle eines Regelverstoßes!
- Beweisen Sie persönliche Größe und sehen Sie von jeglichen Rachegedanken ab!
- Die Kunst der Maskulinität ist es, auf seine Rechte zu bestehen und sich zugleich im Vergeben und Verzeihen zu üben!
- Entscheiden Sie von Fall zu Fall gemäß Ihres Herzens!

THOMAS: Müssen wir Männer wirklich immer zunächst miteinander ringen, gegeneinander kämpfen, wetteifern um Sieg und Ehre, bevor wir uns eine ehrliche Hand reichen und Freundschaft schließen? Geht es nicht auch anders? Ich bin diese ständige Konkurrenz unter Männern, den ewigen Wettstreit irgendwo auch leid! Bin ich deshalb unmännlich, weibisch, verweichlicht? Ich finde einfach, der permanente Kampf raubt langfristig mehr Kraft, als dass er zur Stärkung und Ertüchtigung beitragen würde. Ist lebenslanger Wettkampf also wirklich unser maskulines Schicksal? Oder könnte es da vielleicht noch etwas anderes geben? Etwas Neues? Eine Weiterentwicklung vielleicht? Wahrscheinlich wirst du mich jetzt für eine ganz schöne Memme halten, obwohl ich mir einfach nur das - wie ich finde - maskuline Recht herausnehme, meine diesbezüglichen Bedenken schriftlich kund zu tun. Möglicherweise gibt es vielleicht sogar demnächst so etwas wie eine Polverschiebung oder einen Polsprung, der das ganze traditionelle Rollenverhältnis ins Wanken bringt? Hältst du mich jetzt für einen Verräter an der Männlichkeit, da ich das Dogma maskuliner Konkurrenz hinterfrage? Könnte ich nicht auch ein männlicher Visionär sein? Vielleicht sogar ein Prototyp jener maskulinen Männern, die gleichermaßen ihre männlichen und weiblichen Aspekte integrierten? Und wieder fühle ich, was du denkst: Du denkst, dass ich mit dieser Friede-Freude-Eierkuchen-These noch nicht einmal langfristig im weiblichen Lager punkten würde. Richtig? Du glaubst, die Frauen würden mir zunächst Beifall spenden, mich dann aber für den nächstbesten Macho versetzen. Für Macho Marco beispielsweise mit muskulösen Oberarmen und mittlerer Reife, der wie selbstverständlich den brachialen, männlichen Wettkampf lebt und allen Beteiligten ein für alle mal klar macht: „Hier bin ich der Hirsch! An mir kommt keiner vorbei, egal, ob ihr Bücher schreibt oder nicht, egal ob Traditionalist oder Visionär, egal ob Männerfreund oder Frauenversteher. Diesen Kampf gewinne ich, noch ohne ihn ernsthaft führen zu müssen, denn niemand wird sich auch nur in meine Nähe trauen. Die Frauenwelt liegt mir deshalb zu Füßen. Sie kann sich mir anvertrauen und hingeben, denn ich bestimme den Kurs und werde sie gegen jedwede Gefahr verteidigen!" Und das Schlimme ist, Macho Marco hat wahrscheinlich Recht. Wen wählt die schlanke Frau? Den philosophischen Bücherwurm und pazifistischen Träumer oder jenen Mann, der ihr konkret zugleich Schutz und Abenteuer verspricht? Den Utopisten oder jenen, der mit beiden Beinen fest im Leben steht? Wettkampf?! Lasst uns kämpfen, damit jeder eine faire Chance auf seinen Teil vom femininen Kuchen erhält! Das ist es, was du dachtest und es gibt zu Denken: Im Konflikt der Realität wird sich immer der Stärkere durchsetzen, sei er der Muskulösere, Furchteinflößendere, Größere, Reichere, Intelligentere oder ganzheitlich Gesündere. Der Kampf ist Teil des Spiels. Eines aber glaube ich dennoch nicht, nämlich, dass Marco in Kategorien wie „Traditionalist" und „Visionär" denkt! Er ist ein Krieger der Straße und das reicht ihm! Die schlanke Frau teilt sein Bett.

Wildheit

„Der freie Mann ist immer auch ein wilder Mann! Er nutzt die eigene Unberechenbarkeit, um anderen Impulse zur Weiter-entwicklung zu verabreichen!"

Wildheit ist die Tugend des Kriegers. Er ist unbändig, unberechenbar, Angst einflößend für jene, die ihn nicht kennen, wild und frei. Seine Macht besteht darin, unabhängig von den Konventionen der Gesellschaft zu leben, ja außerhalb von ihr oder zumindest nur am Rande. Meine persönliche Meinung ist, dass ein Mann auch die Straße kennen muss, um im Spiegel seiner eigenen Männlichkeit bestehen zu können. Wer nie wild, frei und ungebändigt war, wie soll der die Ganzheit des Lebens erlangen? Er wird immer Angst haben. Angst vor den anderen. Angst vor dem Wilden. Angst vor den Wilden. Angst vor den Besitzlosen. Angst vor den Ausländern. Angst vorm eigenen Bruder und ohnehin Angst vor den Launen der Frauen. Mann, erkenne dich selbst, du stammst aus der Steppe und zu Steppe wirst du werden. Wo ist dein Wolfsgeheul? Heule! Schreie! Schere dich einen Deut um die Meinungen der anderen! Gehe hinaus und verlasse dein Heim, deine Eltern, deine Partnerin, deine Kinder, deine Freunde! Gehe hinaus in die Wildnis und werde zum Tier, zur Pflanze und zum Mineral! Werde zum Geistwesen! Laufe den Pilgerweg, ob nach Santiago, Mekka oder auf dem Appalachen Trail! Mische dich unter die Bewohner der Slums! Verbringe Zeit in der Wüste, der Steppe, dem Wald! Durchquere die (innere) Wüste! Nur dann nehme ich dir ab, ein kultiviertes Wesen zu sein. Nur dann werde ich dich als Mann akzeptieren, wenn du aus der Quelle deiner eigenen Wildheit getrunken hast! Nur dann wird deine zur Schau gestellte Tugend echter Tugendhaftigkeit, Weisheit und Stärke entsprechen. Alles andere sind Fassaden, Maskeraden, nichts als Kartenhäuser, die eines Tages über dir zusammen stürzen werden. Und dies wird der Moment sein, an dem du bereust, nie mehr über den Wald, den Dschungel und die Gesetze der Straße gelernt zu haben! Wer weder *Slumdog* war, noch seinen inneren Steppenwolf je gelebt hat, was soll man von dem schon erwarten?

FAZIT: Leben und respektieren Sie Ihre eigene Wildheit jenseits aller Zivilisation und Konventionen. Nur der wilde Mann ist in der Lage, auch die wildesten Emotionen begehrenswerter, stolzer Frauen zu ertragen und zu lieben. Er läuft nicht fort, sondern stellt sich in seiner gesamten Liebe dem eigenen inneren Kampf!

Praktische Hinweise

- Nicht nur Männer, auch Frauen sollten ihr wildes Potential (in kanalisierter Form) ausleben!
- Es sollte überflüssig sein, festzustellen, dass Wildheit und Brutalität zwei grundverschiedene Dinge sind!
- Seien Sie wild, wann immer Ihnen danach ist! Aus dem Ritual wird Wirklichkeit. Es ist eine Initiation Ihres Mannseins! Wildnis ist Wirklichkeit!
- Bleiben Sie unberechenbar!
- Nur wer sich selbst als Außenseiter und Gescheiterter erfahren hat und daran reifte, wird die Stürme des Lebens meistern!
- Auch wenn männliche Wildheit anfänglich oftmals nur gespielt und äußerlich ist, während die Wildheit einer Frau vermehrt aus ihren inneren Emotionen kommt, ist doch einzig der wahre,

wilde Mann in der Lage, auch den aufbrausendsten fraulichen Gefühlen standzuhalten!
- Der gezähmt oder zahme Mann wird früher oder später an seiner Zucht zugrunde gehen!

THOMAS: „... stellt sich in seiner gesamten Liebe dem eigenen inneren Kampf", schreibst du am Abschluss dieses Fazits. Während der Mann also äußerlich ruhig bleibt und sich durch seine Partnerin hindurch liebt, toben in seinem Inneren gewaltige Schlachten. Hat er es gelernt, sich von seiner eigenen Wildheit berühren und hinforttragen zu lassen, hat er nichts zu befürchten. Er muss nunmehr nichts anderes tun, als seine eigenen inneren Spannungen zu beobachten und gelassen auszuhalten. Mag seine Partnerin auch wüten und zetern, kennt er ihre Stürme aus eigenem Erleben und wird in der Lage sein, ihr Stand zu halten. Mag sie ihn demütigen, anschreien und schlagen, bleibt er dieses eine Mal gefasst und heiter! Sollten sich die Vorfälle wiederholen, wird er sich ohne Groll von ihr trennen! Beweist er diese Stärke, wird seine Partnerin, sobald sich ihr Sturm gelegt hat, vor ihm hinschmelzen, ihn um Verzeihung bitten und ihre Liebe gestehen oder aber ihrerseits ihn aus Scham verlassen. Was auch immer geschieht, es wird gut sein, denn die wilde Frau hat den wilden Mann gesegnet! Dies ist der Augenblick der Gunst! Sternschnuppen fallen vom Himmel! Auch er wird die Frau dieser Nacht segnen. Kennt der Mann hingegen nicht das Durchleben der eigenen Abgründe, wird sie ihn früher oder später durch ihre dunklen Emotionen zu sich herunterreißen und ihn an Ort und Stelle vernichten. Alsbald schon wird sie aus seinem Leichnam neu entsteigen! Sie wird blutig sein und grässlich anzuschauen und ihm noch nach seinem Tod ein schwarzes Kind gebären!

Willensstärke

„Willensstärke, Durchsetzungskraft und Selbstdisziplin sind nichts ohne die Liebe; aus offenen männlichen Herzen stammend, aber sind sie in der Lage, die Welt in einem einzigen Atemzug unwiederbringlich zum Positiven zu verändern!"

Der männliche Weg ist der Weg des Feuers. Er bejaht Aggression, Herrschaft, Stärke, Leidenschaft und Führung. Ein Mann ist immer auf der Suche nach anderen Männern, um sich mit ihnen zu messen, zu kämpfen, zu stärken, auszusöhnen, Freundschaft zu schließen und sich gegenseitig zu unterstützen. Hierzu bedarf es des unbedingten Willens zur eigenen Vervollkommnung. Grundsätzlich strebt ein Mann gemäß seiner Essenz immer nach Makellosigkeit und Freiheit. Hierbei gilt es, sein Herz zu öffnen und sich selbst zu ermächtigen, die eigene Vision in der Welt zu verwirklichen. Willensstärke wird so zu einem wesentlichen, männlichen Attribut. Sie verfügt über zwei Dimensionen: die magische Intensität des Augenblicks und die Permanenz ihres Daseins (siehe auch: Ausdauer/Beharrlichkeit). Die *Intensität des Augenblicks* ist jenes magische Leuchten in den Augen eines Mannes, wenn er zum ersten Mal seine eigene Mission begreift. Die *Permanenz* hingegen ist jene Triebkraft (Agens), die es einem Mann ermöglicht, seinen solchermaßen erkannten Willen durch alle Widrigkeiten hindurch in die Welt zu tragen. Ein Mann sollte deshalb immer danach streben, jeden Moment das Beste zu geben und auch langfristig über sich selbst hinaus zu wachsen, um die eigenen Grenzen zu erweitern!

FAZIT: Ein Mann strebt immer nach Makellosigkeit und Freiheit. Er wird beides nur über die offene, ehrliche und faire Auseinandersetzung und langjährige Freundschaft mit anderen Männern erlangen! Ein erfolgreicher Schritt auf diesem Weg ist die eigene Willensstärke!

Praktische Hinweise

- Ein Mann sollte immer seinen Willen schulen (Essverhalten, kommunikative Selbstoffenbarung, Standhaftigkeit etc .pp)!
- Dies gilt gleichermaßen für die Erfahrung des jeweiligen Momentes (*Intensität*) als auch hinsichtlich der entsprechenden *Permanenz*!
- Willensstärke kann sich unter anderem im Aushalten, im Verzicht oder der Selbstdisziplin offenbaren!
- In der Praxis wird sie sich sowohl im Umgang mit dem Femininen als auch im Wettkampf mit anderen Männern zeigen!
- Wer hat den stärksten Willen und wird langfristig den Sieg davon tragen?
- Willensstärke gibt des Ausschlag über Erfolg oder Misserfolg im Leben!
- Ihre größte Offenbarung ist die Verwirklichung der eigenen Vision/Mission!
- Sie ist Ihre Gabe für die Welt!
- Hierfür bedarf es Ihres Durchhaltevermögens und Ihrer Willensstärke!

THOMAS: Ich hatte ja bereits im Kapitel über Wettkampf meine Zweifel an der ständigen Konkurrenz angemeldet, der sich ein Mann im Leben ausgesetzt fühlt. Das Thema wiederholt sich hier. Macho Marco (Sie erinnern sich?!) als Sinnbild eines in pathologischer Konkurrenz stehenden Mannes, macht sich indessen hierüber keine weiteren Gedanken. Er strebt nicht wirklich nach Makellosigkeit, zumindest nicht bewusst. Das Einzige, was er - auch in metaphysischer Hinsicht - verlangt, sind Abenteuer, Freiheit, sowie die Aussicht auf Ruhm und Erlösung! Wenn es sein muss, tötet Marco, wie es alle Männer tun: Wenn es sein muss, morden wir - ob kaltblütig oder heißen Gemüts sein dahingestellt! Wir morden: Gesteine, Pflanzen, Tiere, Menschen (die wir in Freund oder Feind unterscheiden) etc.! Jeder Mann ist auf seine Weise ein Mörder! Der Mann ist Soldat, die Frau meuchelt. (Ich provoziere hier bewusst!) Und doch haben wir die Wahl der Entscheidung: Muss es wirklich sein oder gibt es andere Wege? Allein diese Frage ist es, die uns von den Tieren unterscheidet. Der wahre Mann verfügt über eine Willensstärke, die jene des Mittelmäßigen weit übertrifft. Während sich der mittelmäßige Mann noch immer mit vorgefertigten Meinungen begnügt, hat der maskuline Mann längst begonnen, diese zu hinterfragen. Er wird so verstärkt zu einer Gefahr für das bestehende Herrschaftssystem. Ein maskuliner Mann denkt klar, stringent und logisch; mehr noch aber spürt und fühlt er, was in jedem Moment das Richtige ist! Zum Erschrecken der Herrschenden in Kapital und Kirche hat er die Kategorien von „Gut" und „Böse" längst hinter sich gelassen. Das ist es, was ihn so gefährlich macht: Er trägt den Keim und den Willen zur Veränderung in sich! „Richtig" (zweckdienlich) und „Falsch" (kontraproduktiv) - na gut, damit muss man(n) leben. Aber moralisch „Gut" und „Böse"? Selbst der Mord gehört nicht in diese Kategorien! Es ist die Willensstärke eines Mannes, die über sein letztendliches Schicksal entscheidet, ja ihn darüber triumphieren lässt. Wird es ihm gelingen, seine Mission in dieser Welt zu verwirklichen oder wird er an ihren Widrigkeiten zugrunde gehen? Er hat die Wahl. Es ist seine Wahl! Er hat sie längst getroffen!

Yang

"Yang? Das sind die Sonne, das Licht und die Wärme!
Wir sind das!"

Männlichkeit ist immer nur im Spiegel des gegenüberliegenden weiblichen Prinzips zu begreifen. Das Konzept ist alt und hat doch nichts von seiner Gültigkeit eingebüßt. Im Taoismus, dessen Entstehungszeit im 6. - 4. Jahrhundert vor Christus in China lag, unterscheidet man zwischen *Yin* und *Yang*, wobei *Yin* für das Weibliche und *Yang* für das männliche Prinzip steht. (*Yang* klingt ja auch wie *Mann*.) Beide Prinzipien sind von vollendeter Schönheit und erfahren ihre Vollständigkeit doch erst in der Verschmelzung und Einheit des *Tao*. Zum *Yang* gehören u.a. der Himmel, das Oben, das Positive, das Aktive, das Erzeugende, das Gebende, die Helligkeit, der Tag und das Trockene, Frühling und Sommer, Vater und Sohn, das Außen, die Bewegung, das Glück und das Leben, Expansion, Hierarchie und Ordnung, die Zeit, das Individuum, die Planung, der Teil, der Geist, die Süße, das Harte und die Spitze. *Yin*, das Weibliche, verkörpert das jeweilige Gegenteil.

<u>Als männlich, *Yang*, gilt unter anderem:</u>

- mutige Entschlossenheit, einmal gesetzte Ziele anzugehen
- Geradlinigkeit im Handeln
- Zielstrebigkeit und Struktur
- Aktivität und Präsenz in der Gegenwart
- sich auf seine eigenen Bedürfnisse zu besinnen

- sich selbst zu akzeptieren und zu lieben
- voller Selbstbewusstsein nach außen zu treten
- sich bewusst durchzusetzen für seine Rechte
- selbstsicher aufzutreten
- Handlungsbereitschaft zu zeigen
- Status und Macht zu erarbeiten
- auf den Verstand zu bauen
- auf das Wissenschaftliche zu vertrauen
- allgemein gültige Richtlinien zu beachten und zu befolgen; aber auch: richtungsweisende Impulse wahrzunehmen und zu nutzen.

Als Körpermerkmale guten *Yangs* gelten:

- eine eher laute, tiefe und markante Stimme
- eher kleine Augen und dichte, buschige sowie markante Brauen
- allgemein starker Haarwuchs und eher trockene Haare
- straffer Bauch und festes Bindegewebe
- eher schnelle als langsame Bewegungen
- eher einen schnellen und vollen Puls
- eher heiß als kalt
- liegt deshalb eher ausgestreckt und wirft die Decke ab
- benötigt eher wenig Schlaf.

Beide Aufzählungen wurden von mir mit leichten Abwandlungen nach www.fengshui-raemyblandine.ch zitiert.

Yin, das weibliche Prinzip, vertritt die jeweils gegenüberliegenden Pole. David Deida schreibt hierzu auf Seite 100:

„Bei einer Frau mit femininer Essenz erhalten Sie genau das: Eine Frau, die alle ihre Emotionen frei auslebt. Eine Frau, die mit Sicherheit ihre

Meinung ändert. Eine Frau, die so viel sensibler als Sie auf den subtilen Energiefluss in Ihrer Beziehung reagiert. Eine Frau, die Ihnen mit der sexuellen und spirituellen Ekstase, die ihr Körper so frei und wunderbar ausdrückt, Entzücken und Ehrfurcht beschert. Es kommt immer alles in einem Paket. Sie können keine Frau bekommen, die immer logisch, zuverlässig, vernünftig und pünktlich ist, und gleichzeitig Ihr Herz und Ihr Fleisch mit Energie erfüllt."

Eine feinfühlige Beschreibung, wie ich finde. Dass darüber hinaus eine grundsätzliche philosophische oder taoistische Unterscheidung in Männlich und Weiblich durchaus weitere, sehr lebenspraktische Konsequenzen hat, zeigt sich beispielsweise auch darin, dass, wenn eine Frau zu viel maskuline Energie in sich aufnimmt (also Feuer und Hitze), sie auszutrocknen droht. Sie wird unfruchtbar und verwelkt wie ein verdorrtes Blatt am Baum. Im Gegenzug dazu wird ein Mann mit zu viel femininer Energie zur Heulsuse (Tränen = Wasser = weiblicher Pol) oder zum Waschlappen. Interessant wird die ganze Sache noch dadurch, dass sich im *Yang* immer auch etwas *Yin* und im *Yin* etwas *Yang* befindet. (Ich denke, Sie alle kennen das entsprechende Kreiszeichen!) Mit anderen Worten: Maßvolles Weinen-Können gehört zur Maskulinität ebenso dazu wie ein tatkräftiges Anpacken auf Seite der Frauen! Letztendlich, und das verkörpert das *Tao*, sind wir trotz aller Unterschiede eine einzige menschliche Rasse!

FAZIT: Die beiden Prinzipien von *Yang* (Männlichkeit) und *Yin* (Weiblichkeit) sind universell, zeit- und raumübergreifend. Im Hinblick auf ein harmonisches Zusammenleben von Mann und Frau sollten sie jederzeit beachtet werden! Und zwar sowohl in ihren Unterschieden (*Yin und Yang*), als auch in ihrer nochmaligen Differenzierung (*Yin im Yang*) sowie ihrer zugrundeliegenden Einheit (*Tao*)!

Praktische Hinweise

- Leben Sie als Mann bewusst gemäß Ihrer eigenen männlichen Essenz!
- Verwirklichen und integrieren Sie das Weibliche und kehren Sie sodann zurück an den männlichen Pol!
- Leben und sterben Sie als Mann, wenn Sie als solcher geboren wurden!
- Verwirklichen Sie sich, Ihre Männlichkeit und Mission über den Weg der Maskulinität!
- Zum Segen aller Menschen!

THOMAS: Mann sein! Mann sein! Kann sein, Mann sein! Kann's ein Mann sein?Kein Mann sollte sich länger schämen, Mann zu sein, denn so weit ist es in unseren „modernen" Gesellschaften teilweise schon gekommen! Man versucht uns ein schlechtes Gewissen ob der eigenen, wilden Männlichkeit einzureden, obwohl die meisten von uns schon längst kastriert sind. Mami bestimmt darüber, mit wem sie aus und ins Bett geht und mit wem nicht. Wann? Wie häufig? Wie? Und Wo? Und warum überhaupt? Sind es nicht in ihrer Mehrzahl oftmals die Frauen, die ein viel größeres Problem mit ihrer neuen Rolle (nach dem Wegbruch der traditionellen Rollenbilder) und ihren gewonnen Freiheiten haben, als wir Männer? Und trotzdem macht man uns zum Sündenbock: „Du tust ja nichts!" - „Wir haben keine Gemeinsamkeiten mehr!" - „Alle sind dir wichtiger als ich!" - „Immer soll es nur nach deinem Kopf gehen!" - „Nie hast du Zeit für mich!" - lauten dann einige der gängigen weiblichen Unterstellungen und Phrasen. Meine Devise: „Schluss damit! Lieber <<Bier, Mann und Schlagzeug>> als <<Wein, Weib und Gesang>>!" Warum denn auch nicht, wenn der gemeinsame Wein längst zur Gewohnheit wurde und der immergleiche Gesang lautet: „Damals, als wir uns kennen lernten, warst du viel aufmerksamer!" - „Nie hast du Lust, etwas mit mir zu unternehmen!" - „Ich fühle mich nicht gesehen von dir!" - „Allen machst du Komplimente, nur mir nicht!" - „Immer willst du bestimmen!" - „Du hältst dein Versprechen ja doch nicht!" - „Wann hast du mich denn das letzte Mal zärtlich berührt oder auch nur angesehen?!" - „Hätte ich damals gewusst, wie du dich entwickeln würdest, hätte ich es mir zweimal überlegt" - „Deine Freiheit ist dir viel wichtiger als ich es bin!" - „Alles ist dir wichtiger...!" Usw.! Weißt du was, gute Frau: „MACH DICH DOCH EINFACH ERST EINMAL SELBST GLÜCKLICH, BEVOR DU ES VON ANDEREN ERWARTEST!" Schlimmer noch als <<Wein, Weib und Gesang>> sind <<Alkoholismus, Hermaphroditismus und Kakaphonismus>>, die sich dann einstellen, wenn man(n) den weiblichen Verlockungen gänzlich erliegt! Deshalb - und ich als *Narr* werde das ja wohl sagen dürfen - sollte jeder Mann neben seiner idealisierten, ritterlichen Männlichkeit zugleich seinen inneren Proleten pflegen: Bier, Mann und Schlagzeug! *El hombre, la cerveza y la batería*

Bumm baff bummburum bumm baff
Bumm baff bummburum bumm baff

Oder Fußball:

Der Ball ist rund. Das Spiel hat 90 Minuten. Vor dem Spiel ist nach dem Spiel und die Engländer sind keine Franzosen etc.

Oder Technik: „Du musst nur mit dem Fünfer die Nockenwelle vom Dreier-P schräg anschieben, damit der MX180er so richtig in Fahrt kommt!"

(Äh, wie *bitte?*)

Oder natürlich unsere legendäre maskuline Weltmeisterschaft in Schach und Boxen! Da kann man noch Mann sein! Und sich frei machen von alten Klischees, indem man einfach neue erfindet: Auf geht es nach Yang-zick-yang, einem Fluss, in dem man auch als Mann noch so richtig schön versumpfen kann!

Zärtlichkeit

„Was auch immer ein Mann tut, er sollte es männlich tun, ob es sich dabei um das Wickeln eines Kindes handelt, das Streicheln einer Frau oder die Kontemplation einer Blüte!"

Ein echter Kerl wäre nicht zärtlich? Weit gefehlt! Natürlich ist ein Mann zärtlich! Es ist seine Pflicht, nicht nur Männlichkeit zu leben, sondern darüber hinaus auch die Schule der weiblichen Zärtlichkeit zu durchlaufen. Erst nach Rückkehr in die eigene Männlichkeit ist er wirklich maskulin und ganzheitlich zärtlich! Ein echter Kerl ist nur der, dem es gelang, sich von Mutter und dem eigenen Machotum zu lösen und zugleich die Prüfungen der Femininität erfolgreich zu bestehen. Er hat sich ihre Lehren angeeignet und die Schule der Frauen komplett durchlaufen! Weder blieb er in der mütterlichen Abhängigkeit noch begab er sich in eine neue. Noch nicht einmal seine kleine Tochter kann ihn um die Finger wickeln! Natürlich wurden dem männlichen Krieger und Poeten am weiblichen Pol u.a. Zärtlichkeit und auch empfangende Sexualität gelehrt, die er dankbar annahm. Indes verlor er sich darin nicht dauerhaft, sondern es gelang ihm, sich wieder loszureißen, zu befreien und in der Gnade maskuliner Einsamkeit seine nächtliche Vision zu empfangen. Erst diese Vision gab ihm die Kraft, die es ihm ermöglichte, als freier Mann gänzlich zu seinem angestammten, maskulinen Pol zurückzukehren! Schon war er im Begriff gewesen, sich zu verlieren; Weiblichkeit klammerte und nagte an ihm am Pol der Frauen, an dessen Busen er hing und lauschte. Doch da, endlich, empfing er den fordernden und zugleich befreienden Ruf seiner männlichen Ahnen und leistete Folge. Dies war sein Glück, denn die Anhängerinnen der *Kali-Durga*, der schwarzen Göttin, hatten ihn bereits als Opfer ausersehen. Er brach auf, mit der Zärtlichkeit als Beute, einer nunmehr vollständig integrierten Eigenschaft! Dankbarkeit erfüllte ihn und er segnete alles Weibliche sowie die empfangenen Wohltaten, bevor er niederfiel, um nunmehr dem maskulinen Gotte die Treue zu schwören! Er dankte ihm dafür, im letzten Augenblick der drohenden Opferung durch die Kali-Adeptinnen entronnen zu sein und zugleich der Gefahr, sich als missionsloser, weibischer Mann in der Femininität zu verlieren und sein letztes Feuer dort verlöschen zu sehen. Jetzt aber brannten seine Flammen stärker denn je zuvor und es war gut so. Er fühlte sich heil, als Individuum und Teil des Ganzen. Er verspürte Zärtlichkeit für alle Wesen, die gesamte wundervolle Schöpfung und hatte damit begonnen, dies auch auf maskuline Weise zu leben, zu geben und zu verschenken. Selbst jene, die ihn dereinst opfern wollten, beschenkte er nunmehr mit einer derart überbordenden maskulinen Herzlichkeit und Zärtlichkeit, die sie bei seinen Worten in seinen Händen dahinschmelzen ließen. Er hatte dem Dämon von Angesicht zu Angesicht gegenübergestanden und das reine Licht in dessen Augen funkeln gesehen.

Zärtlichkeit ist hierbei mehr als eine bloße körperliche Angelegenheit, so wie auch Sexualität weit über den körperlichen Akt hinausreicht. Beide beginnen mit der Bewusstwerdung, dem Atmen, sind präsent im Gefühl, den Worten und Gedanken. Dennoch gibt es auch entscheidende Unterschiede!

FAZIT: Natürlich ist ein Mann zärtlich. Selbst der wildeste Krieger kennt Phasen der Hingabe und Entspannung! Aber meine Herren, nachdem Sie sich am Pol der Weiblichkeit gelabt haben, sollten Sie die meiste Zeit in Ihrem eigenen Bett verbringen! Nur so werden Sie eine lebenslange Leidenschaft und Spannung aufrecht erhalten können!

Praktische Hinweise

- Seien Sie zärtlich mit sich, zu Ihrer Frau, mit Ihren Kindern und unter Freunden!
- Lernen Sie Zärtlichkeit und Sexualität auf der körperlichen Ebene voneinander zu unterscheiden!
- Begreifen Sie Zärtlichkeit als etwas Ganzheitliches, was mehr ist als das bloße Streicheln nackter Haut!
- Üben Sie sich darin als maskuliner Mann, umfassende Zärtlichkeit in Ihrem Herzen zu spüren!
- Die Zärtlichkeit ist eine hohe Schule!
- Sie sind das funkelnde, reine Licht im Auge des Dämons!

THOMAS: Ich mag Zärtlichkeit! Zärtlichkeit „an und für sich", mit wechselnden Geliebten, mit männlichen Freunden... Und so eine Kali-Adeptin hat durchaus auch physisch-real wie auch mental-spirituell ihre reizenden Seiten! „Jedem Krieger seine Amazone!" - sagte bereits mein Opa!

Zielstrebigkeit

„Nur weil sich der momentane Zeitgeist wieder verstärkt dem Zyklischen, der Spirale und dem Labyrinth zuwendet, heißt dies noch lange nicht, dass Geradlinigkeit und Zielstrebigkeit überholt oder gar unnötig wären!"

Zielstrebigkeit ist immer auch Geradlinigkeit. Oftmals wird dem Manne heutzutage sein lineares Denken angekreidet. „Spiralförmig" oder doch zumindest „zyklisch/kreisförmig" solle man(n) denken. Wer aber bestimmt hierüber?

Mein Tipp: Überlassen Sie das spiralförmige Denken (und die Verhütung) den Frauen und denken Sie weiterhin so, wie es Ihnen passt, geradlinig von A nach B! Mehr wird von Ihnen nicht erwartet!

Eine andere moderne Masche ist das Denken im „sowohl/ als auch"-Modus anstelle eines klassischen „entweder/ oder". Beides kann - je nach Zweck und Situation - Sinn machen! Lassen Sie sich also nicht verbiegen und denken Sie, wann immer Sie wollen, weiterhin männlich zielorientiert. Das Ergebnis ist wichtig, nicht der Denkvorgang! Resultate zählen! Sind Sie glücklich? Verfolgen Sie ihre Mission? Hierauf kommt es an und nicht auf zusätzliche Denkdogmen durch esoterischen, spiralförmigen oder „sowohl/als auch"-Schnickschnack! Ich sage hier nicht, dass zyklisches Denken oder das moderne „sowohl/als auch" nie Sinn machen würden. Ganz im Gegenteil liegt darin die Lösung für viele unsere gesellschaftlichen und globalen Probleme verborgen, aber lassen Sie sich deshalb bitte nicht verbiegen, denn wo wäre die Menschheit heute ohne das zielgerichtete, männliche Denken und Erfinden? Noch immer in der afrikanischen Savanne? Oder bereits ausgestorben?

FAZIT: Zielstrebigkeit, Lösungsorientierung und das Hervorbringen von Resultaten ist männlich, aber denken Sie doch, was und wie Sie wollen! Das Ergebnis zählt!

Praktische Hinweise

- Es ist nichts Falsches daran, zielstrebig und linear zu denken!
- Gehen Sie Schritt für Schritt auf dem Weg Ihrer Vision!
- Jeder Schritt ist ein Fort-schritt!
- Wir stolpern nie über den Mount Everest, sondern immer nur über den nächsten Maulwurfshaufen!
- Ein Mann sollte die zyklische Denkweise kennen, dann aber zu seinem gewohnten, lösungsorientierten Handeln zurückkehren!
- Ein Mann sollte es verstehen, dass sich ein „entweder/ oder" immer auch als „sowohl/ als auch" erfahren lässt!
- Dann sollte er sich entscheiden!
- Im Leben eines Mannes zählen Resultate und Leistung!
- Allen sonstigen Schnickschnack kann er getrost den Frauen überlassen, die sich zumeist gerne hierum kümmern!

THOMAS: „Allen sonstigen Schnickschnack kann er getrost den Frauen überlassen, ... !" Also kochen, putzen, Windeln wechseln etc.? Das ist doch wohl wieder einer von deinen Machosprüchen. Du kannst es anscheinend nicht lassen. Was für mich wirklich einmal interessant wäre, ist, wenn du ein Buch über oder für Frauen schreiben würdest... Ich weiß schon: Weder willst du dies, noch tust du es ..... aber gesetzt den hypothetischen Fall, dass doch. Wie wohl würdest du deine Formulierungen wählen, um den weiblichen Pol lobzupreisen und die feminine Essenz der Frauen zu unterstützen? Wie würdest du wohl die Schattenseiten des männlichen Pols darstellen: Würdest du von übertriebener Härte, Unflexibilität, Aggression und Anspannung sprechen? Würdest du die emotionale Trockenheit der Männer hervorheben? Mit den Schattenseiten des weiblichen Pols scheinst du diese Schwierigkeiten ja nicht zu haben: Frauen sind in deiner Darstellung besitzergreifend, maßlos, launisch, werden von dunklen Emotionen beherrscht, verlangen nach Schutz und Führung, können sich nicht wirklich durchsetzen, noch klare Gedanken fassen, noch zählen sie zu den würdigen Gegnern eines Mannes im Wettstreit etc.. Was aber ist mit den maskulinen Schatten? Kannst du nicht einfach eingestehen, dass das männliche Führungsprinzip für die Welt versagt hat? Dass die maskuline Zielstrebigkeit in erster Linie für die Ausbeutung der Natur und Unterdrückung ganzer Völker genutzt wurde und wird?

Thomas, deine Rolle ist die des ausgewogenen Kritikers und die des Schlusspunkt setzenden Zweiflers und du versuchst, ihr hier gerecht zu werden. Trotzdem solltest du anerkennen, dass ich in diesem Buch die Regeln mache und breche und deshalb erneut das Wort ergreife! Ich kenne meine und die männlichen Schatten im Allgemeinen zur Genüge und habe auch immer wieder darüber geschrieben! Gerade du solltest wissen, dass es nur wenig gibt, was ich mehr verabscheue als die Unterdrückung von Frauen, die Vernichtung indigener Völker oder die damit einhergehende Ausbeutung und Schändung von Mutter Erde. Ich kenne den männlichen Schatten, er ist ein Fluch der Zerstörung und Gewalt. Ich weiß, wie wichtig es für das gesamtmenschliche Leben ist, sich nachhaltiges, zyklisches Denken und Handeln anzueignen. Ich ehre Gaia und ihre Devas und Göttin mindestens ebenso sehr wie meinen gesunden maskulinen Heimatpol. Ich habe auf meinen Reisen erfahren, dass ich mit allem verbunden bin, ja mehr noch,

dass ich alles bin! Ich bin sowohl/als auch! Mann und Frau. Na und? Ich lasse mir deshalb mein Denken, Schreiben und Handeln trotzdem von niemandem aufoktroyieren - erst recht nicht von einem Narren wie dir. Kennst du denn deine Schatten? Wer bist denn du überhaupt? Du existierst doch nur als Tinte auf dem Papier, mein Lieber! Außerdem solltest du die Kirche im Dorf lassen oder besser noch das Heiligtum im Walde, denn ich ehre durchaus - wie du jetzt vielleicht einsehen magst - die Welt, die Frau und den weiblichen Pol. Ich dachte immer, du könntest zwischen den Zeilen lesen, aber anscheinend habe ich mich getäuscht. Du bist nichts als ein Nichts, wie könntest du also lesen? Trotzdem, zum Beweis meiner Fairness, werde ich dir noch einmal das Wort erteilen.

THOMAS: Ich scheine dich getroffen zu haben, du verteidigst dich wie ein Dieb und rechtfertigst dich wie unterlegene Männer in einem Zweikampf. Warum wohl, mein *großer Schöpfer*? Habe ich nicht vielleicht doch Recht, mit dem, was sich sage? Wo Rauch ist, ist immer auch ein Feuer!

Bist du in meinen Schuhen gelaufen, um zu beurteilen, wer und was ich bin?!

(Oder warum ich etwas so und nicht anders schreibe?)

THOMAS: Du in den meinen?! Lass uns den Bruderzwist wieder beilegen, er führt zu nichts! Ja, es ist wahr, du möchtest das „Richtige" (was auch immer das ist) und hast mich sogar in diesem heiklen „das Verhältnis von Mann und Frau" betreffenden Thema als dein Korrektiv geschaffen. Wir beide sind nicht frei von Fehlern und haben doch unser Bestes gegeben. Es war vielleicht nicht „perfekt", aber doch gut genug, so gut wie wir eben konnten. Wir sollten jetzt diesen Dialog beenden, um unsere Leser nicht weiter mit unseren persönlichen Themen zu langweilen. Und ganz unter uns: Bei aller gelegentlichen Gehässigkeit lassen sich deine Kommentare doch manchmal auch als Liebeshymne ans feminine Prinzip und alles Weibliche lesen! (Auch wenn ich meinem zuvor Gesagten damit widerspreche und mir zugleich nicht sicher bin, ob dich diese Sichtweite in deinem Selbstverständnis nicht noch mehr verletzt, als die zuvor von mir geäußerte Kritik - *großer, maskuline Mann, der alles ist -, so* kommt es eben doch immer auf den Blickwinkel und die entsprechende Lesebrille an!)

Hm?! Wir sollten jetzt wirklich mit diesem Geplänkel aufhören. Weil da aber noch immer Spott in deiner Stimme mitschwingt, behalte ich mir hiermit vor, für dieses Kapitel das letzte Wort geäußert zu haben! Beweise Größe und ärgere dich nicht!

Zitate

„Beim Liebesspiel ist es wie beim Autofahren. Die Frauen mögen die Umleitung - die Männer die Abkürzung."
Jeanne Moreau

Die Bereitschaft zum Töten

„Der Tod ist nichts als ein Tor, wer sich vor ihm ängstigt,
fürchtet in Wirklichkeit das Leben!"

Gilt es nicht, seinen Feinden durch Kampf auf Leben und Tod Respekt zu erweisen. Ja, natürlich: Sie sind Ihre eigentlichen und größten Lehrmeister! Angenommen ein Mann oder eine Frau würde Sie mit einem Messer bedrohen und Ihre einzige Chance wäre es, Ihren eigenen verborgenen Revolver zu ergreifen und diesen Mann/ diese Frau zu töten. Was würden Sie tun? Ein mittelmäßiger Mann würden schießen. Meine These: Besser wäre es wegzurennen, als einen anderen Menschen zu vernichten! Der andere war der „Böse", meinen Sie?! Um Gottes Willen, wir alle glauben von uns, zu den „Guten" zu gehören. Auch der scheinbar „Böse" sieht sich immer nur als „Opfer der Umstände". Wir alle stilisieren uns ständig zum Opfer. Der oder die andere wird so zwangsläufig zum „Bösen"! Interessant nur, dass aus seiner/ihrer Sichtweise Sie selbst der Aggressor, der ungerechtfertigte Eindringling, sind! Doch um zum Thema zurückzukommen: Meines Erachtens zeugte Flucht im eingangs konstruierten Fall von größerer Männlichkeit, als den oder die andere mit einem gezielten Schuss niederzustrecken!

Verstellt Ihr Peiniger Ihnen nun aber - obwohl Sie samt Ihres Revolvers fliehen wollten - mit seinem Messer den Fluchtweg und Sie sehen keine andere Möglichkeit (also beispielsweise ihn durch einen Schuss in die Hand oder das Bein kampfunfähig zu machen), dann - aber auch nur dann - schießen Sie ihn/sie eiskalt nieder!

Besser er/sie als Sie selbst, zumal Sie ihm/ihr durch Ihre bewaffnete Flucht die Chance gegeben hatten, sein/ihr eigenes Leben zu retten. Das ist Respekt! Ein Meister der Kampfkunst würde nicht anders verfahren! Erst fliehen, dann verletzen, dann töten. Die Bereitschaft zu letzterem aber muss gegeben sein! Es gibt keine Welt, in der Löwen, Ziegen und Menschen friedlich miteinander Obst frühstücken! Ein gewisses Leid können wir als Menschen vermeiden, aber wir können es nicht gänzlich verhindern!

Kommt es hart auf hart und es gibt keine anderen Handlungsoptionen zur Deeskalation oder zur Flucht, ist es männlich, dem Tod - sei es dem eigenen oder dem des Gegners - entschlossen entgegen zu treten! Persönlich bin ich dabei der Meinung, dass es in einem solchen Fall immer besser ist, Ihr Feind stirbt, als Sie selbst! Aber das ist letztendlich Geschmackssache. Ein Makel bleibt dennoch: Warum waren Sie zu schwach, diesen Kampf bereits im Vorfeld zu vermeiden? Fehlte es Ihnen an Charisma, Stärke, Präsenz, Bewusstsein oder einfach nur List? Warum waren Sie zu dumm, um zu fliehen? Warum haben Sie nicht bereits vorher ausreichend Vorsorge getroffen, um auch dieses menschliche Leben zu erhalten? Haben Sie nicht auf Ihre Intuition gehört? Sich nicht im Vorfeld geschützt? Mit diesen Fragen werden Sie leben müssen. Es ist nie schön, einen anderen Menschen (oder auch „nur" ein Tier) zu töten, selbst dann nicht, wenn er Ihr eigenes Leben bedroht!

Wenn ich Sie dennoch auffordere, notfalls im entscheidenden Moment zu töten, bevor Sie selbst oder Ihre Frau, Ihr Freund oder Ihre Kinder sterben, so ist dies sicherlich etwas anderes als die ständige Gewaltbereitschaft einiger, oftmals junger - nicht initiierter - Männer. Diese lässt auf tiefe Unsicherheit schließen und ist eines jener Attribute, wie sie im Falle des klassischen Machos angetroffen werden. In Wahrheit sind dieses sehr hilfsbedürftige

Männer. Starke Männer hingegen zeichnen sich durch ein positives, aggressives Potential aus. Sie verfügen über innere Stärke, Beschützerinstinkt und Charisma. Sie treffen Vorsorge und vermeiden unnützes Blutvergießen, bevor es überhaupt zum Kampf kommt. Sie sind Männer des Friedens! Darin liegt ihr wahres Kriegertum!

Die Kehrseite der Bereitschaft zum Töten liegt in der Bereitschaft zu sterben beziehungsweise darin, den eigenen Tod - Gott preisend - in Kauf zu nehmen. Nur wer die Bereitschaft in sich spürt, sich für einen höheren Zweck selbst aufzuopfern, sollte überhaupt erst zu den Waffen greifen! Dies ist der Weg des Soldaten. Es ist dies ein Weg und es gebührt ihm Ehre. Wer diese Bereitschaft in sich allerdings nicht spürt, sollte den „Dienst an der Waffe" von vornherein ablehnen und verweigern! Auch alle anderen mögen die Waffen endlich niederlegen! Ich spreche von Gefühlen, Worten, Fäusten, Messern und Gewehren!

Die Bereitschaft, jeden Augenblick selbst zu sterben oder ins SELBST zu sterben, ist die größte Kür des Kriegers. Sie sollte nicht mit Flucht verwechselt werden, sondern ist ein bewusster Akt des Vertrauens auf die eigenen Vision/Mission: Das, was einmal gefühlt, gedacht und getan wurde, wird nie vergehen. Es bleibt in der Welt und wird sich durch andere, nachkommende Generationen entwickeln und vervollständigen! Dies ist das eigentliche Vermächtnis eines Mannes und seiner Polarität.

FAZIT: Lande als Mann den Jagdbomber im Hangar und greife zum Gewehr! Lege die Kalaschnikov nieder und schärfe das lange Messer! Wirf den Dolch beiseite und schlage dich mit Fäusten! Nutze Boxhandschuhe, sodann beschimpfe deinen Nächsten, verfasse Kampfschriften, prozessiere! Lass die Worte ruhen und spüre Vorwurf, Neid und Hass in dir! Bekämpfe und besiege diese negativen Gefühle in dir, indem du beginnst, sie zu lieben!

Praktische Hinweise

- Lieben Sie sich zunächst selbst und sodann die Sie umgebende Welt!
- Selbst für einen Meister der Kampfkunst kann unter gewissen Umständen die Flucht besser sein, als seinen Gegner gnadenlos niederzustrecken, denn so rettet er ein Menschenleben!
- Erweisen Sie Ihren Feinden immer Respekt!
- Der Tod sollte lediglich das letzte Mittel bleiben!
- Sollte Sie ein Gegner auf Leben und Tod fordern, ist es immer besser, als Sieger aus dieser Auseinandersetzung hervorzugehen!
- Trainieren Sie Ihre diesbezügliche Intuition, Geschicklichkeit und Stärke!
- Verdrängen Sie Gewissensbisse, Furcht und Ekel!
- Wenden Sie sich gegen jede Art unnötiges Blutvergießen!
- Engagieren Sie sich für den weltweiten Verzicht auf atomare, biologische und chemische Waffen!
- Schließen Sie Frieden in und mit sich selbst!
Wer hasst wird häss-lich!

THOMAS: Dies war also das letzte Kapitel der 103: die Bereitschaft zum Töten! Ich finde, du hättest stellenweise ruhig noch etwas metaphysischer formulieren können. „Der Tod als das große Unbekannte und die lähmende Angst vor ihm" etc.. Aber sei es drum: Du hast dein Pulver verschossen, näherst dich dem Ende deines Buches und ich durfte dich dabei begleiten. Mir hat es bis hierhin Freude gemacht (soviel zu meinem Feedback) und ich hoffe, dir ein guter Narr gewesen zu sein, selbst wenn ich deine

Ansichten stellenweise hinterfragte oder gerade dann, wenn ich dir offen widersprach. Es war dies mein gutes Recht als Freund, Mann und Begleiter! Ich hörte deinen Rat und du meine Fragen, ein Bild entstand, und es war gut, so, wie es war. Es ist übrigens - ganz egal was ist - immer gut, so, wie es ist! Auch der Tod macht hiervon keine Ausnahme. Bereits im Leben beginnen wir zu sterben. Wer die Erkenntnis von der Güte und Süße des Abschieds bereits zu Lebzeiten wahrhaft verstanden hat, muss keine Bücher mehr lesen! Er möge ewig und frei sein! Die Schnitterin wird ohnehin zu ihrer Zeit kommen; soviel ist sicher! Haltet euch bereit und lebt so, dass ihr ihr ohne Angst und Reue ins Angesicht schauen könnt! Sie liebt euch und befindet sich deshalb bereits auf dem Weg zu euch, um euch in ihr tiefes Reich zu begleiten. Auch eure Vorväter sind bereits diesen Weg geschritten; manche schmerzerfüllt, andere hoch erhobenen Hauptes. Ob ihr sie dort treffen werdet? Es ist der vorbestimmte Weg des Menschens und aller Kreatur. Was dort ist, wissen wir nicht! Der Strom des Gebärens, des Lebens und des Sterbens allerdings ist immerwährend und ungebrochen. Die Schnitterin wird euch darin in Liebe begleiten. In Wahrheit ist sie eure einzige, letzte und treueste Geliebte! Alles andere in dieser Welt ist dem Vergehen und Vergessen geweiht! Ein Mann sollte sich dessen immer bewusst bleiben und lernen, freudig mit dem Tod zu tanzen!

Nachwort

„Ein Mann lebt und stirbt mit seinem Werk!"

Ich wünschte mir sehr, mein Buch hätte jene Weisheit, Klarheit, Reife und Tiefe entwickelt, dass es für Sie zu einem Schlüssel geworden wäre! Zugleich bemühte ich mich darum, bei aller Ernsthaftigkeit immer doch eine gewisse Leichtigkeit und Verspieltheit zu bewahren. Sollte Ihnen dieses Buch also gefallen haben und Sie erachten es einer weiteren Verbreitung für würdig, so verschenken Sie es bitte an andere Männer weiter! Es ist kein Beziehungsratgeber (siehe Danksagung!), sondern ein Wegweiser zur Entwicklung von Maskulinität. Die aufgelisteten Zitate mögen nicht immer passend gewesen sein, doch ich hoffte, die Lektüre so etwas aufzulockern. Bitte empfehlen Sie auch das Buch von David Deida „Der Weg des wahren Mannes - ein Leitpfaden für Meisterschaft in Beziehungen, Beruf und Sexualität". Die Formulierung mit dem „mittelmäßigen Mann" habe ich übrigens von ihm geklaut. Er hat mich (wie andere Männer auch) stark inspiriert und ist ein wahrer Mentor richtig verstandener Männlichkeit! Auch mit *Robert Bly*, einem der weisen Väter der Männerbewegung, sollten Sie sich beschäftigen, wenn Sie sich weiterhin für die Thematik „Männer - Männlichkeit - Mannsein" interessieren.

THOMAS: Mein *Schöpfer* und ich hoffen, dass uns aus gesammelter, männlicher Erfahrung heraus ein authentisches „kleines Männerbuch" geglückt ist, auf dass wir - bis in den Tod - stolz sein dürfen! Möge es auch anderen helfen, zu sich selbst zu finden und zu stehen! Die Kette des Gebens und Nehmens ist ungebrochen! Es gab nichts, was wir wissentlich zurückgehalten hätten...

Danke, Thomas(!) ... und tun Sie mir bitte den Gefallen, über dieses Buch oder einzelne Passagen darin, nicht mit Ihrer Partnerin oder einer anderen Frau zu streiten. Sicherlich gibt es auch Textstellen, in denen das Wort „Mann" 1:1 durch die Bezeichnung „Frau" ausgetauscht werden könnte, denn das menschlich Verbindende zwischen beiden Geschlechtern ist immer noch größer als das Trennende. Darüber hinaus denke ich sogar, dass auch feminine, weitblickende Frauen in der Lage sind, die Absicht und Bedeutung von Maskulinität richtig einzuordnen und wertzuschätzen. Dennoch ist dies in erster Linie ein Buch von einem Mann für Männer. Nichts anderes! Frauenliteratur gibt es bereits genug, aber diese allein hat noch keinen Mann, keine Beziehung oder Ehe glücklich gemacht. Übernehmen Sie daher jetzt selbst mit all Ihrem maskulinen Potential die Verantwortung für Ihr eigenes Wohlergehen und jenes der Ihnen Anvertrauten! Auch wenn sie es vielleicht sein sollten, sind Frauen auf dem männlichen Weg der E-mann-zipation in der Praxis zumeist leider nicht unsere „natürlichen" Verbündeten! Gelingt allerdings der beherzte Schritt in die Maskulinität des Mannes, werden selbstverständlich auch Frauen und Kinder einen großen Nutzen hieraus ziehen. Durch die Stärkung des männlichen Geschlechtes in seiner Wahrhaftigkeit, Gerechtigkeit und Solidarität werden nicht nur Partnerschaften und Familien nachhaltig gestärkt, sondern die gesamte Gesellschaft und Menschheit bis hin zu den lebenden Elementen von Feuer, Wasser, Luft und Erde wird gefördert. Wer weiß, vielleicht frohlocken sogar Vater Sonne, Mutter Erde und Großmutter Mond? In Politik und Wirtschaft drückt sich Maskulinität jedenfalls durch soziales und ökologisches Handeln aus.

Im Übrigen ging es mir ganz sicher nicht darum, das feminine Geschlecht in irgendeiner Weise zu kritisieren oder gar zu diskriminieren. Ganz im Gegenteil sehe ich in einem pathologisch „entmaskulinisierten" Patriarchat die Hauptursache für das desaströse Gesamtbild unseres nach wie vor schönen Planetens! Mir war auch nicht daran gelegen, ein abschließendes Bild von Weiblichkeit zu entwerfen! Sollte einiges von dem, was ich schrieb, aus dem Zusammenhang gerissen vielleicht respektlos gegenüber Frauen erscheinen, so ist die Wahrheit doch, dass dieses Buch überhaupt nicht von ihnen handelt, sondern von Männern auf ihrem Weg in eine verantwortungsbewusste Maskulinität und damit in eine Zukunft, in welcher sich beide Geschlechter in all ihren Vorzügen gegenseitig ergänzen und gemeinsam eine bessere Welt erschaffen.

<u>Abschließend möchte ich ich einige wesentliche Stationen auf dem maskulinen Weg, wie ich ihn zumindest für mich erkannt habe, wie folgt in 17 Stufen skizzieren.</u>

- Geburt in die Welt
- Weg der weiblichen Erziehung
- Abnablung von der Mutter
- Weg der männlichen Initiation
- Aussöhnung mit dem Vater
- Weg des weiblichen Pols: verschiedene Partnerschaften
- Schrittweise Integration aller femininen Anteile
- Suche nach der eigenen Vision als Kern aller Maskulinität
- Weg des männlichen Pols: Rückkehr in die Männlichkeit
- Bevorzugt männliche Freundschaften
- Aus der persönlichen Vision wird eine Mission
- Weg des Kriegers in die Makellosigkeit
- Weg des Bardens durch kreativen, handwerklichen Ausdruck

- Weg des Schamanens = Weg der eigenen ganzheitlichen Heilung
- Weg des Druidens = Weitergabe des erlangten Wissens
- Erlösung von der Welt durch Verwirklichung der eigenen Mission
- Freie Wahl zwischen dem maskulinem und femininen Pol

Natürlich ist dies nur ein Modell, da jeder Mann seinem eigenen Weg folgt und es sich hierbei nur sehr schwer verallgemeinern lässt. Auch die einzelnen Stufen werden nicht immer in der vorgegebenen Reihenfolge genommen. Manchmal lautet es vielleicht auch: „Zwei Stufen vor, eine zurück!" oder so ähnlich. „Das Leben macht das schon", wie mein Schwiegervater zu sagen pflegt und es gibt keine zwei Männer mit exakt dem gleichen Schicksal. Holen Sie deshalb einfach das aus dem Modell und meinen Ausführungen heraus, was Sie weiterbringt und vergessen Sie den Rest! Sollten Sie auf Widersprüche stoßen, halten Sie es bitte einfach aus! Entscheidend ist nicht, das was wir denken, sagen oder schreiben, sondern das, was wir tatsächlich aus unserem Leben machen. Ich bin zutiefst bewegt, wenn ich Männer sehe, die ihre Frauen nach wie vor lieben, ihre Beziehungen heilen, mit ihren Kindern spielen und ihnen Vorbild sind und zudem noch einer Arbeit nachgehen, die sie erfüllt und zugleich der Erde dient! Nichts anderes wünsche ich mir.

Interessant scheint mir nunmehr noch der abschließende, 17te Punkt zu sein: die freie Wahl zwischen dem maskulinen und femininen Pol. Dies ist ein Punkt, der in den bisherigen Aufzeichnungen noch nicht zum Tragen kam, dennoch ist er entscheidend für Ihre eigenen Makellosigkeit. Haben Sie erst einmal die Lektionen des Femininen in seiner ganzen Tiefe und scheinbaren Ambivalenz vom Chaos und der Maßlosigkeit emotionaler Stürme bis hin zur feinsten Liebeskunst erlernt und verstanden und kehrten sodann in einer zweiten Reise zurück an ihren eigenen, angestammten, maskulinen Pol, um auch diesen in seiner Fülle - u.a. durch Verfolgen und Verwirklichung Ihrer Mission - einzunehmen und zu begreifen, so sind Sie endlich frei darin, die gesamte menschliche Bandbreite an Vorstellungen, Gefühlen, Methoden, Handlungsweisen etc. auszuspielen und zu genießen, wie auch immer Sie es möchten. Sie wurden zum ultimativen Gestalter Ihrer Wirklichkeit und erlangten Makellosigkeit. Darüber hinaus sind Sie frei, der Welt und ihren lebenden Elementen (Feuer, Wasser, Luft, Erde, Pflanzen, Tiere, Menschen) zu dienen. Man wird Sie einen Magier nennen, der sich zugleich sein maskulines Verlangen nach Erlösung sowie sein feminines Bedürfnis nach Harmonie immer wieder neu zu erfüllen weiß, da er beide *Qualitäten* in sich trägt und vereint.

Ist es mir tatsächlich gelungen, Sie bis an diesen Punkt durch 103 männliche Themen zu führen? Haben Sie Kapitel übersprungen oder alles mit Interesse gelesen? Was hat Ihnen die Lektüre persönlich gebracht? Gibt es Dinge, die Sie in Ihrem Leben ändern werden? Haben Sie sich stellenweise gelangweilt oder geärgert oder ist es mir gelungen, Ihnen wichtige Impulse zu geben? Fühlen Sie sich als Mann gesehen und verstanden? Empfinden Sie vielleicht sogar so etwas wie eine neue Hoffnung, Ihr Leben jetzt in die Hand zu nehmen und zu einem Besseren zu wenden? Wie auch immer: Freuen Sie sich auf keinen Fall zu früh! Die wahren Herausforderungen warten im richtigen Leben erst noch auf Sie! Da draußen lauern noch immer all jene Dinge, die einem Mann das Leben zur Hölle machen oder ihn gar töten können. Insbesondere folgende zehn Dämonen warten nur darauf, Sie zu verschlingen!

Zehn Dinge, die einen Mann töten können

- unmäßiges Glücksspiel
- Schulden bei der Bank
- Alkoholmissbrauch
- Drogenmissbrauch
- lebensfeindliche Sexualität
- unreflektierte Aggressionen
- überhöhte Risikobereitschaft
- Eifersucht
- Habgier
- ein an der Liebe zerbrochenes Herz

Diese zehn Dinge sind nicht nur gefährlich, sie sind lebensgefährlich!

Deshalb meine abschließenden Bitten: Halten Sie sich von Glücksspiel, Alkohol und Drogen fern! Hören Sie mit der dämlichen Raucherei auf! Verkaufen Sie überschuldete Immobilien, um Ihre Hypotheken abzuzahlen und nehmen Sie keine weiteren Darlehen bei der Bank auf! Üben Sie den Ejakulationsverzicht! Heilen Sie Ihre Ehe, wenn Ihnen etwas an Ihrer Frau liegt oder trennen Sie sich von ihr! Dieser Zwischenzustand ist Ihrer beider unwürdig! Kümmern Sie sich vermehrt um Ihre Kinder! Suchen Sie regelmäßig die Natur auf und erleben Sie Abenteuer! Seien Sie hierbei nicht ängstlich und sichern Sie sich trotzdem (so gut es eben geht) gegen überhöhte, lebensgefährliche Risiken ab! Mit anderen Worten: Leben Sie am Rande des Abgrundes, aber fallen Sie nicht herunter! Achten Sie auf Ihre Gesundheit! Erfüllen Sie sich Ihre Herzenswünsche, ehe es zu spät ist! Entwickeln Sie ein positives Verhältnis zu Ihren Aggressionen, vermeiden Sie Gewalt und vor allem Brutalität! Stehen Sie zu Ihren Gefühlen und halten

Sie Emotionen wie Eifersucht, Hass, Trauer, Zorn, Ungewissheit oder Angst in sich aus, ohne sie ausleben zu müssen! Entscheiden Sie vermehrt aus Ihrem Herzen! Werden Sie von mal zu mal glücklicher! Ergründen Sie die Wurzel Ihrer Habgier und führen Sie sich die fehlende Liebe selbst zu! Lernen Sie wieder zu lachen, zu weinen, zu schweigen und zu teilen! Machen Sie etwas aus sich und Ihrem Leben! Verwirklichen Sie Ihre Mission! Suchen Sie die Freundschaft anderer Männer und verhalten Sie sich maskulin in allem, was Sie tun!

Ist dies ist eine lange Liste mit Anforderungen? Ich finde nicht! Sicherlich darf jeder Mann seinen eigenen Weg finden und niemand kann von sich behaupten, die Weisheit mit Löffeln gegessen oder den Stein der Weisen gefunden zu haben. Wir alle befinden uns auf dem Weg, probieren uns aus und machen unsere Erfahrungen. Weder sollten wir deshalb zu streng mit uns ins Gericht gehen oder uns auf dem Weg in Maskulinität und Makellosigkeit unnötig hetzen, noch sollten wir alles auf eine allzu leichte Schulter nehmen! Eines ist sicher: Wir Männer sind auf dem Weg und dies ist auch bitter notwendig!

ANHANG

Liste mit einigen typischen maskulinen und femininen Eigenschaften

Verfolgen der eigenen Vision/Mission	Bedürfnis nach partnerschaftlicher Liebe
Freiheit als Endziel	Intimität als Endziel
Er-lösung	Er-füllung
Unabhängigkeit	Zugehörigkeit
Makellosigkeit	Harmonie
Abenteuergeist	Sicherheitsbedürfnis
Geistesklarheit, die zum Ausdruck gebracht werden möchte	Emotionsfülle, die gesehen und verstanden werden möchte
linke Gehirnhälfte	rechte Gehirnhälfte
Gedanken	Gefühle
Pläne/Absichten	Empfindungen
klare Absprachen	Gefühlsentscheidungen
Berechnung	Intuition
objektive Wahrheit	subjektive Wahrheit
Wissenschaft	Innerlichkeit
Re-ligion	Esoterik
Zielstrebigkeit	Träumen
Durchsetzungsfähigkeit	Konsensfähigkeit
Charisma	Schönheit
Geben	Empfangen
Verwirklichung	Hingabe
Stärke	Weichheit/Flexibilität
lineares Denken	zyklisches Denken
Aufstieg	Abstieg
Ordnung	Chaos

Eros	Agape
senkrechte Haltung	waagrechte Haltung
Individualität	Ganzheit
Vielfalt	Heilung
Grenzziehung/Abgrenzung	Maßlosigkeit
offene Aggression (Kanalisierung)	unterdrückte Aggression
Emanation/Entelechie	Entropie
Konkurrenz	Kooperation
Kontrolle	Vertrauen
Anspannung	Entspannung
Phantasie/Gedankenkonstrukt	Bewusstsein
Erfindungen/Entwicklung	Hüten und Erhalten/Erziehen
Schöpferkraft	Fruchtbarkeit
Aktivität	Passivität
Führung	Fürsorge/Förderung/Gefolgschaft
Verzeihen	Mitgefühl/Dankbarkeit
Herzlichkeit und Humor	Empathie
Herrschaft/Macht	Kommunikation
Hierarchie	Konformismus
Ehrlichkeit/Aufrichtigkeit	Diplomatie/Abwägen
Loyalität und Treue	Vorteilsdenken
Anwenderwissen	innere Weisheit
Feuer	Wasser
Luft	Erde
Sonne	Mond
Hitze	Kühle
Licht	Schatten
Trockenheit	Nässe
Yang	Yin
Yoga	Tantra
ungerade Zahlen (insbesondere Primzahlen)	gerade Zahlen

Diese Liste erhebt keinen Anspruch auf Vollständigkeit, noch darauf, dass die genannten Eigenschaften oder *Qualitäten* in allen Personen genau so anzutreffen sein müssten! Insbesondere lege ich Wert auf die Aussage, dass in einer verwirklichten Person immer beide Pole zum Tragen kommen. Beispiel: Natürlich hat auch ein

Mann das Bedürfnis nach partnerschaftlicher Liebe und natürlich hat auch eine Frau gewisse Anliegen/Überzeugungen und besondere Gaben, die sie in die Welt tragen möchte. Das ist doch ganz klar! Dennoch bringt diese Tabelle jene maskuline bzw. feminine Essenz zum Ausdruck, nach der es in in erster Linie zu Streben gilt, nachdem man auch den gegenüberliegenden Pol voll und ganz in seiner Seele integriert hat! Eine Aussage, die zumindest für jene 85% der Menschen gilt, die in erster Linie vermehrt die Essenz ihres eigenen Geschlechts in sich tragen. Wer darauf verzichtet, diese Essenzen im Beruf, der Partnerschaft oder generell der Welt zum Ausdruck zu bringen, wird nicht nur sich selbst, sondern mittelfristig auch seine Partner (Geliebte, Arbeitskollegen, Freunde etc.) unglücklich machen.

Beiden Geschlechtern gleichermaßen zu eigen sind u.a.

- die Liebesfähigkeit (pathologisch: Eifersucht)
- die Wildheit (pathologisch: Verwahrlosung)
- die Kreativität (pathologisch: Strukturlosigkeit)
- die Heilkraft (pathologisch: Selbstüberschätzung)
- die Weisheit (pathologisch: Klugscheißerei)

Auf dem maskulinen Pol befinden sich in erster Linie folgende TOP FIVE Agenzien[3]

1) **die Verwirklichung der eigenen Vision/Mission;**
2) **die persönliche physische, finanzielle, emotionale, sexuelle, mentale und spirituelle Unabhängigkeit/Freiheit;**
3) **die eigene Makellosigkeit und männliche Tugendhaftigkeit** (Ritterlichkeit/ Schutz/ Fairness/ Solidarität mit Schwächeren etc.)

---

3   Agens (Latein) = treibende Kraft; Plural: Agenzien

4) **physisches Erleben und Führen** (Abenteuer, Jagd, Grenzziehung und Erweitern der eigenen Grenzen Konkurrenz, Kampf und Eroberung, Herrschaft und Macht, Loyalität und Treue, Zielstrebigkeit, Durchsetzungsfähigkeit; Ergebnis- und Lösungsorientierung, lineares Denken etc.) sowie ausgleichend
5) **männliche Herzlichkeit und Verzeihen(!)**

<u>In übersteigerter pathologischer Form offenbaren sich die TOP FIVE u.a. als:</u>

- **Vision/Mission**: Rücksichtslosigkeit, Starrsinn oder Missionierung...
- **Unabhängigkeit/Freiheit**: Vereinsamung, Kompromisslosigkeit oder gänzliche Beziehungsunfähigkeit, teilweise auch Besserwisserei, Geiz oder Habgier...
- **Makellosigkeit/Tugendhaftigkeit**: Dogmatismus, Humorlosigkeit, Intoleranz, Selbstkasteiung, Unflexibilität...
- **Erleben und Führen**: Herrschaftssucht, Machtmissbrauch, Brutalität, Verkennen der eigenen Grenzen oder überzogene Gewaltbereitschaft, Erpressung, Zwang...
- **Herzlichkeit und Verzeihen**: Grenzverwässerung, übertriebene Nachgiebigkeit oder Kompromissbereitschaft, anhaltende Gefühlsduseleien, Weicheiertum, überzogenes Harmoniebedürfnis...

Diese und ähnliche Auswüchse gilt es mit aller Herzlichkeit, Zweckdienlichkeit, Durchsetzungskraft und persönlicher Klarsicht zu vermeiden!

Die wichtigsten fünf essentiellen Eigenschaften oder Tugenden, die es für einen Mann auf dem weiblichen Pol zu integrieren gilt, sind:

- Bewusstsein, Ganzheit, Einheit
- Fürsorge, Achtsamkeit, Behutsamkeit
- Mitgefühl, Empathie und Ausdruck von Gefühlen
- Konsensfähigkeit und Kooperation
- zyklisches Denken, Nachhaltigkeit

Die ganzheitliche Integration dieser Agenzien sind auf dem Weg in eine wahre, verwirklichte Maskulinität mindestens genauso wichtig wie die TOP FIVE des männlichen Pols!

Gemeinsam mit den im Buch behandelten 103 Unterpunkten war dies mein finaler Aufruf zum Aufbruch als Mann und mein Angebot einer gemeinsamen, genderübergreifenden Richtung und Wegstrecke! Nicht weniger und nicht mehr!

Test zur Bestimmung der eigenen männlichen Essenz

Auch wenn Sie diesen Test bereits vor der Lektüre dieses Buchs einmal durchgeführt haben, sollten Sie ihn jetzt ein zweites Mal machen, um zu schauen wie und warum sich ihre Wahrnehmung und Einschätzung unter Umständen geändert hat!

1) Haben Sie Geheimnisse vor Ihrer Partnerin?
a) Wenn es geht, schweige ich über mein Innenleben!
b) Nein, ich bin ein Herz und eine Seele mit mir ihr!
c) Sie muss nicht alles wissen, wenn sie fragt, sage ich ihr aber immer die Wahrheit!
d) Ich behalte Geheimnisse immer für mich!

e) Intimität mit meiner Partnerin ist mir wichtig, weshalb ich mich mit ihr über meine Gefühle austausche!

2) <u>Wer bestimmt bei Ihnen zu Hause über das Fernsehprogramm?</u>
a) Eigentlich immer ich, meine Frau schaut dann mit mir, wenn sie möchte!
b) Grundsätzlich meine Frau, die sich von ihrem anstrengenden Arbeitsalltag erholen will!
c) Wir bestimmen abwechselnd in gegenseitiger Absprache darüber!
d) Meine Frau hat ihren Fernseher und ich den meinen!
e) Wenn es mir wichtig ist, bestimmte Dinge zu schauen, setze ich mich mit diesen Anliegen auch gegenüber meiner Frau durch!

3) <u>Wie läuft es bei Ihnen sexuell?</u>
a) Gut, ich schlafe mit meiner Frau, wann immer ich dazu das Bedürfnis habe! Meine Frau kommt dabei regelmäßig auch auf ihre Kosten! Wir verschmelzen regelrecht miteinander!
b) Wir schlafen immer nur einvernehmlich miteinander!
c) Eigentlich bestimmt meine Frau darüber, wann wir miteinander schlafen, indem sie mich verführt. Sie selbst zu verführen, gelingt mir oftmals nicht so gut!
d) Wir schlafen schon längst nicht mehr miteinander!
e) Ich pflücke mir die Frauen, wie ich es brauche!

4) <u>Wie oft treffen Sie sich mit anderen Männern?</u>
a) Immer wenn ich dazu Lust habe!
b) Ich frage vorher meine Frau und stimme den Termin mit ihr ab!
c) Ich habe eigentlich nur weibliche Freundinnen!
d) Arbeit und Haushalt lassen mir so gut wie keine Zeit, um mich auch noch regelmäßig mit Freunden zu treffen!
e) Fast ausschließlich, mit Frauen ist ja heutzutage ohnehin nicht mehr viel los!

5) <u>Was halten Sie von Aggressionen?</u>
a) Ich stehe Aggressionen grundsätzlich negativ gegenüber!
b) Gewalt ist geil!
c) Ich bin ein Freund männlicher Aggression!
d) Da muss ich meine Frau fragen!
e) Ich denke, man muss Aggressionen immer kanalisieren, damit sie ihre Berechtigung haben!

6) <u>Haben Sie den inneren Krieger in sich verwirklicht?</u>
a) Ich finde, dass altertümliche Bezeichnungen in der heutigen Welt keinen Platz mehr finden!
b) Ich bin ein vollendeter Krieger!
c) Wenn mir jemand krumm kommt, dann schlage ich schon einmal zu!
d) Nein, ein Mann sollte sich eher auf eine harmonische Partnerschaft und den friedlichen Umgang mit allen Menschen konzentrieren!
e) Ich glaube schon, dass es eine gewisse Wichtigkeit für einen Mann hat, seinen inneren Krieger auch zu leben!

7) <u>Wie stehen Sie zu weiblichen Attributen wie Liebesfähigkeit, Einheitsbewusstsein oder Dankbarkeit?</u>
a) Positiv, ich finde es toll, wenn eine Frau hierüber verfügt!
b) Habe ich selbst in mir verwirklicht!
c) Das ist doch alles Weiberkram!
d) Persönlich mache ich keinen Unterschied zwischen männlichen und weiblichen Tugenden!
e) Eine Frau sollte nach jahrtausendelanger Unterdrückung nie vergessen, sich in Partnerschaft und Beruf entsprechend durchzusetzen!

8) <u>Wie stehen Sie zum männlichen Führungsanspruch in Partnerschaften?</u>
a) Ich finde, heutige Partnerschaften sollten immer gleichberechtigt laufen!
b) Um Gottes Willen, die Frauen sollten führen! Sie verfügen über eine viel größere Weisheit!
c) Ganz egal, wie schändlich sich manche Männer in der Vergangenheit auch verhalten haben, es kommt ihnen nach wie vor der natürliche Führungsanspruch zum Wohle aller zu!
d) Ein Mann sollte immer auch das Sagen haben!
e) Ich finde durchaus, dass sich Männer in bestimmten Bereichen verstärkt durchsetzen sollten!

9) <u>Können Sie verzeihen?</u>
a) Wenn mir einmal jemand krumm gekommen ist, werde ich es ihm bis ans Ende seines Lebens nachtragen!
b) Ich bemühe mich darum, immer alles jedem und sofort zu verzeihen!
c) Wenn ich mich persönlich angegriffen fühle, dauert es lange, bis ich verzeihen kann!
d) Ich verhalte mich grundsätzlich so, dass mich nichts tangiert!
e) Verzeihen ist für mich eine sehr wichtige Tugend!

10) <u>Wer ist Ihrer Meinung nach für die Kindererziehung zuständig?</u>
a) Grundsätzlich die Frauen!
b) Frau und Mann in gemeinsamer Absprache und zu gleichen Teilen!
c) In erster Linie die Frauen, aber auch ein Mann sollte das Seinige dazu beigeben!
d) In der Verantwortung eines Mannes liegt es, wichtige männliche Prinzipien an seine Kinder weiterzugeben!
e) Meine Mutter hat mich erzogen und ich finde, dass sie hierbei alles richtig gemacht hat!

11) <u>Stehen Sie zu Ihren Überzeugungen?</u>
a) Grundsätzlich ja, aber man muss sich natürlich mit anderen absprechen!
b) Für die bedingungslose Durchsetzung meiner Überzeugungen bin ich bereit, auch große Opfer zu bringen!
c) Ich finde immer einen Weg, meine wahren Überzeugungen auf die eine oder andere Weise zu verwirklichen!
d) Ich finde, man sollte sich nicht so ernst nehmen!
e) Es fällt mir schwer, zu nachhaltigen Überzeugungen zu gelangen!

12) <u>Was halten Sie von Homosexualität?</u>
a) Homosexualität stimmt nicht mit den natürlichen Gesetzen überein!
b) Einzig Homosexuelle sind richtige Männer, da nur sie sich zu ihren Gefühlen bekennen!
c) Ich bewerte einen Mann nicht nach seinen geschlechtlichen Präferenzen!
d) Das Bekenntnis zur Homosexualität bedarf noch immer eines gewissen Mutes, weshalb wir als Männer unserer homosexuellen Gefährten auf ihrem Weg unterstützen sollten!
e) Es spielt überhaupt keine Rolle, ob jemand homo- oder heterosexuell ist!

13) <u>Wie stehen Sie einer weiteren Einwanderung von Ausländern gegenüber?</u>
a) Ich bin da sehr tolerant. Soll doch kommen, wer möchte!
b) Ich finde die Einwanderungsgesetze müssten verschärft und straffällige Ausländer ausgewiesen werden!
c) Die Hautfarbe ist mir eigentlich egal, es zählt immer nur der Mensch!
d) Die Unterschiede in der Menschheit verlaufen nicht zwischen den Völkern und Nationen, sondern zwischen Mann und Frau!

e) Ich finde, so wie es ist, ist es gut. Einerseits brauchen wir Einwanderer, andererseits verstehe ich auch die Menschen, die Angst vor Überfremdung haben!

14) <u>Zeigen Sie als Mann Ihre Gefühle?</u>
a) Für mich gilt nach wie vor der Grundsatz „ein Indianer kennt keinen Schmerz"!
b) Meistens bin ich der erste, der im Kino losheult.
c) Ich bin gegen Gefühlsduselei und zu viele Empfindsamkeiten, weiß aber dennoch, wie wichtig Gefühle sind!
d) Ich vertraue meinen Gefühlen bei der Entscheidungsfindung mehr als meinen Gedanken!
e) Gerade für Männer ist es wichtig, endlich zu ihren Gefühlen zu stehen und diese auch zu zeigen!

15) <u>Wie stehen sie zu Kapitalismus, Wettkampf und Konkurrenz?</u>
a) Ich stehe diesen Dingen grundsätzlich positiv gegenüber. Einzig der gesunde Wettstreit aller gegen alle bringt uns voran!
b) Ich lehne diese Dinge als nicht mehr zeitgemäß ab!
c) Man muss bei den genannten Punkten zwischen positiven und negativen Entwicklungen differenzieren!
d) Ich weiß nicht. Es wäre doch viel schöner, wenn sich alle einfach nur lieb hätten!
e) Der heutige Kapitalismus hat das Ökosystem Erde kurz vor einen globalen Kollaps gefahren. Wir alle sind aufgefordert, hiergegen vorzugehen!

16) <u>Wie ist Ihr Frauenbild?</u>
a) Ich halte Männer grundsätzlich für das anpassungsfähigere und stärkere Geschlecht!
b) Ich gebe mich allem Weiblichen hin und kann mich darüber selbst vergessen.

c) Ich verehre Frauen, sehe aber auch ihre Schattenseiten.
d) Es gibt nichts Tolleres als Frauen, Natur und Drogen!
e) Frauen sind tolle Wesen, genauso wie wir Männer!

17) <u>Würden Sie es Ihrer Frau erzählen, wenn Sie fremd gegangen wären?</u>
a) Natürlich, sie hat ein Anrecht darauf, die Wahrheit zu erfahren!
b) Ich sage es meiner Frau so, dass sie damit umgehen kann!
c) Nein, das würde sie nur verletzen. Wäre meine Frau allerdings selbst fremd gegangen, wäre dies nur die logische Konsequenz!
d) Ich würde niemals fremd gehen!
e) Das geht meine Frau überhaupt nichts an!

18) <u>Vertrauen Sie in die Zukunft?</u>
a) Ja, es wird schon alles gut gehen!
b) Nein, das sehe ich grundsätzlich skeptisch!
c) Ich tue das Meine, um mich zu verteidigen und auf alle Eventualitäten vorzubereiten, darüber hinaus vertraue ich aber!
d) Ich bete täglich zu Gott, dass alles gut gehen wird!
e) Ich denke, dass sich unser Staat schon um alles Notwendige kümmern wird!

19) <u>Arbeiten Sie auch mit Ihren Händen?</u>
a) Ja, jeden Tag, ich bin Handwerker!
b) Ich liebe es mit meinen Händen schöne und kunstvoll verzierte Dinge herzustellen!
c) Ich bin gerne in meiner Werkstatt und repariere grundsätzlich alles, was im Haushalt kaputt geht!
d) Nein, ich bin in diesen Dingen ungeschickt!
e) Meine Kunst besteht darin, das Schöne mit dem Praktischen zu verbinden!

20) <u>Wenn jemand im Supermarkt vordrängelt, wie reagieren Sie?</u>
a) Ich habe dafür Verständnis, schließlich hat es jeder irgendwann einmal eilig.
b) Ich werde mir die entsprechende Person draußen auf dem Parkplatz vorknöpfen.
c) Das lasse ich mir nicht gefallen! Ich bitte meine Frau, etwas hiergegen zu unternehmen!
d) Ich werde die entsprechende Person in jedem Fall darauf ansprechen!
e) Ich sorge dafür, dass sich die entsprechende Person wieder hinten anstellt, es sei denn sie hätte wirklich gewichtige Gründe für ihr Handeln!

21) <u>Begeistern Sie sich schnell für Dinge?</u>
a) Oh ja, fast täglich kann ich mich für etwas anderes begeistern!
b) Eigentlich nie, da ich streng zu den Traditionen stehe!
c) Ich wäge Dinge solange ab, bis die erste Begeisterung verflogen ist. Erst dann entscheide ich!
d) Wenn ich einmal von etwas überzeugt bin, ziehe ich es auch durch! Oftmals gehe ich dabei intuitiv vor!
e) An und für sich ist die Begeisterung eine sehr schöne Emotion!

22) <u>Sind Sie mit Ihrer Sexualität zufrieden?</u>
a) Leider komme ich oftmals viel zu früh!
b) Ich liebe es kurz aber heftig!
c) Ich leide schon des Längeren unter Impotenz!
d) Ich genieße langsame, lang anhaltende Sexualität!
e) Es geht so!

23) <u>Wie ist ihr Verhältnis zu Mutti?</u>
a) Es gibt nichts in dieser Welt, was über meine Mutter ginge!
b) Ich habe mich mit ihr restlos zerstritten!

c) Ich ehre meine Mutter, habe ihr aber eindeutige Grenzen gesetzt!
d) Wir telefonieren täglich miteinander!
e) Ich rufe Sie zu wichtigen Feiertagen an und besuche sie auch gelegentlich!

24) <u>Wie ist ihr Verhältnis zu Ihrem Vater?</u>
a) Es gibt Dinge im Leben meines Vaters, die werde ich ihm nie verzeihen!
b) Ich schätze meinen Vater und tue alles, was er mir sagt.
c) Wir haben eigentlich keinen Kontakt mehr zueinander!
d) Ich würdige meinen Vater und treffe mich regelmäßig mit ihm!
e) Ich unterhalte zu meinem Vater ein ganz normales Verhältnis!

25) <u>Wie stehen Sie zur Emanzipation von Frauen?</u>
a) Das ist die Wurzel allen Übels. Wie Männer hätten das damals in den 60er und 70er Jahren nie zulassen sollen!
b) Es gibt nichts Schöneres als eine Frau, die auch im Berufsleben ihren Mann steht!
c) In der heutigen Zeit sollten Frauen ihre weiblichen und männlichen Fähigkeiten gleichermaßen verwirklicht haben, um attraktive Frauen zu sein!
d) Es wird Zeit, dass auch wir Männer uns endlich emanzipieren!
e) Ich finde das natürlich gut!

26) <u>Sind Sie oft draußen in der Natur?</u>
a) Ja, ich unternehme täglich einen Spaziergang
b) Eigentlich lassen mir meine Belastungen hierfür kaum noch die notwendige Zeit!
c) Jedes zweite Wochenende verbringe ich mit meinem Sohn, Freunden oder auch alleine eine Nacht im Wald.
d) Wegen meiner Allergien, vermeide ich die Natur so gut es eben geht!

e) Eigentlich interessiert mich die Natur nicht besonders!

Auswertung

Frage	Antwort (a)	Antwort (b)	Antwort (c)	Antwort (d)	Antwort (e)
1	A	C	D	E	B
2	A	C	B	D	E
3	E	B	C	D	A
4	E	B	C	D	A
5	B	A	E	C	D
6	B	E	A	C	D
7	D	E	A	B	C
8	B	C	E	A	D
9	A	C	D	E	B
10	A	B	D	E	C
11	D	A	E	C	B
12	A	C	D	E	B
13	C	A	B	E	D
14	A	C	D	E	B
15	A	B	D	C	E
16	A	C	E	D	B
17	B	E	D	C	A
18	B	A	E	D	C
19	A	B	D	C	E
20	B	A	C	D	E
21	C	A	D	E	B
22	C	A	B	E	D
23	C	A	E	B	D
24	A	C	B	E	D
25	A	C	E	D	B
26	B	C	E	D	A

(A)-Typ

Sie verfügen über eine hohe maskuline Essenz, haben aber den Weg in die eigene Weiblichkeit noch nicht oder nur unzureichend beschritten. Dies steht Ihnen noch bevor, wollen Sie zu einem wahren Mann im Sinne dieses Buches werden!

(B)-Typ

Sie sind auf dem Weg in die eigene Weiblichkeit weit vorangeschritten, sollten aber zusehen, bewusst in die Männlichkeit zurückzukehren, um wahrhaft Ihren Mann zu stehen. Ansonsten drohen Sie zu verweiblichen!

(C)-Typ

Sie sind ein Weichei geworden! Die Welt und Ihre Freundin halten Sie voll in ihren Krallen. Befreien und emanzipieren Sie sich! Schließen Sie sich mit anderen Männern zusammen und suchen Sie sich Hilfe!

(D)-Typ

Sie verfügen über die maskuline Essenz eines durchschnittlichen Mannes. Sie sollten sich dennoch verstärkt mit Männerthemen beschäftigen, Männerfreundschaften pflegen und männliche Tugenden entwickeln!

(E)-Typ

Sie verfügen über eine überdurchschnittlich hohe maskuline Essenz. Gehen Sie nunmehr noch bewusster daran, die Archetypen des

Kriegers, des Bardens, des Schamanens und des Druidens in Ihrem Leben zu entwickeln und zu entfalten!

Ich wünsche Ihnen aus tiefstem Herzen, dass Sie, Ihre Partnerin und Ihre Familie glücklich sind! Und vergessen Sie bitte nie: Sie als Mann und Ihr immanenter Schamane sind der Schöpfer Ihrer eigenen Welt! Möge sie eine Welt des Friedens, der Liebe und der Makellosigkeit Ihres Herzens sein!

THOMAS: Eigentlich war der Rahmen ja für meine Kommentare vorbehalten, aber sei es drum, ich möchte mich diesen maskulinen Wünschen - ebenfalls aus ganzem Herzen - und mit dem Humor eines männlichen Kriegers und närrischen Poeten anschließen.

Männerfeindliche Zitate

<u>Zum Abschluss noch meine TOP TEN der männerfeindlichen Zitate</u>

„Auch Gott lernt dazu. Man merkt es an den Verbesserungen bei der Erschaffung der Frau gegenüber der des Mannes."
Zsa Zsa Gabor

„Der Mann steht im Mittelpunkt und somit auch im Wege."
Pablo Neruda

„Für eine Frau ist Schönheit unbedingt wichtiger als Intelligenz, denn für Männer ist Sehen leichter als Denken."
Lil Dagover

„Die Schönheit brauchen wir Frauen, damit die Männer uns lieben, die Dummheit, damit wir die Männer lieben."
Coco Chanel

„Männer: Menschen bei denen Pubertät und Midlife Crisis ineinander übergehen."
Graf Fito

„Es hat keinen Sinn mit Männern zu streiten - sie haben ja doch immer Unrecht."
Zsa Zsa Gabor

„Es gibt Frauen, die Darwin falsch verstanden haben: Sie machen aus jedem Mann einen Affen."
Carola Höhn

„Mann: ein notwendiges Übel, wobei die Betonung mehr auf Übel aus auf notwendig liegt."
Yvette Collins

„Das einzige deiner Kinder, das nie erwachsen wird, ist dein Ehemann."
Demi Moore

„Es gibt genug charakterfeste Männer, die eine Frau nicht sitzen lassen, vor allem in Bussen und Bahnen."
Grethe Weiser!

Ich weiß nicht, ob die betreffenden Zitate wirklich immer von den genannten Personen stammen, aber sie werden ihnen zumindest zugeschrieben.

Danksagung

In erster Linie möchte ich - neben allen Männern, in denen von diesem Buch die Rede ist - meiner (noch) Lebenspartnerin und Ehefrau danken. Eigentlich hätten diese Beziehung und dieses Buch einen versöhnlichen Abschluss verdient, denn wir haben trotz aller Differenzen eine wundervolle Zeit miteinander verbracht. Sie ist eine temperamentvolle, traumhaft schöne und zutiefst spirituelle Frau, die mich bewusst oder unbewusst zu vielen Passagen in diesem Werk inspirierte. Doch wie das Leben eben so spielt, sieht es - zeitgleich mit dem Anbringen der letzten Korrekturen an diesem Buch - ganz danach aus, dass wir uns trennen werden. Ich bedauere dies zutiefst. Ja, es ist schmerzhaft und doch fühle ich innerlich, dass es hiermit seine Richtigkeit hat. Heute morgen, beim Spaziergang mit dem Hund, lief ich direkt in eine kraftvolle aufgehende Sonne, die ihre Strahlen durch den wässrig-grauen Morgennebel vorauswarf. Es war ergreifend.

Ich erstarre in Andacht, ob der Schönheit und Weisheit der Schöpfung. Mögen sowohl das Männliche als auch das Weibliche ihren Platz und Frieden darin finden!

Nidda 2012

Thorsten Nagel

Aktueller Nachtrag

Wie das Leben so spielt, überschlagen sich manchmal die Ereignisse. Meiner Frau und mir ist es mittlerweile gelungen, unsere damaligen Probleme doch noch zu lösen und in gegenseitige Liebe zu verwandeln. Aus diesem akutellen Anlass heraus, habe ich es mir erlaubt, noch schnell vor der Publikation dieses Buches eine zweite Danksagung hinzuzufügen.

Danksagung II

Insbesondere meinen persönlichen - vergangenen und gegenwärtigen - Lehrern in diesem Leben möchte ich danken. Ich zähle hierzu neben meinen Eltern und meinen Schullehrern, meiner Frau und Geliebten Katja, meinen Kindern vor allem die Familien Defriend und Maroche (für Gastfreundschaft und Förderung); Nassim, Hassan und Hadyatullah Hübsch (Entdeckung und Lehre des Islam); Barbara (alternativer Lebensstil); Art Reade (strukturierte Lebensführung); Renate (grundlegende spirituelle Erkenntnisse); Thomas, Reinhold, Bernd, Max und Walter (männliche Freundschaft); alle Frauen, mit denen ich je geschlafen habe; Bob (erste Schwitzhütte); Gopal (Mantrasingen); die Bewohner der sechs befreiten Pyrenäendörfer; Olaf Bernhard (Schamanismus), Volkert Volkmann (Kelten- und Druidentum) sowie Haiko Nitschke und Ursula Seghezzi (Naturcoaching).

Die Liste all jener Menschen aus den verschiedensten Kulturkreisen, von denen ich sonst noch wichtige Dinge lernte, geht ins Unendliche. Wir alle sind eine Schicksalsgemeinschaft, eine menschliche Rasse.

Dankbarkeit für ihr Dasein empfinde ich insbesondere noch meinem Bruder Patrik gegenüber, dem ich mich trotz der Andersartigkeit seines Lebensstiles tief verbunden fühle. Es würde mich freuen, wenn dieses Buch gerade auch Männer wie ihn an den Schalthebeln der Macht und des Geldes erreichen würde. Wenn wir alle, alle Männer, auch nur einen kleinen Schritt hin zu einer ganzheitlichen erdverbundenen Maskulintät jenseits der Statussymbole entwickeln würden, wäre dies bereits ein großer Schritt für die Menschheit!

Abschließend möchte ich mich noch bei meinen Ahnen, den lebenden Elementen sowie bei meinen beiden spirituellen Lehrern, Yorn, den Falkenmagier und Simone, einer Libellenkönigin, bedanken.

Thorsten Nagel